실전
모의고사

운전직

사회, 자동차구조원리 및 도로교통법규

9급 공무원 운전직
실전모의고사
|사회| 자동차구조원리 및 도로교통 법규|

개정2판	발행	2024년 02월 02일
개정3판	발행	2025년 01월 10일

편 저 자 | 정장만, 허용, 공무원시험연구소 공저

발 행 처 | ㈜서원각

등록번호 | 1999-1A-107호

주　　소 | 경기도 고양시 일산서구 덕산로 88-45(가좌동)

교재주문 | 031-923-2051

팩　　스 | 031-923-3815

교재문의 | 카카오톡 플러스 친구[서원각]

홈페이지 | goseowon.com

운전직 공무원은 각급기관의 차량운행관리 및 각종 공문서 수발업무, 기타업무를 수행하는 직책으로서, 과거에 소수의 인원모집과 10급 기능직 공무원 편성으로 비인기 직렬이었던 것에 반해, 현재는 9급 공무원으로 전환 및 통합되면서 그 관심이 날로 증대되고 있습니다.

특히 서울특별시를 비롯한 각 지역의 지방직 공무원 및 교육청의 운전직 공무원 채용인원이 늘어남에 따라 9급 운전직 공무원의 역할과 활동영역 또한 더욱 확대되는 추세입니다. 9급 운전직 공무원의 시험과목은 지역별로 조금씩 다르지만 서울특별시 같은 경우 기본적으로 [사회]와 [자동차구조원리 및 도로교통법규]를 치르고 있습니다. 두 과목 모두 대다수의 수험생이 고득점을 목표로 하는 과목이기 때문에 한 문제 한 문제가 당락에 영향을 미칠 뿐만 아니라 방대한 양으로 인해 학습에 부담이 있을 수 있지만, 시험의 난도 자체는 높은 편이 아니므로 효율적인 학습전략이 요구됩니다.

본서는 9급 운전직 공무원 채용시험 대비를 위한 문제집으로서 [사회]와 [자동차구조원리 및 도로교통법규]에 대한 20회에 해당하는 실전 모의고사를 수록하여 출제유형을 파악, 핵심 내용을 온전히 자기 것으로 만들 수 있도록 하였습니다.

1%의 행운을 잡기 위한 99%의 노력! 본서가 수험생 여러분의 행운이 되어 합격을 향한 노력에 힘을 보탤 수 있기를 바란다.

STRUCTURE
이 책의 특징 및 구성

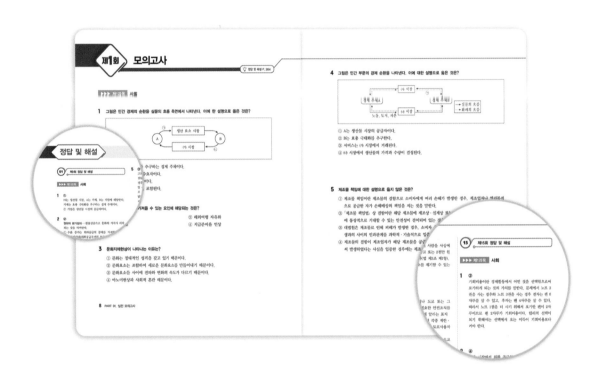

실전 모의고사

그동안 치러진 지방직 및 서울시 공무원 시험의 기출문제를 분석하여 출제가 예상되는 다양한 문제를 모의고사 형식으로 수록하였습니다. 다양한 난도와 유형의 문제들로 연습하여 확실하게 대비할 수 있습니다.

정답 및 해설

매 문제 상세한 해설을 달아 문제풀이만으로도 개념학습이 가능하도록 하였습니다. 문제풀이와 함께 이론정리를 함으로써 완벽하게 학습할 수 있습니다.

CONTENT
이 책 의 차 례

01 실전 모의고사

02 정답 및 해설

01

실전 모의고사

제1회 모의고사

정답 및 해설 P. 264

▶▶▶ **제1과목** **사회**

1 그림은 민간 경제의 순환을 실물의 흐름 측면에서 나타낸다. 이에 한 설명으로 옳은 것은?

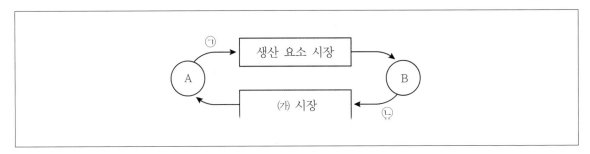

① A는 효용 극대화를 추구하는 경제 주체이다.
② 기업은 ㈎ 시장의 수요자이다.
③ ㉠은 재화와 서비스이다.
④ 노동과 자본은 ㉡에 포함된다.

2 원화의 평가절하를 가져올 수 있는 요인에 해당되는 것은?

① 수출 증가
② 해외여행 자유화
③ 수입 감소
④ 지급준비율 인상

3 문화지체현상이 나타나는 이유는?

① 문화는 정태적인 성격을 갖고 있기 때문이다.
② 문화요소는 조합하여 새로운 문화요소를 만들어내기 때문이다.
③ 문화요소들 사이에 전파와 변화의 속도가 다르기 때문이다.
④ 아노미현상과 사회적 혼란 때문이다.

4 그림은 민간 부문의 경제 순환을 나타낸다. 이에 대한 설명으로 옳은 것은?

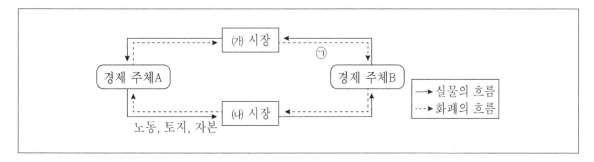

① A는 생산물 시장의 공급자이다.
② B는 효용 극대화를 추구한다.
③ 서비스는 ㈎ 시장에서 거래된다.
④ ㈏ 시장에서 생산물의 가격과 수량이 결정된다.

5 제조물 책임에 대한 설명으로 옳지 않은 것은?

① 제조물 책임이란 제조물의 결함으로 소비자에게 여러 손해가 발생한 경우, 제조업자나 영리목적
으로 공급한 자가 손해배상의 책임을 지는 것을 말한다.

② 「제조물 책임법」상 결함이란 해당 제조물에 제조상·설계상 또는 표시상의 결함이 있거나 그 밖
에 통상적으로 기대할 수 있는 안전성이 결여되어 있는 것을 말한다.

③ 대법원은 제조물로 인해 피해가 발생한 경우, 소비자 측이 제품의 결함 및 그 결함과 손해의 발
생과의 사이의 인과관계를 과학적·기술적으로 입증해야 한다고 판시하고 있다.

④ 제조물의 결함이 제조업자가 해당 제조물을 공급한 당시의 법령에서 정하는 기준을 준수함으로
써 발생하였다는 사실을 입증한 경우에는 제조물 책임을 면제받을 수 있다.

6 다음 그림과 같이 국민 경제가 균형을 이루고 있다고 할 때, 만약 정부가 기업의 투자활동을 촉진하기 위해 세율을 낮추고 기술 개발에 대한 정부 지원을 늘려 간다면, 경제는 단기적으로 어떻게 변화한다고 예측할 수 있는가?

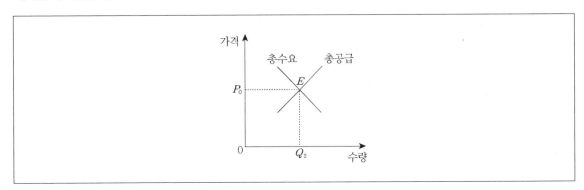

① 아무런 변화가 없다.

② 물가 상승, 소득 수준 감소

③ 물가 상승, 고용 수준 확대

④ 물가 하락, 소득 수준 증가

7 기본권 보장을 위한 기본권에 속하는 것은?

① 공무담임권

② 언론 · 출판 · 집회 · 결사의 자유

③ 환경권

④ 재판청구권

8 현형 헌법상 우리나라의 정부 형태에서 의원내각제적인 요소가 아닌 것은?

① 대통령의 법률안 거부권

② 정부의 법률안 제안권

③ 각료의 의원 겸직 가능

④ 국회의 국무총리 임명 동의권

9 다음 자료에 대한 설명으로 옳은 것은?

갑은 태블릿 PC A ~ C 중 하나를 구입하기 위해 다음과 같이 표를 작성하고 합계 점수가 가장 높은 태블릿 PC를 구입하기로 하였다. 단, 합계 점수는 평가 기준별 점수에 가중치를 곱한 값들을 합해서 구한다.

평가 기준(가중치) \ 종류	A	B	C
가격(2)	1	2	5
성능(1)	4	3	1
디자인(1)	2	4	1

① 갑은 B를 구입할 것이다.
② C를 제외하고 선택한다면 갑은 A를 구입할 것이다.
③ 갑은 평가 기준으로 가격보다 디자인을 더 중시한다.
④ 성능의 가중치를 2배로 하면 갑의 선택은 달라질 것이다.

10 다음 중 법적용의 우선순위가 옳지 않은 것은?

① 공법은 사법에 우선한다.
② 특별법은 일반법에 우선한다.
③ 상위법은 하위법에 우선한다.
④ 신법은 구법에 우선한다.

11 다음 기사문에 대한 옳은 분석만을 〈보기〉에서 고른 것은?

> 증명사진을 찍으러 온 여학생 뒤에서 몰래 바지를 내리고 사진을 찍은 사진사에게 무죄가 확정됐다. 그가 여학생들 몰래 '음란사진'을 찍은 것은 인정됐지만, 이를 처벌할만한 마땅한 법 조항이 없었다. 명문규정의 의미를 피고인에게 불리한 방향으로 해석하는 것은 죄형법정주의에 위배된다는 것이었다.

―――――――― 〈보기〉 ――――――――
> ㉠ 법관이 적용할 형벌은 국회에서 제정한 성문의 법률이어야 함을 확인한 것이다.
> ㉡ 무엇이 금지되고 어떤 처벌을 받는지를 명확히 해야 함을 선언한 것이다.
> ㉢ 유사한 성질을 갖는 사항에 적용시켜서는 안 된다는 원칙을 적용한 것이다.
> ㉣ 범죄행위 이전에 소급하여 적용할 수 없음을 확인한 것이다.

① ㉠

② ㉡㉢

③ ㉢

④ ㉠㉣

12 사회조사의 방법 중 질문지법에 의한 설명으로 옳은 것은?

① 시간과 비용이 절약된다.

② 회수상의 문제가 없다.

③ 자세히 물어볼 수 있다.

④ 조사자의 편견이 개입될 가능성이 높다.

13 다음 조직에 대한 설명이 바르게 연결된 것은?

> (가) 변화에 빠르게 적응하며 특정 문제나 과업이 생길 경우 신속하게 조직되어 과업수행 완료 시 신속히 해체된다.
> (나) 전통적인 피라미드 형태와 반대되는 조직 형태로 핵심 부서를 중심으로 각각의 전문가들이 평등한 형태로 구성된다.
> (다) 각각의 영역이 독립되어 있지만 조화를 이루어 완성된 형태를 이룬다.

① (가)는 아메바형 조직이다.

② (나)는 오케스트라형 조직이다.

③ (다)는 팀제 조직이다.

④ (가), (나), (다)는 탈관료제적 조직이다.

14 다음의 설명에 해당하는 기본권으로 옳은 것만을 고른 것은?

> 신체의 보전과 활동의 자유로운 상태와 관련된 기본권으로 수사 또는 형사절차에서 특히 중요성이 부각된다.

— 〈보기〉 —

㉠ 국가의 형사절차상의 과오에 대한 정신적, 물질적 피해를 받은 경우 구제받을 수 있다.
㉡ 체포 · 구속 · 압수 또는 수색을 할 때에는 적법한 절차에 따라 검사의 신청에 의하여 법관이 발부한 영장을 제시하여야 한다.
㉢ 누구든지 법률에 의하지 아니하고는 체포 · 구속 · 압수 · 수색 또는 심문을 받지 아니한다.
㉣ 인간의 존엄성에 상응하는 최저한도의 건강한 생활을 할 수 있도록 국가의 보호를 받는다.

① ㉠㉡   ② ㉡㉢
③ ㉢㉣   ④ ㉠㉣

15 다음 사례에 대한 옳은 설명만을 〈보기〉에서 있는 대로 고른 것은?

> 고종은 러시아 공사관을 통해 들어온 커피를 즐겨 마셨다고 한다. 우리나라 사람들에게 커피가 널리 알려진 계기는 6 · 25 전쟁이다. 미군기지에서 흘러나온 대량의 인스턴트커피가 그 무렵에 등장한 다방에서 팔리면서 일반인들도 이를 애호하게 되었다. 이후 우리나라에서도 인스턴트커피가 생산되어 소비가 급증하였다.

— 〈보기〉 —

㉠ 고종이 커피를 마시게 된 것은 직접 전파의 사례이다.
㉡ 우리나라 사람들의 커피 애호는 문화 접변에 해당한다.
㉢ 인스턴트커피 소비가 급증한 것은 문화 융합의 사례이다.
㉣ 우리나라의 인스턴트커피 생산은 자극 전파에 해당한다.

① ㉠㉡   ② ㉠㉢
③ ㉡㉣   ④ ㉠㉡㉣

16 다음 그림에서 환율이 r에서 r'로 변동한 원인으로 가장 타당한 것은?

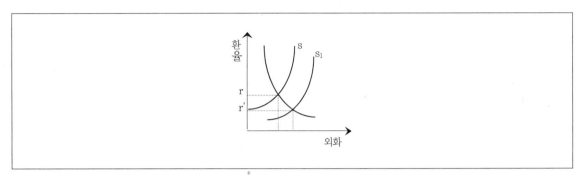

① 해외관광객의 감소   ② 수출의 증가
③ 해외투자의 증가   ④ 외자도입의 감소

17 공개행정, 언론의 자유, 주민참여가 정치적으로 갖는 의의는?

① 정치부패의 방지   ② 정치권력의 정당성 확보
③ 민주주의의 정착   ④ 참여형 정치문화 형성

18 어떤 기업이 생산활동을 전개하는 과정에서 노동비용 1원어치의 한계생산은 15이고, 자본비용 1원어치의 한계생산은 20이라고 할 때, 효율적인 생산요소의 결합을 위해 어떻게 해야 하는가?

① 노동의 투입은 감소시키고, 자본의 투입은 증가시킨다.
② 노동과 자본의 투입을 모두 증가시킨다.
③ 노동과 자본의 투입을 변화시킬 필요가 없다.
④ 노동의 투입은 증가시키고, 자본의 투입은 감소시킨다.

19 우리 헌법이 국제관계에 대해 규정하고 있는 내용이 아닌 것은?

① 국제법 존중
② 외국인의 지위보장
③ 침략적 전쟁 부인
④ 국군의 해외파견금지

20 정부가 환경보전을 위한 법을 제정·시행하는 것은 시장기구의 어떠한 문제점을 해결하기 위한 것인가?

① 독과점의 폐단
② 외부효과의 발생
③ 공공재
④ 자원배분의 비효율성

1 4행정 기관에서 실린더 수가 6기통일 때 폭발행정은 몇 도마다 한 번씩 일어나는가?

① 60도
② 90도
③ 120도
④ 180도

2 베어링이 하우징 내에서 움직이지 못하게 베어링의 바깥 둘레를 하우징의 둘레보다 조금 크게 하여 차이를 두는 것은?

① 베어링 크러시
② 베어링 스프레드
③ 베어링 캡
④ 베어링 어셈블리

3 가솔린기관의 전자제어연료분사 장치를 구성하는 부품이 아닌 것은?

① 연료압력조절기
② 인젝터
③ ECU
④ 유성기어장치

4 가솔린기관에서 연료펌프 내의 체크 밸브가 열린 채로 고장이 났을 때 일어나는 현상 중 틀린 것은?

① 주행성능에 영향은 없다.
② 연료탱크 내에 설치되어 있다.
③ 연료펌프의 작동에 무리가 없다.
④ 시동이 전혀 걸리지 않는다.

5 가솔린기관에서 흡기다기관 내의 압력 변화에 대응하여 연료분사량을 일정하게 유지하기 위해서 인젝터에 걸리는 연료 압력을 일정하게 조절하는 것은?

① 체크 밸브
② 공기흐름 센서
③ 릴리프 밸브
④ 압력 조절기

6 MPI 연료분사장치에서 인젝터가 설치되는 곳은 어느 곳인가?

① 연소실 정중앙　　　　　　　② 서지 탱크

③ 각 실린더 흡입밸브 전방　　　④ 흡기다기관

7 전자제어 연료분사장치에서 인젝터의 상태를 점검하는 방법이 아닌 것은?

① 인젝터을 분해하여 고장유무을 판단한다.

② 인젝터의 작동음을 듣는다.

③ 인젝터의 분사량을 확인한다.

④ 인젝터의 작동시간을 확인한다.

8 전자제어엔진에서 인젝터의 고장으로 발생하는 현상 중 가장 거리가 먼 것은?

① 연료소비율 증가　　　　　　② 엔진 공회전시 부조현상 발생

③ 엔진 출력 증가　　　　　　　④ 가속력 감소

9 가솔린기관과 비교하여 디젤기관의 장점은 어느 것인가?

① 열효율이 높고 연료소비량이 적다.

② 기관의 압축비가 낮다

③ 운전이 정숙하다.

④ 기관의 단위 출력당 중량이 가볍다.

10 윤활유가 연소실에 올라와서 연소될 때 배기가스의 색깔은?

① 백색　　　　　　　　　　　② 녹색

③ 흑색　　　　　　　　　　　④ 적색

11 서행 또는 일시정지해야 할 장소가 아닌 곳은?

① 도로가 구부러진 부근
② 비탈길의 고갯마루 부근
③ 가파른 비탈길의 내리막
④ 교통이 빈번하지 않은 직선 주행로

12 다음 중 정차와 주차가 모두 금지된 경우가 아닌 것은?

① 차도와 보도에 걸쳐서 설치된 노상주차장을 제외하고, 보도와 차도가 구분된 도로의 보도
② 안전지대가 설치된 도로에서는 그 안전지대의 사방으로부터 각각 10미터 이내인 곳
③ 건널목의 가장자리 및 횡단보도로부터 10미터 이내인 곳
④ 소방용수시설 또는 비상소화장치가 설치된 곳으로부터 3미터 이내인 곳

13 다음 중 주차 및 정차의 금지장소로 옳은 것은?

① 터널 안 및 다리 위
② 도로공사 구역의 양쪽 가장자리로부터 5미터 이내의 곳
③ 다중이용업소의 영업장이 속한 건축물로 소방본부장의 요청에 의하여 시 · 도경찰청장이 지정한 곳
④ 횡단보도로부터 10미터 이내인 곳

14 다음 중 정차금지구역으로 옳은 것은?

① 터널 안 · 다리 위
② 교차로 · 횡단보도 · 건널목이나 보도와 차도가 구분된 도로의 보도
③ 도로공사를 하고 있는 그 공사구역의 양쪽 가장 자리
④ 다중이용업소의 영업장이 속한 건축물로 소방 본부장의 요청에 의하여 시 · 도경찰청장이 지정한 곳

15 다음 중 무인 교통단속용 장비의 설치 및 관리자에 해당하지 않는 자는?

① 시장 등
② 경찰청장
③ 시 · 도경찰청장
④ 경찰서장

16 주정차 위반차량에 대한 조치방법 중 틀린 것은?

① 시장은 주정차 위반차량의 운전자가 현장에 없을 경우 주차방법을 변경할 수 있다.
② 위반차량이 교통에 장애를 주는 경우 경찰관서에 이동시킬 수 있다.
③ 이동시킬 시 경비는 운전자의 부담으로 할 수 있다.
④ 위반 차량을 이동시킬 시 소유자나 운전자가 불명일 때에는 공고할 필요가 없다.

17 정차, 주차 위반에 대한 조치로서 옳지 않은 것은?

① 경찰공무원은 주차위반 운전자에 대하여 주차 방법을 바꿀 것을 명할 수 있다.
② 경찰서장은 지정장소로 이동한 차의 운전자에게 신속히 그 사실을 알리는 등의 조치를 취해야 한다.
③ 경찰서장은 보관 차량에 대하여 자기 물건의 관리와 동일한 주의의무로 보관하여야 한다.
④ 경찰공무원은 운전자가 없는 주차위반차량을 이동장소로 이동하게 할 수 있다.

18 도로교통법에 정의된 긴급자동차에 해당되지 않는 것은?

① 전파감시업무에 사용되는 자동차
② 어린이의 등 · 하교에 사용되는 자동차
③ 긴급한 우편물의 운송에 사용되는 자동차
④ 수사기관의 자동차 중 범죄수사를 위하여 사용되는 자동차

19 다음중 차마에서 제외되는 것이 아닌 것은? (단 너비 1미터 이하인 것)

> ㉠ 유모차
> ㉡ 보행보조용 의자차(의료기기의 기준규격에 따른 수동휠체어, 전동휠체어 및 의료용 스쿠터)
> ㉢ 노약자용 보행기
> ㉣ 놀이기구(어린이가 이용하는 것에 한정)
> ㉤ 동력이 없는 손수레
> ㉥ 이륜자동차, 원동기장치자전거 또는 자전거로서 운전자가 내려서 끌거나 들고 통행하는 것
> ㉦ 도로의 보수, 유지, 도로상의 공사 등 작업에 사용되는 기구 장치(사람이 타거나 화물을 운송하지 않는 것에 한정)
> ㉧ 실외이동 로봇
> ㉨ 노면전차
> ㉩ 전동 킥보드

① 1개   ② 2개
③ 3개   ④ 4개

20 다음 중 긴급자동차에 관한 설명으로 잘못된 것은?

① 경찰용의 긴급자동차에 의하여 유도되고 있는 자동차는 시·도경찰청장이 지정하여야 긴급차량으로 본다.
② 민방위업무를 수행하는 기관에서 긴급예방 또는 복구를 위한 출동에 사용되는 자동차로 시·도경찰청장이 지정한 차량
③ 국군 및 주한 국제연합군용 자동차 중 군 내부의 질서유지 및 부대의 질서 있는 이동을 유도하는 차량
④ 수사기관의 자동차 중 범죄수사를 위하여 사용되는 자동차

▶▶▶ 제1과목 **사회**

1 다음 그림에서 소고기의 수요곡선이 D에서 D_1으로 이동하였을 때 그 원인으로 보기 어려운 것은?

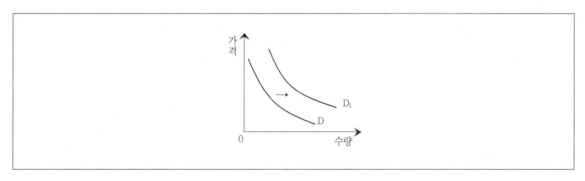

① 소고기 소비자들의 소득 증가

② 소고기 소비인구의 증가

③ 돼지고기 가격의 상승

④ 소고기 가격의 하락

2 다음은 사회구조의 특성을 기술한 것이다. 갈등론적 관점에서 서술된 것은?

① 사회는 여러 부분들이 유기적 관계를 맺음으로써 전체를 이룬다.

② 사회의 각 부분들은 상호의존적이다.

③ 사회구조는 항상 마찰과 긴장을 내포하고 있다.

④ 사회성원들 간의 관계는 협동적인 성격을 띤다.

3 밑줄 친 ㉠ ~ ㉢에 대한 설명으로 옳은 것은?

> ㉠불법 행위가 성립하면 가해 행위를 한 자가 피해자에게 ㉡손해 배상 책임을 진다. 그러나 ㉢타인의 가해 행위로 인한 손해에 대해서도 일정한 관계에 있는 자에게 과실을 인정하여 손해 배상 책임을 지도록 하는 경우가 있다.

① 미성년자의 가해 행위는 ㉠이 성립하지 않는다.
② 가해자의 행위에 고의가 없으면 ㉠이 성립할 수 없다.
③ ㉡은 원상으로 회복시키는 것을 원칙으로 한다.
④ ㉢의 예로 '사용자 배상 책임'을 들 수 있다.

4 각 국의 조세비율이 다음과 같다고 할 때 다음 중 알맞은 것은?

구분	한국	미국	영국	일본
직접세	44.1	90.9	54.3	72.7
간접세	55.9	9.1	45.7	27.3

① 영국은 미국보다 소득재분배효과가 클 것이다.
② 미국의 저소득층이 가장 불리할 것이다.
③ 일본은 영국보다 조세저항이 적을 것이다.
④ 한국은 타국에 비해 조세징수가 간편할 것이다.

5 의사가 환자를 수술하는 행위와 교도관의 사형집행행위가 범죄가 되지 않는 이유는?

① 위법성이 없기 때문이다.
② 책임성이 없기 때문이다.
③ 자구행위이기 때문이다.
④ 범죄의 구성요건에 해당되지 않기 때문이다.

6 대통령의 권한 가운데 국가원수로서 국정을 조정할 수 있는 권한으로 묶여진 것은?

① 계엄선포권, 영전수여권, 명령제정권
② 조약체결·비준권, 외교사절 신임·접수·파견권, 선전포고 및 강화권
③ 대법원장·국무총리·감사원장·대법관·헌법재판소의 장 임명권
④ 헌법개정안제안권, 국민투표부의권, 임시국회소집요구권, 사면권

7 다음 사례에 제시된 ㈎, ㈏, ㈐의 법적 성격에 대해 틀린 진술은?

> ㈎ 2인 이상이 동일위난 사망 시 동시에 사망한 것으로 추정한다.
> ㈏ 사망의 개연성에 따라 관공서의 사망보고와 가족관계등록부에 기재한다.
> ㈐ 부재자의 생사 불명 상태 지속에 따라 사망으로 간주한다.

① ㈎는 반대 사실을 들어 번복이 가능하다.
② ㈏의 법적 성격은 추정이다.
③ ㈐는 법원의 취소절차가 있다면 번복이 가능하다.
④ ㈎, ㈏, ㈐는 모두 민법에서 규율한다.

8 다음 중 대통령제의 특징만으로 짝지어진 것은?

> ㉠ 엄격한 권력분립　　　　　　㉡ 정치적 책임에 민감
> ㉢ 견제와 균형의 원리　　　　　㉣ 정부의 국회해산권
> ㉤ 의회의 내각불신임권　　　　㉥ 의회의 다수파 횡포견제

① ㉠㉡㉤　　　　　　　　　　② ㉠㉢㉥
③ ㉡㉢㉥　　　　　　　　　　④ ㉢㉣㉤

9 지금 시장의 물가가 올라가고 있다. 물가를 잡으려면 어떤 금융정책을 실시하여야 하는가?

① 대출한도의 설정을 철폐한다.
② 지급준비율을 내린다.
③ 최고이자율을 내린다.
④ 통화안정증권을 판매한다.

10 다음 그림은 배추의 수요곡선이다. 배추생산량이 Q일 때 시장가격이 P에서 결정되었다. 그러나 배추의 생산이 풍년으로 Q_2만큼 생산되어 P_2로 가격이 폭락했다. 정부가 P_1의 가격을 유지하려면?

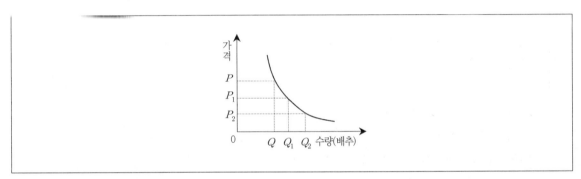

① $Q_2 - Q$만큼 수매한다.
② $Q_2 - Q_1$만큼 수매한다.
③ Q_1만큼 수매한다.
④ Q_2만큼 수매한다.

11 다음 중 통화량이 과다할 때 취할 조치로 옳지 않은 것은?

① 유가증권을 매입한다.
② 재할인율을 올린다.
③ 흑자예산을 편성한다.
④ 은행이자율을 높인다.

12 다음 자료에 대한 분석 및 추론으로 옳은 것은?

갑은 무선 이어폰을 구매하기 위해 대안 A ~ D를 놓고 고민하고 있다. 표는 갑이 각 대안에 대한 만족도를 평가한 결과이다. 갑은 합계 점수가 가장 높은 대안을 선택하려고 한다.

기준 대안 \ 평가	기업의 사회적 책임 (40점)	디자인 (10점)	성능 (30점)	가격 (20점)
A	34	7	26	18
B	38	7	26	15
C	33	9	24	14
D	36	8	28	16

① 갑이 선택할 대안의 기회비용은 A이다.
② 갑이 선택을 통해 얻는 편익은 C가 B보다 크다.
③ 갑은 제품 선택 시 기업의 사회적 책임보다 성능을 중요시한다.
④ 디자인을 평가 기준에서 제외한다면 갑은 D를 선택할 것이다.

13 다음 〈보기〉 중 권리 자체가 목적이라기 보다는 다른 기본권 보장을 위한 수단적 기본권에 속하는 것끼리 묶어진 것은?

〈보기〉

㉠ 국민투표권　　　　　　　　　㉡ 환경권
㉢ 국가배상청구권　　　　　　　㉣ 노동 3권
㉤ 공무원선거권　　　　　　　　㉥ 청원권

① ㉠㉢　　　　　　　　　　　② ㉡㉥
③ ㉢㉤　　　　　　　　　　　④ ㉢㉥

14 다음 제시문은 경제 통계와 관련된 글이다. 이와 관련된 추론으로 잘못된 것은?

> 경제 현상에는 사회의 다른 영역에서보다 더 많은 정보가 쏟아져 나온다. 이러한 정보를 잘 활용할 수 있다면 우리의 경제적 결정은 매우 유효하게 될 것이다. 우리는 일상적으로 경제 통계를 접한다.

① 생산, 고용, 물가 수준 등 국민 경제활동을 수량화한 수치를 국민 경제 지표라 한다.
② 일정 시점에서 한 나라 안에서의 생산, 지출, 물가 변동 등을 살펴보는 유용한 자료가 된다.
③ GDP는 국민 경제의 전체적인 생산 수준을 나타내며 한 국가의 경제 규모를 파악할 수 있는 지표가 된다.
④ 내국인이 외국에서 생산한 것은 GDP가 아닌 GNP를 구성한다.

15 다음과 같은 경제활동이 이루어졌을 때 나타나는 A국에 대한 국내총생산으로 옳은 것은?

> • A국의 근로자가 B국에 취업하여 연봉 400만 달러를 받았다.
> • B국에서 개최된 오디션에서 A국 국민이 참가하여 100만 달러의 상금을 받았다.
> • C국의 기업이 A국에 공장을 세워 B국에 800만 달러를 수출하였다.
> • D국의 근로자가 A국에 취업하여 300만 달러의 소득을 받았다.

① 400만 달러   ② 900만 달러
③ 1,100만 달러   ④ 1,300만 달러

16 다음의 내용을 종합하여 개념정의를 한다면?

> • A는 집주변 공한지를 이용하여 지난 해 작황소득이 좋았던 고구마를 심기로 했다.
> • B는 생산공장을 확장하면서 노동인력과 기계설비 양자를 놓고 선택의 고민을 하던 중 장기적으로 보아서 인건비 상승이 우려되어 당장은 투자비가 더 들지만 기계설비 쪽을 선택하였다.

① 시장지배   ② 시장실패
③ 수요공급   ④ 가격기능

17 다음 중 선거구법정주의를 채택하는 근본적인 이유는?

① 선거비용을 국가가 부담하여 선거의 공정을 기하기 위해
② 투표 등 선거절차를 간편화하기 위해
③ 군소정당의 난립을 방지하기 위해
④ 특정한 정당에게 유리한 일이 없도록 하기 위해

18 현재 우리나라가 채택하고 있는 국회의원 선거방법으로 옳지 않은 것은?

① 지역대표제 ② 선거구법정주의
③ 소수대표제 ④ 소선거구제

19 중앙은행의 금융완화정책에 해당하는 것은?

① 유가증권 매각과 재할인율 인상
② 재할인율 인하와 지급준비율 인하
③ 유가증권 매각과 지급준비율 인상
④ 재할인율 인상과 지급준비율 인하

20 다음에서 기업의 이윤을 극대화하는 생산량은?

생산량(단위)	1	2	3	4	5	6
총수입(원)	300	350	390	420	440	450
한계비용(원)		35	40	50	65	80

① 2단위 ② 3단위
③ 4단위 ④ 5단위

1 일반적인 오일의 양부 판단 방법이다. 틀리게 설명한 것은?

① 오일의 색깔이 우유색에 가까운 것은 냉각수가 혼입된 것이다.
② 오일의 색깔이 검은색은 너무 오랜 기간 동안 사용하였기 때문이다.
③ 종이에 오일을 떨어뜨려 금속분말이나 카본의 유무을 조사하고 많이 불순물이 있는 것은 교환한다.
④ 오일의 색깔이 회색에 가까운 것은 가솔린이 혼입된 것이다.

2 기관의 윤활유 급유방식과 거리가 먼 것은?

① 비산압송식   ② 전압송식
③ 자연순환식   ④ 비산식

3 가솔린기관에서 엔진오일 압력이 일정 이하로 떨어질 때 점등되어 운전자에게 알려주는 경고등은?

① 연료 경고등   ② 엔진오일 경고등
③ 주차브레이크 등   ④ 엔진 체크등

4 다음은 가솔린 엔진의 흡기 행정에 대한 설명이다. 빈칸에 들어갈 내용이 순서대로 바르게 연결된 것은?

> 피스톤이 (   )하면 실린더 내부의 압력이 (   ) 혼합기가 흡입된다. (   )가 열리고 (   )는 닫힌다.

① 상승, 높아져, 흡기밸브, 배기밸브
② 상승, 낮아져, 배기밸브, 흡기밸브
③ 하강, 높아져, 배기밸브, 흡기밸브
④ 하강, 낮아져, 흡기밸브, 배기밸브

5 라디에이터(방열기)의코어 튜브가 파열되었다면 그 이유는 무엇인가?

① 물 펌프에서 냉각수가 새어 나온다.
② 팬벨트가 헐겁다.
③ 수온조절기가 열려 있다.
④ 오버플로우 파이프가 막혀 있다.

6 수온 조절기가 하는 역할이 아닌 것은?

① 라디에이터로 유입되는 냉각수의 양을 조절한다.
② 펠릿형, 벨로즈형, 바이메탈형 등 3종류가 있다.
③ 냉각수의 온도가 65도 정도에서 완전히 닫히고 85도 정도에서 열린다.
④ 기관의 온도를 적절히 조절해 주는 역할을 한다.

7 엔진이 과열되는 원인이 아닌 것은?

① 점화시기 조정 불량   ② 물 펌프 용량 과대
③ 수온 조절기 막힘   ④ 라디에이터 막힘

8 과열된 기관에서 냉각수를 보충하려 한다. 다음 중 가장 적합한 것은?

① 기관의 공전상태에서 잠시 후 캡을 열고 물을 보충한다.
② 기관 시동을 끄고 완전히 냉각시킨 후 물을 보충한다.
③ 기관을 가속시키면서 물을 보충한다.
④ 기관을 시동을 끄고 캡을 열고 즉시 보충한다.

9 부동액의 비중을 측정하는 기기는 어느 것인가?

① 비중계 ② 압력 게이지

③ 온도계 ④ 멀티 테스터

10 일반적으로 냉각수의 수온을 측정하는 곳은?

① 라디에이터 상부 ② 라디에이터 하부

③ 실린더헤드 물 재킷부 ④ 실린더헤드 수온조절기

11 다음 중 차로의 설치에 관한 설명으로 옳지 않은 것은?

① 시·도경찰청장은 차마의 교통을 원활하게 하기 위하여 필요한 경우에는 도로에 행정안전부령으로 정하는 차로를 설치할 수 있다.

② 차마의 운전자는 차로가 설치되어 있는 도로에서는 이 법이나 이 법에 따른 명령에 특별한 규정이 있는 경우를 제외하고는 그 차로를 따라 통행할 수 없다.

③ 차로가 설치된 도로를 통행하려는 경우로서 차의 너비가 행정안전부령으로 정하는 차로의 너비보다 넓어 교통의 안전이나 원활한 소통에 지장을 줄 우려가 있는 경우 그 차의 운전자는 도로를 통행하여서는 아니 된다.

④ 차마의 운전자는 안전표지가 설치되어 특별히 진로 변경이 금지된 곳에서는 차마의 진로를 변경하여서는 아니 된다.

12 긴급자동차가 특례를 받고자 할 때에는 사이렌을 울리거나 경광등을 켜야 하는데, 다음 중 이에 예외인 차량은?

① 소방차동차 ② 구급자동차

③ 속도위반 단속차량 ④ 임산부를 이송하는 택시

13 긴급자동차의 지정취소사유로 옳지 않은 것은?

① 지정 속도를 위반한 경우
② 자동차의 고장
③ 목적을 벗어난 사용
④ 긴급자동차의 구조에 적합하지 않은 경우

14 「도로교통법」상 긴급자동차의 특례중 구급자동차, 소방자동차에 대한 특례적용을 받지 않는 항목은 몇 개인가?

㉠ 주, 정차 및 금지	㉡ 승차인원초과
㉢ 앞지르기 방법	㉣ 신호위반

① 0개 ② 1개
③ 2개 ④ 3개

15 다음 중 고속도로에서 갓길 통행을 할 수 있는 때가 아닌 것은?

① 자동차의 고장 등 부득이한 사정이 있는 경우
② 차량정체 시 신호기에 따라 갓길에서 자동차를 운전하는 경우
③ 고속도로 등의 보수·유지 등의 작업을 하는 자동차를 운전하는 경우
④ 수산물의 활어 선도 유지를 위한 경우

16 자동차의 운전자는 고장이나 그 밖의 사유로 고속도로에서 자동차를 운행할 수 없게 되었을 때에는 고장자동차의 표지를 설치해야 하는데 밤에 해야 하는 올바른 표지는?

① 안전삼각대만 설치
② 안전삼각대와 함께 사방 500미터 지점에서 식별할 수 있는 적색의 섬광신호 설치
③ 안전삼각대는 그 자동차로부터 100미터 이상의 뒤쪽 도로상에 설치
④ 고장자동차의 표지는 반대 차선에서 접근하는 자동차의 운전자가 확인할 수 있는 위치에 설치

17 야간 주행시 마주보고 진행하는 경우, 등화의 조작에 관한 운전자의 조치로서 잘못된 것은?

① 전조등의 밝기를 줄인다.
② 빛의 방향은 하향시킨다.
③ 잠시 전조등을 끈다.
④ 전조등의 밝기를 수시로 조절한다.

18 승차 또는 적재의 방법과 제한에 대하여 맞는 설명은?

① 자동차의 승차인원은 승차정원의 110% 이내
② 화물자동차의 적재중량은 구조 및 성능에 따르는 적재중량의 130퍼센트 이내일 것
③ 화물자동차의 적재용량 높이는 지상으로부터 7미터
④ 소형 3륜자동차는 지상으로부터 4미터

19 승차정원 및 적재중량에 대한 다음 설명 중 틀린 것은?

① 화물자동차의 적재중량은 구조 및 성능에 따르는 적재중량의 11할 이내까지 허용된다.
② 고속도로상에서는 승차정원을 초과할 수 없다.
③ 고속버스, 화물차는 승차정원을 초과할 수 없다.
④ 긴급자동차에는 초과제한이 없다.

20 승차정원 및 화물적재의 초과에 관한 허가권자는?

① 출발지 관할 도지사
② 출발지 관할 경찰서장
③ 도착지 관할 경찰서장
④ 주소지 관할 경찰서장

정답 및 해설 P. 275

▶▶▶ **제1과목** **사회**

1 다음 사례에 대한 법적 판단으로 옳은 것은?

> 무면허 상태에서 외제차를 몰다가 사고를 낸 20대 남성이 1심에서 실형을 선고 받았다. △△북부지법 형사단독 ○○○판사는 ㉠도로교통법 위반(무면허 운전) 혐의로 기소된 갑(21세)에게 징역 8개월의 실형을 선고했다. 갑은 이번 무면허 운전 이전에도 여러 차례 도로교통법을 위반하여 ㉡기소유예와 ㉢집행유예를 받은 적이 있는 것으로 조사됐다. 이미 무면허 운전으로 재판을 받고 있는 상태에서 재차 범행을 저지른 것으로 드러났다.

① 갑의 2심 재판은 고등법원에서 담당할 것이다.
② 검사가 항소를 하지 않으면 갑의 유죄 판결은 확정된다.
③ 갑은 국민참여재판을 받을 수 있었으나 신청하지 않았을 것이다.
④ ㉢은 ㉡과 달리 법원에서 결정된다.

2 다음의 두 법조항을 이해한 것으로 옳은 것만을 〈보기〉에서 고른 것은?

> • 재산권의 행사는 공공복리에 적합하도록 하여야 한다.
> • 소유자는 법률의 범위 내에서만 소유물을 사용, 수익, 처분할 수 있다

─────── 〈보기〉 ───────
㉠ 공정을 잃은 법률행위는 무효로 한다는 것과 같은 원칙에 속한다.
㉡ 가해자는 고의 혹은 과실이 있을 때에만 책임을 지는 원칙과 같은 맥락이다.
㉢ 자유로운 의사에 기초하여 법률관계를 형성할 수 있는 권리가 파생된다.
㉣ 경제적 약자에 대한 배려가 내포되어 있다.

① ㉠㉢
② ㉡㉣
③ ㉠㉣
④ ㉡㉢

3 표는 우리나라의 사회 보험과 공공 부조를 비교한 것이다. (가)~(마)에 들어갈 수 있는 내용으로 옳은 것은?

구분	사회 보험	공공 부조
차이점	(가)	(나)
공통점	(다)	
사례	(라)	(마)

① (가) - 복지 비용 부담자와 복지 수혜자가 불일치한다.
② (나) - 상호 부조의 원리를 바탕으로 한다.
③ (다) - 금전적 지원을 원칙으로 한다.
④ (라) - 국민 기초 생활 보장 제도

4 甲, 乙 양국의 다음 상품의 생산에 있어 노동비용만이 생산비를 구성한다고 할 때 비교우위설에 의해 옳은 것은?

상품＼나라	甲국	乙국
라디오(1단위)	100명	90명
옷감(1단위)	120명	80명

① 라디오, 옷감 둘 다 乙국에서 생산한다.
② 라디오, 옷감 둘 다 甲국에서 생산한다.
③ 甲국은 라디오민을 생신하고 乙국은 옷감만을 생산한다.
④ 甲국은 옷감이 비교우위에 있고 乙국은 라디오가 비교우위에 있다.

5 다음의 글을 읽고 밑줄 친 ㉠의 사회문화 현상을 보는 관점에 대한 바른 분석만을 〈보기〉에서 고르면?

인터넷이 보편화된 요즈음 네티즌들은 자신들과 비슷한 생각과 의견을 가진 네티즌들과 집단이나 커뮤니티를 형성하는 경향을 보인다. 다시 말해서 네티즌은 자신이 읽고 싶은 정보만을 골라 읽고, 듣고 싶은 의견만을 선택하여 듣고, 자신과 비슷한 취양과 견해를 지닌 사람들만 만나 소통하면서 집단 정체성을 공유하고 그 집단으로부터 사회적, 도덕적 지지를 획득한다. ㉠그렇다면 이러한 현상을 어떻게 바라보아야 할까?

〈보기〉

㉠ 갈등론에 따르면 인터넷상에서의 편 가르기도 일종의 사회적으로 유익한 작용으로 해석된다.
㉡ 네티즌 사이에서도 지배계급과 피지배계급의 착취적 관계가 나타날 수 있다는 입장은 교환이론적 관점이다.
㉢ 상징적 상호작용론에 따르면 상황과 맥락에 따라 네티즌의 주관적 동기와 의미를 해석이 과정이 달라지게 된다.
㉣ 네티즌들의 교류 속에서 자아를 형성하고 행동을 학습하게 된다는 관점은 기능론이다.

① ㉠㉡ ② ㉢
③ ㉡㉣ ④ ㉣

---

6 다음 중 소득의 효율적 재분배에 영향을 주는 정책과 가장 관계가 깊은 것은?

① 금리인하와 조세감면
② 특별소비세 부과
③ 경제개발에 재정투자 · 융자
④ 적극재정정책 추진

7 다음 중 공개시장에서의 매각정책(賣却政策), 세율의 인상과 가장 관계깊은 경제정책의 목표는?

① 경기의 회복
② 물가의 안정
③ 실업자의 구제
④ 소득의 재분배

8 그림은 민간 경제의 흐름을 나타낸 것이다. 이에 대한 옳은 설명을 〈보기〉에서 고른 것은?

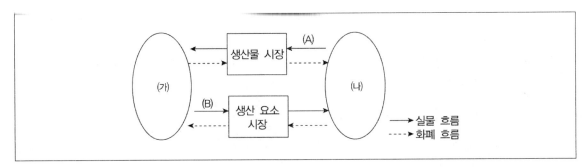

〈보기〉

㉠ (가)는 노동 시장에서 공급자이다.
㉡ (나)는 조세를 거둬들여 공공재를 생산한다.
㉢ (A)에는 이발이나 의료행위도 포함된다.
㉣ (B)에는 임금, 지대, 이자, 이윤이 해당된다.

---

① ㉠㉡   ② ㉠㉢
③ ㉡㉢   ④ ㉡㉣

9 그림은 민주 정치의 두 가지 자치 방식을 나타낸다. ㈎에 비해 ㈏ 방식이 갖는 특징을 〈보기〉에서 모두 고른 것은?

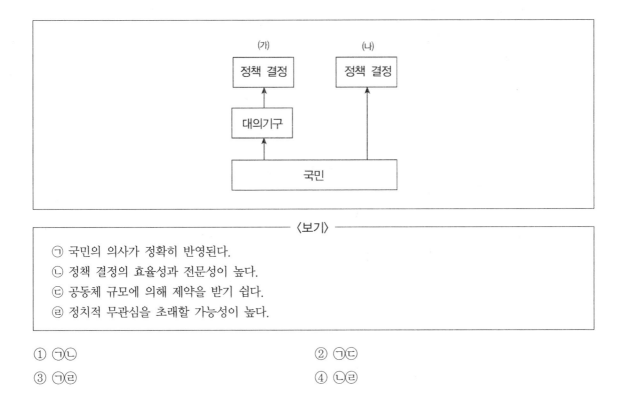

<보기>

㉠ 국민의 의사가 정확히 반영된다.
㉡ 정책 결정의 효율성과 전문성이 높다.
㉢ 공동체 규모에 의해 제약을 받기 쉽다.
㉣ 정치적 무관심을 초래할 가능성이 높다.

① ㉠㉡
② ㉠㉢
③ ㉠㉣
④ ㉡㉣

10 법의 이념에 대한 내용으로 옳지 않은 것은?

① 자연법의 정신은 실정법을 통해 구체화되고 실정법의 내용은 헌법에 근거하여 그 타당성을 인정 받을 수 있다.
② 정의는 오늘날의 평등, 공정 및 기본적 인권의 존중 등으로 파악되는 것이 일반적인 경향이다.
③ 합목적성이란 그 국가와 사회가 추구하는 법적 가치와 목표를 말한다.
④ 법적 안정성을 위해서는 법의 내용이 명확하고 자주 변경되어서는 안되며, 국민의 법의식에 합 당해야 한다.

11 경기침체시 경기회복을 위한 적절한 조치가 필요하다. 다음 중 통화량 증대를 가져올 수 있는 경우는?

① 수출이 수입을 초과할 때
② 세입이 세출보다 클 때
③ 일반은행이 중앙은행에 차입금을 반환한 때
④ 중앙은행이 지급준비율을 인상한 때

12 선거관리위원회를 설치하는 목적으로만 묶인 것은?

㉠ 선거를 공정하게 관리하기 위해
㉡ 국민투표를 공정하게 관리하기 위해
㉢ 정당에 관한 사무를 처리하기 위해
㉣ 선거법 제정을 위해

① ㉠
② ㉠㉡
③ ㉠㉡㉢
④ ㉠㉡㉢㉣

13 변동환율제도하에서 국내물가가 상승하면 환율은 어떻게 되는가?

① 수출감소와 수입증가로 환율이 인상된다.
② 수출증가와 수입감소로 환율이 인하된다.
③ 수출감소와 수입증가로 환율이 인하된다.
④ 수출증가와 수입감소로 환율이 인상된다.

14 다음 연구에서 사용된 자료 수집 방법의 일반적인 특징으로 가장 적절한 것은?

> (가) 목적 : 조선 후기 신분제 사회의 변화 양상 연구
> (나) 자료 : 「조선시대 양천제에 관한 연구」, 「조선 후기 사회신분사 연구」 등
> (다) 방법 : 위 자료를 통해 조선 후기 신분제 사회의 변화 모습을 찾아본다.

① 예상치 못한 변수가 발생할 때 통제가 곤란하다.
② 수량화 및 통계를 통한 분석을 위해 주로 사용된다.
③ 추가적인 질문을 통해 심층적 내용의 연구가 가능하다.
④ 시 · 공간에 따른 제약을 적게 받고 폭넓은 연구가 가능하다.

15 현재 우리나라에서 실시하고 있는 사회보험의 내용으로만 묶인 것은?

> ㉠ 의료보호제도   ㉡ 국민기초생활보장제도
> ㉢ 공무원연금제도   ㉣ 산업재해보상보험제도
> ㉤ 국민건강보험제도   ㉥ 아동보호제도
> ㉦ 노인복지제도

① ㉠㉡㉢   ② ㉡㉢㉦
③ ㉢㉣㉤   ④ ㉣㉤㉥

16 갑~병의 문화 이해 태도에 대한 설명으로 옳은 것은?

갑 : 우리 민족의 전통 음악이 세계 어느 민족의 음악보다도 우월해.
을 : 다른 민족의 선진 음악을 적극 수용하여 우리 민족의 낙후된 전통 음악을 발전시켜야 해.
병 : 세계 모든 민족의 전통 음악은 존중받을 만한 고유한 의미와 가치가 있어.

① 갑의 태도는 사문화의 정체성을 약화시킬 우려가 크다.
② 을의 태도는 문화 제국주의로 변질될 우려가 크다.
③ 병의 태도는 서로 다른 사회 간의 갈등을 초래할 우려가 크다.
④ 병의 태도는 갑, 을의 태도와 달리 문화를 평가의 대상으로 보지 않는다.

17 다음 그래프에 대한 설명으로 옳은 것은?

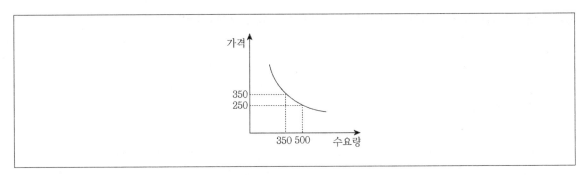

① 350원으로 팔 때와 250원으로 팔 때 기업의 수입은 같다.
② 수요량의 변동률에 대한 가격의 변동률에 대한 설명이다.
③ 가격이 250원에서 350원으로 올랐을 때의 탄력성과 350원에서 250원으로 내렸을 때의 탄력성이 동일하다.
④ 이 재화는 가격이 상승했을 때보다 하락했을 때 소비자들이 더 민감하게 반응할 것이다.

18 그래프는 어느 나라의 계층별 소득세율과 전체 소득에서 각 계층이 차지하는 소득 비중의 구조 변화를 나타낸 것이다. 적절한 설명을 〈보기〉에서 모두 고른 것은?

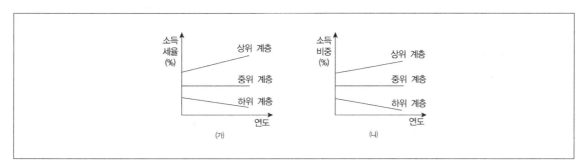

─────〈보기〉─────

㉠ 누진세의 성격이 강화되고 있다.
㉡ 소득 분배의 양극화 현상이 심화되고 있다.
㉢ 소득 수준과 관계없이 세율이 동일할 것이다.
㉣ (가)의 소득세제가 (나)의 상황을 초래하였을 것이다.

① ㉠㉡　　　　　　　　　　　② ㉠㉢
③ ㉡㉢　　　　　　　　　　　④ ㉡㉣

19 다음 제시문은 권리능력에 대한 설명이다. 이와 관련된 진술로 가장 적절한 것은?

부모에게서 태어나 권리와 의무의 주체가 될 수 있는 보통의 사람을 자연인이라 한다. 권리와 의무의 주체가 될 수 있는 지위를 민법에서는 권리능력이라고 하는데, 모든 자연인은 출생과 더불어 사법상의 권리능력을 가지게 된다.

① 권리능력은 자연인 이외는 보유할 수 없다.
② 태아는 원칙적으로 권리능력자가 아니다.
③ 행위의 의미나 결과를 변별하고 판단할 수 있는 능력을 의미한다.
④ 단독으로 완전하고 유효한 법률행위를 할 수 있는 지위를 의미한다.

20 다음 중 소득분배를 개선하기 위한 정책으로 볼 수 없는 것은?

① 누진세제도

② 각종 사회보장제도의 실시

③ 의무교육 확대

④ 비례세제도 실시

1 기관에 흡입되는 공기를 여과하고 흡입 시 강한 소음을 감소시키는 기능을 하는 것은?

① 공기 닥터   ② 흡기 다기관

③ 서지 탱크   ④ 에어크리너

2 다음 중 실린더에서 배출되는 연소가스를 한 곳으로 포집하는 장치는 어느 것인가?

① 배기 소음기   ② 배기 중간머플러

③ 배기 밸브   ④ 배기 다기관

3 유독성 배기가스 중 맹독성이며, 공기 중의 습기와 반응하여 질산으로 변하여 폐의 기능을 저하시키고 광화학 스모그의 주요 원인이 되는 배기가스는?

① CO ② CO_2

③ NO_X ④ HC

4 자동차의 배기관에서 흑색 연기를 배출되는 원인은 무엇인가?

① 윤활유가 연소실에 흡입되어 연소   ② 연료의 연소실에서 연소

③ 진한 공연비   ④ 윤활유의 부족

5 가솔린기관에서 주로 사용하는 PCV밸브는 어떤 가스를 제거하기 위한 것인가?

① 일산화탄소   ② 이산화탄소

③ 블로바이 가스   ④ 질소산화물

6 가솔린기관에서 주로 사용되는 차콜 캐니스터의 설치목적은 무엇인가?

① CO_2 증발가스 ② CO 증발가스

③ NO_x 증발가스 ④ HC 증발가스

7 다음 중 EGR 밸브와 연결되어 진공을 형성하는 장치는 무엇인가?

① PCV 밸브 ② 체크 밸브

③ 서모 밸브 ④ PCSV 밸브

8 배기가스 정화에 삼원 촉매 컨버터의 작동이 가장 활발한 공연비는 어느 것인가?

① 10 : 1 ② 12 : 1

③ 13 : 1 ④ 15 : 1

9 다음 중 가솔린기관의 촉매변환장치에서 촉매장치의 종류가 아닌 것은?

① SCR촉매 ② 산화촉매

③ 환원촉매 ④ 삼원촉매

10 가솔린기관 실린더 내의 최고 폭발 압력은 대략 kgf/cm^2인가?

① $3.5 \sim 10kgf/cm^2$ ② $15 \sim 20kgf/cm^2$

③ $35 \sim 45kgf/cm^2$ ④ $50 \sim 55kgf/cm^2$

11 고속도로 이외의 도로에서 왼쪽 차로가 지정차로가 아닌 차는?

① 대형승합자동차
② 소형승합자동차
③ 승용자동차
④ 중형승합자동차

12 다음 빈칸에 들어갈 개념으로 적절한 것은?

_____이란 차마의 통행 방향을 명확하게 구분하기 위하여 도로에 황색 실선(實線)이나 황색 점선 등의 안전표지로 표시한 선 또는 중앙분리대나 울타리 등으로 설치한 시설물을 말한다. 다만, 가변차로(可變車路)가 설치된 경우에는 신호기가 지시하는 진행방향의 가장 왼쪽에 있는 황색 점선을 말한다.

① 차로
② 차선
③ 중앙선
④ 길가장자리구역

13 다음 중 정비불량차량에 대한 사용정지명령을 내릴 수 있는 자와 사용정지 기간은?

① 시 · 도경찰청장, 15일
② 시 · 도경찰청장, 10일
③ 시 · 도경찰청장, 20일
④ 경찰서장, 10일

14 어린이통학버스를 운전하는 사람은 어린이통학버스의 안전운행 등에 관한 교육을 받아야하는데 정기안전교육은 몇 년마다 정기적으로 실시하는가?

① 6개월
② 1년
③ 2년
④ 3년

15 보행자가 예외적으로 도로의 중앙을 통행할 수 있는 경우는?

① 사회적으로 중요한 행사에 따라 시가를 행진하는 경우
② 말 · 소등의 큰 동물을 몰고 가는 사람
③ 학생의 대열
④ 도로에서 청소나 보수 등의 작업을 하고 있는 사람

16 다음 중 술에 취한 상태의 운전에 있어 단속 처벌 대상은?

① 혈중알코올농도 0.01% 이상
② 혈중알코올농도 0.03% 이상
③ 혈중알코올농도 0.05% 이상
④ 혈중알코올농도 0.1% 이상

17 음주운전자의 주취측정에 관한 설명으로 잘못된 것은?

① 경찰관의 음주운전 측정요구에 불응하면 원칙적으로 처벌 대상이다.
② 경찰관은 운전자의 동의 없이도 혈액 채취 등으로 측정할 수 있다.
③ 골목길에서 1m 운전시도 음주운전으로 처벌된다.
④ 주취운전하였다는 상당한 이유가 있는 때에는 호흡조사에 의하여 음주측정을 할 수 있다.

18 「도로교통법」상 어린이 보호구역 지정지역에 대한 설명으로 틀린 것은?

① 「초중등교육법」에 따른 외국인학교 또는 대안학교
② 「유아교육법」에 따른 유치원
③ 「영유아보육법」에 따른 어린이집 가운데 교육부장관이 지정한 어린이집
④ 「학원의 설립·운영 및 과외교습에 관한 법률」에 따른 학원 가운데 행정안전부령으로 정하는 학원

19 A씨는 운전 중 사람을 사상한 후 필요한 조치 및 신고를 하지 아니하고 도주하였다. 이 경우 운전면허가 취소된 날부터 언제까지 면허를 받을 수 없는가?

① 1년   ② 3년
③ 5년   ④ 10년

20 다음 중 자율주행자동차에 대한 설명으로 틀린 설명은?

① "자율주행자동차"란 「자동차관리법」 제2조 제1호의 3에 따른 자율주행자동차로서 자율주행시스템을 갖추고 있는 자동차를 말한다.

② 모든 영역에서 운전자의 개입 없이 자동차를 운행하는 자율주행시스템을 완전자율 주행시스템이라고 한다.

③ 자율주행시스템의 종류는 2가지로 자율주행시스템과 불완전 자율주행시스템으로 구분한다.

④ 운전이란 도로에서 차마 또는 노면전차를 그 본래의 사용방법에 따라 자율 주행 시스템을 사용하는 것을 포함 한다

정답 및 해설 P. 281

▶▶▶ 제1과목 **사회**

1 표는 A국 국민 갑, 을의 고용 관련 상황 변화가 고용 지표 변화에 미치는 영향을 나타낸다. 이에 대한 설명으로 옳은 것은? (단, 갑, 을 모두 15세 이상이며, A국의 15세 이상 인구는 일정하다. ㉠～㉢은 각각 비경제 활동 인구, 실업자, 취업자 중 하나이다.)

고용 관련 상황 변화 / 고용 지표	경제 활동 참가율	고용률
갑 : ㉠ → ㉡	불변	하락
을 : ㉡ → ㉢	하락	불변

① ㉠은 실업자, ㉡은 취업자, ㉢은 비경제 활동 인구이다.
② 실업 상태였다가 구직을 단념한 사람은 갑과 같은 고용 관련 상황 변화 유형에 해당한다.
③ 을은 고용 관련 상황 변화 이후에도 일할 능력과 의사를 모두 갖고 있을 것이다.
④ 갑의 고용 관련 상황 변화와 달리 을의 고용 관련 상황 변화는 실업률의 하락 요인이다.

2 ㉠, ㉡의 경우에 따른 법적 판단으로 옳은 것은?

> 갑과 을은 혼인 신고를 하지 않은 채 갑의 어머니 병과 함께 생활하였고, 그들 사이에는 자녀 정이 있다. 최근 갑은 교통사고를 당하여 크게 다쳤는데, 의사로부터 회복이 불가능하다는 진단을 받았다. 며칠 후 갑은 자신의 전 재산 3억 원을 을에게 증여한다는 유언을 남기고 사망하였다. 현재 을은 갑의 ㉠유언이 유효하다고 주장하고 있고, 병은 ㉡유언이 무효라고 주장하고 있다.

① ㉠의 경우 병의 법정 상속액은 1억 원이다.
② ㉠의 경우 정은 을을 상대로 1억 5천만 원의 유류분을 청구할 수 있다.
③ ㉡의 경우에도 을은 갑과 혼인 관계였으므로 상속받을 수 있다.
④ ㉡의 경우 병은 1억 2천만 원, 정은 1억 8천만 원씩 법정 상속을 받게 된다.

3 현행 헌법상 법률개정절차에서 법률의 확정시기는?

① 국회 재의결　　　　　　　　② 대통령의 공포
③ 대통령의 서명　　　　　　　④ 국민투표시 확정

4 밑줄 친 ㉠, ㉡의 경제적 유인에 대한 설명으로 옳은 것은?

> • 갑국 정부는 저출산 문제를 해결하기 위해 출산한 사람들에게 ㉠출산 장려금을 지급하고 있지만, 정부의 의도와는 다르게 출산율은 지속적으로 하락하고 있다.
> • 을국 정부는 일회용 비닐 봉투의 사용량을 줄이기 위해 일회용 비닐 봉투 1장당 15센트를 부과하는 ㉡소비자 부담금 제도를 도입하였다. 그 결과 연간 1인당 일회용 비닐 봉투 사용량이 300개에서 20개로 줄어들었다.

① ㉠은 출산한 사람들의 편익을 감소시키고자 한다.
② ㉡은 일회용 비닐 봉투를 사용하는 사람들의 비용을 증가시킨다.
③ ㉠과 같은 경제적 유인은 ㉡과 달리 사람들이 합리적으로 행동한다는 것을 전제로 한다.
④ ㉠, ㉡과 같은 경제적 유인은 모두 해당 행동의 빈도를 증가시킨다.

5 다음과 같은 내용이 설명하는 것은?

> • 북아메리카 인디언 체로키족은 백인들과 접촉하면서 영어에서 아이디어를 얻어 세쿼어라는 체로키 문자를 고안해 냈다.
> • 신라시대에 설총은 한자의 음과 훈을 빌려 '이두'라는 문자를 고안해 냈다.

① 문화지체　　　　　　　　　② 문화접변
③ 문화변동　　　　　　　　　④ 자극전파

6 다음 글에 나타난 ㉠~㉤에 대한 설명으로 옳은 것은?

> 갑은 대학의 △△학과 교수다. 갑의 ㉠아버지는 같은 학과의 ㉡대학원에 다니고 있다. ㉢어릴 적부터 인사하는 것을 철저히 배워 온 갑이 평소에는 아버지에게 먼저 인사를 올리지만, 대학원 강의 시간에는 ㉣갑의 아버지가 갑에게 먼저 인사를 하고 서로 높임말을 사용한다. 지난 학기에는 바쁘다는 이유로 갑의 아버지가 ㉤자주 결석을 하고 기한 내에 과제물을 제출하지 못하자 F학점을 주었다.

① ㉠은 귀속 지위에 해당한다.
② ㉡은 갑에게는 내집단, 갑의 아버지에게는 외집단이다.
③ ㉢과 ㉣은 재사회화의 결과다.
④ ㉤은 갑의 아버지의 역할 행동이다.

7 다음 중 직접세와 간접세에 대한 설명으로 옳지 않은 것은?

① 소득세·상속세는 직접세이고, 전화세·부가가치세는 간접세이다.
② 대체로 선진국은 직접세의 비중이 크고, 후진국은 간접세의 비중이 크다.
③ 일반적으로 직접세는 조세의 전가성이 있고, 간접세는 조세의 전가성이 없다.
④ 직접세는 소득의 원천에 기준을 두고, 간접세는 소비에 기준을 둔다.

8 다음에 해당하는 세금은?

> • 납세자와 담세자의 주체가 동일하지 않는다.
> • 소득재분배에 기여한다.

① 간접세   ② 누진세
③ 비례세   ④ 특별소비세

9 다음은 ㈎ 국가와 ㈏ 국가의 선거 결과를 나타낸 것이다. 이와 관련된 옳은 설명은?

㈎ 국가				㈏ 국가			
정당	정당 득표율	지역구 의석수	총 의석수	정당	정당 득표율	지역구 의석수	총 의석수
A	40%	36	40	A	53%	50	50
B	30%	27	30	B	32%	35	35
C	20%	18	20	C	14%	10	10
D	10%	9	10	D	1%	5	5
전체	100%	90	100	전체	100%	100	100

※ ㈎ 국가는 한 지역에서 1명만을 선출한다.
　㈏ 국가는 한 지역구에서 2명 이상을 선출한다.

① ㈏는 소수대표제와 결합한다.
② ㈎는 다수당의 출현이 어렵다.
③ 우리나라 국회의원 선거는 ㈏ 국가의 방식을 취하고 있다.
④ 우리나라 기초 의원 선거는 ㈎ 국가와 ㈏ 국가 모두에 해당되지 않는다.

10 다음 글의 밑줄 친 ㉠으로 미루어 보아 ㉡의 발생은?

전통사회에서는 효도를 으뜸된 덕목으로 숭상하고, 부모를 봉양하며, 입신양명하는 것을 이상으로 하고 있지만, 현대사회는 부부가 가족구성의 기초가 되어 각자의 직분을 존중하면서 사회발전에 참여하고 있기 때문에 자신의 발전을 더욱 중요시하고 있다. 이러한 ㉠ 사회적 인식과 가치관의 변화에 대응할 수 있는 새로운 윤리적 질서가 다시 세워지지 않으면 앞으로도 자식이 부모를 학대하고 부모가 자식을 버리는 등의 ㉡ 극단적인 사회병리 현상이 끊임없이 발생하게 될 것이다.

① 목적전치　　　　　　　② 일탈행동
③ 문화전파　　　　　　　④ 아노미 현상

11 우리나라 선거제의 특징만을 고른 것은?

㉠ 대선거구제	㉡ 소선거구제
㉢ 직능대표제	㉣ 비례대표제
㉤ 다수대표제	㉥ 소수대표제

① ㉠㉢㉣   ② ㉠㉢㉥

③ ㉠㉣㉥   ④ ㉡㉣㉤

12 우리나라의 정치발전과정으로 옳은 것은?

㉠ 직선제, 국민투표 실시	㉡ 내각책임제
㉢ 간선제, 대통령 권한 대폭 강화	

① ㉠㉡㉢   ② ㉠㉢㉡

③ ㉡㉠㉢   ④ ㉢㉡㉠

13 1$가 1,000원에서 1,600원으로 뛰어 올랐다. 이렇게 되었을 경우 옳은 것은?

① 수출이 감소된다.

② 외채상환부담이 가중된다.

③ 물가가 하락한다.

④ 내국인의 해외여행이 유리하게 된다.

14 정부가 다음과 같은 상황에서 세워야 할 대책으로 옳지 않은 것은?

• 재고율 증가	• 이자율 하락	• 실업률 증가

① 재할인율을 인하한다.　　　　　　② 적극재정을 실시한다.
③ 간접세를 높인다.　　　　　　　　④ 국·공채를 매입한다.

15 독점기업에서 정부가 P_0에서 P_1으로 가격을 낮출 경우에 옳은 것은?

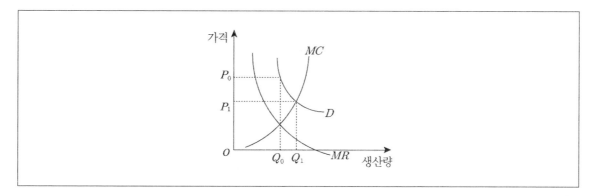

① $Q_0 - Q_1$만큼 생산을 늘린다.
② P_0만큼 암시장이 형성된다.
③ MR곡선은 변하지 않는다.
④ 독점공급자는 가격을 받아들일 뿐 마음대로 조정할 수 없다.

16 다음은 무엇에 관한 설명인가?

• 정부가 부강하면 개별기업도 해외에서 부강해진다.
• 기업이 좋지 않은 공기를 발산하나 시정되지 않는다. 그래서 주민들이 불편하다.

① 외부효과　　　　　　　　　　　② 규모의 경제를 구현
③ 독점시장에서 가격차별화　　　　④ 환경보전에 관한 경각심

17 다음 그래프의 A점에서 B점으로의 이동을 바르게 해석한 것은?

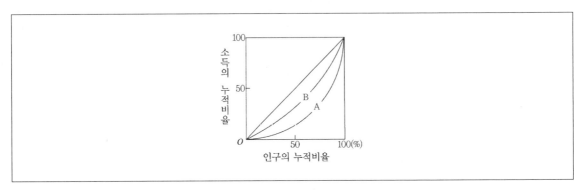

① 간접세율의 비중을 늘린다.
② 다이아몬드형에서 피라미드형으로 변화했다.
③ 정부는 경제성장에 중심을 둔 정책을 시행했다.
④ 정부는 누진세를 늘리고 복지정책을 강화했다.

18 다음 중 경제통합의 과정을 약한 것부터 순서대로 나열한 것은?

ㄱ 관세동맹   ㄴ 공동시장
ㄷ 자유무역   ㄹ 경제동맹

① ㄱㄹㄷㄴ   ② ㄴㄹㄷㄱ
③ ㄷㄱㄴㄹ   ④ ㄹㄷㄱㄴ

19 다음 사례로부터 옳게 추론한 내용을 〈보기〉에서 모두 고른 것은?

> 세계의 많은 대도시들은 교통 혼잡 문제로 골머리를 앓고 있다. 경제학자들은 이에 대해 도로 통행료 징수 제도를 해답으로 제시한다. 그러나 세계의 어느 도시도 싱가포르가 시도하기 전까지는 이 제도를 도입할 엄두를 내지 못했다. 싱가포르는 도심 주변에 통행료 징수기를 설치하여 이용한 도로, 이용 시간대 등을 토대로 도심에 진입하는 차량에 대해 통행료를 징수하고 있다.

〈보기〉

㉠ 통행료를 징수하는 도로는 국방과 같은 공공재이다.
㉡ 통행료를 징수함으로써 도로의 최적 이용량을 유도하고자 한다.
㉢ 통행료를 징수하는 것은 도로 이용의 사적비용이 사회적 비용보다 크기 때문이다.
㉣ 통행료를 징수하지 않는 경우 누구나 이용할 수 있지만 혼잡에 따른 경합성이 있다.

① ㉠㉡
② ㉠㉢
③ ㉡㉢
④ ㉡㉣

20 표는 갑국의 고용 지표 변화를 나타낸다. t년 대비 t+10년의 변화에 대한 분석으로 옳은 것은?

(단위 : 만 명, %)

구분	취업자 수	고용률	경제 활동 참가율
t년	630	63	90
t+10년	720	60	75

① 실업률은 상승하였다.
② 경제 활동 인구는 감소하였다.
③ 15세 이상 인구는 변함이 없다.
④ 비경제 활동 인구는 증가하였다.

1 전자제어연료분사식 엔진의 특징이 아닌 것은?

① 냉간 시는 시동성이 좋으나 온간 시는 시동성이 떨어진다.
② 고출력 향상이 뛰어나며 연료소비율이 좋다.
③ 기관 혼합비 컨트롤에 유리하다.
④ 엔진상황에 따라 신속하게 응답 처리가 가능하다.

2 전자제어기관의 흡입 공기량 측정에서 출력이 디지털이며 전기 펄스로 측정하는 센서는?

① Vane 타입   ② Karman 타입
③ Hot Wire 타입   ④ Air Valve 타입

3 다음 중 전자제어연료분사 장치의 흡입계통에서의 위치와 가장 거리가 먼 것은?

① 공기량 센서   ② 스로틀 포지션 센서
③ 흡기다기관   ④ 산소 센서

4 전자제어기관에서 냉각수 온도 센서의 약어는?

① MAP   ② WTS
③ AFS   ④ BPS

5 MAP 센서는 전자제어기관에서 무엇을 측정하는 센서인가?

① 매니폴드 절대압력을 측정   ② 매니폴드 내의 공기변동을 측정
③ 매니폴드 내의 대기압력을 흡입   ④ 매니폴드 내의 온도 감지

6 자동차 주행 중 가속페달 작동에 따라 출력 전압의 차이가 일어나는 센서는?

① 스로틀 포지션 센서   ② 수온 센서

③ 공기 흐름 센서   ④ 크랭크각 센서

7 전자제어기관에서 스로틀 위치 센서의 점검방법 중 틀린 것은?

① 센서전원 + 전원측정   ② 센서전원 – 접지측정

③ 자기진단기를 이용한 자기진단   ④ 센서 전류측정

8 전자제어기관에서 노킹 센서의 고장으로 노킹이 발생되는 경우 엔진에 미치는 영향은?

① 오일이 부족하다.   ② 가속 시 출력이 증가한다.

③ 연소실 내의 온도가 하강한다.   ④ 엔진이 과열된다.

9 다음 중 전자제어기관에서 사용 중인 산소센서의 작동여부는 무엇으로 알 수 있는가?

① 전류   ② 기전력

③ 저항   ④ 전원공급시간

10 전자제어기관에서 센서의 점검사항 중 잘못 연결된 것은 어느 것인가?

① 공기흐름 센서 – 기관 시동 상태 파악

② 인히비터 스위치 – 변속레버 D와 N 위치 파악

③ 냉각수온도 센서 – 기관의 냉각수온도 감지

④ 크랭크각 센서 – 기관의 가 · 감속 감지

11 교통사고 발생 시 경찰공무원이 현장에 없는 경우 가장 가까운 국가경찰관서에 신고하여야 하는 내용으로 옳지 않은 것은?

① 사상자의 수 및 부상정도
② 사고가 일어난 장소
③ 손괴한 물건 및 손괴정도
④ 사고일시 및 원인 등 피해자의 인적사항

12 자동차 앞면 창유리의 가시광선 투과기준은?

① 40% 미만　　　　　　　② 50% 미만
③ 60% 미만　　　　　　　④ 70% 미만

13 어린이통학버스를 운영하려는 자는 누구에게 신고하여야 하는가?

① 관할 경찰서장　　　　　② 시·도지사
③ 시·도경찰청장　　　　　④ 관할 구청장

14 다음 중 고속도로 버스전용차로를 운전할 수 있는 승합차의 최소 기준은?

① 7인승 이상 차량 중 5인 이상 승차
② 9인승 이상 차량 중 6인 이상 승차
③ 12인승 이상 차량 중 9인 이상 승차
④ 15인승 이상 차량 중 10인 이상 승차

15 좌석안전띠 착용 제외가 아닌 경우는?

① 임산부
② 비탈길 서행
③ 경찰용 차량에 호위되는 경우
④ 긴급자동차가 그 본래 용도로 운행 중인 경우

16 교통에 지장을 주지 않는 한 도로횡단시설을 이용하지 않아도 되는 사람은?

① 노약자 ② 순찰경찰공무원
③ 주 · 정차 단속 중인 시 · 군 · 구 공무원 ④ 지체장애인

17 고속도로에서의 원활한 소통을 위해 고속도로에 전용차로를 설치할 수 있는 권한이 있는 사람은?

① 시 · 도경찰청장 ② 한국도로공사 사장
③ 국토교통부장관 ④ 경찰청장

18 교통사고로 사람을 사상케 한 운전자가 가장 먼저 해야 할 의무사항은?

① 경찰공무원의 지시에 따른다.
② 사상자의 구호 응급조치에 주력한다.
③ 현장에 있는 가장 가까운 경찰서에 신고한다.
④ 현장에 있는 경찰공무원에게 먼저 신고한다.

19 도로교통법상 교통사고 발생시 사고차의 운전자 등의 신고의무가 면제되는 경우는?

① 운행 중인 차만 파손되고 교통소통에 위험이 없는 경우
② 우편물자동차의 운전자가 긴급한 업무수행차 사고가 난 경우
③ 접촉사고로 피해자가 중상을 입었으나 당사자 간 합의를 본 경우
④ 긴급자동차가 본래의 목적대로 사용되다 사고가 난 경우

20 교통사고 발생시 승차자로 하여금 조치하게 하고 계속 운전할 수 있는 경우는?

① 고속버스가 고속도로를 운행 중
② 통근버스
③ 생명이 위급한 부상자를 운송중인 구급차
④ 긴급한 용무로 운행되는 택시

▶▶▶ **제1과목** **사회**

1 우리나라의 사회 복지 제도 유형 A ~ C의 일반적 특징에 대한 설명으로 옳은 것은? (단, A ~ C는 각각 공공 부조, 사회 보험, 사회 서비스 중 하나이다.)

> A에 필요한 비용은 사업주, 근로자 또는 자영업자가 부담하는 것을 원칙으로 하되, 국가도 비용의 일부를 부담할 수 있다. 반면, B는 비용의 전부를 국가와 지방 자치 단체가 부담하는 것을 원칙으로 한다. C는 수익자 부담을 원칙으로 하며, 일정 소득 수준 이하의 국민에 대한 비용의 전부 또는 일부는 국가와 지방 자치 단체가 부담한다.

① A는 사후 처방적 성격을 가진다.
② B는 상호 부조의 원리를 바탕으로 한다.
③ A는 B에 비해 수혜 대상자의 범위가 넓다.
④ C는 B와 달리 금전적 지원을 원칙으로 한다.

2 다음과 같은 자유민주주의를 실현하는 데 있어 필수적인 요소라고 볼 수 없는 것은?

> 자유민주주의란 자유주의와 민주주의가 결합된 정치원리를 가리키는 말이다. 자유주의는 개인주의를 바탕으로 하며, 개인의 자유를 옹호하고 존중할 것을 근본으로 삼는 정치원리이다. 민주주의는 국가권력의 창출과 국가 내에서 행사되는 모든 통치권력의 정당성이 국민적 합의에 의한다는 정치원리를 말한다.

① 권력의 분립과 견제
② 사회보장제도의 확충
③ 헌법과 법률에 따른 정치
④ 복수정당제에 바탕을 둔 자유로운 정당활동

3 다음 사례를 근거로 한 진술이나 추론할 수 있는 내용으로 타당한 것은?

> 원자력발전소의 증설에 따라 늘어나는 핵폐기물 처리문제에 골몰하던 정부는 가칭 '핵폐기물처리에관한 법률'의 입법을 추진하기로 하고, 관계부처 합동으로 연구반을 구성하여 1년 여만에 법률안을 마련하여 국회에 제출하였다. 이 과정에서 관련이익단체의 의견 및 언론매체를 통해 나타난 국민여론을 감안하고, 전문가들의 협의와 몇 차례의 공청회, 그리고 당정협의를 거치기도 하였다. 한편, 제1야당은 정부안에 대한 환경운동단체들의 비판을 받아들여 소속의원 전원의 이름으로 다른 안을 제출하였다.
>
> 소관상임위원회는 각계 전문가들의 의견을 청취하는 동시에 두 안을 절충하는 작업을 시도하였으나 의견 차이가 좁혀지지 않았다. 결국 표결과정을 거쳐 상임위원회를 통과한 정부안은 본회의에서도 몇 차례의 논란을 겪은 후에 제2야당과 무소속의원들의 도움에 힘입어 통과될 수 있었다. 이로써 법률안은 정부로 넘겨졌고, 대통령은 국무회의의 심의를 거쳐 법률안을 공포하였다.

① 입법과정에서 행정부의 역할이 미미하였다.

② 우리나라의 대통령중심제 정부는 의원내각제 요소를 가미하고 있다.

③ 입법절차는 법률안 제안 → 국회의결 → 국민투표 → 대통령 공포의 순서로 이루어져 있다.

④ 두 법률안의 성립과정을 통하여 다양한 국민의사의 통합과 결집이 이루어지지 못했다.

4 다음 주장이 지향하는 입장과 상반되는 내용을 가진 것은?

> • 인플레이션은 탐욕스런 노동자나 욕심 많은 사업가 때문이 아니라 당국의 무분별한 통화남발 때문이다.
> • 최저임금제는 오히려 가난한 사람의 일할 기회를 빼앗아 간다.
> • 긴축적 재정정책은 실업을 더욱 심화시킨다.

① 사회보장제도는 제 기능을 다하지 못하고 있으므로 개인보험의 형태로 바꾸어야 한다.

② 누진세는 빈부격차를 줄이는 효과가 있기 때문에 더욱 강화되어야 한다.

③ 자유방임주의 시대가 오히려 지금보다 여러 가지 면에서 살기 좋은 시대였다.

④ 소비자를 보호할 수 있는 것은 정부가 아니라 경쟁이다.

5 다음과 같은 판결의 근거가 될 수 있는 법의 원리는?

> 토지소유자가 자신의 친딸에게 그 소유의 대지 위에 건물을 신축하도록 승낙하여 딸이 건물을 짓고 소유권보존등기를 하였는데, 그 딸의 채권자의 강제경매신청에 의하여 그 건물을 경락받은 제3자에게 토지소유자가 지어서 얼마 되지 않은 건물의 철거를 요구하는 것은 특별한 사정이 없는 한 이 원칙에 어긋난다.

① 신의성실의 원칙
② 권리남용금지의 원칙
③ 자력구제금지의 원칙
④ 공공복리적합의 원칙

6 우리나라 헌법 기관 A ~ D에 대한 설명으로 옳은 것은?

> • 상고심을 관할하는 A의 장(長)은 B의 동의를 얻어 C가 임명한다.
> • C의 직속 기관인 D는 공무원에 대한 직무 감찰을 담당한다.

① A는 위헌 법률 심판과 헌법 소원 심판을 담당한다.
② B는 국가 예산안을 심의하고 확정한다.
③ D는 고위 공직자에 대한 탄핵 소추권을 가진다.
④ C는 B의 장(長)에 대한 임명권을 가진다.

7 표는 법률행위를 효과에 따라 분류한 것이다. ㈎에 해당하는 사례를 고른 것은?

법률행위의 효과	A	B
사례	• 술에 만취된 갑이 5억짜리 집을 1억 원에 매도하기로 계약을 체결한 경우 • _____㈎_____	• 만 17세인 갑이 자동차를 갖고 싶은 욕망에 부모의 동의 없이 자동차 매매계약을 체결한 경우

㉠ 당사자 간에 혼인의 합의 없이 혼인신고를 한 경우
㉡ 미성년자가 단독으로 부동산 매매계약을 체결한 경우
㉢ 유언이 기재된 자필 증서에 유언자의 기명날인이 없는 경우
㉣ 미성년자가 단독으로 부동산 임대차 계약을 체결한 경우

① ㉠㉡
② ㉠㉢
③ ㉡㉢
④ ㉢㉣

8 문화의 의미를 ㈎, ㈏와 같이 정의할 때, 이에 대한 설명으로 옳은 것을 〈보기〉에서 고른 것은?

㈎ 문화는 후천적 학습을 통해 공유하고 있는 행동양식과 사고방식을 포함한 인간의 모든 생활양식을 의미한다.
㈏ 문화는 특별한 의미를 가지고 있는 생활양식으로서 고상하거나 세련된 것, 고급스러운 것을 의미한다.

─── 〈보기〉 ───
㉠ ㈎는 문화가 우열의 개념을 내포하고 있다고 본다.
㉡ ㈏의 예로 '문화생활', '문화강국' 등을 들 수 있다.
㉢ ㈎는 물질 문화, ㈏는 비물질 문화를 의미한다.
㉣ ㈎는 ㈏에 비해 문화를 포괄적으로 인식하고 있다.

① ㉠㉡
② ㉠㉢
③ ㉡㉢
④ ㉡㉣

9 근대민주정치를 설명한 것 중 옳은 것은?

① 치자(治者)와 피치자(被治者)의 동일성을 유지하는 가장 좋은 방법은 간접민주정치이다.

② 유럽에서는 민주정치를 요구하는 시민혁명이 일어난 뒤에 지역국가가 형성되었다.

③ J. Locke는 자연상태에서 모든 사람이 생명, 자유, 재산에 대한 실정법상의 권리를 가졌다고 주장하였다.

④ J. J. Rousseau는 "의사는 대표될 수 없다."는 전제 아래 간접민주정치를 비판하였다.

10 다음 사례에 대한 법적 판단으로 옳은 것은?

> • 검사는 사기 혐의로 수사를 받고 있는 갑이 도주할 우려가 있다고 판단하여 갑을 구속하려고 한다.
> • 폭행 혐의로 구속 기소된 을은 재판 진행 중 피해자와의 합의를 위해 구금 상태에서 벗어나고자 한다.
> • 법원은 절도 혐의로 구속 기소된 병에게 징역 1년에 집행 유예 2년을 선고하였고 판결이 확정되었다.

① 검사는 갑에 대한 구속 영장을 발부할 수 있다.

② 을은 법원에 구속 적부 심사를 청구할 수 있다.

③ 병이 일정한 범죄를 저지르지 않고 2년이 경과하면 면소된 것으로 간주한다.

④ 을이 무죄 판결을 받아 확정되면 병과 달리 을은 형사 보상을 청구할 수 있다.

11 다음 중 재정에 관한 설명으로 옳은 것은?

① 우리나라 세출구조의 특징은 정부주도의 경제개발비의 비중이 점차 높아지고 있어 경직성을 띠고 있다.

② 간접세의 비율이 높아진 관계로 소득분배를 많이 개선시켰다.

③ 직접세 위주의 조세정책은 간접세에 비해 보다 많은 조세저항을 가져온다.

④ 국민경제가 불경기일 때, 긴축재정은 물가를 안정시키고 경기를 회복시킨다.

12 역대 국회의원 선거결과 정당의 의석분포를 나타낸 다음의 표를 근거로 할 때, 우리나라의 정당역사에서 드러난 특징을 타당하게 추론한 것은?

- 제3대[54. 5. 20] – 자유당(114석), 자유민주당(15석), 국민회(3석), 기타(71석)
- 제5대[60. 7. 29] – 민주당(175석), 사회당(4석), 기타(54석)
- 제6대[63. 11. 26] – 민주공화당(110석), 민정당(41석), 민주당(13석), 기타(11석)
- 제7대[67. 6. 8] – 민주공화당(129석), 신민당(45석), 대중당(1석)
- 제10대[78. 12. 12] – 민주공화당(145석), 신민당(61석), 기타(25석)
- 제11대[81. 3. 25] – 민주정의당(151석), 민주한국당(81석), 한국국민당(25석), 기타(19석)
- 제14대[92. 3. 24] – 민주자유당(148석), 민주당(98석), 통일국민당(31석), 기타(22석)
- 제15대[96. 4. 11] – 신한국당(139석), 새정치국민회의(79석), 자유민주연합(50석), 기타(31석)
- ※ [ ]는 선거일이며, 5대는 민의원 의석수임.

① 다당제가 확립되어 정권을 담당하기 위하여 정당간에 연합을 하게 된다.
② 당을 대표하는 지도자를 선출하는 데 있어서 당원의 참여가 배제되고 있다.
③ 정치적 변혁이 있을 때마다 기존의 정당들은 사라지고 새로운 정당들이 나타났다.
④ 정당활동이 특정 인물이나 지역을 중심으로 이루어져 국민 전체의 의사를 대변하지 못하고 있다.

13 다음과 같은 현상을 가정할 때 예상되는 결과로 볼 수 없는 것은?

- 미국의 달러화에 대한 원화의 환율인상
- 미국의 달러화에 대한 엔화의 환율인하
- 일본의 엔화에 대한 원화의 환율인상

① 미국으로 수출되는 일본 상품의 달러표시가격이 상승하므로 일본의 대미수출은 감소할 것이다.
② 우리나라가 일본에서 수입하는 물품의 원화표시가격이 상승하므로 수입은 감소할 것이다.
③ 일본과 경쟁관계에 있는 우리 상품은 미국시장에서 가격경쟁력을 상실할 것이다.
④ 우리나라의 무역수지는 개선되지만, 물가상승의 압력과 외국과의 통상마찰의 가능성은 증대될 것이다.

14 사회계층화 현상에 대한 기능론적 관점이라고 보기 어려운 것은?

① 사회계층화는 지배집단의 기득권과 지배적 위치를 유지하려고 존속시키고 있는 것이다.

② 사회계층화는 불가피한 현상이다.

③ 사회계층화는 개인과 사회가 최선의 기능을 하도록 하는 장치이다.

④ 사회계층화는 사회구성원의 합의된 절차와 기준에 의해 이루어진다.

15 다음 중 정치형태에 대한 설명으로 옳지 않은 것은?

① 국민자치의 원리에 가장 충실한 제도는 직접민주정치이다.

② 대통령제는 견제와 균형의 원리에 입각하여 의회해산권이 대통령에게 주어져 있는 것이 일반적인 형태이다.

③ 정치적 책임과 국민적 요구에 민감한 정부형태는 의원내각제이다.

④ 우리나라에서 채택되고 있는 직접민주정치제도는 국민투표제이다.

16 상호 의존하는 국제사회는 그 사회를 안정시키기 위해 일정한 룰(rule)을 창출하여야 한다. 국제관계를 규율하는 보다 포괄적인 장치로서 행위주체들이 바라는 바가 수렴되는 제도, 원칙, 규범, 절차 등을 총칭하는 포괄적인 개념과 그 예를 적절히 연결한 것은?

① 국제기구 - UN
② 국제법규 - GATT
③ 국제레짐 - WTO
④ 국제체제 - INGO

17 다음과 같은 연구를 하는 데 필요한 자료를 수집하는 방법을 바르게 연결한 것은?

> ㉠ 뇌물을 받은 공무원의 심리나 동기에 대한 연구를 하려고 한다.
> ㉡ 정신병원에서 의사와 환자와의 관계를 탐구하고자 한다.
> ㉢ 국민들이 "국민의 정부"의 정책을 어느 정도 지지하고 있는지를 알고자 한다.

① 질문지법 - 면접법 - 관찰법
② 면접법 - 문헌연구법 - 관찰법
③ 면접법 - 관찰법 - 질문지법
④ 관찰법 - 질문지법 - 문헌연구법

18 고대 그리스 아테네의 민주정치에 대한 설명으로 옳은 것은?

① 고대 그리스 민주정치는 이미 주어진 것으로서의 공동체를 전제하는 것이 아니고, 사회를 새로 이 구성하는 원리로서의 성격이 두드러진다.

② 고대 그리스에서는 선거에 의해 공직자를 결정하였으며, 우연에 의한 추첨제, 윤번제 등은 비민 주적이라고 간주되어 널리 이용되지 못하였다.

③ 소크라테스를 죽게 한 민주정치의 실제를 경험한 플라톤은 철인정치를 주장하면서 민주정치에 부정적이었다.

④ 고대 그리스에는 많은 폴리스가 존재했고 민주정치란 여러 정치형태 중의 하나에 불과하였지만, 민주주의의 이념인 자유와 평등은 보편적 원리로 그리스 전체를 지배했다.

19 표는 국민 경제 순환에서 시장 A, B를 질문에 따라 구분한 것이다. 이에 대한 설명으로 옳은 것은? (단, A와 B는 각각 생산물 시장과 생산 요소 시장 중 하나이다.)

질문 \ 시장	A	B
기업의 판매 수입이 발생하는가?	예	아니요
실업자의 구직 활동이 이루어지는가?	아니요	예
정부가 경제 활동의 주체로 참여하는가?	㉠	㉡

① 임금, 지대, 이자는 A에서 결정된다.

② 가계의 택배 서비스 이용은 A에서 이루어진다.

③ 가계는 B에서 수요자이다.

④ 환자가 병원에서 진료 받는 행위는 B에서 이루어진다.

20 다음 중 GNP(국민총생산)에 대한 설명으로 옳지 않은 것은?

① GNP는 주로 국민들의 소비활동과 투자활동, 정부의 경제활동 그리고 그 나라의 국제거래(수출입활동)로 구성되어 있다.

② GNP의 측정은 이중계산을 피해야 한다. 이를 위해 기업의 부가가치를 합산하기보다 최종재의 가치를 합산하는 방법을 주로 이용한다.

③ GNP는 계산상의 어려움 때문에 시장을 통하지 않는 재화와 용역은 추계에서 제외되며 정신적·심리적 편익도 고려되지 않는다.

④ GNP는 그 나라 국민이 국내와 해외에서 새로이 생산한 것을 합한 것이다.

1 전자제어기관의 연료분사제어방식 중 점화순서에 따라 순차적으로 분사되는 방식은?

① 독립분사 방식

② 동시분사 방식

③ 간헐분사 방식

④ 그룹분사 방식

2 가솔린 연료분사장치의 인젝터는 무엇에 의하여 연료를 분사하는가?

① 플런저의 작동

② 다이어프램의 상하운동

③ 흡기다기관의 부압신호

④ ECU의 펄스 신호

3 다음 중 전자제어기관의 연료분사장치에서 시동할 때 이루어지는 분사는?

① 순차분사

② 독립분사

③ 그룹분사

④ 동시분사

4 전자제어 가솔린 엔진에서 ECU의 입력요소가 아닌 것은?

① 인젝터 작동

② 공기유량 센서

③ 크랭크각 센서

④ 공전 스위치

5 전자제어기관에서 스로틀 보디의 기능으로 가장 적당한 것은?

① 공기량 조절

② 오일량 조절

③ 회전수 조절

④ 점화시기 조절

6 산소 센서가 피드백(feed back) 제어를 할 경우로 가장 적합한 시기는 언제인가?

① 흡입 공기량의 차이가 클 때
② 감속 상태에서 연료를 차단할 때
③ 배기가스 중의 산소 농도가 차이가 있을 때
④ 공전속도로 주행할 때

7 전자제어 연료분사장치의 차량에서 시동이 걸리지 않는 이유가 아닌 것은?

① 점화시기가 부정확
② 타이밍벨트 또는 타이밍체인 끊어짐
③ 연료펌프의 작동 불량
④ 산소 센서 고장

8 펄스(pulse)의 정의로 옳은 것은 어느 것인가?

① 시간에 관계없이 파형만 볼 수 있을 정도의 신호
② 정상상태에서 진폭이 옮겨지고 일정한 시간만큼 지속된 다음 본래의 상태로 되돌아가는 신호
③ 펄스의 측정은 아나로그 테스터를 사용
④ 파형은 직류의 파형이 반복되는 비율

9 내연기관 중 디젤기관의 압축비는?

① 6 ~ 8 : 1
② 10 ~ 12 : 1
③ 12 ~ 14 : 1
④ 15 ~ 20 : 1

10 디젤기관에서 직접분사실식의 특징으로 틀린 것은 어느 것인가?

① 열손실이 적고 열효율이 높다.
② 고속엔진에 사용하고 방열이 적다.
③ 세탄가가 낮은 연료를 사용할 수 있다.
④ 실린더벽으로 열전달이 적다.

11 다음 중 운전면허 결격사유에 해당하지 않는 것은?

① 양쪽 팔의 팔꿈치관절 이상을 잃은 사람이나 양쪽 팔을 전혀 쓸 수 없는 사람

② 교통상의 위험과 장해를 일으킬 수 있는 마약 중독자

③ 원동기장치자전거의 경우에는 18세 미만인 자

④ 앞을 보지 못하는 사람

12 어린이 보호구역으로 지정한 구간의 자동차 등의 통행속도는?

① 30km 이내

② 40km 이내

③ 45km 이내

④ 60km 이내

13 도로상의 위법한 인공구조물을 설치한 사람에 대하여 시정명령이나 교통장해 제거명령을 할 수 있는 자는?

① 도로관리청

② 시ㆍ도경찰청장

③ 경찰청장

④ 경찰서장

14 고속도로 통행방법 중 틀린 것은?

① 자동차 이외에는 진입할 수 없다.

② 긴급자동차는 앞지르기 차선으로 통행할 수 있다.

③ 모든 자동차는 회전, 후진할 수 있다.

④ 이륜자동차는 긴급자동차 외에는 진입할 수 없다.

15 고속도로상에서 자동차가 주·정차할 수 있는 경우는?

① 승객이 급한 용무로 요구할 때

② 휴식을 위해 갓길에 주정차

③ 고속도로 등 긴급보수나 도로의 점검을 위한 갓길 정차

④ 다리 위에서 휴식을 위한 주정차

16 다음 중 고속도로에서 버스전용차로로 통행이 가능한 차량은?

① 30인승 승합자동차에 운전자와 동승자 1명이 승차

② 5인승 승용자동차에 4인이 승차

③ 12인승 승합자동차에 5인이 승차

④ 9인승 승용자동차에 5인이 승차

17 다음중 주·정차 단속공무원의 교육에 관한 사항으로 틀린 것은?

① 정기교육은 연 1회 8시간 실시한다.

② 교육을 실시하는 자는 시장 등이다.

③ 필요하다고 인정하는 때에는 수시교육실시가 가능하다.

④ 보수교육은 5년마다 실시한다.

18 다음 중 안전표지가 의미하는 바가 잘못 연결된 것은?

①  – 오르막경사표지

②  – 우측차로 없어짐표지

③  – 야생동물보호표지

④  – 낙석도로표지

19 연습운전면허의 효력은?

① 1년　　　　　　　　　　② 2년

③ 3년　　　　　　　　　　④ 5년

20 현재 기상상태는 비가 내려 가시거리가 약 90미터 정도이다. 경찰관 A가 편도 2차선 일반국도에서 단속기준으로 삼아야 하는 것은?

① 80km/h 초과 운행 차량

② 64km/h 초과 운행 차량

③ 40km/h 초과 운행 차량

④ 48km/h 초과 운행 차량

▶▶▶ 제1과목 **사회**

1 표는 X재 시장의 수요 또는 공급의 변동을 구분한 것이다. 이에 대한 옳은 분석만을 〈보기〉에서 고른 것은? (단, X재 시장의 균형이 존재하고, X재는 수요 및 공급 법칙을 따른다.)

구분	증가	감소
수요	㉠	㉡
공급	㉢	㉣

〈보기〉

㉠ ㉠의 경우 공급이 가격에 대해 탄력적이라면 가격 변동률이 거래량 변동률보다 작다.
㉡ ㉡의 경우 공급의 가격 탄력성에 상관없이 소비 지출액은 감소한다.
㉢ ㉢의 경우 수요의 가격 탄력성이 1이라면 소비 지출액은 감소한다.
㉣ ㉢과 ㉣의 경우 공급의 가격 탄력성을 알아야 소비 지출액의 증감을 파악할 수 있다.

① ㉠, ㉡　　　　　　　　　　　　② ㉠, ㉢
③ ㉡, ㉢　　　　　　　　　　　　④ ㉡, ㉣

2 그림과 같은 변화를 초래할 수 있는 원인을 〈보기〉에서 모두 고른 것은? (단, 그림의 숫자는 해당 영역의 크기를 나타낸다)

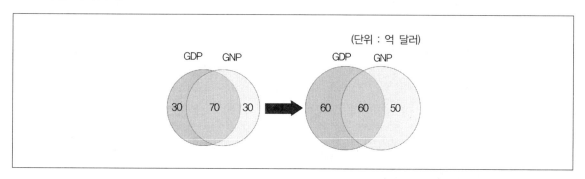

───── 〈보기〉 ─────

ㄱ 외국 기업의 국내 투자 감소　　　　　ㄴ 외국인 노동자의 국내 취업 증가

ㄷ 자국 기업의 공장 해외 이전 증가　　　ㄹ 자국 기업의 국내 생산 설비 증설

① ㄱㄷ　　　　　　　　　　　　　　② ㄱㄹ

③ ㄴㄷ　　　　　　　　　　　　　　④ ㄴㄹ

3 강제성에 기초한 법적 강제를 법의 제재라고 한다. 법의 제재는 대체로 권리를 제한시키거나 의무를 부과하는 방법으로 이루어지는데, 다음 중 사법(私法)상의 제재에 해당하는 것은?

① 불법주차행위에 대한 과태료 부과

② 채무불이행에 대한 손해배상 및 강제이행

③ 경제법을 위반한 자에 대한 범칙금 부과

④ 절도행위자에 대한 징역형 부과

4 범죄피해자의 국가구조청구권과 관계 깊은 것은?

① 수단적 성격의 기본권

② 생존권적 기본권

③ 국가권력으로부터의 소극적 권리

④ 국가운영에 참여하고자 하는 적극적 권리

5 다음 중 법률로 정하는 것이 아닌 것은?

① 조세의 종목과 세율
② 국회의원의 선거구
③ 계약의 종류와 내용
④ 행정각부의 설치, 조직

6 다음에서 밑줄 친 '이것'이 가리키는 법의 이념은?

- 이것은 국민들이 법에 따라 안심하고 생활할 수 있어야 한다는 것을 의미한다.
- 이것이 유지되기 위해서는 법이 명확하고, 함부로 변경되지 않으며 국민의 의식에 합당한 것이어야 한다.

① 정의   ② 법적 안정성
③ 합목적성   ④ 타당성

7 "국회의원 선거구간의 인구편차가 너무 크면 위헌이다."라는 판단은 어떤 선거의 원칙을 근거로 한 것인가?

① 보통선거   ② 평등선거
③ 직접선거   ④ 비밀선거

8 다음 그림에서 AB는 일정한 소득으로 구입 가능한 최대의 조합을 나타낸 곡선이다. AB선상의 점 P에서 소비하다가 AB'선상의 점 P'로 소비를 변화시켰을 경우 이때 소비자의 행동을 바르게 설명한 것은?

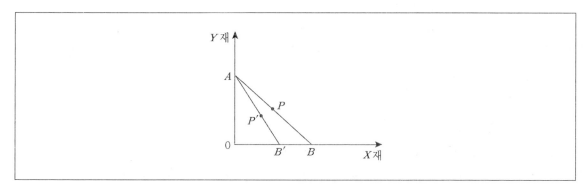

① X재의 가격이 내려 X재만의 수요량을 증가시켰다.
② X재의 가격이 내려 Y재만의 수요량을 증가시켰다.
③ X재의 가격이 올라 X재만의 수요량을 감소시켰다.
④ X재의 가격이 올라 X재와 Y재의 수요량을 감소시켰다.

9 간접민주정치는 국민의 대표가 국정을 운영하는 정치제도로 대의정치라고도 한다. 오늘날 대부분의 국가에서는 정치적 효율성 제고라는 차원에서 간접민주정치를 채택하고 있으나 국민의 정확한 의견 반영의 곤란, 정치적 무관심이 커진다는 문제점이 있다. 이러한 문제점을 해결하기 위한 대책으로 적당하지 않은 것은?

① 사법부의 독립 보장
② 이익단체의 활동 보장
③ 국민투표제 실시
④ 지방자치제 실시

10 다음 중 대통령제의 정부형태와 거리가 먼 것은?

① 견제와 균형의 원리에 충실하다.

② 원칙적으로 대통령은 국민이 선출한다.

③ 행정권은 의회의 다수당에 의해 구성된 내각에 있다.

④ 대통령은 의회에 대하여 책임을 지지 않는다.

11 다음 문제를 해결하기 위해 ○○여성단체가 헌법재판소에 청구할 수 있는 것은?

> ○○ 여성단체에서는 공무원을 임용함에 있어서 병역의무를 필한 남자에 대하여 5%의 가산점을 부여하는 것은 헌법에 보장되어 있는 평등의 원칙에 위배되는 것이라고 보고 있다.

① 탄핵심판   ② 위헌법률심판

③ 기관권한쟁의심판   ④ 헌법소원심판

12 다음의 ㉠~㉣에 대한 설명으로 틀린 것은?

> 갑은 ㉠매월 2,000만 원의 저작권료를 받을 만큼 이름이 알려진 가수다. ㉡재산으로는 현금 2억 원과 부동산 8억 원을 보유하고 있다. ㉢가족으로는 노모 을과 배우자 병, 슬하에 아들 정이 있다. ㉣갑의 휴가차 병과 정은 해외여행에 나섰고 비행기가 폭발하는 사고를 당해 모두 사망하였다.

① ㉠의 저작권료는 채권으로 상속대상이다.

② ㉡은 적극적 재산으로 상속대상이다.

③ ㉢에서 정의 혼인 여부는 상속에 영향이 없다.

④ ㉣에서 갑과 정이 동시에 사망했다면 을과 병이 갑의 재산을 상속받는다.

13 다음 그림에서 독점시장의 가격결정과 관련된 설명 중 옳지 않은 것은?

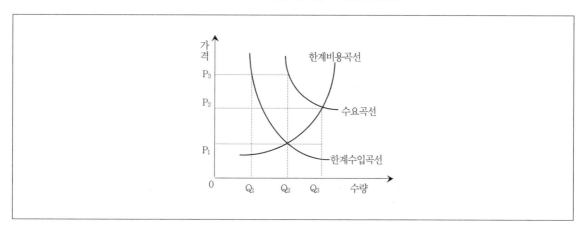

① 독점기업의 한계수입은 시장가격과 일치하지 않는다.
② 독점기업의 한계수입은 시장가격보다 낮다.
③ 독점기업의 공급량은 Q_2에서 결정된다.
④ 독점기업의 균형가격은 P_1에서 결정된다.

14 다음 그림은 어떤 세금의 특성을 나타낸 것이다. 이를 옳게 설명한 것은?

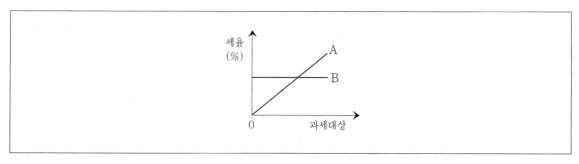

① A는 빈부격차를 완화시켜 소득재분배 효과를 가져온다.
② A는 조세의 역진성을 초래할 수 있다.
③ B는 소득세, 특별소비세, 부가가치세 등이 해당된다.
④ B는 소득에 기준을 두고 부과하는 조세이다.

15 수요의 가격탄력성이 탄력적인 경우 가격이 상승하면?

① 수요량이 감소하고, 그 상품의 소비에 지출되는 금액도 감소한다.

② 수요량이 감소하나, 그 상품의 소비에 지출되는 금액은 증가한다.

③ 수요량이 증가하고, 그 상품의 소비에 지출되는 금액도 증가한다.

④ 수요량이 증가하나, 그 상품의 소비에 지출되는 금액은 감소한다.

16 다음 중 피라미드형 계층구조와 비교하여 다이아몬드형 계층구조의 내용으로 옳지 않은 것은?

① 분화된 산업사회의 계층구조이다.

② 중간계층이 상·하층보다 상대적으로 많다.

③ 적극적인 복지정책을 추진하는 나라에 많이 보인다.

④ 사회이동이 극히 제한되어 있어 불안정하다.

17 우리나라의 주요 경제지표를 나타낸 것이다. 이 자료와 관련된 설명으로 옳지 않은 것은?

(단위 : 100만 달러)

구분 연도	경상수지	무역수지	자본수지	외환보유액(말)
1985	−795	−20	1,633	7,749
1990	−2,003	−2,450	2,564	14,822
1995	−8,508	−4,444	16,786	32,712
1997	−8,618	−3,875	5,438	20,406

① 일종의 가공자료라고 할 수 있다.

② 전수조사(全數調査)를 하였을 것이다.

③ 1997년의 무역규모는 1995년보다 작아졌다.

④ 경상수지의 적자를 자본수지의 흑자로 메웠다.

18 다음 자료에 대한 분석으로 옳은 것은? (단, 돼지고기의 수요와 공급 곡선은 직선이고, 수요와 공급의 법칙을 따른다.)

아프리카돼지열병(ASF)이 발생하여 ○○지역의 모든 돼지가 살처분 되었다. 이로 인해 1kg당 15,000 원이던 돼지고기 가격이 ㉠1kg당 30,000원으로 급등하였다. 그러나 아프리카돼지열병 발생 한 달 후, 돼지고기 가격이 ㉡1kg당 12,000원으로 급락하였다. 이는 돼지고기 안전에 대한 소비자들의 의심이 커졌기 때문이다.

① ㉠은 돼지고기 수요 감소 때문이다.

② ㉡은 돼지고기 공급 감소 때문이다.

③ 돼지고기 균형 거래량은 ㉠일 때가 ㉡일 때보다 많다.

④ ㉠의 돼지고기 공급과 ㉡의 돼지고기 수요 변동 방향은 서로 다르다.

19 휴대전화가입자 수가 천만 명을 넘어선 지금에도 "때와 장소"를 가리지 않고 울리는 "삐리릭" 소리 때문에 사회가 몸살을 앓고 있다. 이런 현상을 설명하는 개념으로 가장 적합한 것은?

① 2차적 발명   ② 자극전파

③ 문화접변   ④ 문화지체

20 다음 글을 토대로 내린 결론으로 가장 적절한 것은?

우루과이라운드(UR)가 타결됨으로써 공산품의 관세 인하, 농산물시장 개방 확대, 서비스 및 금융산업의 개방 등이 이루어졌다. 그리고 앞으로 세계무역을 주관하고 무역분쟁을 해결하기 위한 기구로 세계무역기구(WTO)가 창설되어, 자유무역의 원칙을 지키지 않는 국가에 대해 제재조치를 행사할 수 있게 되었다. 유럽국가들은 유럽연합(EU)으로 통합하여 미국과 일본에 맞서고 있으며, 미국·캐나다·멕시코는 북미자유무역지역(NAFTA)을 발족시켜 블록경제의 장벽을 강화하고 있다. 막대한 규모의 무역적자를 해소하려는 미국의 시장개방공세는 개별 교역상대국과의 양자간 무역마찰을 일상화시키고 있다. 미국은 양자간의 무역문제를 해결하기 위해 WTO의 분쟁해결기구와는 별도로 슈퍼 301조를 계속 동원하겠다는 강경한 입장을 유지하고 있다.

① 세계무역기구의 출현으로 남북문제가 해소되었다.
② 세계무역의 다극화현상이 나타나면서 무역마찰이 줄어들고 있다.
③ 세계정부의 출현으로 무역을 둘러싼 갈등과 대립이 억제되고 있다.
④ 국제무역질서에는 다자주의, 지역주의, 쌍무주의가 상호 공존하고 있다.

1 커먼레일 디젤 분사 장치의 특징이 아닌 것은?

① 분사압력의 변화폭을 크게 할 수 있다.
② 기관의 성능을 크게 향상시킬 수 있다.
③ 기관의 작동 상태에 따른 분사시기의 변화폭을 크게 할 수 있다.
④ 타이머를 이용한 분사시기를 조정한다.

2 디젤기관의 연소실 형식 중 열효율이 높고 기동이 쉬운 장점이 있고 구멍형 노즐을 사용하며 고속 디젤기관에 주로 사용하는 연소실 형식은?

① 예연소실식
② 와류실식
③ 공기실식
④ 직접분사실식.

3 어떤 디젤 연료 6L 중에 세탄이 80%이며, α-메틸타프탈린이 20% 섞여 있다. 이때 디젤 연료의 세탄가는 얼마인가?

① 50%
② 60%
③ 70%
④ 80%

4 디젤기관의 연료 발화 촉진제에 해당되지 않는 것은 어느 것인가?

① 초산에틸
② 아초산아밀
③ 아초산에틸
④ 카보닐아밀

5 엔진의 피스톤 구비 조건으로 가장 옳지 않은 것은?

① 관성력에 의한 동력손실을 줄이기 위해 무게가 무거울 것
② 열전도율이 좋고 열팽창률이 작을 것
③ 피스톤 상호 간의 무게차이가 적을 것
④ 충분한 기계적 강도가 있을 것

6 디젤 노크를 방지하기 위한 방법이 아닌 것은?

① 착화성이 좋은 연료를 사용한다.
② 압축비가 높은 기관을 사용한다.
③ 분사 초기의 연료분사량을 많게 하면서 폭발력을 높인다.
④ 착화지연 기간을 짧게 한다.

7 디젤기관 예열장치에서 연소실 내의 압축공기를 예열하여 시동이 용이하게 하는 방식을 무엇이라 하는가?

① 흡기 가열식　　　　　　　　　② 예열 플러그식
③ 흡기 히터식　　　　　　　　　④ 히터 레인지식

8 디젤기관의 연소실 중 복실식이 아닌 것은 어느 것인가?

① 직접분사실식　　　　　　　　　② 예연소실식
③ 와류실식　　　　　　　　　　　④ 공기실식

9 디젤기관의 연료분사장치에서 연료의 분사량을 조절하는 것은?

① 연료공급 펌프　　　　　　　　② 연료분사 펌프
③ 딜리버리 밸브　　　　　　　　④ 인젝터

10 디젤기관에서 딜리버리 밸브의 역할이 아닌 것은?

① 연료분사시 후적을 방지한다.
② 분사압력을 조절하는 밸브이다.
③ 고압파이프 안의 잔압을 유지한다.
④ 연료의 역류를 방지한다.

11 원동기장치자전거면허를 받지 아니하고 원동기장치자전거를 운전한 사람의 처벌은?

① 30만 원 이하의 벌금　　　　　　② 6개월 이하의 징역

③ 200만 원 이하의 벌금　　　　　　④ 1년 이하의 징역

12 도로관리청 또는 공사시행청의 명령에 따라 도로를 파거나 뚫는 등 공사를 하려는 사람은 관할 경찰서장에게 며칠 전에 신고해야 하는가?

① 3일 이전　　　　　　　　　　　② 5일 이전

③ 7일 이전　　　　　　　　　　　④ 10일 이전

13 공사로 인하여 교통안전시설을 훼손한 때에는 부득이한 사유가 없는 한 공사가 끝난 날부터 며칠 이내에 원상회복해야 하는가?

① 3일 이내　　　　　　　　　　　② 5일 이내

③ 7일 이내　　　　　　　　　　　④ 10일 이내

14 위법 인공구조물에 대해 경찰서장이 취할 수 있는 조치로 틀린 것은?

① 시정 명령　　　　　　　　　　② 제거

③ 매각　　　　　　　　　　　　④ 인공구조물 보관 시 경찰서 게시판에 10일간 공고

15 위법 인공구조물의 시정 및 교통장해 제거명령 대상에 속하지 않는 경우는?

① 규정을 위반하여 신호기를 설치한 사람

② 규정을 위반한 안전표지나 구조물을 설치한 사람

③ 교통에 방해가 될 만한 물건을 도로에 버린 사람

④ 규정에 위반한 불법주차를 한 사람

16 아래 박스의 괄호 안에 들어갈 알맞은 말은?

> 시·도 경찰청장이나 경찰서장은 보행자우선도로에서 보행자를 보호하기 위하여 필요하다고 인정하는 경우에는 차마의 통행속도를 (   ) 이내로 제한할 수 있다

① 시속 20킬로미터   ② 시속 10킬로미터
③ 시속 30킬로미터   ④ 시속 40킬로미터

17 운전면허 발급 및 취소권자는?

① 경찰서장   ② 구청장
③ 시장   ④ 시·도경찰청상

18 음주운전이나 보복운전이 원인이 되어 운전면허효력 정지 또는 운전면허 취소처분을 받은 사람이 반드시 받아야 하는 교육은?

① 교통안전교육   ② 특별교통안전 의무교육
③ 특별교통안전 권장교육   ④ 긴급자동차 교통안전교육

19 특별교통안전교육의 방법으로 틀린 것은?

① 도로교통공단에서 실시한다.
② 시청각, 현장체험 교육 등의 방법으로 한다.
③ 도로교통공단에서 제작하고 경찰청장이 감수한 교재를 사용한다.
④ 교육시간은 4시간 미만으로 한다.

20 운전면허의 종류와 구분에 대한 설명 중 맞는 것은?

① 제1종 면허 – 대형, 보통, 소형, 특수면허로 구분
② 제1종 면허 – 대형, 중형, 소형, 원동기장치자전거로 구분
③ 제2종 면허 – 보통, 특수, 원동기장치자전거로 구분
④ 제2종 면허 – 소형, 보통, 특수로 구분

정답 및 해설 P. 299

▶▶▶ **제1과목** 사회

1 우리나라의 헌법개정을 시대에 맞게 순서대로 배열하면?

> ㉠ 국회간선제로는 당선가능성이 희박하자 재선을 위해 대통령 직선제로 개헌하였다.
> ㉡ 국가재건최고회의 의결로 대통령 직선제를 채택하였다.
> ㉢ 국가보위비상대책위원회에서 주도한 개헌으로 7년 단임제를 채택하였다.
> ㉣ 통일주체국민회의에서 대통령 간접선거

① ㉠㉡㉢㉣　　　　　　　　② ㉠㉡㉣㉢
③ ㉡㉠㉢㉣　　　　　　　　④ ㉢㉣㉠㉡

2 불평등한 소득분배를 개선하기 위한 정부의 노력으로 볼 수 없는 것은?

① 누진세제도를 적극 활용한다.
② 생활필수품에 대하여 세율을 인하한다.
③ 국민건강보험 등 각종 사회보험을 실시한다.
④ 직접세의 비율을 낮춘다.

3 그림은 사회보험과 공공부조를 유형화하여 비교한 것이다. A, B의 일반적 특성에 대한 설명으로 옳은 것은?

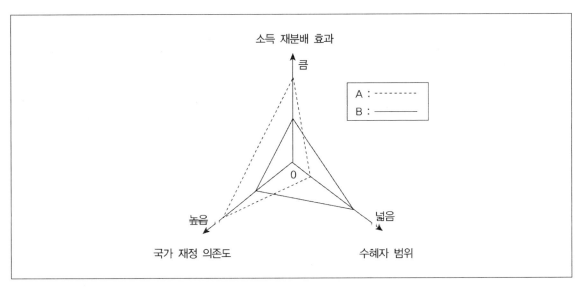

① A는 개인의 자유의사에 따라 가입하는 제도이다.

② B는 A에 비해 강제 가입의 성격이 강하다.

③ A의 대표적인 예는 고용 보험 제도이다.

④ B는 국민의 최저 생계비를 보장하기 위한 제도이다.

4 표는 인구의 고령화와 관련된 설문 조사 결과를 나타낸 것이다. 이에 대한 분석으로 옳은 것은?

〈인구의 고령화가 초래할 가장 심각한 문제〉

(단위 : %)

구분	노인 빈곤	노동력 부족	세대 갈등	재정 악화	기타	계
여자	32.2	28.6	13.4	20.6	5.2	100
남자	30.8	34.6	10.0	19.6	5.0	100

① 재정 악화를 선택한 응답자는 남자보다 여자가 많다.

② 가장 많은 응답자가 선택한 문제는 여자와 남자가 같다.

③ 전체 응답자 중 노인 빈곤을 선택한 응답자가 60%를 넘는다.

④ 노동력 부족을 선택한 응답자가 세대 갈등을 선택한 응답자의 2배를 넘는다.

5 다음 (개)~(대) 사례에 대한 설명으로 옳은 것은?

> (개) 한강에 물고기를 풀어두면 주민들이 낚시를 하여 산란 전에 모두 없어진다.
> (내) 스마트폰 제조업체인 S사는 신제품 출시에 맞춰 한정판매 특가 이벤트를 실시한다.
> (대) 생산을 시장에 맡겨둘 경우 공급량이 부족하여 시장 실패를 야기한다.

① (개)~(대)는 모두 공유지의 비극을 나타내는 사례다.
② (개)는 공유자원으로 배제성은 없지만 경합성은 있는 경우다.
③ (내)는 경합성은 없지만 배제성은 있는 경우다.
④ (대)는 무임승차의 문제를 발생시키지 않는다.

6 다음의 (개), (내), (대) 배경 하에 대두된 민법의 원리에 대한 설명으로 바른 것은?

> (개) 경제적 약자에 대한 유산계급의 지배와 횡포
> (내) 경제적 강자에게 유리한 계약을 약자에게 일방적으로 강요
> (대) 기술과 자본을 통해 고의 · 과실 없음을 증명하여 책임회피

① (개)에 따라 근대 민법의 원리가 더욱 강화되었다.
② (내)에 따라 소유권 행사의 공공복리 적합원칙이 대두되었다.
③ (대)에 따라 계약공정의 원칙이 대두되었다.
④ 사회적 약자를 보호하기 위해 근대민법의 원칙이 수정된 경우에 해당한다.

7 다음에서 조세의 종목과 세율을 결정하는 기관은?

① 국회   ② 대법원
③ 국세청   ④ 기획재정부

8 다음 중 선거에 대한 내용으로 옳지 않은 것은?

① 오늘날 다원화된 사회의 요구에 부응하여, 지역대표제 외에 직능대표제를 병용하기도 한다.

② 오늘날 대중민주주의 실현에 기여한 선거원칙으로는 평등선거를 들 수 있다.

③ 국회의원 선거소송은 3심제의 예외로 대법원 1심판결로 한다.

④ 선거공영제는 선거운동의 기회균등과 선거비용의 국가부담을 원칙으로 한다.

9 다음 중 통화공급에 영향을 미치지 않는 것은?

① 수출 금지

② 재할인율 인상

③ 중앙은행이 소유한 채권을 매각 후 벤처에 투자

④ 중앙은행이 국채를 인수한 만큼 화폐를 발행하여 정부에 제공

10 다음은 어느 사회에서 수직적 사회이동에 관한 의견을 조사한 결과이다. 이를 바르게 분석한 것은?

> • 세대간 : 가능성이 높다(75.4%), 보통이다(14.8%), 가능성이 낮다(9.8%)
> • 세대내 : 가능성이 높다(54.6%), 보통이다(25.7%), 가능성이 낮다(19.7%)

① 전통사회의 계층구조를 지니고 있다.

② 귀속지위보다 성취지위가 강조되는 사회이다.

③ 개인적 사회이동은 거의 이루어지지 않고 있다.

④ 계층적 위치의 변동은 세대간보다 세대 내에서 활발하다.

11 다음 글에서 주장하는 사회 과학 연구 방법의 일반적인 특징을 설명한 것으로 틀린 것은?

> 연구자는 직관이나 상황 맥락에 의존할 것이 아니라 자료를 계량화하고 분석한 후 결론을 내려야 해. 그래야만 사회적 현상들 사이에 존재하는 인과 관계를 파악할 수 있기 때문이지.

① 연구자의 감정 이입을 통해 사회 현상을 이해한다.
② 법칙 발견을 통해 사회 현상을 설명하고자 한다.
③ 통계적으로 계량화할 수 있는 것을 선호한다.
④ 자연과학의 연구방법을 사회 현상에 적용할 수 있다고 본다.

12 다음과 같은 내용을 통해 일반적으로 나타날 수 있는 법문화의 특징은?

> 동양에서는 예(禮)라는 특이한 중간규범이 발달했는데, 이는 도덕과 법의 중간에 위치한다. 내용상 도덕이지만 법과도 같은 성질을 띠어 예만 지키면 윤리도 충족하고 법도 지키는 것으로 생각하여 우리나라는 전통적으로 예를 숭상해 왔다.

① 건전한 법문화의 발전을 가로막는다.
② 국민들의 준법정신이 투철해진다.
③ 법에 대한 권리의식이 투철해진다.
④ 사법기관에 대한 긍정적 의식이 강화된다.

13 (가), (나)에 대한 옳은 설명을 〈보기〉에서 고른 것은?

> (가)는 인간의 계획 능력을 과신하였고, (나)는 시장의 자기 조정 능력을 과대평가하였다. 따라서 (가)와 (나) 모두에 불완전한 측면이 존재한다.

〈보기〉

ㄱ. (가)는 경제적 동기 결여로 인해 형평성이 떨어진다.
ㄴ. 현대 복지 국가는 (가)의 대표적인 사례에 해당한다.
ㄷ. (나)의 문제점으로는 부익부 빈익빈 현상을 들 수 있다.
ㄹ. (가)와 (나)의 구분은 경제 문제를 해결하는 방식의 차이에 따른 것이다.

① ㄱㄴ　　　　　　　　　　　　② ㄷㄹ
③ ㄴㄷ　　　　　　　　　　　　④ ㄱㄹ

14 다음은 사회 불평등 현상을 설명하는 이론 A, B에 따라 갑 ~ 정의 계층적 위치를 판단한 진술이다. 이에 대한 설명으로 옳은 것은?

> • A는 생산 수단의 소유 여부에 따라 계층적 위치를 구분하는데, 이에 따르면 갑, 정 두 사람만 생산 수단을 소유하지 못하였다.
> • B는 재산, 권력, 위신의 세 가지 측면에 따라 상층, 중층, 하층으로 계층적 위치를 구분한다.
> • A에 따라 생산 수단을 소유한 것으로 판단된 사람은 B에 따른 재산 측면에서 하층에 속하지 않았다.
> • B에 따른 세 가지 측면에서 모두 상층에 속하는 사람은 을뿐이며, 세 가지 측면에서 모두 하층에 속하는 사람은 정뿐이다. 또한 세 가지 측면에서 모두 중층인 사람은 없다.
> • A에 따라 자본가로 분류된 사람 중에서 B에 따른 권력과 위신 측면이 중층에 속하는 사람은 병이다.

① A는 B와 달리 다차원적으로 사회 불평등 현상을 설명한다.
② B는 A와 달리 사회 불평등 현상의 원인으로 경제적 요인을 고려한다.
③ A에 따라 생산 수단을 소유한 사람은 1명이다.
④ B에 따라 경제적 측면에서 중층에 속하는 사람이 존재한다면, 갑일 것이다.

15 다음 중 그린피스, 국제인권위원회 등 NGO의 활동과 관계가 먼 것은?

① 신사회운동 중의 하나를 이룬다.
② 특정 집단간의 반목으로 인한 적대행위이다.
③ 공공의 이익을 위해 노력한다.
④ 국민의식의 변화와 정부의 정책변화 및 제도개혁을 추진하여 정부의 개혁을 돕기도 한다.

16 법치주의의 유형 A, B에 대한 설명으로 옳은 것은?

A는 국가 권력 행사가 의회에서 합법적인 절차를 거쳐 제정된 법에 근거하기만 하면 법의 목적이나 내용과 관계없이 정당하다고 본다. 그러나 B는 국가 권력 행사의 정당성을 확보하기 위해서는 법 제정의 절차적 합법성뿐만 아니라 그 법의 목적이나 내용이 인간의 존엄성을 보장하고 정의에 부합해야 한다고 본다.

① A는 통치 행위의 형식적 합법성보다 실질적 정당성을 중시한다.
② B는 합법적 독재의 수단으로 악용될 수 있다.
③ A는 B와 달리 위헌 법률 심사제의 필요성을 강조한다.
④ A와 B 모두 국민의 기본권을 제한할 경우 법적 근거가 있어야 한다고 본다.

17 현대사회에서 다음과 같은 현상이 나타나는 공통된 배경은?

• 사회적 갈등의 증가	• 적극국가의 등장	• 국제협력의 필요성 증대

① 산업화에 따른 시장경제의 발달
② 민주화에 따른 정치참여의 확대
③ 다원화에 따른 노동운동의 증가
④ 공업화에 따른 빈부격차의 심화

18 가정마다 컴퓨터가 보급되면서 일반시민이 인터넷을 통한 전자투표나 전자여론조사 같은 새로운 형태의 정치참여의 기회를 갖게 되었다. 이의 영향으로 옳지 않은 것은?

① 대의민주주의 단점을 보완한다.

② 유권자를 정보제공자로 전락시킨다.

③ 정책결정에 시간이 많이 걸린다.

④ 직접민주정치의 요소를 강화한다.

19 다음이 강조하는 법이념을 실현하기 위한 요건이 아닌 것은?

> • 제162조 【채권, 재산권의 소멸시효】
>   ① 채권은 10년간 행사하지 아니하면 소멸시효가 완성한다.
>   ② 채권 및 소유권 이외의 재산권은 20년간 행사하지 아니하면 소멸시효가 완성한다.
> • 제245조 【점유로 인한 부동산소유권의 취득기간】
>   ① 20년간 소유의 의사로 평온·공연하게 부동산을 점유하는 자는 등기함으로써 그 소유권을 취득한다.
>   ② 부동산의 소유자로 등기한 자가 10년간 소유의 의사로 평온·공연하게 선의이며 과실 없이 그 부동산을 점유한 때에는 소유권을 취득한다.

① 법의식이 합치되어야 한다.

② 법의 내용이 명확해야 한다.

③ 실현가능성이 있어야 한다.

④ 법은 국가와 사회가 추구하는 가치나 목적에 맞추어 제정되어야 한다.

20 다음 중 환율이 $1=₩800에서 $1=₩700으로 되었을 때의 변동사항을 옳게 지적한 것은?

① 원화가치가 평가절하되었다.

② 외화의 총수요가 증가할 것이다.

③ 수출이 증가할 것이다.

④ 외화의 총공급이 증가할 것이다.

1 디젤기관에서 연료분사에 필요한 3대 조건으로 틀린 것은 어느 것인가?

① 무화   ② 분포

③ 관통력   ④ 후적

2 디젤기관의 진동원인에 해당하지 않는 것은 어느 것인가?

① 연료공급 라인에 공기가 발생   ② 분사시기 및 분사압력이 틀림

③ 각 실린더의 분사량이 틀림   ④ 기동전동기의 작동불량

3 디젤기관에서 사용되는 터보차저(turbo charger)의 주요 기능은?

① 배기소음 감소   ② 출력의 증대

③ 연비 향상   ④ 냉각 효율향상

4 동력 전달각의 변화를 가능케 하는 이음은?

① 자재이음   ② CV자재이음

③ 볼이음   ④ 슬립이음

5 유압식 브레이크 장치에서 마스터 실린더에서 발생하는 잔압의 목적이 아닌 것은?

① 베이퍼 록 방지   ② 작동 늦음 방지

③ 휠 실린더 오일 누출방지   ④ 브레이크 슈 작동방지

6 하이드로플래닝 현상을 방지하기 위한 방법으로 가장 거리가 먼 것은?

① 리브형 패턴의 타이어를 사용한다.

② 트레드 마모가 적은 타이어를 사용한다.

③ 주행속도를 낮춘다.

④ 타이어의 공기압력을 낮춘다.

7 오버드라이버 장치에서 오버드라이버가 작동하려면 다음 중 어느 것을 고정시켜야 하는가?

① 선기어　　　　　　　　　　② 주축

③ 링기어　　　　　　　　　　④ 유성기어 케리어

8 제어밸브와 동력실린더가 일체로 결합된 것으로 대형트럭에 사용되는 동력조향장치는?

① 분리형　　　　　　　　　　② 독립형

③ 링키지 조합형　　　　　　　④ 혼성형

9 제동장치에서 배력장치의 기밀유지가 불량할 때 점검해야 할 사항은?

① 패드 및 라이닝 마모 상태　　② 페달의 자유 간격

③ 체크밸브 및 진공 호스　　　　④ 라이닝 리턴 스프링 장력

10 자동변속기에서 클러치의 역할을 대신 하는 것은 어느 것인가?

① 스테이터　　　　　　　　　② 유성기어장치

③ 터어빈　　　　　　　　　　④ 토크컨버터

11 도로교통법상 제1종 면허의 종류가 아닌 것은?

① 대형면허   ② 특수면허

③ 보통면허   ④ 건설기계면허

12 교통범칙행위에 대한 설명 중 가장 적절한 것은?

① 범칙금이란 범칙자가 경찰서장의 통고처분에 의하여 국고에 납부하여야 할 금전을 말한다.

② 범칙행위란 30만 원 이하의 벌금이나 구류 또는 과료에 해당하는 위반행위이다.

③ 범칙금은 일종의 행정상의 제재금으로 강제성을 띤 것이며, 납부여부는 범칙자의 의지와 관계없이 강제된다.

④ 범칙금 미납자가 통고처분을 받은 날로부터 60일까지 즉결심판을 받지 않으면 그 통고처분 불이행자의 운전면허의 효력을 일시 정지시킬 수 있다.

13 자동차 운전면허를 취득할 수 있는 최소연령은?

① 15세 이상   ② 16세 이상

③ 17세 이상   ④ 18세 이상

14 제2종 운전면허를 받을 수 없는 신체장애인에 해당하지 않는 사람은?

① 듣지 못하는 사람

② 다리, 척추 등 신체장애로 앉을 수 없는 사람

③ 양팔의 팔꿈치관절 이상을 잃은 사람

④ 양팔을 전혀 쓸 수 없는 사람

15 다음 중 정비 불량 차량에 대하여 사용정지명령권자와 사용 정지 기간을 올바르게 연결한 것은?

① 경찰서장 – 15일

② 경찰청장 – 10일

③ 시장등 – 10일

④ 시 · 도경찰청장 – 10일

16 제1종 보통 운전면허로 운전할 수 있는 차량은?

① 승차정원 15인 이하 승합자동차　　② 레커

③ 아스팔트 살포기　　④ 브레일러

17 연습운전면허에 대한 설명으로 옳지 않은 것은?

① 제1종 보통면허, 제2종 보통면허를 받으면 효력이 자동 상실된다.

② 발급부터 효력은 1년이다.

③ 연습운전면허증을 받은 사람은 도로주행시험에 응시할 수 없다.

④ 제1종과 제2종 보통연습면허로 구분된다.

18 교통사고 발생 시 그 차 또는 노면전차의 운전자등이 경찰공무원이나 경찰관서에 신고하여야 할 내용으로 틀린 것은?

① 사고일시와 원인

② 사상자수와 부상정도

③ 손괴한 물건의 종류와 손괴 정도

④ 사고발생장소

19 다음의 운전면허 가운데 제2종 운전면허와 제2종 연습면허를 가지고 운전을 할 수 없는 것은?

> ㉠ 덤프트럭   ㉡ 승용자동차
> ㉢ 대형견인차   ㉣ 원동기장치자전거
> ㉤ 적재중량 4톤 이하의 화물자동차

① ㉠㉣   ② ㉠㉢
③ ㉡㉢㉣   ④ ㉡㉢㉣㉤

20 교통사고처리 특례법에 대한 내용으로 틀린 것은?

① 업무상과실 또는 중대한 과실로 교통사고를 일으킨 운전자에 관한 형사처벌 등의 특례를 규정하고 있다.
② 교통사고란 차의 교통으로 인하여 사람을 사상하거나 물건을 손괴하는 것을 말한다.
③ 차의 운전자가 교통사고로 인하여 「형법」상 업무상과실 치사상의 죄를 범한 경우에는 5년 이하의 금고 또는 2천만원 이하의 벌금에 처한다.
④ 교통사고를 일으킨 차가 「보험업법」상 보험에 가입한 경우 피해자가 신체의 상해로 인하여 불구가 되어도 공소를 제기할 수 없다.

정답 및 해설 P. 304

▶▶▶ 제1과목 **사회**

1 우리나라 헌법의 기본 원리 ㈎에 대한 설명으로 옳은 것은?

> 민주주의가 자유와 평등의 통치 형태적 실현 수단이고, 법치주의가 자유와 평등의 국가 기능적 실현 수단이라면, (㈎)는 자유와 평등이 국민 스스로의 자율적인 생활 설계에 의해서 실현될 수 있도록 국가가 모든 국민의 인간다운 생활을 보장하는 것을 의미한다.

① 근대 입헌주의 헌법에서 강조한 원리이다.
② 국민의 자유로운 주권 행사를 위한 원리이다.
③ 재외 국민의 선거권 보장을 통해 실현될 수 있는 원리이다.
④ 국민의 생존권 보장을 위해 국가의 적극적 역할을 강조한 원리이다.

2 정부가 사치품에 대해서 가격을 올릴 때, 이 가격정책이 최대의 효과를 나타낼 수 있는 경우는?

① 수요의 탄력성이 0일 때
② 수요의 탄력성이 1일 때
③ 수요의 탄력성이 1보다 클 때
④ 수요의 탄력성이 1보다 작을 때

3 다음은 어느 정치인의 약력이 소개된 홍보물이다. 이와 관련된 설명으로 옳은 것은?

> (가) ○○대학교 졸업
> (나) ○○환경 시민연대 대표
> (다) 00시 ○○향우회 회장
> (라) 00시 종친회 회장

① (가)는 1차적 사회화 기관에 해당한다.
② (나)는 공통의 관심사를 기초로 형성된 비공식 조직이다.
③ (다)는 특정한 목적을 위해 조직된 자발적 결사체다.
④ (라)는 자연 발생적인 관계를 매개로 형성된 공동사회다.

4 그림의 경제순환 과정에 대한 설명으로 가장 적절한 것은?

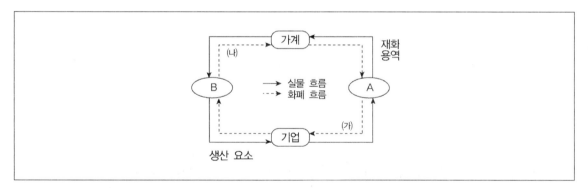

① 지대는 A에서 결정된다.
② 기업은 B에서 공급자의 역할을 한다.
③ 상품에 부과되는 세금인상은 (가)의 증가를 가져온다.
④ 임금이 인상되면 (나)의 크기는 증가할 것이다.

5 비동맹국가와 교류 시 우리나라가 처한 상황에서 가장 중점을 두어야 하는 것은?

① 자유민주주의의 이념
② 효율적인 경제교류의 증대
③ 민족통일을 위한 노력의 증진
④ 분단외교를 위한 적극성

6 다음 사례를 읽고 관련되는 사항을 바르게 연결한 것은?

> ㈎ 갑은 자신의 돈을 빌려서 외국으로 이민 가려는 채무자를 추격하여 붙잡는 과정에서 몸싸움이 있었다.
>
> ㈏ 을은 곱은 인도로 돌진하는 기동차로부터 자신이 생명을 보호하기 위하여 어쩔 수 없이 길 옆 가게로 피하던 중 진열장을 깨뜨렸다.
>
> ㈐ 교도관 병은 수형자들을 인도하는 과정에서 신체적 물리력이 가해졌다.

	㈎	㈏	㈐
①	자구행위	긴급피난	정당행위
②	정당방위	정당행위	피해자의 승낙
③	자구행위	피해자의 승낙	정당행위
④	정당행위	자구행위	정당방위

7 다음 중 현재 우리나라 국회의원선거에서 채택되고 있는 제도를 모두 고르면?

> ㉠ 소선거구제   ㉡ 중선거구제
> ㉢ 소수대표제   ㉣ 다수대표제
> ㉤ 비례대표제   ㉥ 선거공영제
> ㉦ 직능대표제

① ㉠㉢㉤㉥
② ㉠㉣㉤㉥
③ ㉠㉣㉥㉦
④ ㉡㉣㉤㉥

8 직접민주정치의 방법으로 볼 수 없는 것은?

① 국민투표　　　　　　　　　② 선거제도

③ 국민발안　　　　　　　　　④ 국민소환

9 국민이 모든 일에 능동적으로 참여함으로써 권리를 행사하고 의무를 이행하는 마음가짐을 무엇이라고 하는가?

① 관용　　　　　　　　　　　② 책임의식

③ 공동체의식　　　　　　　　④ 주인의식

10 다음 자료수집방법 중 질문지법의 가장 큰 장점에 해당하는 것은?

① 응답자로부터 심층적인 자료를 구할 수 있다.

② 표본을 구하기가 쉽다.

③ 어린이에게 이용하기 편리하다.

④ 시간과 비용이 절약된다.

11 다음 사례에서 A에게 사용자 배상 책임이 있는지를 판단하기 위해 먼저 또는 우선적으로 확인해야 할 사항이 아닌 것은?

> A가 운영하는 음식점에 고용되어 있는 만 20세의 B가 손님 C와 말다툼을 하다가, B가 C를 폭행하여 상해를 입혔다.

① B의 행위가 사회의 법질서에 위배되는가.

② B의 행위가 A의 감독 중에 발생한 것인가.

③ B의 행위가 고의 또는 과실에 의한 것인가.

④ B는 C가 입은 피해를 배상할 능력이 있는가.

12 다음 중 물가상승을 유발시킬 가능성이 가장 큰 정책은?

① 지급준비율의 인하   ② 세출의 축소

③ 국·공채의 매각   ④ 부가가치세율의 인상

13 관세의 부과이유로 적합하지 않은 것은?

① 국내 유치산업의 보호를 위해

② 정부의 세입을 증대시키기 위해

③ 국내 시장질서의 교란을 막기 위해

④ 무역의 이익을 최대한 거두기 위하여

14 수정자본주의의 내용 중 유효수요의 증가를 통한 가장 중요한 정부정책은?

① 재정지출과 공공사업 추진

② 복지정책 실시

③ 주요 산업의 국유화

④ 경제계획의 수립

15 지금 실업자가 늘고 경기가 좋지 않아 기업의 부도율이 올라간다. 정부는 재정정책으로 대처하려 한다. 적당한 재정정책은?

① 정부발주 각종 사업을 일시중단 또는 지체시킨다.

② 흑자예산을 편성한다.

③ 정부의 공공부문 공사를 늘린다.

④ 부가가치세금을 올린다.

16 그림은 집단의 분류를 나타낸 것이다. ㈎, ㈏에 대한 옳은 설명을 〈보기〉에서 모두 고른 것은?

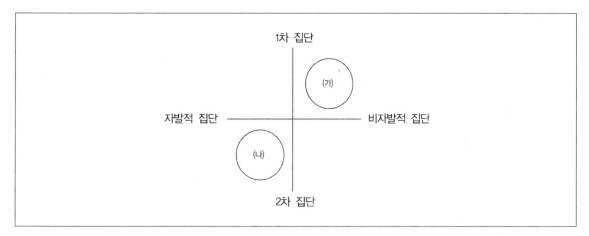

〈보기〉

㉠ ㈎는 공식적이고 합리적인 인간관계가 유지된다.
㉡ 현대사회에서 ㈎의 기능은 농경사회보다 약화되고 있다.
㉢ ㈏의 예로는 회사, 정당 등이 있다.
㉣ ㈎는 ㈏보다 전면적인 대면 접촉의 특성을 지닌다.

① ㉠㉡ ② ㉠㉣
③ ㉠㉢㉣ ④ ㉡㉢㉣

17 다음 중 평등의 성격을 옳게 나열한 것을 고르면?

㉠ 상대적	㉡ 비례적
㉢ 실질적	㉣ 절대적
㉤ 비교적	㉥ 형식적

① ㉠㉡㉢ ② ㉡㉢㉣
③ ㉢㉡㉥ ④ ㉣㉤㉥

18 어느 시대·어느 사회를 막론하고 사회계층화 현상은 존재한다. 사회계층에 대한 설명방식 중 기능론적 관점으로 볼 수 없는 것은?

① 사회적 희소가치의 분배는 타당성 있는 절차와 기준에 의하여 이루어진다.
② 사회계층화는 불가피하게 희소가치를 차등하게 분배함으로써 분배된다.
③ 사회적 희소가치의 분배는 권력이나 가정의 배경에 따라 분배된다.
④ 사회계층화는 구성원의 합의된 가치가 반영된 것이다.

19 다음 사례에 공통적으로 부가되어 있는 문화의 속성에 대한 진술로 옳은 것은?

> • 한국에서는 새로운 사업을 시작하거나 중요한 일을 앞두면 술과 음식을 차려 '고사(告祀)'를 지낸다. 한국인들은 '고사'가 앞으로 행할 일들이 잘되길 기원하는 의식임을 알고 있다.
> • 아마존 강 유역에 살고 있는 한 부족은 사냥을 나가기 전에 구성원들이 손을 잡고 원형으로 선다. 원형으로 선 사람들은 노래를 부르는데, 부족민들은 노래에 사냥의 성공과 사냥터에 나가는 사람의 안전을 기원하는 내용을 담는다.

① 구성원들의 행동을 예측 가능하게 한다.
② 시간이 흐르면서 기존의 내용이 변화한다.
③ 새로운 요소가 첨가되어 내용이 풍부해진다.
④ 언어를 매개로 한 학습에 의해 세대 간 전승된다.

20 다른 시장 조건은 일정한데 마늘이 흉년이 들어 마늘 가격이 오르고 있는데도, 주부들이 마늘 가격이 앞으로 더 올라갈 것이 예상되어 마늘에 대한 가수요가 크게 늘고 있다. 이 경우 마늘의 수요 곡선은 어떻게 나타나겠는가?

①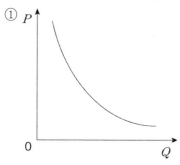

②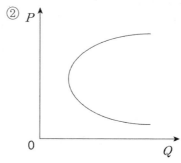

③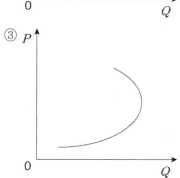

④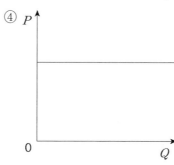

1 클러치의 구비조건이 아닌 것은?

① 회전부분의 평형이 좋을 것 ② 회전력의 단속이 확실할 것
③ 방열이 잘될 것 ④ 회전부분의 관성이 클 것

2 전자제어 현가장치 자동차에서 차고 센서가 감지하는 것은?

① 지면높이와 액슬위치 ② 프레임과 지면
③ 로어 암과 지면 ④ 차체와 지면

3 브레이크를 밟았을 때 하이드로 백 내의 작동이다. 틀린 것은 어느 것인가?

① 진공 밸브는 닫힌다.
② 공기 밸브는 닫힌다.
③ 동력 피스톤이 하이드로릭 실린더 쪽으로 움직인다.
④ 동력 피스톤 앞쪽은 진공상태이다.

4 오버드라이브 장치는 어디에 설치되어 있는가?

① 변속기와 클러치 사이 ② 변속기와 종감속 사이
③ 변속기와 추진축 사이 ④ 뒤차축 액슬하우징 사이

5 다음 중 수동 변속기에서 이중 물림을 방지하기 위한 장치는?

① 오버드라이버 장치 ② 록킹 볼 장치
③ 파킹 볼 장치 ④ 인터록 장치

6 조향 기어비가 14:1인 조향기어에서 피트먼 암을 20도 회전시키기 위한 핸들의 회전각도는?

① 20도   ② 28도

③ 280도   ④ 300도

7 구동 피니언 잇수가 8개 링 기어의 잇수가 64개일 경우 종감속비는 얼마인가?

① 5:1   ② 6:1

③ 7:1   ④ 8:1

8 축거가 4m 바깥쪽 앞바퀴의 최대 조향각이 30도, 바퀴 접지면 중심과 킹핀과 이르는 거리는 60mm이다. 자동차의 최소 회전반경은?

① 8.06m   ② 5.06m

③ 7.06m   ④ 9.06m

9 유압브레이크의 원리는?

① 플레밍의 왼손 법칙   ② 플레밍의 오른손 법칙

③ 파스칼의 원리   ④ 베르누이의 정리

10 자동차의 바퀴가 동적 언밸런스(unbalance)일 경우 발생하는 현상은?

① 트램핑   ② 요잉

③ 코너링포스   ④ 시미

11 제1종 운전면허를 받기 위해 두 눈을 뜨고 잰 시력의 기준은?

① 0.4   ② 0.5

③ 0.6   ④ 0.8

12 도로교통법상 운전면허에 관한 설명으로 가장 적절하지 않은 것은?

① 도로교통법상 운전면허 종류에는 제1종 면허, 제2종 면허, 연습운전면허가 있다.

② 연습운전면허의 유효기간은 1년이다.

③ 주취 중 운전으로 2회 이상 교통사고를 일으켜 면허가 취소된 경우 면허취득 제한 기간은 취소일로부터 3년이다.

④ 적성검사 미필로 취소된 사람은 2년간 운전면허 시험에 응시할 수 없다.

13 다음 중 제2종 보통면허와 제1종 보통연습면허를 가지고 운전을 할 수 없는 것은?

㉠ 건설기계	㉡ 승용자동차
㉢ 구난차	㉣ 원동기장치자전거
㉤ 승차정원 10명 이하의 승합자동차	

① ㉠㉣   ② ㉠㉢

③ ㉡㉢㉣   ④ ㉡㉢㉣㉤

14 다음 중 도로교통법상 차에 해당하지 않는 것은?

① 전동킥보드

② 전기자전거

③ 원동기장치자전거

④ 행정안전부령으로 정하는 보행보조용 의자차

15 다음 중 무면허 운전이 아닌 것은?

① 유효기간이 지난 면허증 소지자

② 면허증은 있으나 소지하지 않은 자

③ 시험은 합격 후 면허증 발급 전에 운전한 자

④ 면허정지기간 중 운전한 자

16 다음 중 특별교통안전 권장교육의 교육과정에 해당하지 않는 것은?

① 현장참여교육

② 벌점감경교육

③ 배려운전교육

④ 고령운전교육

17 다음 중 운전면허를 받은 45세인 사람의 최초 갱신기간은?

① 운전면허시험에서 합격한 날로부터 3년이 되는 날이 속하는 해의 1월 1일부터 12월 31일까지

② 운전면허시험에서 합격한 날로부터 4년이 되는 날이 속하는 해의 1월 1일부터 12월 31일까지

③ 운전면허시험에서 합격한 날로부터 5년이 되는 날이 속하는 해의 1월 1일부터 12월 31일까지

④ 운전면허시험에서 합격한 날로부터 10년이 되는 날이 속하는 해의 1월 1일부터 12월 31일까지

18 운전면허증에 갈음하는 증서가 아닌 것은?

① 출석고지서

② 출석지시서

③ 범칙금 납부통고서

④ 자동차보험료 납부 영수증

19 임시운전증명서 발급요건이 아닌 것은?

① 적성검사신청을 받은 때

② 운전면허증 분실 후 재발급을 위해

③ 운전면허 취소처분 대상자의 운전면허증을 제출받은 때

④ 운전면허시험 합격

20 다음 중 운전면허가 무조건 취소되는 필요적 취소 사유가 아닌 것은?

① 단속하는 경찰공무원을 폭행한 경우

② 거짓이나 부정한 수단으로 면허를 취득한 경우

③ 운전면허의 후천적 결격사유에 해당되는 경우

④ 음주운전으로 단속된 경우

▶▶▶ 제1과목 사회

1 민법에서의 소멸시효, 취득시효는 어떤 법 이념을 중시하는 것인가?

① 합목적성
② 법적 안정성
③ 평등성
④ 정의

2 1차 개헌에서 "발췌개헌"과 2차 개헌에서의 "사사오입개헌"은 어떤 원칙에 위배되었다. 이에 해당하는 것이 아닌 것은?

① 표결을 강제했다.
② 평등원칙에 위배된다.
③ 의결정족수가 미달되었다.
④ 일사부재리의 원칙에 위배된다.

3 다음 사례에 대한 옳은 설명만을 〈보기〉에서 고른 것은?

> 아동·청소년을 대상으로 강제 추행을 저질러 유죄 판결을 확정 받은 사람의 ㉠신상 정보 등록을 규정한 법 조항은 헌법에 어긋나지 않는다는 결정이 나왔다. 갑은 일률적으로 신상 정보 등록 의무를 부과하는 것이 ㉡개인 정보 자기결정권을 침해한다는 ㉢헌법 소원 심판을 청구하였다. 이에 대해 헌법 재판소는 해당 조항이 성폭력 범죄 재발을 억제하고 성폭력 범죄자의 조속한 검거 등 효율적인 수사를 위한 것이라고 강조하였다. 또한 신상 정보 등록 자체로 인한 기본권의 제한 범위가 제한적인 반면, 이를 통해 달성되는 공익은 매우 크다고 했다.

〈보기〉

㉠ 헌법 재판소는 ㉠이 과잉 금지 원칙을 위배하지 않았다고 판단하였다.
㉡ ㉡과 같은 기본권 유형은 헌법에 열거되지 않아도 보장받을 수 있는 포괄적 권리이다.
㉢ ㉢은 갑이 국가 및 공공 기관 구성원으로서 직무를 담당할 수 있는 권리를 행사한 것이다.
㉣ 헌법 재판소는 보호하려는 공익보다 침해되는 사익이 더 작다고 할 수 없으므로 기본권 제한의 한계를 넘었다고 판단하였다.

① ㉠, ㉡
② ㉠, ㉢
③ ㉡, ㉢
④ ㉢, ㉣

4 다음의 내용은 어떠한 기본권이 상충되는가?

> 금강공원은 천연동 주민의 자랑이다. 비록 규모는 크지 않지만 주민에게 쾌적한 휴식공간을 마련해주는 귀중한 장소이다. 특히, 어린이들에게는 마음껏 뛰어 놀 수 있는 천국이다. 그런데 최근에 주민들은 공원 내에 대중 골프장이 들어서게 된다는 충격적인 소식을 접하게 되었다. 관계법령에 의하면, 공원에는 녹지와 함께 운동시설을 갖출 수 있다. 주민들은 골프연습장이 들어서면 환경오염이나 소음, 도로변 주차 등으로 인해 쾌적한 생활을 방해받을 것이 분명하다고 우려하고 있다.

① 평등권과 참정권 ② 사회권과 자유권
③ 사회권과 평등권 ④ 참정권과 자유권

5 다음 중 지방자치단체의 고유사무에 해당하는 것은?

① 시 · 군의 국세징수사무 ② 경찰, 소방사무
③ 학교의 설치 및 관리 ④ 호적, 주민등록사무

6 다음 상황의 문제점을 극복하기 위한 방안은?

> 정치인에게 가장 좋은 직종이 어떤 것이냐는 질문을 했을 때 그 대답은 국회의원이었다. 국회의원은 임기 4년 동안 신분이 보장되기 때문이라고 한다. 다른 직종은 정치적 책임을 요구하지만, 국회의원은 임기 동안에 누릴 것은 다 누리는 데 비해 특별한 책임은 지지 않는다.

① 중선거구제 ② 국민투표
③ 국민발안 ④ 국민소환

7 총수요가 총공급을 초과했을 때의 대안으로 옳은 것은?

① 민간소비를 늘리고 민간지출을 늘린다.

② 총수출을 늘리고 총수입을 줄인다.

③ 정부지출을 늘리고 민간소비를 줄인다.

④ 정부지출을 줄이고 국내총생산을 늘린다.

8 다음과 같은 특징을 지닌 조직의 내용과 가장 거리가 먼 것은?

- 과업의 전문화
- 위계의 서열화
- 지위획득의 공평한 기회
- 경력에 따른 보상
- 규약과 절차에 따른 과업 수행

---

① 대규모 조직을 합리적으로 관리하는 방식이다.

② 전문적인 능력을 지닌 구성원들로 하여금 분담된 일만을 처리하도록 한다.

③ 조직에서의 모든 지위가 권한과 책임의 정도에 따라 서열화되어 있다.

④ 조직체 내에서 구성원들의 개인적인 판단이나 의사가 개입되기 쉽다.

9 다음 사례에 대한 분석 및 추론으로 옳은 것은? (단, ㈎, ㈏는 각각 전형적인 대통령제와 의원 내각제 중 하나이다.)

갑국은 과거 ㈎를 채택하였으나 국가 원수에게 과도한 권한이 집중되어 독재화의 우려가 있었다. 이에 갑국은 헌법 개정을 통해 ㈏를 채택하고 의회를 구성하기 위한 선거를 실시하였다.

〈헌법 개정 후 의회 의원 선거 결과〉

정당	정당별 의석수
A당	97석
B당	45석
C당	32석
D당	26석
총의석수	200석

① 선거 결과 다수당의 횡포가 나타날 가능성이 높다.
② 선거 실시 후 여소야대 상황으로 행정부와 의회의 대립이 심화될 것이다.
③ 선거 실시 후 갑국 행정부는 의회에 법률안을 제출할 수 있다.
④ ㈎는 입법부와 행정부의 권력이 융합된 정부 형태이다.

10 ㈎ ～ ㈐에 해당하는 수요의 가격 탄력성으로 옳은 것은?

㈎ 갑은 매달 A 재화를 5만 원 어치 구입한다.
㈏ 을은 매달 4kg의 A 재화를 구입한다.
㈐ 병은 매달 생활비의 1/10을 A 재화 구입에 사용한다.

	㈎	㈏	㈐
①	완전탄력적	완전비탄력적	완전탄력적
②	단위탄력적	완전비탄력적	완전비탄력적
③	완전비탄력적	완전탄력적	단위탄력적
④	단위탄력적	완전비탄력적	단위탄력적

11 다음 중 실증적 연구방법에 대한 설명으로 옳은 것은?

① 직관적인 통찰에 의하여 연구한다.
② 사회현상에 대한 의미를 파악한다.
③ 경험적인 자료를 계량화하여 분석하고 개념의 조작적 정의를 통해 법칙을 발견한다.
④ 비공식적 자료를 활용한다.

12 다음 사례에서 중시되는 선거의 원칙은?

프랑스혁명 직후에는 소수의 시민만이 선거권을 행사했는데 노동자들은 노동조합을 결성하여 자본가들의 횡포에 대항하고, 선거권을 얻기 위해 투쟁하였다. 영국의 경우, 이러한 선거권 확대운동은 1832년 인구비례에 따른 선거를 요구하면서부터 1928년 여성에게도 남성과 동등한 참정권이 주어지게 되었다.

① 보통선거   ② 평등선거
③ 직접선거   ④ 비밀선거

13 다음은 우리 헌법 제37조 제2항의 내용이다. 이에 대한 설명으로 옳은 것은?

국민의 모든 자유와 권리는 국가 안전 보장, 질서유지 또는 공공복리를 위하여, 필요한 경우에 한하여 법률로써 제한할 수 있으며, 제한하는 경우에도 자유와 권리의 본질적인 내용은 침해할 수 없다.

① 국민의 모든 자유와 권리는 어떤 경우에도 제한될 수 있다.
② 기본권은 법률로써만 제한할 수 있기 때문에 헌법으로도 제한할 수 없다.
③ 우리 헌법은 법의 이념 중 정의를 최고 원칙으로 전제하고 있다.
④ 법률에 규정이 있으면 필요 이상으로 기본권을 제한하는 것도 가능하다.

14 다음 사례에서 갑의 재산에 대한 상속의 결과를 옳게 설명한 것은?

> 갑은 2년 전 A와 결혼하였으나 생업에 바빠 혼인신고를 하지 못하였다. 결혼 후 1년이 지나 갑과 A 사이에는 외아들 B가 출생하였다. 그 후 갑은 지방에서 출장 업무를 수행하던 중, 과로로 인해 갑작스럽게 사망하였다. 사망 당시 갑에게는 부양해야 할 노모 C와 갑의 미혼인 누나 D가 한 집에 같이 살고 있었다. 워낙 갑작스럽게 사망하였기 때문에 갑은 유언을 하지 못했고 유산으로 4억 원의 부동산을 남겼다.

① A와 B는 C와 D의 유류분을 제외한 나머지를 공동 상속한다.
② A와 B가 공동상속하고, 상속분은 각각 2억 원이다.
③ A와 B가 공동상속하고, 상속분은 A는 2억 6천, B는 1억 4천만 원이다.
④ B가 단독으로 상속하고, 상속분은 4억 원 전액이다.

15 정부에서 발표하는 지수물가와 가정에서 느끼는 체감물가가 차이나는 이유로 옳지 않은 것은?

① 소비과정에서 가격이 오른 재화만 고려하는 경향 때문이다.
② 소득수준에 따른 체감의 차이 때문이다.
③ 개인적인 소비형태나 취향에 따라 물가변동에 대해 느끼는 감각이 다를 수 있다.
④ 정부에서 발표하는 물가는 단순물가지수이기 때문이다.

16 성차별의 원인은 사회에서 "남성은 남성답게, 여성은 여성답게" 학습된 결과라고 본다. 이를 극복하는 방안이 아닌 것은?

① 양성성을 개발한다.
② 성 역할에 대한 고정관념을 극복하여 가치관을 재정립한다.
③ 여성의 사회활동을 지원할 수 있는 제도를 마련한다.
④ 남자는 남자답게, 여자는 여자답게 성 역할 교육을 강화시킨다.

17 다음 내용에 해당되는 사항이 아닌 것은?

> 이는 아동, 장애인, 청소년, 노인, 여성 등 취약계층을 대상으로 최소한의 인간다운 생활을 보장하기 위해 국가 또는 지방자치단체가 공적으로 부담하는 생활보조활동을 말한다.

① 소득재분배의 실현이 어렵다.
② 국가의 재정부담이 증가한다.
③ 개별적 선정으로 기준설정이 어렵다.
④ 국민의 나타심이 유발할 우려가 있다.

18 환율상승(평가절하)했을 때의 내용으로 옳지 않은 것은?

① 물가의 상승
② 수입업체의 이윤 증가
③ 외채상환 비용부담 증가
④ 유학 간 자녀의 해외송금비용 증가

19 다음 밑줄 친 상황의 원인으로 옳지 않은 것은?

> 시장의 자유가 지나치면 공공의 이익을 해칠 수 있다. 한 시장에 하나의 공급자만 있는 경우 이 기업에서는 상품을 너무 많이 만들면 가격이 떨어지고, 너무 적게 만들면 가격이 오른다는 점을 중시할 것이다. 기업가의 입장에서는 자신의 이익을 위해서는 시장에 상품을 덜 내놓고 많은 이익을 남기려 할 것이므로, 소비자는 비싼 가격을 지불해야 할 것이다. 이러한 경우에는 <u>시장이 제 기능을 다했다고 보기가 어렵다.</u>

① 독과점의 횡포 　　　　　② 관료의 경직성
③ 공공재의 부족 　　　　　④ 외부불경제

20 다음 A국 ~ C국에 나타난 문화 변동에 대한 옳은 설명만을 〈보기〉에서 고른 것은?

- 교역을 통해 A국에 갑국 종교가 유입되었고, 그 결과 A국에는 전통 종교와 갑국 종교가 함께 존재하고 있다.
- B국에서는 전통 종교와 갑국 선교사들에 의해 전해진 갑국 종교가 결합되어 기존 두 종교의 성격을 가지면서도 제3의 성격을 지닌 종교가 만들어졌다.
- 갑국은 C국을 점령한 후 C국 국민의 저항에도 불구하고 갑국 종교를 이식하는 정책을 실시했다. 이로 인해 C국에서는 전통 종교가 사라지고 갑국 종교만 남게 되었다.

㉠ A국은 문화 변동 결과 자국 문화의 정체성을 상실하였다.
㉡ B국에서는 문화 융합이 나타났다.
㉢ C국에서는 강제적 문화 접변이 나타났다.
㉣ C국에서는 B국과 달리 새로운 문화 요소가 만들어졌다.

① ㉠, ㉡   ② ㉠, ㉢

③ ㉡, ㉢   ④ ㉢, ㉣

▶▶▶ 제2과목 **자동차구조원리 및 도로교통법규**

1 조향장치 구조기준에 적합하지 않는 것은 어느 것인가?

① 애커먼 쟝토의 원리로 동심원을 그리면서 선회하여야 한다.
② 핸들조작 시 전혀 무리가 없어야 한다.
③ 조향기능을 기계적으로 전달하는 부품이 아닌 경우 고장 시에는 조향해서는 안 되는 구조이어야 한다.
④ 좌·우 현저한 차이가 없어야 한다.

2 자동변속기 차량에서 토크컨버터 내에 있는 스테이터의 기능이 맞는 것은?

① 펌프의 회전력을 증대   ② 터빈의 회전력을 감소
③ 오일의 윤활량을 증대   ④ 터빈의 회전력을 증대

3 5단 수동변속기에서 가장 큰 회전력을 발생하는 변속단은 어느 것인가?

① 오버 드라이버   ② 4단
③ 5단   ④ 1단

4 주행상태에서 변속할 때 변속기 소음이 발생하는 원인으로 적당한 것은?

① 변속 레버 불량   ② 싱크로나이저 링의 마모
③ 드라이브 기어의 마모   ④ 변속기 오일의 점도지수가 높음

5 자동변속기 장착 차량에서 P와 N 위치의 변속레버에서만 시동이 걸리도록 해주는 부품은?

① 펄스 제너레이터 A   ② 스로틀포지션 센서
③ 매뉴얼 밸브 센서   ④ 인히비터 스위치

6 전자제어 자동변속기에서 변속 시 결정에 중요한 역할을 하는 센서는?

① 공기흐름 센서   ② 펄스제너레이터 B

③ 스로틀 포지션 센서   ④ 크랭크 각 센서

7 자동변속기 장착 자동차에서 시프트 레버의 조작을 받아 변속레인지를 결정하는 밸브 보디의 구성요소는 어느 것인가?

① 매뉴얼 밸브   ② 압력조정 밸브

③ 거버너 밸브   ④ 솔레노이드 밸브

8 자동차의 자동변속기 구성장치 중 변속 시 변속비를 결정하는 장치는?

① 유성 기어   ② 킥다운 드럼

③ 오일 펌프   ④ 밸브 바디

9 자동변속기 오일의 요구조건으로 틀린 것은 어느 것인가?

① 점도지수 변화가 적을 것   ② 산화 안정성이 있을 것

③ 고온 유동성이 좋을 것   ④ 기포가 발생되지 않을 것

10 자동 변속기를 장착한 차량에서 출발 시 엔진에서 덜컹거리는 현상에 영향을 주는 것은?

① 오일펌프 불량   ② 압력조정 밸브 불량

③ 킥다운 드럼 불량   ④ 레귤레이터 압력스프링 작용 불량

11 다음 중 국제운전면허증을 소지한 자의 운전이 금지되는 경우가 아닌 것은?

① 수시 적성검사를 받지 않은 경우

② 적성검사에 합격된 경우

③ 대한민국 국적을 가진 사람이 운전면허가 취소되거나 효력이 정지된 후 결격기간이 지나지 않은 경우

④ 운전 중 과실로 교통사고를 일으킨 경우

12 도로교통의 안전을 위하여 각종 제한 및 금지등의 규제를 하는 경우 이를 도로 사용자에게 알리기 위한 표지는?

① 규제표지   ② 주의표지

③ 지시표지   ④ 보조표지

13 국내운전면허를 받은 사람이 국외에서 운전하기 위하여 국제운전면허증을 발급받았을 경우 유효기간은?

① 출국일로부터 1년   ② 발급일로부터 1년

③ 출국일로부터 6개월   ④ 귀국할 때까지

14 국제운전면허증의 발급신청은 누구에게 하는가?

① 시·도경찰청장   ② 국토교통부

③ 경찰서장   ④ 경찰청장

15 국제운전면허증에 대한 설명으로 틀린 것은?

① 국제운전면허증은 이를 발급받은 사람의 국내운전면허의 효력이 정지된 때에는 그 정지기간 동안 그 효력이 정지된다.
② 국제운전면허증은 국내운전면허증을 근거로 발급해 주는 것이다.
③ 국내운전면허증의 효력이 상실되면 국제운전면허의 효력은 유지된다.
④ 국내운전면허증은 제1종, 제2종 면허만을 의미한다.

16 국제운전면허증 소지자가 1년간 운전이 금지되는 이유로 틀린 것은?

① 주소지 변경신고를 하지 않은 경우
② 적성검사의 불합격
③ 운전 중 고의 또는 과실로 교통사고를 낸 경우
④ 도로교통법령에 따른 명령이나 처분의 위반

17 아래 박스 안에 들어갈 알맞은 숫자는?

연간 누산점수가 1년간 (   )점 이상인 경우에는 그 운전면허를 취소한다.

① 121점　　　　　　　　　　　② 201점
③ 251점　　　　　　　　　　　④ 271점

18 다음 중 원동기장치 자전거를 운전할 수 있는 면허가 아닌 것은?

① 제1종 대형면허
② 제2종 보통연습면허
③ 제1종 보통면허
④ 제2종 소형면허

19 교통사고(인적피해사고)를 야기하고 도주한 차량을 신고하여 검거하게 한 운전자에게 부여하는 특혜점 수는?

① 20점   ② 30점
③ 40점   ④ 50점

20 다음 중 통고처분 대상자는?

① 달아날 우려가 있는 사람
② 성명이나 주소가 확실하지 아니한 사람
③ 범칙금 납부통고시 받기를 거부한 사람
④ 범칙 행위를 한 신원이 확실한 사람

모의고사

정답 및 해설 P. 314

▶▶▶ **제1과목** **사회**

1 다음의 자료는 갑국의 2019년과 2020년의 노동 가능 인구 구성의 변화를 나타낸다. 2019년도와 비교하여 2020년도의 상황을 바르게 설명한 것은?

구분	취업자	실업자	비경제활동인구
2019년도	55%	25%	20%
2020년도	43%	27%	30%

① 이 자료에서 실업자의 수는 알 수 없다.

② 실업률은 감소하였다.

③ 경제활동인구는 증가하였다.

④ 취업자의 증감비율이 실업자의 증감비율보다 작다.

2 표에 대한 분석으로 옳은 것은?

〈갑국 근로자의 평균 임금〉

(단위 : 달러)

구분	2000년		2010년	
	남자	여자	남자	여자
내국인	2,000	1,600	2,500	2,100
외국인	1,400	1,000	1,700	1,500
전체	1,900	1,500	2,400	2,000

① 2000년에 내국인 남자 근로자 임금 총액에 대한 외국인 여자 근로자 임금 총액의 비는 1 / 2이다.

② 2010년에 내국인 근로자 평균 임금에 대한 외국인 근로자 평균 임금의 비는 3 / 5보다 작다.

③ 2010년에 남자 근로자와 여자 근로자 간 평균 임금 차이보다 내국인 근로자와 외국인 근로자 간 평균 임금 차이가 크다.

④ 남자 근로자 평균 임금에 대한 여자 근로자 평균 임금의 비는 2000년보다 2010년이 작다.

3 다음 중 정당의 정치자금이 될 수 없는 것은?

① 종교단체의 기부금
② 개인의 후원금
③ 정부의 국고보조금
④ 선거관리위원회를 통해 정당별로 배분된 돈

4 밑줄 친 ㉠~㉤에 대한 설명으로 옳은 것은?

> 지방 자치제를 시행하고 있는 우리나라에서는 ㉠지방 선거를 실시하고 있으며, ㉡주민 소환 제도, ㉢ 조례 제정 및 개폐 청구 제도 등을 두고 있다. 그러나 지방 자치 단체의 독립성과 자율성 부족, ㉣지 방 의회와 ㉤지방 자치 단체장의 대립, 지역 주민의 적극적인 참여 부족 등이 문제로 지적되어 이를 해결하기 위한 여러 가지 방안이 모색되고 있다.

① ㉠은 직접 민주제 요소에 해당한다.
② ㉢에 의해 조례 제정 및 개폐에 대한 의결권을 주민이 가진다.
③ ㉣의 지역구 의원은 모두 소선거구제로 선출된다.
④ ㉤은 그 권한에 속하는 사무에 관하여 규칙을 제정할 수 있다.

5 표에 대한 옳은 분석만을 〈보기〉에서 있는 대로 고른 것은?

〈○○시의 인구 고령화 추이〉

고령화 지표 \ 연도	1990	2000	2010	2020	2030
노인 부양비(%)	5.2	7.0	11.3	15.6	22.1
고령화 지수(%)	19.7	27.6	43.1	69.9	107.1

* 노인 부양비(%) = (65세 이상 인구)/(15 ~ 64세 인구)×100
** 고령화 지수(%) = (65세 이상 인구)/(0 ~ 14세 인구)×100
*** 고령화 사회 : 전체 인구 중 65세 이상 노인 인구가 7% 이상인 사회

─── 〈보기〉 ───

ⓘ 2000년에 고령화 사회로 진입하였다.
ⓛ 노인 인구는 2020년에 1990년의 세 배가 될 것으로 전망된다.
ⓒ 15 ~ 64세 인구의 노인 부양 부담의 상승 추세가 이어질 것으로 전망된다.
ⓔ 2030년에는 65세 이상 인구가 15세 미만 인구보다 더 많을 것으로 전망된다.

① ㉠㉡
② ㉠㉣
③ ㉢㉣
④ ㉠㉡㉢

6 다음 중 화폐에 대한 설명으로 옳지 않은 것은?

① 화폐의 본질적 기능은 교환의 매개적 기능이다.
② 가치척도의 기능도 화폐의 본질적 기능이다.
③ 통화는 "현금통화 + 예금통화 + 거주자 외화예금"이다.
④ 우리나라의 발권은행은 한국은행이다.

7 다음 중 자력구제에 대한 설명으로 옳지 않은 것은?

① 민사상 분쟁시 당사자가 자치적으로 해결하는 것이 바람직하다.
② 분쟁해결을 위해 자력구제는 허용되지 않는다.
③ 자치적 해결이 어려운 경우 법원의 판결에 의해 해결하여야 한다.
④ 법원의 판결이 확정된 후에는 자력구제를 할 수 있다.

8 다음의 상황에 대한 설명으로 옳은 것은?

> 환율이 1달러당 500원에서 600원으로 인상되었다.

① 원화가 평가절상되어 수입이 증가한다.
② 원화가 평가절하되어 수출이 증가한다.
③ 달러화의 평가절상으로 미국의 수출이 증가한다.
④ 달러에 대한 원화의 환율인하라고 한다.

9 다음 중 각 시장에 대한 설명으로 옳지 않은 것은?

① 과점시장은 각 기업간 서로 의존관계에 있다.
② 독점시장은 한계수입이 시장가격과 일치한다.
③ 자유경쟁시장은 시장가격과 한계수입이 같다.
④ 규모의 경제는 독점시장 형성의 중요한 요인 중 하나이다.

10 그림은 금융 상품의 일반적인 특징을 묻는 질문 ㈎를 통해 A, B를 구분한 것이다. 이에 대한 옳은 설명만을 〈보기〉에서 고른 것은? (단, A, B는 각각 주식과 채권 중 하나이다.)

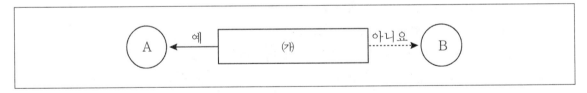

〈보기〉

㉠ ㈎에 '시세 차익을 기대할 수 있는가?'가 들어갈 수 있다.
㉡ A가 채권이라면 ㈎에 '만기가 정해져 있는가?'가 들어갈 수 있다.
㉢ B가 주식이라면 ㈎에 '확정 이자를 기대할 수 있는가?'가 들어갈 수 있다.
㉣ ㈎가 '기업의 소유 지분을 나타내는 증서인가?'라면 A는 발행 주체의 입장에서 부채에 해당한다.

① ㉠㉡
② ㉠㉢
③ ㉡㉢
④ ㉡㉣

11 다음의 그래프는 감자와 고구마의 생산조합을 나타낸 것이다. 이에 대한 설명으로 옳은 것은?

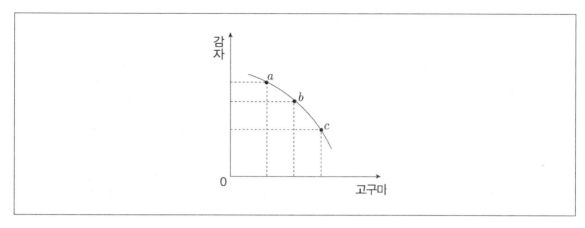

① 감자의 기회비용은 반비례한다.
② 고구마의 기회비용은 반비례한다.
③ c점에서 b점으로 이동하는 과정에서 고구마의 생산을 줄이지 않고도 감자의 생산을 늘릴 수 있다.
④ 일정한 양의 고구마 생산을 늘리기 위해서 포기해야 하는 감자의 양은 b점보다 c점에서 많아진다.

12 다음은 일정 기간 동안에 발생한 우리나라와 외국 간의 거래 내역이다. 우리나라의 경상수지와 자본수지를 바르게 나타낸 것은? (괄호 안은 국제수지표에 반영된 금액이다)

거래 1. 외국 모델이 국내 광고에 출연하였다. (1억 달러)
거래 2. 외국 펀드가 국내 빌딩을 구입하였다. (2억 달러)
거래 3. 재외 동포 2세들이 국내 대학에 입학하였다. (1억 달러)
거래 4. 국내 전자 회사가 중국에 휴대폰을 수출하였다. (1억 달러)
거래 5. 국내 자동차 회사가 미국에 공장을 설립하였다. (2억 달러)

	경상수지	자본수지
①	균형	1억 달러 흑자
②	1억 달러 적자	2억 달러 흑자
③	1억 달러 흑자	균형
④	2억 달러 흑자	1억 달러 적자

13 다음 내용 중 가장 타당성이 적은 것은?

① 부가가치세는 공평과세의 원칙에 적합하다.

② 고율의 소득세는 근로자의 근로의욕을 감소시킬 수 있다.

③ 누진소득세와 영세민에 대한 소득세 면제는 소득재분배에 영향을 미친다.

④ 공평과세의 원칙은 납세자의 담세력을 기준으로 부과하는 것이다.

14 대부분의 국가에서는 대통령제와 의원내각제를 정치제도로 채택하고 있다. 다음 중 우리나라 정치의 의원내각제적 요소에 대한 설명으로 옳은 것은?

① 행정부가 법률안에 대해 제안할 수 있다.

② 각료와 의원의 겸직이 불가능하다.

③ 행정부는 법률안거부권이 있다.

④ 의회는 국무위원 탄핵소추가 불가하다.

15 다음 중 선거제도에 대한 설명으로 옳지 않은 것은?

① 보통선거는 대중민주주의 확립에 공헌했다.

② 선거구는 법률로 정한다.

③ 선거는 국민주권의 원리를 실현하는 본질적 기능을 대표한다.

④ 정당에 관한 등록과 해산은 선거관리위원회의 기능이다.

16 갑국에서 표의 A, B 상황이 발생할 경우 갑국 국민 경제의 균형점 E가 이동할 영역으로 옳은 것은?

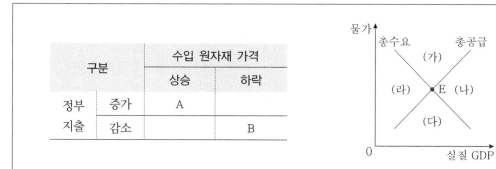

구분		수입 원자재 가격	
		상승	하락
정부 지출	증가	A	
	감소		B

	A	B			A	B
①	(가)	(나)		②	(가)	(다)
③	(나)	(가)		④	(나)	(라)

17 다음 내용의 계기가 된 것은?

정부가 대규모의 재정지출로 공공사업을 일으켜 유효수요를 증대시키고 실업자를 구제하려는 정책을 추진하여 자유 경쟁적 자본주의는 수정자본주의로 변질되었다.

① 세계대공황 ② 산업혁명
③ 제1차 세계대전 ④ 제2차 세계대전

18 다음 중 복지사회와 관련이 적은 것은?

① 인간존중의 실현 ② 완전고용의 실현
③ 기회균등의 보장 ④ 소득의 균등분배

19 다음을 보고 환율변동의 원인과 이로 인한 영향을 바르게 연결시킨 것은?

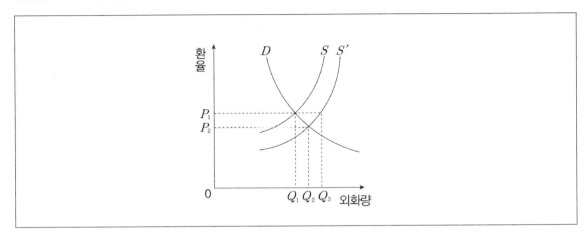

① 차관도입의 증가 – 물가상승
② 국내기업의 해외투자 감소 – 외채상환부담 증가
③ 수출의 증가 – 해외여행경비의 증가
④ 외국자본 도입의 증가 – 외채상환부담 감소

20 다음의 조직이 갖는 성격이 아닌 것은?

• 노동조합	• 변호사단체	• 의사단체

① 특수이익 확보를 위해 로비활동을 한다.
② 이 단체의 활동으로 인해 정책결정이 어렵다.
③ 국민적 이익의 고려를 최우선으로 한다.
④ 목적달성을 위해 정당 등 권력과 야합을 하기도 한다.

1 등속도 자재이음의 종류가 아닌 것은 어느 것인가?

① 버필드형   ② 트랙터형
③ 훅 조인트형   ④ 벤딕스 와이스형

2 클러치 접속 시 회전 충격을 흡수하는 스프링은?

① 쿠션 스프링   ② 비틀림 코일 스프링
③ 클러치 스프링   ④ 판 스프링

3 클러치의 상태를 주행상태에서 점검하려고 할 때 점검하는 것이 아닌 것은?

① 소음 유무의 점검   ② 미끄러짐 유무의 점검
③ 페달의 끊어짐 및 접속 상태 점검   ④ 페달의 작동상태 점검

4 유체클러치 내에서 유체 충돌을 방지하는 기기는?

① 스테이터   ② 임펠러
③ 가이드링   ④ 메저링 플레이트

5 자동 변속기에서 토크컨버터의 케이스는 어디에 기계적으로 연결되는가?

① 토크 변환기   ② 유성기어
③ 자동변속기의 케이스   ④ 크랭크샤프트

6 종감속 기어장치에 사용되는 하이포이드 기어의 장점이 아닌 것은?

① 추진축의 높이를 낮게 할 수 있다.
② 차실의 바닥이 낮게 되어 거주성이 향상된다.
③ 제작이 쉽다.
④ 기어 물림율이 크다.

7 종감속 기어 감속비가 5 : 1일 때 구동피니언이 5회전하면 링 기어는 몇 회전하는가?

① 3회전   ② 2회전
③ 1회전   ④ 4회전

8 노면의 굴곡이 심하여 바깥쪽 바퀴의 회전속도를 증가시키기 위하여 설치하는 장치는?

① 동력전달장치   ② 변속장치
③ 조향장치   ④ 차동장치

9 전부동식 차축에서 뒤 차축 작업 시 맞는 것은?

① 허브를 떼어낸다.   ② 바퀴 및 허브를 떼어내지 않고 작업한다.
③ 바퀴를 떼어낸 다음에 작업한다. ④ 게라지잭을 이용하여 작업한다.

10 사이드 슬립(side slip)량은 무엇으로 조정하는가?

① 드래그 링크   ② 타이어 공기압
③ 타이로드   ④ 토션바

11 운전면허 행정처분에 대한 설명 중 가장 적절하지 않은 것은?

① '벌점'이란 행정처분의 기초자료로 활용하기 위하여 법규위반 또는 사고야기에 대하여 그 위반의 경중, 피해의 정도 등에 따라 배점되는 점수로서 위반행위에 부여된 고유점수를 말한다.

② '처분벌점'이란 법규위반·사고야기에 대하여 앞으로 정지처분기준을 적용하는데 필요한 벌점으로서, 누산점수에서 이미 정지처분이 집행된 벌점의 합계치를 뺀 점수를 말한다.

③ '면허정지처분 집행대상자'란 도로교통법령 위반, 교통사고야기 등으로 운전면허의 처분벌점이 40점 이상이 된 사람으로서, 경찰서장이 면허정지처분을 아직 결정하지 않은 사람을 말한다.

④ '취소대상자'란 운전면허취소처분 개별기준에 해당하는 위반행위가 있었으나 시·도경찰청장이 취소처분을 아직 결정하지 않은 사람을 말한다.

12 교통사고 야기 운전자에 대한 행정처분기준으로 타당한 것은?

① 사망 1명마다 벌점 80점이 부과된다.
② 단순한 물적 피해라도 벌점을 부과한다.
③ 차 대 차 교통사고의 경우 양쪽 다 면허행정처분 대상이 된다.
④ 교통사고 원인이 명백한 피해자의 과실인 경우 행정처분을 받지 않는다.

13 다음 중 도로교통법상에 정의된 난폭운전으로 볼 수 없는 것은?

① 신호 또는 지시 위반과 중앙선 침범을 연달아 하는 행위
② 유턴 금지 위반을 반복하여 다른 사람에게 위협을 가하는 행위
③ 부득이한 경우로 급제동을 하는 행위
④ 고속도로에서 앞지르기 방법을 위반하여 앞지르기를 지속하여 교통상의 위험을 발생시키는 행위

14 운전면허 취소처분은 1회의 위반·사고로 인한 벌점 또는 1년간 누산점수가 몇 점 이상인 경우 적용되는가?

① 111점 이상　　　　　　　　　② 121점 이상
③ 131점 이상　　　　　　　　　④ 141점 이상

15 처분벌점이 몇 점을 초과하게 되면 면허정지 처분이 집행되는가?

① 15점　　　　　　　　　　　　② 20점
③ 25점　　　　　　　　　　　　④ 40점

16 다음의 교통법규 위반 사항 중 벌점이 가장 높은 것은?

① 신호 위반　　　　　　　　　　② 지시 위반
③ 휴대폰 사용　　　　　　　　　④ 운전면허증 제시 의무 위반

17 최종의 위반일 또는 사고일로부터 위반 및 사고 없이 1년이 경과한 때 그 처분벌점이 소멸하려면 처분벌점이 몇 점 미만이어야 하는가?

① 10점　　　　　　　　　　　　② 20점
③ 30점　　　　　　　　　　　　④ 40점

18 교통법규 위반 사항 중 면허취소에 해당하는 것은?

① 중앙선 침범
② 승객의 차내 소란행위 방치 운전
③ 운전면허 행정처분 기간 중 운전행위
④ 고속도로·자동차전용도로 갓길 통행

19 다음 중 무인 교통단속용 장비의 설치 및 관리권자에 해당하지 않는 사람은?

① 시장 등
② 경찰청장
③ 시도경찰청장
④ 경찰서장

20 운전면허 취소사유가 발생하여 운전면허증을 반납하여야 하는 경우 언제까지 반납해야 하는가?

① 그 사유가 발생한 날로부터 7일 이내
② 그 사유가 발생한 날로부터 10일 이내
③ 그 사유가 발생한 날로부터 15일 이내
④ 그 사유가 발생한 날로부터 20일 이내

▶▶▶ 제1과목 사회

1 표는 갑국의 고용 관련 통계를 나타낸다. 2018년 대비 2019년에 나타난 변화에 대한 설명으로 옳은 것은?

구분	2018년	2019년
15세 이상 인구(만 명)	100	120
경제 활동 참가율(%)	80	75
고용률(%)	60	60

① 실업률은 상승하였다.
② 실업자 수는 증가하였다.
③ 취업자 수는 감소하였다.
④ 경제 활동 인구는 증가하였다.

2 어떤 재화의 수요의 가격탄력성이 1보다 클 때, 이 재화의 가격이 하락하면 이 재화의 수요량과 이 재화에 대한 기업의 총수입은 어떻게 되는가?

① 수요량은 감소하고, 기업의 총수입은 증가한다.
② 수요량은 감소하고, 기업의 총수입은 감소한다.
③ 수요량은 증가하고, 기업의 총수입은 증가한다.
④ 수요량은 증가하고, 기업의 총수입은 감소한다.

3 다음 자료는 최근 갑국의 의회 의원 선거 결과이다. 이에 대한 분석 및 추론으로 옳은 것은?

정당	A당	B당	C당	D당	계
지역구 의석률(%)	44	42	8	6	100
정당 득표율(%)	38	40	12	10	100

* 개편안의 경우 최근 의회 의원 선거 결과만을 근거로 판단함.

① 현행에서 A당은 의회 내 과반수 의석을 차지한다.
② 개편안에서 B당의 비례 대표 의석률은 40%이다.
③ C당의 총의석수는 현행과 개편안이 동일하다.
④ D당의 경우 현행과 개편안 모두에서 과소 대표된다.

4 세계무역기구체제의 출범으로 각국은 이념과 체제를 초월하여 무한경쟁시대로 진입하게 되었다. 이에 따라 나타날 수 있는 현상과 거리가 가장 먼 것은?

① 경제활동의 영역이 국제적으로 확대될 것이다.
② 기술개발 및 품질향상을 위한 투자가 증가할 것이다.
③ 국제경쟁력을 높이려는 각국의 노력이 예상된다.
④ 국내산업에 대한 정부의 지원과 보호가 강화될 것이다.

5 다음 중 통화량이 증가하는 요인은?

① 정부의 국채를 중앙은행이 인수할 때
② 지급준비금이 늘어나 신용창조액이 줄어들 때
③ 시중은행이 중앙은행의 차입금을 갚을 때
④ 수입이나 외채상환으로 외화를 해외에 지급할 때

6 다음 중 긍정적인 외부효과의 사례가 되는 것은?

① 영화관람 시 옆사람의 껌 씹는 소리로 불쾌하다.
② 합성세제의 사용이 줄어들어 한강에서 낚시가 잘 된다.
③ 철강공장이 세워짐으로써 자동차산업이 발전한다.
④ 농작물 담배에 살충제가 살포되어 잠업농가가 피해를 본다.

7 전자민주주의 발달이 국민의 의사를 바로 전달할 수 있다는 점을 고려할 때 정치과정에 미칠 영향으로 보기 어려운 것은?

① 시민들의 정치주체로서의 지위를 강화할 수 있다.
② 직접적인 의사소통이 가능해진다.
③ 시민들의 폭넓은 의견수렴이 가능할 것이다.
④ 국민의 민의를 반영하는 선거제도를 더욱 고집할 것이다.

8 다음 중 합리적인 소비자의 구체적인 행동이라 볼 수 없는 것은?

① 같은 값이면 편익이 가장 큰 것을 선택한다.
② 사회규범을 벗어나지 않는 지출을 선택한다.
③ 최소의 비용으로 극대의 만족을 얻도록 선택한다.
④ 선택한 것의 가치가 기회비용보다 작도록 선택한다.

9 다음의 필립스곡선을 보고 ㈎ 상황에서 나타난 문제점을 해결하기 위한 대책으로 적절하지 않은 것은?

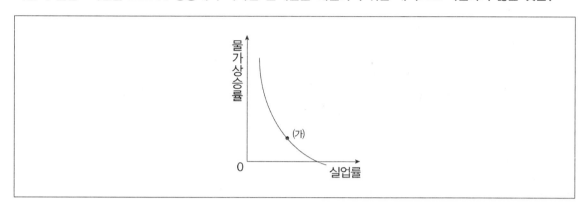

① 중앙은행이 재할인율을 인하한다.
② 중앙은행이 시중에서 국채를 매입한다.
③ 정부는 공공투자사업을 추진한다.
④ 기업은 구조조정을 단행하여 정리해고를 빨리 한다.

10 법문제와 관련하여 ㉠㉡㉢㉣의 개념을 순서대로 나열한 것은?

> ㉠ 자유방임주의 국가는 개인의 자유에 최고의 가치를 부여
> ㉡ 보편타당하게 적용될 수 있는 객관적인 질서
> ㉢ 공무원의 적법한 행정작용에 의한 피해의 구제
> ㉣ 행정상의 의무위반자에게 가해지는 처벌

① 합목적성 – 자연법 – 행정상 손실보상 – 행정벌
② 시효제도 – 자연법 – 사법 – 행정쟁송제도
③ 법의 이념 – 실정법 – 행정상 손해배상 – 재산형
④ 법적 안정성 – 자연법 – 행정상 손해배상 – 자유형

11 다음 중 환율인상의 이유가 아닌 것은?

① 수입을 줄이기 위하여

② 외채상환부담을 줄이기 위하여

③ 수출을 증대시키기 위하여

④ 국제수지를 호전시키기 위하여

12 다음 사례에 대한 법적 판단으로 옳은 것은?

* 갑(46세)은 을(43세)에게 2년 전 3억 원을 빌렸으나 상환 기한이 1년이나 지났는데도 별다른 이유 없이 갚지 않았고, 을의 채무 상환 요구가 거세지자 6개월 전에 연락을 끊고 잠적했다. 을은 우연히 공항에서 갑이 출국하려는 것을 목격하고, ㉠갑을 붙잡아 비행기를 타지 못하게 막았다.
* A(23세)와 산책 중이던 개가 ㉡목줄이 풀려, 지나가던 B(13세)에게 달려들었다. 도망치던 B는 막다른 길에 몰리자 C(38세)의 ㉢대문을 부수고 집 안으로 뛰어들었다. 그러나 개는 B를 물었고 공격을 멈추지 않았다. 집주인 C는 B의 생명이 위험하다고 판단하여 ㉣개에게 막대기를 한 번 휘둘렀다. 급소를 맞은 개는 그 자리에서 죽었다.

① 을의 ㉠은 범죄의 구성 요건과 위법성을 충족한다.

② A는 ㉡에 관한 고의가 없다면 민·형사상 책임이 면제된다.

③ B의 ㉢은 위법성이 인정되나 책임이 없으므로 범죄에 해당하지 않는다.

④ C의 ㉣은 현재의 위난을 피하기 위한 긴급 피난에 해당한다.

13 다음 중 성불평등 문제발생의 원인이 될 수 없는 것은?

① 바느질하는 것을 여자에게만 요구한다.

② 딸보다 아들에게 부모공경을 더 요구한다.

③ 어머니 부엌일을 아들이 도와드리는 것을 권유한다.

④ 남동생이 부엌일 하는 것을 누나가 허락하지 않는다.

14 노동법, 경제법, 사회보장법의 성격으로 볼 수 없는 것은?

① 사법의 공법화현상

② 사회적 약자 보호와 강자의 통제

③ 사법도 공법도 아닌 제3의 법역

④ 기본권 보장을 위한 사유재산제도의 확립

15 다음에서 A유형에 해당하는 것은?

자문화의 통합정도 타문화의 수용정도	강(强)	약(弱)
강제적 문화접변	A	B
자발적 문화접변	C	D

① 일제치하에 우리 민족이 조선어학회를 조직하여 우리말 신문과 잡지를 만드는 경우

② 중국연변 동포들이 우리 민족의 고유한 풍습, 가치관 등을 간직한 경우

③ 유럽열강의 식민지가 되어 서구화된 의식을 가진 어느 아프리카 나라의 경우

④ 우리나라에 불교가 전파되어 전통적인 신앙적 요소와 결합하여 새로운 문화요소를 만드는 경우

16 "채권은 10년간 행사하지 않으면 소멸시효가 완성된다〈민법 제162조 제1항〉."는 법조항에 가장 밀접한 법언(法諺)은?

① 민중의 행복이 최고의 법률이다.

② 악법은 법이 아니다.

③ 강제력이 없는 법은 타지 않는 불꽃이다.

④ 법은 권리 위에서 잠자는 자를 보호하지 않는다.

17 다음 중 그 사회가 얼마만큼 민주적으로 운영되고 있는지를 알아보기 위한 질문방법으로 볼 수 없는 것은?

① 의회가 정부를 구성했는지의 여부

② 이익집단의 활동이 보장되고 있는지의 여부

③ 언론·출판·집회·결사의 자유가 보장이 되고 있는지의 여부

④ 국가의 중요정책 결정시 국민투표를 하고 있는지의 여부

18 다음 중 (가) ~ (라)에 대한 분석으로 부적절한 것은?

> (가) 동일한 연령임에도 여성이라는 이유로 선거참여에서 배제되었다.
>
> (나) 재산정도에 따라 투표가치를 다르게 부여하였다.
>
> (다) 국민이 직접 대통령을 선출하지 않고 선거인단을 통해 투표하였다.
>
> (라) 누구에게 투표했는지가 공개되어 투표참여가 활성화되지 못하고 있다.

① (가)는 일정 연령 이상의 모든 국민에게 선거권을 부여하는 원칙에 위배된다.

② (나)는 차등선거에 해당한다.

③ (다)는 대리선거에 해당한다.

④ (라)는 비밀선거에 위배된다.

19 다음 중 국내총생산(GDP)을 계산할 때 포함시키지 않는 것은?

① 상봉한 남북한 이산가족이 나누어 가진 선물

② 자동차에어백 제조업자가 받는 보수액

③ 자동차 수리공이 받는 수공료

④ 내국인이 내국에서 외국기업의 취업으로 받는 보수액

20 ㈎와 ㈏는 두 연구 주제에 대한 서로 다른 연구 방법이다. 이에 대한 설명으로 옳은 것은?

㈎ 2000년대 ○○지역 제조업계 여성 노동자의 삶에 대한 연구
㈏ 학부모의 자녀 교육에 대한 만족도 조사와 거주지 이전 의사결정 간 상관관계 연구

① ㈎는 연구 대상자에 대한 연구자의 감정이입적 이해를 중시한다.
② ㈏는 계량화되기 어려운 주관, 가치, 관념 등의 분석에 더 관심을 갖는다.
③ ㈎는 일반적 법칙 발견에 훨씬 유리하다.
④ ㈏는 사회문화 현상의 의미를 이해하고 의도를 파악하는 데 목적이 있다.

1 앞바퀴 얼라인먼트를 측정하기 전에 점검하여야 할 개소가 아닌 것은?

① 볼 조인트의 마모
② 쇽업쇼바의 오일누출 점검
③ 허브베어링의 마모
④ 승차정원이 탑승한 후 측정한다.

2 4륜 조향장치(4WS)의 적용효과에 해당되지 않는 것은 어느 것인가?

① 저속에서 선회할 때 최소 회전 반경이 증가한다.
② 차로변경이 쉽다.
③ 미끄러운 도로 주행시 주행 안정성을 향상시킨다.
④ 선회시 균형을 유지한다.

3 전자제어 동력 조향장치의 요구조건이 아닌 것은 어느 것인가?

① 저속 시 조향력이 적을 것
② 긴급 조향 시 신속한 조향 반응이 작동될 것
③ 직진 안정감과 미세한 조향감각이 유지될 것
④ 고속 직진 시 복원 반발력이 감소할 것

4 파워 스티어링에서 오일 압력 스위치의 역할은?

① 공연비 조절
② 공회전 속도 조절
③ 점화시기 조절
④ 연료펌프 구동 조절

5 주행 중 조향핸들이 무거워졌을 경우와 가장 거리가 먼 것은?

① 타이어의 밸런스가 불량하다.
② 볼 조인트가 과도하게 마모되었다.
③ 조향기어 박스의 오일이 부족하다.
④ 앞 타이어의 공기가 빠졌다.

6 차량이 커브를 회전할 때 원심력을 감소시키는 방법 중 틀린 것은?

① 차량의 커브 안쪽을 따라간다
② 커브의 바깥쪽을 따라간다.
③ 차량의 속도를 줄인다.
④ 차량의 무게를 줄인다.

7 전자제어 현가장치(ECS)에서 차고조정이 정지되는 조건이 아닌 것은?

① 급정지 시
② 급가속 시
③ 커브길 급회전 시
④ 고속 가속 시

8 전자제어 조향장치 ECU 입력요소로 틀린 것은?

① 스로틀 위치 센서
② 차량 속도
③ ECU 구동 전원
④ 크랭크 각 센서

9 다음 중 현가장치의 구성품과 관계없는 것은?

① 스테빌라이저
② 드래그 링크
③ 쇼크업쇼버
④ 공기스프링

10 운행되는 승용차에 가장 많이 사용되는 독립현가장치 중 구조가 간단하고 스트러트가 조향 시 회전하는 것은?

① SLA형

② 평행사변형

③ 맥퍼슨형

④ 위시본형

11 교통사고 야기시의 사고결과에 따른 벌점 기준으로 틀린 것은?

① 사망 1명마다 벌점 90점 부과

② 5일 미만의 치료를 요하는 의사의 진단이 있는 사고의 경우 1명당 벌점 2점 부과

③ 사 내 차 사고의 경우 사고원인의 과실이 경한 위반행위인 경우 벌점을 1/2로 감경한다.

④ 3주 미만의 경상 1명마다 5점씩 부과

12 신호위반으로 중상 1명, 경상 1명이 발생하였을 경우 벌점 총합은?

① 30점

② 35점

③ 40점

④ 45점

13 「도로교통법」상 도로에서의 금지행위로 가장 옳지 않은 것은?

① 술에 취하여 도로에서 갈팡질팡하는 행위

② 도로에서 교통에 방해되지 않는 방법으로 서있는 행위

③ 도로를 통행하고 있는 차마에서 밖으로 물건을 던지는 행위

④ 도로를 통행하고 있는 차마에 뛰어오르거나 매달리거나 차마에서 뛰어내리는 행위

14 운전자의 운전면허, 교통사고 및 교통법규 위반에 관한 정보를 전산시스템에 등록·관리하여야 하는 자는 누구인가?

① 시·도경찰청장 및 경찰서장
② 시·도경찰청장 및 경찰청장
③ 경찰청장
④ 시·도지사

15 전용차로위반 및 주차위반 단속에 대한 설명으로 옳지 못한 것은?

① 통보받은 사항이 범칙행위로 인정되는 때에는 통고처분을 받을 수 있다.
② 고지서에는 시·도경찰청장에게 출석할 기일 및 장소 등을 명시하여야 한다.
③ 위반자에 대하여 시·군공무원이 출석고지서를 발급한다.
④ 출석고지서 발급 후 운전면허증의 제출을 요구할 수 있다.

16 다음 중 앞을 보지 못한 사람에 준하는 사람이 아닌 사람은?

① 듣지 못하는 사람
② 신체의 평형기능에 장애가 있는 사람
③ 의족 등을 사용하지 않고는 보행을 할 수 없는 사람
④ 말을 못하는 사람

17 다음 중 난폭운전의 행위 유형에 해당하지 않는 것은?

① 신호위반
② 중앙선침범
③ 속도위반
④ 2대 이상의 자동차등이 앞뒤로 또는 좌우로 줄지어 통행하는 것

18 다음 중 시·도경찰청장이 관할 경찰서장에게 위임한 사항이 아닌 것은?

① 임시운전증명서의 발급
② 국제운전면허증의 신청접수 및 발급
③ 운전면허 취소처분을 위한 사전 통지
④ 과태료의 부과 및 징수

19 교통사고 발생시의 조치를 하지 않은 사람에 대한 벌칙은?

① 2년 이하의 징역
② 2년 이하의 징역이나 500만 원 이하의 벌금
③ 3년 이하의 징역이나 700만 원 이하의 벌금
④ 5년 이하의 징역이나 1천5백만 원 이하의 벌금

20 다음 중 1년 이상 5년 이하의 징역이나 500만 원 이상 2천만 원 이하의 벌금에 처해지는 것은?

① 술에 취한 상태에 있다고 인정할 만한 상당한 이유가 있는 사람으로서 경찰공무원의 측정에 응하지 아니한 사람
② 신호기를 조작하거나 교통안전시설을 철거·이전하거나 손괴한 사람
③ 교통안전시설을 손괴하여 도로에서 교통위험을 일으키게 한 사람
④ 교통안전교육의 수강 결과를 거짓으로 보고한 교통안전교육강사

▶▶▶ **제1과목** 사회

1 행정국가화에 따른 행정권력의 강화와 집중 등으로 나타나는 문제점을 해결하기 위하여 시민의 정치적 참여가 요구되고 있다. 이에 대한 방법으로 옳지 않은 것은?

① 지방자치제   ② 참여의 활성화

③ 노동 3권 보장   ④ 복지제도 확대

2 (가) ~ (라)의 법률 조항이 강조하는 민법의 기본 원리에 대한 설명으로 옳은 것은?

> (가) 민법 제103조 선량한 풍속 기타 사회 질서에 위반한 사항을 내용으로 하는 법률 행위는 무효로 한다.
> (나) 민법 제104조 당사자의 궁박, 경솔 또는 무경험으로 인하여 현저하게 공정을 잃은 법률 행위는 무효로 한다.
> (다) 민법 제211조 소유자는 법률의 범위 내에서 그 소유물을 사용, 수익, 처분할 권리가 있다.
> (라) 제조물 책임법 제1조 이 법은 제조물의 결함으로 발생한 손해에 대한 제조업자 등의 손해 배상 책임을 규정함으로써 피해자 보호를 도모하고 국민 생활의 안전 향상과 국민 경제의 건전한 발전에 이바지함을 목적으로 한다.

① (가)는 사유재산권 존중의 원칙이 수정 · 보완된 예이다.

② (나)의 원리는 사회적 강자가 사회적 약자를 강제하는 수단으로 악용될 수 있다.

③ (다)는 계약 자유의 원칙이 수정 · 보완된 예이다.

④ (라)의 원리는 경제적 강자가 자신의 책임을 회피하는 것을 방지하기 위해 등장했다.

3 다음 중 인플레이션으로 이득을 보는 사람은?

① 현금소유자   ② 국 · 공채 소유자

③ 채권자   ④ 수입업자

4 다음에서 밑줄 친 경제 체제에 대한 설명으로 가장 적절한 것은?

> 경제 체제는 크게 시장 경제 체제와 계획 경제 체제로 구분할 수 있습니다. 오늘은 이들 경제 체제에 대해 알아보겠습니다. …(중략)… 경제 체제에 따라 무역을 보는 관점이 달라질 수 있습니다. <u>○○ 경제 체제</u>에서 무역은 정부가 국내 경제를 원활하게 관리하기 위해 필요한 물품을 조달하는 수단일 뿐입니다. 따라서 무역의 대상이 되는 물품과 수량은 정부에 의해 정해지며, 교역 조건 또한 정부 사이의 협상을 통해 조정됩니다.

① 경제적 유인이 경제 운영의 원동력이다.
② 정부 개입으로 인해 시장 실패 현상이 나타난다.
③ 자원의 배분 과정에서 정부가 주도적 역할을 한다.
④ 보이지 않는 손에 의해 시장이 효율적으로 작동한다.

5 정치를 바라보는 갑, 을의 관점에 대한 설명으로 옳은 것은?

> 갑 : 국가가 코로나(COVID-19) 예방을 위해 사회적 거리 두기를 강제하는 것은 정치로 볼 수 있지만, 학급 회의를 통해 청소 구역 배정 규칙을 정하는 것은 정치로 볼 수 없어.
> 을 : 아니야. 학급 회의에서 의사 결정이 이루어지는 것도 정치라고 볼 수 있어.

① 갑의 관점은 다원화된 현대 사회의 정치 현상을 설명하기에 적합하다.
② 을의 관점은 국가 형성 이전의 정치 현상을 설명하기에 용이하다.
③ 갑의 관점은 을의 관점에 비해 정치 주체의 범위를 넓게 본다.
④ 을의 관점은 갑의 관점과 달리 행정부에 대한 입법부나 사법부의 견제 활동을 정치라고 본다.

6 완전경쟁시장에서 개별기업의 공급곡선을 결정하는 가장 중요한 요소는?

① 한계비용   ② 평균비용
③ 한계수입   ④ 평균수입

7 그림은 어느 학자의 정치문화 유형 분류이다. 각 유형에 해당하는 사례를 바르게 연결한 것은?

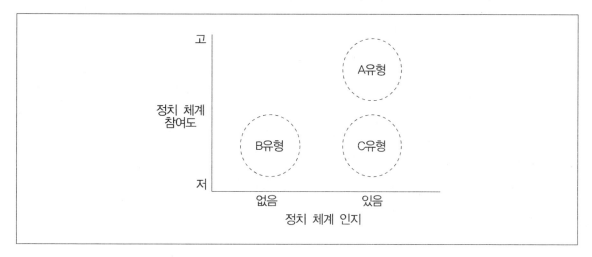

① A유형 – 국민들은 요구 사항이 있는 경우 해당 공공기관에 적극적으로 의견을 개진한다.
② A유형 – 후진국에서 일반적으로 나타나는 정치문화이다.
③ B유형 – 국민들은 바쁜 농사철에도 국가 위기 극복을 위해 징집 명령에 예외 없이 복종한다.
④ C유형 – 국민들은 공공의 이익을 위한 각종 시민단체 활동에 적극적이다.

8 대통령제의 장점에 해당하는 것은?

① 정치적 책임에 민감하다.
② 독재화를 방지할 수 있다.
③ 정국의 안정을 기할 수 있다.
④ 입법부와 행정부의 융화가 이루어진다.

9 표와 같이 사회화 기관을 분류할 때, A ~ D에 대한 설명으로 옳은 것은?

접촉방식 \ 수행방식	공식적	비공식적
1차적	A	B
2차적	C	D

① 대부분의 사회화 기관은 A와 같은 성격을 지닌다.
② B에 해당하는 대표적인 기관은 회사와 정당이다.
③ 학교는 C에 해당하고 체계적이며 의도적인 성격을 지닌다.
④ 유년기의 중요한 가치관을 습득하게 해주는 또래 집단은 D에 해당한다.

10 다음 중 법원에 제소가능한 것은?

① 국회의원의 부정선거
② 위헌정당해산
③ 긴급명령의 위법성
④ 국회의원이 징계를 받아 제명된 경우

11 법의 이념 중의 하나인 합목적성을 지나치게 강조한 것은?

① 악법도 법이다.
② 국민이 원하는 것은 곧 법이다.
③ 법의 극치는 부정의의 극치이다.
④ 세상이 망하여도 정의를 세우라.

12 볼펜의 수요곡선 자체를 이동시킬 수 있는 요인과 가장 거리가 먼 것은?

① 연필의 가격변화
② 볼펜의 가격변화
③ 한 나라의 인구크기의 변화
④ 볼펜 수요자의 소득수준의 변화

13 다음 글에 대한 분석 및 추론으로 옳지 않은 것은?

> 갑은 하루 용돈으로 5,000원을 받는다. 갑은 용돈으로 쌀과자와 MP3 파일만을 구입한다. 쌀과자는 한 봉지에 1,000원이고 MP3 파일은 하나에 500원이다.

① 쌀과자 한 봉지의 기회비용은 MP3 파일 2개이다.

② 부모님이 용돈을 올려 주어도 쌀과자 한 봉지의 기회비용은 변함이 없다.

③ MP3 파일의 가격이 200원으로 하락한다면 쌀과자로 표시한 MP3 파일의 기회비용은 커진다.

④ 용돈과 두 재화의 가격이 모두 100% 오르더라도, 갑의 두 재화에 대한 최대 구매 가능량은 변함이 없다.

14 다음 재정정책들이 추구하는 공통된 목적은?

> • 고소득층에 누진세율 적용
> • 저소득층에 사회보장비 지급
>
> • 귀금속 등에 특별소비세 부과

① 경제안정화

② 경제발전

③ 소득재분배

④ 자원배분

15 다음과 같은 단계적 통일방안을 통하여 우리 정부가 달성하려는 것과 거리가 먼 것은?

> 화해 · 협력 ───────→ 남북연합 ───────→ 평화통일

① 1국가 2체제 수립

② 남북간의 군비통제

③ 자주 · 평화 · 민주통일

④ 북한의 개혁 · 개방 유도

16 다음 중 지방의회의 조례와 규칙에 관한 설명으로 옳은 것은?

① 조례는 규칙의 하위법이다.　　　　　② 조례와 규칙은 명령과 같은 효력을 가진다.

③ 지방의회는 조례를 제정한다.　　　　④ 조례는 지방자치단체의 장이 제정한다.

17 계층구조에 대한 설명으로 옳은 것은?

① 안정된 사회에서는 흔히 피라미드형의 계층구조가 이루어진다.

② 복지사회에서는 중류계층의 비율이 제일 작다.

③ 우리나라의 계층구조는 다이아몬드형에서 피라미드형으로 변화하고 있다.

④ 폐쇄적 계층구조와 개방적 계층구조의 차이는 사회이동의 제도적 인정 여부에 있다.

18 선진국은 복지확대라는 명분으로, 신생국은 경제성장과 안전보장이라는 명분으로 행정권이 강화되었는데, 이에 따른 폐해가 아닌 것은?

① 실질적 평등권 저해　　　　　　　　② 인권 침해

③ 행정 부패　　　　　　　　　　　　④ 의회기능 약화

19 다음 중 정부실패의 요인이 아닌 것은?

① 시장기능의 실패　　　　　　　　　② 관료주의화

③ 유인동기의 부족　　　　　　　　　④ 지식과 정보의 불완전성

20 甲은 자신의 부동산을 3,000만 원에 乙에게 매각하였으나, 乙이 대금 중 20만 원을 지급하지 않아 이 미지급액에 대해 월 5%의 이자를 지급하기로 하였다. 그러나 乙이 이를 이행하지 않자, 甲은 계약 전체를 해제하였다. 甲의 이 계약해제는 무엇에 위배되어 효력을 인정하기 어려운가?

① 신의성실의 원칙　　　　　　　　　② 미풍양속

③ 공공복리　　　　　　　　　　　　④ 권리남용금지의 원칙

▶▶▶ **제2과목** **자동차구조원리 및 도로교통법규**

1 탠덤 마스터 실린더의 사용 목적은?

① 앞·뒷바퀴의 제동거리를 짧게 한다.
② 앞바퀴의 제동을 더욱 확실히 한다.
③ 앞·뒤 브레이크를 분리시켜 제동안전을 유익하게 한다.
④ 빙판길 주행 시 효과가 좋다.

2 브레이크 드럼이 갖추어야 할 조건이 아닌 것은?

① 방열이 잘되지 않을 것
② 슈와 마찰면에 내마멸성이 있을 것
③ 충분한 강성이 있을 것
④ 정적·동적 평형이 잡혀 있을 것

3 제동장치에서 전진방향 주행 시 자기작용이 발생되는 슈를 무엇이라 하는가?

① 서보 슈
② 역전 슈
③ 트레일링 슈
④ 리딩 슈

4 일반적인 브레이크 오일의 주성분은?

① 윤활유와 경유
② 윤활유와 피마자 기름
③ 알코올과 피마자 기름
④ 경유와 피마자 기름

5 다음 중 핸드브레이크의 휠 브레이크에서 양쪽 바퀴의 제동력을 동일하게 해주는 기구는?

① 래칫 컷
② 이퀄라이저
③ 리턴스프링
④ 주차케이블

6 ABS 장치를 설치한 목적과 거리가 무관한 것은?

① ECU에 의해 브레이크를 컨트롤하여 조종성 확보
② 최대 제동거리 확보를 위한 안전장치
③ 앞바퀴의 잠김으로 인한 조향능력 상실 방지
④ 뒷바퀴의 잠김으로 차체 스핀에 의한 전복 방지

7 ABS장치에서 스피드 센서의 폴 피스에 이물질이 붙어 있으면 어떤 현상이 발생하는가?

① 자화가 되지 않는다.
② 바퀴의 회전속도 감지능력이 증가한다.
③ 바퀴의 회전속도 감지능력이 저하된다.
④ 회전속도 검출기능과 관계없다.

8 전자제어 구동력 조절장치(TCS)에서 컨트롤 유닛에 입력되는 신호가 아닌 것은?

① 스로틀포지션 센서
② 브레이크 스위치
③ 휠 속도 센서
④ TCS 구동 모터

9 ABS 차량에서 4센서 4채널 방식의 설명으로 틀린 것은?

① ABS 작동시 각 휠의 제어는 별도로 제어된다.
② 휠 속도 센서는 각 바퀴마다 1개씩 설치된다.
③ 톤 휠의 회전에 의해 교류전압이 발생한다.
④ 휠 속도 센서의 출력 주파수는 속도에 반비례한다.

10 레이디얼 타이어의 장점이 아닌 것은?

① 미끄럼이 적고 견인력이 좋다.

② 로드 홀딩이 향상되며 내미끄럼성이 향상된다.

③ 저속 주행, 험한 도로 주행 시에 적합하다.

④ 선회시 안전하다.

11 함부로 신호기를 조작하거나 교통안전시설을 철거, 이전하거나 손괴한 사람에 대한 벌칙은?

① 1년 이하의 징역이나 300만 원 이하의 벌금

② 1년 이하의 징역이나 500만 원 이하의 벌금

③ 3년 이하의 징역이나 500만 원 이하의 벌금

④ 3년 이하의 징역이나 700만 원 이하의 벌금

12 다음 중 2년 이하의 징역이나 500만 원 이하의 벌금에 처해지는 것은?

① 음주측정 결과 혈중알코올농도가 0.08퍼센트 이상 0.2퍼센트 미만인 사람

② 최고속도보다 시속 100킬로미터를 초과한 속도로 3회 이상 자동차 등을 운전한 사람

③ 교통에 방해가 될 만한 물건을 함부로 도로에 내버려둔 사람

④ 거짓이나 그 밖의 부정한 방법으로 자동차운전학원의 등록을 한 사람

13 도로교통법에서 규정한 서행장소가 아닌 곳은?

① 비탈길의 고갯마루 부근

② 터널안

③ 도로가 구부러진 부근

④ 교통정리를 하고 있지 아니한 교차로

14 「도로교통법 시행규칙」상 고속도로 편도 1차로에서의 최고속도는?

① 매시 50킬로미터
② 매시 60킬로미터
③ 매시 80킬로미터
④ 매시 100킬로미터

15 다음 중 앞지르기 금지장소가 아닌 곳은?

① 철길건널목
② 터널안
③ 다리위
④ 교차로

16 범칙금 납부서에 대한 설명으로 틀린 것은?

① 범칙금 납부통고서를 받은 사람은 10일 이내에 경찰청장이 지정하는 국고은행, 지점, 대리점, 우체국에 범칙금을 납부해야 한다.
② 납부통고서를 받은 사람이 납부기간 내에 범칙금을 내지 아니하면 납부기간이 끝나는 날의 다음 날부터 30일 이내에 통고받은 범칙금에 100분의 50을 더한 금액을 내야 한다.
③ 통고처분을 할 때에 교통을 단속하는 경찰공무원은 본래의 목적에서 벗어나 직무상의 권한을 함부로 남용하여서는 아니 된다.
④ 범칙금을 납부한 사람은 그 범칙행위에 대하여 다시 벌 받지 아니한다.

17 다음 교통범칙금에 대한 설명 중 타당하지 않은 것은?

① 범칙금이란 통고처분에 따라 국고에 낼 금액이다.
② 범칙금의 납부기한은 통고서를 받은 날로부터 10일 이내이다.
③ 범칙금액은 즉결심판에서의 순회판사가 결정한다.
④ 범칙금을 부득이한 사유로 납부하지 못한 자는 그 사유가 없어진 날로부터 5일 이내에 내야 한다.

18 범칙금 납부 통고처분 불이행자 등에 대해서 경찰서장 등은 즉결심판을 청구하여야 한다. 이때, 납부기간에 범칙금을 내지 아니한 사람이 즉결심판을 받지 않으려면, 통고받은 범칙금의 얼마를 더한 금액을 납부해야 하는가?

① 100분의 20
② 100분의 30
③ 100분의 40
④ 100분의 50

19 운전자가 일시 정지해야 할 장소에 해당하는 곳은?

① 교통정리를 하고 있지 아니하고 좌우를 확인할 수 없거나 교통이 빈번한 교차로
② 도로가 구부러진 곳
③ 가파른 비탈길의 내리막
④ 비탈길의 고갯마루 부근

20 도로교통법을 위반한 사람이 범칙금 납부기간 만료일부터 60일이 경과될 때까지 즉결심판을 받지 않을 경우 벌점은?

① 30점
② 40점
③ 60점
④ 80점

정답 및 해설 P. 328

▶▶▶ 제1과목 **사회**

1 우리나라 헌법 기관 ㉠～㉤에 대한 설명으로 옳은 것은?

㉠ 대통령의 연간 업무 기록	
1월	신임 ㉡ 대법원장 임명
2월	㉢ ㅁㅁ부 장관 임염
3월	㉣ 감사원 업무 보고
4월	수정 예산안 시정 연설 위한 ㉤ 국회 방문

① ㉠이 ㉡을 임명하는 것은 ㉠의 국가 원수로서의 권한이다.

② ㉠ 또는 ㉤의 재적 의원 10인 이상은 헌법 개정안을 발의할 수 있다.

③ ㉣의 장이 직무를 수행하면서 법률을 위반한 때에 ㉡은 탄핵여부를 심판할 수 있다.

④ ㉣은 국정 감사 및 조사를 통해 ㉢을 견제한다.

2 다음 사항에 공통적으로 필요한 헌법상의 절차는?

- 일반사면
- 비상계엄선포
- 긴급명령
- 정당해산 제소

---

① 국회의 동의

② 국회의 승인

③ 헌법재판소의 심판

④ 국무회의의 심의

3 한 가지의 지위를 가진 사람에게 여러 가지 역할이 동시에 요구되지만, 여러 역할들을 성공적으로 수행할 능력이 현실적으로 못미치는 상황에 이르는 것은?

① 역할긴장
② 역할갈등
③ 역할대립
④ 역할기대

4 다음은 사회 보장 제도를 설명한 표다. 이를 설명한 것으로 옳은 것만을 〈보기〉에서 고르면?

구분	제도		
	A	B	C
근로 의욕을 고취시킨다.	○		
소득 재분배 효과가 크다.		○	
생활 능력을 높여 자립을 지원한다.			○

〈보기〉

㉠ A는 강제 가입을 원칙으로 한다.
㉡ B는 국가의 재정 부담을 가중시킨다.
㉢ C는 국민 기초 생활 보장 제도가 대표적이다.
㉣ B보다는 C가 도덕적 해이를 야기할 수 있다.

① ㉠㉡
② ㉡㉢
③ ㉢㉣
④ ㉠㉣

5 수요의 가격탄력성이 2.0일 경우 상품의 가격이 10% 하락한다면 그 상품에 대한 수요량의 변동은?

① 변동없다.
② 5% 증가한다.
③ 20% 증가한다.
④ 20% 감소한다.

6 다음 중 독점적 경쟁시장이 완전경쟁시장과 다른 점은?

① 상품차별화   ② 공급자의 수
③ 상품의 동질성   ④ 시장진입과 탈퇴의 자유

7 다음 제시문을 읽고 물음에 바르게 답한 것은?

> 노동과 자본만이 생산요소이고 두 생산요소는 서로 대체관계다. 이때, 자본의 가격이 하락할 경우 노동 수요의 변화는 어떻게 나타나는가?

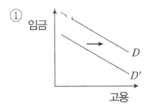

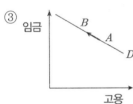

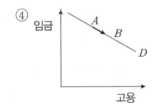

8 자본주의의 문제점을 합리적으로 해결하기 위하여 비교적 근래에 나타난 법으로, 사법영역에 속하는 생활관계에 공법적 제재를 가미한 제3의 법역에 속하는 법은?

① 민법   ② 상법
③ 행정법   ④ 노동법

9 다음 중 지역이기주의를 극복하는 방법이 아닌 것은?

① 님비현상
② 공동체의식의 형성
③ 지방자치단체에 대한 국가의 지도 · 감독
④ 이해당사자간 대화와 타협을 통한 공정한 이익조정

10 다음 중 총수요의 구성에 해당하지 않는 것은?

① 수입
② 수출
③ 민간투자
④ 정부지출

11 근로자의 근로의욕을 향상시키고 기본적 생활을 보장 · 향상시키며, 균형있는 국민경제의 발전을 이룩하기 위하여 일정한 근로조건과 최소한의 한계를 규정하고 있는 법은?

① 직업안정법
② 근로기준법
③ 노동조합 및 노동관계조정법
④ 노동위원회법

12 우리가 다른 사회의 문화를 올바르게 이해하려면 문화의 상대성을 인정하고, 그 사회의 맥락에서 그 문화를 평가하고 이해하는 태도를 가져야 한다. 이와 같이 한 사회의 문화를 그 사회의 입장에서 이해하려는 태도를 무엇이라고 하는가?

① 자문화 중심주의
② 문화사대주의
③ 문화적 절대주의
④ 문화적 상대주의

13 다음의 예에 해당하지 않는 것은?

> 이것은 두 마리의 토끼에 비유된다. 즉, 두 가지를 모두 좇다 보면, 결국 둘 다 이루지 못하기 때문에 어느 한 가지를 선택해야 하는 문제로 귀결된다.

① 자유경쟁과 정부개입　　　　　② 경제성장과 물가안정
③ 효율성과 형평성　　　　　　　④ 물가안정과 고용증대

14 비교적 소수의 응답자로부터 깊이 있는 정보를 얻고자 할 때 가장 적절하게 쓰일 수 있는 정보수집방법은?

① 질문지법　　　　　　　　　　② 면접법
③ 참여관찰법　　　　　　　　　④ 문헌연구법

15 산업구조의 고도화와 기술혁신이 급격해짐에 따라 낮은 기술수준의 기능인력에 대한 수요가 감소하여 생기는 실업은?

① 구조적 실업　　　　　　　　　② 경기적 실업
③ 계절적 실업　　　　　　　　　④ 마찰적 실업

16 다음 중 국가간에 자유경쟁을 실현했을 때의 결과가 아닌 것은?

① 무역마찰이 완화될 것이다.
② 대립적인 냉전이 심화될 것이다.
③ 비교우위에 따른 무역이 증대될 것이다.
④ 서비스시장의 적극적인 개방이 요구된다.

17 정치 참여 주체 A~C에 대한 설명으로 옳은 것은? (단, A~C는 각각 시민 단체, 이익 집단, 정당 중 하나이다.)

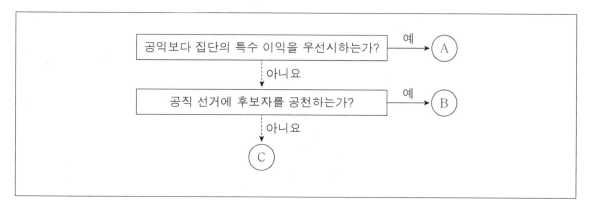

① A는 자신들의 행위에 대한 정치적 책임을 진다.
② B는 행정부와 의회를 매개하는 역할을 한다.
③ A는 B와 달리 정부에 대한 비판 기능을 담당한다.
④ B는 C와 달리 정치 과정에서 투입 기능을 수행한다.

18 다음에 제시된 사례를 읽고 진술한 것으로 가장 적절한 것은?

> 어느 마을에 한 여인이 난치병으로 죽어 가고 있었다. 의사들이 그녀를 살릴 수 있을 것으로 보는 특효약이 있었는데, 그 약은 같은 마을의 한 약사가 최근에 만든 것이다. 그런데 그 약사는 엄청난 약값을 요구했다. 가난한 그 여인의 남편은 백방으로 힘썼지만, 겨우 그 약값의 반밖에 구하질 못했다. 하는 수 없이 그 약사를 찾아가, 자기 아내가 지금 죽어 가니 그 약을 좀 싸게 팔거나 외상으로라도 해 달라고 사정했으나, 거절당하였다. 절망에 빠진 남편은 그날 밤 약국에 침입하여 약을 훔쳤고, 그 다음 날 경찰에 의해 체포되었다.

① 갑 : 구성요건 해당성이 없어서 범죄가 성립하지 않는다.
② 을 : 구성요건 해당성은 있으나 위법성 조각사유가 된다.
③ 병 : 착한 사마리아인의 법과 비슷한 맥락에서 이해할 수 있다.
④ 정 : 근대 민법을 수정한 현대 민법이 적용되는 사례이다.

19 다음 자료를 토대로 추론한 내용으로 옳지 않은 것은?

> • 미국 행정부는 대폭적인 감세안을 마련했으며, 이 가운데 소득세율인하법안이 지난 8일 하원을 통과했다.
> • 독일은 소득세율을 33%로 낮추고, 법인세율 역시 25%선으로 낮추었다.
> • 우리 정부는 조만간 세율을 낮출 예정이다.

① 자원을 새분배하기 위한 정책이다.
② 소득의 불균형을 조정하려는 정책이다.
③ 경기침체에 대응하고 기업활동을 고취하려는 정책이다.
④ 작은 정부를 표방하는 현대적인 추세에는 맞지 않는 정책이다.

20 다음 자료에 대한 설명으로 옳은 것은?

> 그림은 갑국의 X재 시장 상황을 나타낸다. X재의 생산량이 증가할 때마다 ㉠X재 1개당 일정액의 환경 오염 비용이 발생하지만, X재 생산자는 이 비용을 부담하지 않고 있다. 경제 연구소 A와 환경 단체 B는 이 비용에 대한 추정을 바탕으로 시장 실패를 해소할 수 있는 정책을 제안하였다. A가 제안한 정책은 ㉡X재 생산에 1개당 200달러의 환경세를 부과하는 것이고, B가 제안한 정책은 ㉢X재 공급량을 20개로 제한하는 것이다.

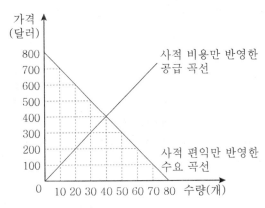

① A가 B보다 ㉠을 더 크게 추정하였다.
② A가 추정한 사회적 최적 거래량은 B보다 적다.
③ 시장 가격은 ㉡을 시행할 때가 ㉢을 시행할 때보다 높다.
④ 소비자 잉여는 ㉡을 시행할 때가 ㉢을 시행할 때보다 크다.

1 다음 중 자동차의 타이어에서 70 또는 80시리즈라고 할 때 시리즈란?

① 단면 폭   ② 단면 높이

③ 최대 하중지수   ④ 편평비

2 구동력 조절장치(TCS)의 조절방식의 종류에 속하지 않는 것은?

① 기관의 회전력 조절방식   ② 구동력 브레이크 조절방식

③ 기관과 브레이크 병용 조절방식   ④ 기관 회전수와 동력전달 조절방식

3 타이어의 높이가 190mm, 너비가 225mm인 타이어의 편평비는?

① 1.22   ② 0.84

③ 0.76   ④ 0.67

4 관련법상 자동차의 공기압 고무타이어는 요철형 무늬의 깊이를 몇 mm 이상 유지하여야 하는가?

① 1.8   ② 2.4

③ 1.6   ④ 2.8

5 에어컨회로에서 고압의 기체냉매를 냉각시켜 액화시키는 작용을 하는 것은?

① 압축기   ② condenser

③ evaporator   ④ 건조기

6 축전지에서 극판 수를 많게 하면 어떻게 되는가?

① 용량이 커진다.　　　　　　② 전압이 높아진다.

③ 기전력이 높아진다.　　　　　④ 전해액의 비중이 증가한다.

7 다음 중 P형 반도체와 N형 반도체를 접합하여 제작한 다이오드의 장점이 아닌 것은?

① 내부의 전력손실이 적다.

② 한쪽 방향으로만 전류를 흐르게 하여 정류할 수 있다.

③ 고온에서도 사용이 가능하다.

④ 예열시간이 없이 작동가능하다.

8 축전지의 셀을 직렬로 연결하면 어떻게 되는가?

① 비중이 증가한다.　　　　　　② 전압이 증가한다.

③ 전류가 증가한다.　　　　　　④ 용량이 증가한다.

9 전류의 자기작용을 이용한 것은 어느 것인가?

① 발전기　　　　　　　　　② 전구

③ 축전지　　　　　　　　　④ 예열플러그

10 고압축비, 고속회전 기관에서 사용되며 냉각 효과가 좋은 점화플러그의 종류는?

① 열형　　　　　　　　　② 중간형

③ 냉형　　　　　　　　　④ 고급형

11 경찰공무원이 운전 중인 차를 일시 정지시키고 그 운전자에게 운전면허증의 제시를 요구 할 수 있는 경우로 가장 옳지 않은 것은?

① 과로한 상태에서의 운전
② 술에 취한 상태에서의 운전
③ 무면허운전
④ 흡연상태에서의 운전

12 교통사고처리 특례법상 피해자의 명시적인 의사에 반하여 공소를 제기할 수 없는 경우는?

① 운전자가 업무상 중대한 과실로 다른 사람의 건조물을 손괴한 경우
② 업무상과실치상죄를 범하고 피해자를 구호하지 아니하고 도주한 경우
③ 중앙선을 침범하여 운전하다 중과실치상죄를 범한 경우
④ 승객의 추락 방지의무를 위반하여 운전하다 업무상과실치상죄를 범한 경우

13 교통사고처리 특례법의 목적이 아닌 것은?

① 종합자동차보험 가입자에 대한 특례
② 교통사고 피해자에 대한 신속한 보상
③ 피해의 신속한 회복과 국민생활의 편익 증진
④ 가해운전자의 형사처벌의 공정한 진행

14 차로의 설치방법에 관한 설명 중 옳지 않은 것은?

① 차로는 터널 안, 횡단보도, 교차로, 철길건널목에는 설치할 수 없다.
② 차로의 너비는 3미터 이상으로 하여야 한다. 다만, 좌회전전용차로의 설치 등 부득이 하다고 인정되는 때에는 275센티미터 이상으로 할 수 있다.
③ 시·도경찰청장은 도로에 차로를 설치하고자 하는 때에는 노면표지로 표시하여야 한다.
④ 보도와 차도의 권한이 없는 도로에 차로를 설치하는 때에는 보행자가 안전하게 통행 할 수 있도록 그 도로의 양쪽에 길가장자리구역을 설치하여야 한다.

15 다음 중 피해자의 명시한 의사에 반하여 공소를 제기할 수 없는 경우는?

① 업무상과실치상

② 신호기나 교통경찰의 표시나 지시에 위반하여 운전한 경우

③ 중앙선 침범

④ 횡단보도에서 보행자 보호의무 위반

16 도로교통법상 피해자의 의사에 관계없이 공소를 제기해야 하는 경우가 아닌 것은?

① 비포장도로에서 도로의 중앙으로 진행하다가 일어난 사고

② 신호위반사고

③ 앞지르기 방법 위반 사고

④ 자동차전용도로에서 불법 유턴

17 교통사고처리 특례법상 보험에 가입되었더라도 형사처벌을 받는 경우로서 잘못된 것은?

① 교통사고로 사람을 사망케 한 경우

② 보도(步道)가 설치된 도로의 보도를 침범

③ 좁은 골목길에서 후진하다 사람을 부상케 한 경우

④ 교통사고 야기 후 도주

18 고속도로 외의 도로에서 왼쪽 차로가 지정차로가 아닌 차는?

① 대형승합자동차

② 승용자동차

③ 소형승합자동차

④ 중형승합자동차

19 최고속도 80km 제한구역에서 110km로 주행하다가 1명을 다치게 했다면 어떻게 처리되는가?

① 피해자와 합의나 보험가입 여부와 관계없이 처벌된다.

② 종합보험에 가입되어 있으면 처벌되지 않는다.

③ 피해자와 합의할 경우 처벌되지 않는다.

④ 부상자가 1명이므로 특례가 적용될 수 있다.

20 편도 1차로 고속도로에서의 최고속도는?

① 매시 60 킬로미터

② 매시 70 킬로미터

③ 매시 80 킬로미터

④ 매시 90 킬로미터

▶▶▶ 제1과목 **사회**

1 다음 중 의원내각제의 특징으로 옳지 않은 것은?

① 책임정치가 가능하다.　　　　　　　　② 다수당의 횡포를 방지할 수 있다.
③ 의회의 다수당이 내각을 구성한다.　　④ 군소정당 난립시 정국이 불안해진다.

2 (가)~(다)는 시장 실패와 관련된 사례이다. 이에 대한 설명으로 옳은 것은?

> (가) 바닷가에서 누구나 자연산 굴을 자유롭게 채취할 수 있게 하자 자연산 굴이 고갈되는 문제가 발생하였다.
> (나) 주방 세제 제조업체들이 가격을 담합하여 소비자들이 피해를 보았다.
> (다) 중고차 시장에서 소비자는 중고차의 상태를 정확히 알기 어려워 역선택을 하는 경우가 많았다.

① (가)는 재화의 비배제성과 비경합성으로 인해 발생한다.
② (나)에서는 사회적 최적 수준에 비해 과다 생산된다.
③ (다)는 정보의 비대칭성으로 인해 발생하는 사례이다.
④ (나)와 달리 (다)는 정부의 시장 개입으로 개선할 수 있다.

3 다음의 내용과 일치하는 법의 성격은?

> 피레네 산맥을 기준으로 동쪽에서의 정의는 서쪽으로 가면 불의가 된다.

① 법의 보편성　　　　　　　　　　② 법의 절대성
③ 법의 상대성　　　　　　　　　　④ 법의 강제성

4 다음 중 이익단체에 대한 설명으로 옳지 않은 것은?

① 정권획득을 목표로 하고 정치적 책임을 진다.
② 자신들의 특수이익을 실현하려는 집단이다.
③ 로비활동을 통해 정부정책에 영향력을 행사한다.
④ 이익을 추구하는 과정에서 정책 입안자에게 정보를 제공한다.

5 다음은 재판에 다녀온 당사자의 후기이다. 이를 바르게 분석한 것을 고르면?

> 재판은 보통 9시쯤 끝나거나 더 늦은 경우도 많다고 하던데 이번 재판은 생각보다 일찍 6시쯤 끝났어요. 검사와 변호사의 모든 진술을 듣고 평의를 하면서 형량을 결정하는데요. 이 과정에서 우리는 더욱 진지하게 임했습니다. 그동안 법조인에 대한 편견이 있었는데, 이날 재판에 직접 참여해보니 누구보다 공정한 판결을 위해 노력하고 있다는걸 느꼈습니다.

① 만 25세의 대한민국 국민 누구나 참여할 수 있다.
② 이들의 평결과 의견은 법원을 구속한다.
③ 법원이 배제결정을 하여도 이 재판이 진행됐을 것이다.
④ 부동산 관련 분쟁이 생길 경우 이 재판을 하지 못한다.

6 다음의 내용에 해당하는 사고유형은?

> 서양 오랑캐가 침범함에 싸우지 않음은 곧 화의하는 것이요, 화의를 주장함은 나라를 파는 것이다.

① 고정관념   ② 아집
③ 편견   ④ 흑백논리의 사고

7 다음 중 로크에 대한 설명으로 옳은 것은?

① 직접민주정치를 주장하였다.
② 군주주권론을 옹호하였다.
③ 국민은 저항할 권리를 갖는다.
④ 국민은 투표가 끝나면 노예상태가 된다고 하였다.

8 사회현상을 탐구하는 방법은 실증적 연구방법과 해석적 연구방법이 있다. 다음 중 실증적 연구방법의 순서가 바르게 된 것은?

㉠ 가설검증	㉡ 법칙발견
㉢ 개념규정	㉣ 가설설정

① ㉠㉡㉢㉣
② ㉡㉢㉣㉠
③ ㉢㉣㉠㉡
④ ㉣㉢㉡㉠

9 다음은 어떤 원칙을 말하는 것인가?

피의자는 체포·구속의 이유 및 변호인의 조력을 받을 권리가 있음을 고지받지 않고서는 체포·구속되지 않는다.

① 죄형법정주의
② 미란다의 원칙
③ 형벌불소급의 원칙
④ 불고불리의 원칙

10 다음에 해당하는 법의 해석은?

> 본 법에서 물건이라 함은 유체물 및 전기, 기타 관리할 수 있는 자연력을 말한다〈민법 제98조〉.

① 문리해석　　　　　　　　　　② 입법해석
③ 논리해석　　　　　　　　　　④ 확대해석

11 정부가 어떤 재화의 소비를 억제할 목적으로 가격을 정책적으로 높였다고 하자. 이 정책은 그 재화에 대한 조건이 어떠할 때 더 큰 효과를 거둘 수 있는가?

① 수요의 탄력성이 클수록　　　　② 수요의 탄력성이 0일 때
③ 수요의 탄력성이 작을수록　　　④ 대체재의 수가 적을수록

12 다음 글과 일치하는 관점은?

> 학교를 해체해야 하는 가장 큰 이유는 학교가 우리 사회의 계층화 기구로서 경제적 불평등과 억압을 재생산하는 구실을 하기 때문이다. 즉, 학력에 의해 사회적 지위를 보장받지 못한 이들은 우리 사회의 위계질서 속에서 저임금을 받으며 하층에서 일생을 보내게 되는 것이다.

① 사회구성원은 능력과 적성에 따라 차별화 된다.
② 계층화를 보편적인 사회현상으로 본다.
③ 사회 개개인이 잘 통합된 구조이다.
④ 직업에는 귀천이 없고, 모든 일은 사회에 필요하고 중요하다.

13 외화에 대한 원화의 환율이 상승할 때의 결과로 옳은 것은?

① 물가상승　　　　　　　　　　② 수입의 증가
③ 해외여행의 증가　　　　　　　④ 국제수지의 악화

14 다음 중 효용의 개념에 대한 설명으로 옳지 않은 것은?

① 총효용이 극대가 될 때 한계효용은 0이 된다.

② 총효용이 증가하는 동안에는 한계효용이 계속 증가한다.

③ 어떤 재화의 소비로부터 얻게 되는 효용의 총량을 총효용이라고 한다.

④ 만족의 포화점에 달하기까지는 총효용이 증가하나 한계효용은 감소한다.

15 다음 설명에 해당하는 위법성조각사유는?

법정절차에 의하여 청구권을 보전하기에는 시간이 충분치 않아서 그 청구권의 실행불능 또는 현저한 실행곤란을 피하기 위한 행위

① 정당행위　　　　　　　　　　② 정당방위

③ 긴급명령　　　　　　　　　　④ 자구행위

16 기간이 짧은 것부터 순서대로 연결된 것은?

ㄱ 콘드라티예프 파동　　　　　ㄴ 키친 파동
ㄷ 쿠즈네츠 파동　　　　　　　ㄹ 주글라 파동

① ㄱㄴㄷㄹ　　　　　　　　　　② ㄴㄱㄷㄹ

③ ㄴㄹㄷㄱ　　　　　　　　　　④ ㄷㄱㄴㄹ

17 다음의 정부형태에 관한 설명으로 옳은 것은?

① 정치적 책임과 국민적 요구에 민감하지 못하다.
② 행정부는 의회에 대해 책임을 지는 권력의 융합형태이다.
③ 의회의 신임 여부에 따라 행정부가 조직되고 존속하는 정부형태이다.
④ 정부는 법률안 제안권을 가지며, 대통령은 거부권을 행사할 수 있다.

18 다음 자료를 분석한 것으로 가장 합당한 진술만을 고르면?

(단위 : 명)

구분	지역구	비례대표
A	127	25
B	106	20
C	8	6
D	3	2
E	3	0

ㄱ 과반수를 확보한 정당은 없다.
ㄴ 무소속으로 출마해서 당선되었다면 C보다는 D일 가능성이 높다.
ㄷ 의원내각제 국가라면 연립 내각이 구성되지 않을 것이다.
ㄹ A당이 야당이라면 여소야대 국회가 된다.

① ㄱㄴ 　　　② ㄷㄹ
③ ㄴㄷ 　　　④ ㄱㄹ

19 국민소득에 관한 다음 관계식 중 옳지 않은 것은?

① DI = PI − 개인소득세

② PI = NI − 법인세 − 법인유보 + 이전수입

③ NNP = GNP − 감가상각비 = 소비 + 순투자

④ NI = NNP + 간접세 − 보조금 = 요소소득의 합계

20 다음 자료에 대한 옳은 설명만을 〈보기〉에서 고른 것은?

그림의 직선은 갑국의 생산 가능 곡선이고, A점은 갑국의 교역 후 소비 조합이다. 교역 후 갑국에서 Y 재로 표시한 X재 1개 소비의 기회비용은 증가하였다. 단, X재와 Y재만을 생산하는 갑국과 을국은 비교 우위가 있는 재화에만 특화하여 양국 간에 이득이 발생하는 경우에만 교역하며, 교역에 따른 거래 비 용은 없다.

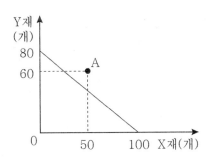

— 〈보기〉 —

㉠ 갑국은 Y재 생산에 비교 우위가 있다.

㉡ 을국의 X재 1개 생산의 기회비용은 Y재 6 / 5개보다 크다.

㉢ 교역 조건은 X재 1개당 Y재 2 / 5개이다.

㉣ X재와 Y재의 교환 비율이 1 : 1이더라도 을국은 교역에 응할 것이다.

① ㉠㉡ 　　　　　　　　② ㉠㉢

③ ㉡㉢ 　　　　　　　　④ ㉡㉣

1 일반적인 축전지에서 온도가 낮아졌을 때 발생되는 현상이 아닌 것은?

① 전압이 떨어진다.   ② 용량이 적어진다.

③ 축전지가 얼기 쉽다.   ④ 전해액의 비중이 내려간다.

2 교류발전기의 구성요소와 거리가 먼 것은?

① 자속을 발생시키는 로터   ② 전류를 발생시키는 스테이터

③ 실리콘 다이오드   ④ 컷아웃 릴레이

3 전조등 종류 중 반사경 · 렌즈 · 필라멘트가 일체인 방식은?

① 실드빔형   ② 통합형

③ 분할형   ④ 세미실드형

4 축전지의 방전종지전압의 한계는?

① 11V   ② 10.5V

③ 9.5V   ④ 8.5V

5 백워닝(후방경보) 시스템의 기능과 가장 거리가 먼 것은?

① 차량 후방의 장애물을 감지하여 운전자에게 알려주는 장치이다.

② 차량 후방의 장애물은 초음파 센서를 이용하여 감지한다.

③ 차량 후방의 장애물 형상에 따라 감지되지 않을 수도 있다.

④ 차량 후방의 장애물을 감지 시 브레이크가 작동하여 차속을 감속시킨다.

6 30Ω 저항의 양 끝에 전압을 가할 때 3A의 전류가 흐른다면 이 저항에 걸리는 전압은?

① 60V

② 70V

③ 80V

④ 90V

7 모터나 릴레이 작동할 시 라디오에 유기되는 고주파 잡음을 억제하는 부품은 어느 것인가?

① 트랜지스터

② 볼륨

③ 콘덴서

④ 다이오우드

8 한 개의 코일에 흐르는 전류를 단속하면 코일에 유도전압이 발생하는 작용은?

① 자기유도작용

② 상호유도작용

③ 배력유도작용

④ 자력선의 변화작용

9 에어백 진단기기 사용 시 안전 및 유의사항이 아닌 것은?

① 인플레이터에 직접적인 전원 공급을 삼가야 한다.

② 에어백 모듈의 분해, 수리, 납땜 등의 작업을 하지 않아야 한다.

③ 미 전개된 에어백은 모듈의 커버 면을 바깥쪽으로 하여 운반하여야 한다.

④ 에어백 장치에 대한 부품을 떼어내든지 점검할 때에는 축전지 단자를 분리하지 않는다.

10 하나의 전기회로에 자력선의 변화가 생겼을 때 그 변화를 방해하려고 다른 전기회로에 기전력이 발생되는 현상을 무엇이라 하는가?

① 히스테리시스 작용

② 자기유도 작용

③ 상호유도 작용

④ 전자유도 작용

11 다음 설명 중 가장 적절한 것은?

① 신호위반으로 치상사고를 야기한 경우에는 피해자와 합의가 성립되면 형사입건하지 않는다.

② 단순물피사고라도 사고야기 후 도주한 경우에는 형사입건한다.

③ 횡단보도에서 치상사고를 야기한 경우에는 피해자와 합의가 성립되면 형사입건하지 않는다.

④ 고속도로 후진으로 치상사고를 야기한 경우에는 보험이 가입되어 있으면 형사입건하지 않는다.

12 다음 중 가해자가 보험 등에 가입되었더라도 공소권이 있는 것은?

① 일반도로에서 매시 80km로 주행하다가 경상 2명인 사고

② 난폭운전으로 사람을 치상한 사고

③ 정비 불량으로 인하여 재물피해를 야기한 사고

④ 고속도로에서 유턴하던 중 경상 1명인 사고

13 다음 중 신호위반으로 치상사고를 야기한 경우에 그 처리 방법은?

① 가해자가 보험에 가입하지 않은 경우에는 공소권이 있으므로 형사입건한다.

② 피해자의 의사에 관계없이 공소권 있는 사고이므로 형사입건한다.

③ 피해자와 합의되지 않았다면 형사입건한다.

④ 가해자가 보험에 가입된 경우에는 공소권이 없다.

14 자동차의 경우 일시 정지할 장소에 해당하는 것은?

① 교통정리를 하고 있지 아니하고 좌우를 확인할 수 없거나 교통이 빈번한 교차로

② 가파른 비탈길의 내리막

③ 도로가 구부러진 곳

④ 비탈길의 고갯마루 부근

15 도로교통법에 대한 설명 중 옳지 않은 것은?

① 경찰공무원의 운전면허증 등의 제시 요구나 운전자 확인을 위한 진술 요구에 따르지 아니한 사람은 20만 원 이하의 벌금 또는 구류에 처한다.

② 벌칙 규정에 관련한 죄를 범한 사람에 대하여는 정상(情狀)에 따라 벌금 또는 과료와 구류의 형을 병과(竝科)할 수 있다.

③ 고속도로 등을 통행하거나 횡단한 사람은 30만 원 이하의 벌금이나 구류에 처한다.

④ 구급차 또는 경찰차의 운전자가 그 차를 본래의 긴급한 용도로 운행하는 중 교통사고를 일으킨 경우에는 「교통사고처리 특례법」에 의해 형을 가중하여 처벌한다.

16 다음 중 차도를 통행할 수 있는 사람이나 행렬에 해당하지 않은 것은?

① 도로에서 청소나 보수 등의 작업을 하고 있는 사람

② 군부대나 그 밖에 이에 준하는 단체의 행렬

③ 학생의 대열이나 종교단체의 행렬

④ 장의(葬儀) 행렬

17 「교통사고처리 특례법」에 따라 공소권 등의 형사법적 절차를 진행하기 어려운 것은?

① 교통사고로 사람을 치사시킨 자

② 제한속도를 지키다 난 사고

③ 교통사고 후 운전자의 구호조치 등 의무를 위반하고 도주한 자

④ 신호위반사고

18 다음 중 안전표지에 대한 내용이 잘못 연결된 것은?

① 보조표지 – 주의표지 · 규제표지 또는 지시표지에 주기능을 보충하여 도로사용자에게 알리는 표지

② 구제표지 – 도로교통의 안전을 위하여 각종 제한 · 금지 등의 규제를 하는 경우에 이를 도로사용자에게 알리는 표지

③ 지시표지 – 도로의 통행방법 · 통행구분 등 도로교통의 안전을 위하여 필요한 지시를 하는 경우에 도로사용자가 이에 따르도록 알리는 표지

④ 주의표지 – 도로교통의 안전을 위하여 각종 주의 · 규제 · 지시 등의 내용을 노면에 기호 · 문자 또는 선으로 도로사용자에게 알리는 표지

19 편도 2차로인 일반도로에서 자동차 등의 최고 속도는?

① 매시 40킬로미터 이내
② 매시 60킬로미터 이내
③ 매시 80킬로미터 이내
④ 매시 100킬로미터 이내

20 다음 중 모든 운전자의 준수사항이 아닌 것은?

① 운전 중에는 자동차 등이 정지하고 있는 중에도 영상표시장치를 통하여 운전자가 볼 수 있는 위치에 영상이 표시되어서는 아니 된다.

② 자동차의 앞면 창유리의 가시광선 투과율이 70퍼센트 이상으로 설치한다.

③ 물이 고인 곳을 운행할 때에는 고인 물을 튀게 하여 보행자 등에게 피해를 주는 일이 없도록 주의해야 한다.

④ 정당한 사유 없이 반복적이거나 연속적으로 경음기를 울리는 행위를 하여 다른 사람에게 피해를 주는 소음을 발생시켜서는 안 된다.

정답 및 해설 P. 339

▶▶▶ 제1과목 사회

1 펜 1자루의 값은 1,000원, 노트 1권의 값은 200원이다. "펜 6자루와 노트 2권을 살까? 펜 4자루와 노트 3권을 살까?" 고민하다가 펜 4자루와 노트 3권을 사기로 했다면 노트 1권의 기회비용은 얼마인가?

① 펜 1자루

② 펜 2자루

③ 펜 3자루

④ 펜 4자루

2 (가)에 들어갈 내용으로 가장 적절한 것은? (단, 환율 변동 이외의 조건은 고려하지 않는다.)

> 최근 국제 신용 평가 기관이 우리나라의 신용 등급을 상향 조정하였다. 이와 함께, 미국 내 금리가 인하되어 상대적으로 우리나라 이자율이 높아지면서 미국 투자자들의 국내 투자가 증가하고 있다. 이러한 상황은 지속될 것으로 보인다. 그 결과, 외환 시장의 환율 변동으로 _____(가)_____

① 미국 시장에서 한국산 제품의 가격 경쟁력은 높아질 것이다.

② 달러 표시 외채를 상환해야 하는 한국 기업의 부담이 증가할 것이다.

③ 자녀를 미국으로 유학 보낸 한국 학부모들의 학비 부담이 증가할 것이다.

④ 달러로 수입 대금을 결제해야 하는 한국 기업은 지급 시기를 미루는 것이 유리할 것이다.

3 현재 우리나라의 경제가 인플레이션 상황이라면 다음 중 적절하지 않은 정책은?

① 재할인율 인상

② 통화안정증권의 발행

③ 금리 인하와 기업대출한도 증가

④ 특별소비세 인상

4 다음 밑줄 친 내용이 담고 있는 의미는?

> 민법 제2조는 "권리행사와 의무이행은 신의에 좇아 성실히 하여야 한다.", "권리는 남용하지 못한다."라고 규정하여 <u>신의성실</u>과 권리남용 금지의 원칙을 규정하고 있다.

① 정의와 형평   ② 도덕적 양심

③ 국가안전보장   ④ 법률

5 소비자의 소득이 고정되어 있고, 이 소득으로 가격이 각각 다른 재화 X재와 Y재를 소비할 때 합리적인 소비의 조건은?

① X재와 Y재의 한계효용이 최대가 될 때

② X재와 Y재의 총효용이 같을 때

③ X재와 Y재의 한계효용이 같을 때

④ X재와 Y재의 화폐의 1원어치의 한계효용이 같을 때

6 어떤 상품의 가격이 10만 원에서 9만 원으로 인하될 때 수요량이 20만 개에서 24만 개로 증가하였다면 수요의 가격탄력성은?

① 1   ② 2

③ 3   ④ 4

7 다음과 같은 경기순환의 국면에서의 기업의 행동으로 옳지 않은 것은?

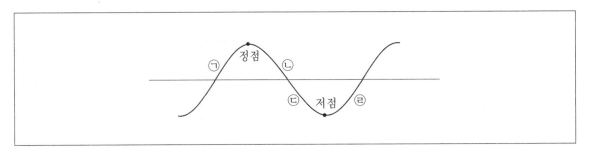

① ㉠시점에서 고용을 증대한다.

② ㉡시점에서 생산규모를 줄인다.

③ ㉢시점에서 설비투자를 늘린다.

④ ㉣시점에서 원자재 매입량은 늘린다.

8 수요 공급의 원리가 지배하는 시장에서 정부가 어떤 상품에 대한 최고가격제를 실시하였다. 이에 대한 설명으로 부적절한 것은?

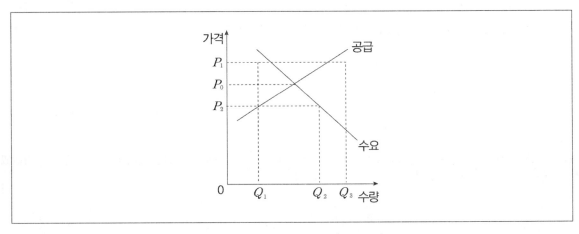

① 정부 최고 가격에서는 $Q_1 \sim Q_2$의 초과 수요가 발생할 것이다.

② 정부 최고 가격에서 소비자는 P_1 수준의 가격까지 지불할 용의가 있을 것이다.

③ 정부 최고 가격에서 공급량 Q_1을 배분하는 방법은 경제 사회마다 다를 수 있다.

④ $Q_1 \sim Q_2$의 초과 공급으로 인하여 시간이 지나면 암시장이 형성될 수 있다.

9 다음 중 해석적 연구방법에 대한 설명으로 옳은 것은?

① 계량화된 자료를 사용한다.
② 가설설정을 통한 경험적 연구를 한다.
③ 연역적인 추론방식을 취한다.
④ 인간의 행동과 관련된 동기, 의도와 같은 개인적·사회적 의미를 파악하려고 한다.

10 다음 내용이 의미하는 행정구제제도는?

> 적법한 도시계획으로 인하여 도로에 편입된 토지의 소유자들이 입은 피해를 국가가 변상해 주었다.

① 행정상 손해배상　　　　　　　　② 행정상 손실보상
③ 행정심판제도　　　　　　　　　④ 행정소송제도

11 문화이해의 태도에 관한 다음 글에 대한 반론으로 적절한 것은?

> 어떠한 문화현상이든지 모두 나름대로의 의미와 가치를 가지고 있다. 따라서 자신의 가치와 다르다고 해서 나쁜 것으로 평가할 수는 없다. 예를 들면, 기형아를 물에 빠뜨려 죽이는 것이나 노인을 버리는 것도 그 사람 나름의 사정이 있기 때문에 어느 정도는 타당성을 인정해야 한다. 이렇게 보면, 인간이 하는 활동, 즉 문화는 어떠한 것이든지 나쁜 것이 없다고 인식해야 한다.

① 도덕성이 상실되었다.
② 그 사회의 맥락에서 해석해야 한다.
③ 어느 사회에서나 보편적으로 적용되는 가치는 있다.
④ 그런 문화를 가진 사회는 다 이유가 있으니까 비난하지 말아야 한다.

12 다음 사례에 대한 설명으로 옳은 것은?

> 갑은 서울에 2층 다가구 주택을 소유하고 있다. 을은 갑 소유의 다가구 주택 1층에 보증금 5천만 원으로 전세권을 설정하였다. 병은 갑 소유의 다가구 주택 2층에 보증금 2천만 원에 월세 25만원의 임대차 계약을 체결하였다. 은행인 정은 갑 소유의 다가구 주택을 담보로 2억 원의 대출약정을 체결하고 대출금을 지급하였다.

① 을은 건물 기타 공작물이나 수목을 소유하기 위하여 타인의 토지를 이용할 수 있는 권리가 있다.
② 주택의 소유자가 바뀔 경우 병은 확정일자를 받아야만 임차인으로써의 권리를 주장할 수 있다.
③ 정과 갑의 채권채무 관계는 등기부등본의 갑구가 아닌 을구에 기재된다.
④ 병이 임대차 기간을 정하지 않을 경우 1년으로 계약한 것으로 간주한다.

13 다음 글의 인식태도가 사회현상을 바라보는 관점은?

> 사회과학 연구에서의 지식은 언제나 비판이 허용되고, 새로운 증거가 나타나면 결론이 달라진다. 연구의 방법과 절차, 그리고 결과에 대한 비판을 허용하거나 받아들일 수 있고, 새로운 증거에 의해 보다 나은 연구결과가 나타날 때 이를 수용하는 것을 말한다.

① 자기 주장은 이해관계를 떠나 있는 그대로 본다.
② 문화의 상대성을 인정한다.
③ 여러 각도에서 볼 수 있다는 것을 인정한다.
④ 조화와 균형 속에서의 사회발전을 강조한다.

14 다음 중 국민의 저항권 행사에 대한 설명으로 옳은 것은?

① 평화적으로 해결하기 보다는 폭력을 사용해야 한다.
② 국가권력의 행사가 불법이라는 것이 불분명한 경우에도 행사할 수 있다.
③ 저항권은 최선의 방법으로 행사된다.
④ 사회적 공감대가 형성되어 최후의 수단이라는 필요성이 공유되어야 한다.

15 다음과 같은 국제사회의 특징에 비추어, 우리나라의 대응방안으로 적절하지 못한 것은?

> 국가간의 관계는 이익이 서로 조화를 이루는 동안에는 우호적인 관계가 유지되지만, 이해관계가 상충되면 적대관계로 변하기도 한다.

① 민족의 통일을 위해서는 우리 민족의 배타적 이익만을 위해 외교정책을 편다.

② 자주국방, 안보에 힘써야 한다.

③ 미국을 비롯한 자유우방과의 협력관계를 강화하면서 스스로 안전보장능력을 길러야 한다.

④ 제3세계와 관계개선 및 북방외교를 통해 러시아, 중국 등 공산권과 협력적 관계를 추구한다.

16 표로부터 추론되는 가족 기능의 변화에 대한 타당한 진술을 〈보기〉에서 모두 고른 것은?

항목＼연도	1995	2000	2005	2010
총 인구(천 명)	3,469	3,474	3,481	3,479
생산 가능 인구(천 명)	2,075	2,118	2,256	2,387
노령화 지수(%)	16.8	22.6	32.4	47.2
가구당 평균 가구원 수(명)	5.13	4.38	3.89	3.02
연평균 가족 여행 빈도(회)	1.2	2.7	3.5	4.9

* 생산 가능 인구 : 15세 ~ 64세 인구

** 노령화 지수 $= \dfrac{노령인구}{유년인구} \times 100$

── 〈보기〉 ──

㉠ 사회화 기능은 약화되고 있다.

㉡ 사회 성원의 충원 기능은 약화되고 있다.

㉢ 경제적 생산 주체로서의 기능은 약화되고 있다.

㉣ 여가와 오락을 제공하는 기능은 강화되고 있다.

① ㉠㉢ 　　　　　② ㉡㉣

③ ㉠㉡㉢ 　　　　④ ㉠㉡㉣

17 다음 그래프에서 A점에서 B점으로 이동을 바르게 해석한 것은?

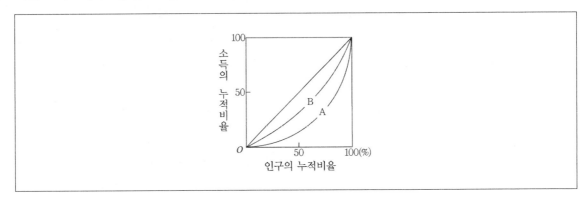

〈보기〉

㉠ 직접세보다 간접세를 늘린다. ㉡ 누진세율을 인상한다.
㉢ 공공부조의 이전지출을 줄인다. ㉣ 불로소득을 제거하고 금융실명제를 실시한다.

① ㉠㉡ ② ㉡㉢
③ ㉡㉣ ④ ㉢㉣

18 다음 글의 밑줄 친 내용과 관련이 있는 것은?

> 개별국가는 주권국가로서 국제적인 권리와 의무를 가지고 있으며, 국제법 앞의 평등한 주체로서 국제사회에 참여하고 있다. 그러나 실질적으로는 각 국가의 국력이나 주권행사능력에는 차이가 있다. 국제사회에서는 각국이 국력에 따라 강대국과 약소국으로 구분되는 것이 현실이다. 실제로, 오늘날 국제관계는 <u>힘의 원리가 지배</u>하고 있는 것이다.

① 유엔의 안전보장이사회의 상임이사국은 거부권을 행사할 수 있다.
② 국제기구가 있고 국제법도 국내법과 동등하게 취급하고 있다.
③ 국제협력을 통해 문제를 해결한다.
④ 미국과 같은 강대국도 국제법의 영향을 받는다.

19 밑줄 친 ㉠~㉣에 대한 옳은 설명만을 〈보기〉에서 고른 것은?

A 지역 시민 공원에서 열린 불꽃 축제에 많은 인파가 몰렸다. 한 가족은 ㉠불꽃놀이를 잘 볼 수 있는 자리를 먼저 차지하기 위해 축제 시작 3시간 전에 와서 돗자리를 깔았다. 시민 공원 근처 식당들은 저녁 식사를 하면서 여유롭게 불꽃놀이를 즐길 수 있는 ㉡불꽃 축제 특선 메뉴를 선보였다. ㉢하늘 높이 쏘아 올린 커다란 불꽃은 A 지역 어디서든 볼 수 있어 A 지역에 있는 사람들 모두 불꽃놀이를 즐겼다. 하지만 불꽃놀이를 직접 볼 수 없는 B 지역에 있는 사람들은 오직 ㉣유료 케이블 TV로만 불꽃놀이를 감상하였다.

───── 〈보기〉 ─────

ㄱ. ㉠은 경합성을 갖는다.
ㄴ. ㉡은 배제성과 경합성을 갖는다.
ㄷ. ㉢은 A 지역에 있는 사람들에게는 배제성이 있지만 B 지역에 있는 사람들에게는 배제성이 없다.
ㄹ. ㉣은 한 사람의 소비가 다른 사람의 소비를 감소시키는 재화이다.

① ㄱ, ㄴ   ② ㄱ, ㄷ
③ ㄴ, ㄷ   ④ ㄴ, ㄹ

20 다음의 (개)와 (내)에 대해 취할 수 있는 조치 중 옳은 것만을 고르면?

(개) 호경기 총수요의 증가로 인플레이션의 조짐이 보임
(내) 총공급이 총수요를 초과함으로써 기업의 재고 발생

───── 〈보기〉 ─────

㉠ (개) 상황에서 정부는 세금을 인하한다.
㉡ (개) 상황에 비해 (내) 상황에서는 정부 지출을 증가시켜야 한다.
㉢ (내) 상황에서는 긴축 재정정책을 시행해야 한다.
㉣ 재할인율의 경우 (개) 상황에서는 올리고 (내) 상황에서는 내려야 한다.

① ㉠㉡   ② ㉡㉢
③ ㉡㉣   ④ ㉢㉣

1 다음 중 트랜지스터의 기본단자에 속하지 않는 것은?

① 베이스   ② 이미터
③ 컬렉터   ④ 캐소드

2 다음 중 자동차의 조향 휠각도 센서, 차고센서 등에 사용되는 반도체는?

① 포토 다이오드   ② 포토 트랜지스터
③ 발광 다이오드   ④ 사이리스터

3 축전지 충·방전 작용에 해당되는 것은?

① 발열작용   ② 화학작용
③ 자기작용   ④ 발광작용

4 축전지의 방전 시 화학반응에 관계된 설명 중 틀린 것은?

① +극판의 과산화납은 점점 황산납으로 변한다.
② −극판의 해면상납은 점점 황산납으로 변한다.
③ 전해액의 황산은 점점 물로 변한다.
④ 전해액의 비중은 점점 높아진다.

5 LPG기관과 비교할 때 LPI기관의 장점이 아닌 것은?

① 차가운 날씨에 냉간 시동이 향상된다.
② 역화가 전혀 발생되지 않는다.
③ 역화가 적으며 타르의 배출이 필요 없다.
④ 봄베에서 송출되는 가스압력을 증가시킬 필요가 없다.

6 LPG 연료장치가 장착된 자동차의 설명 중 틀린 것은 어느 것인가?

① 가솔린기관보다 점화시기는 약간 앞당길 수 있다.
② 점화플러그는 가솔린기관보다 수명이 연장된다.
③ 연료는 프로판을 사용한다.
④ 가스누설 개소는 액체 패킹이나 LPG 전용 시일 테이프를 사용한다.

7 LPG기관을 시동하여 냉각수 온도가 낮은 상태에서 무부하 고속회전을 하였을 때 나타날 수 있는 현상으로 가장 부적합한 것은?

① 베이퍼라이저의 동결현상이 발생한다.
② 혼합가스가 진한 공연비 상태가 된다.
③ 기관의 시동이 정지될 수 있다.
④ 가스의 유동 정지 현상이 발생한다.

8 LPG 차량에서 믹서의 스로틀 밸브 열림량을 감지하여 ECU에 신호를 보내는 것은?

① 대시포트   ② 공전속도 조절밸브
③ 스로틀 위치 센서   ④ 스로틀 바디

9 LPG 연료장치에서 베이퍼라이저의 역할이 아닌 것은?

① 기화   ② 무화

③ 압력조절   ④ 감압

10 LPG 가스를 사용하는 자동차에서 차량전복으로 인하여 파이프가 손상 시 용기 내 LP가스연료를 차단하기 위한 역할을 하는 것은?

① 과류방지 밸브   ② 감압 밸브

③ 유압조절 밸브   ④ 체크 밸브

11 중앙선 침범사고에 대한 설명으로 맞지 않는 것은?

① 중앙선 침범사고란 사고지점이 중앙선을 넘어선 모든 사고를 의미하는 것은 아니다.

② 긴급자동차는 중앙선 침범사고시 특례가 인정된다.

③ 중앙선은 운전자 상호간의 신뢰의 원칙이 적용된다.

④ 차체 일부가 중앙선을 넘으면 중앙선 침범이다.

12 「교통사고처리 특례법」상 위반항목에 해당되는 것은?

① 난폭운전으로 인한 사고   ② 보도 침범으로 인한 사고

③ 교차로 통행방법위반으로 인한 사고   ④ 주·정차 위반으로 인한 사고

13 난폭운전의 유형이 아닌 것은?

① 중앙선 침범   ② 안전거리 미확보

③ 2대 이상의 자동차가 좌우로 줄지어 통행   ④ 정당한 사유 없는 소음 발생

14 다음 중 운전자에게 과실을 물을 수 있는 것은?

① 버스가 커브길 운행중 앉아있던 승객이 넘어져 부상

② 앞차량의 급정지로 뒤따르던 차량이 추돌하면서 차내 승객 전도부상

③ 급돌출하는 장애물로 급정차시 차내 승객 전도부상

④ 비포장도로 운행 중 앉아있던 승객이 넘어져 부상

15 교통사고로 18일의 치료를 요하는 것은?

① 사망   ② 중상

③ 경상   ④ 부상

16 정비불량차의 운전 금지와 점검 관련 사항 중 가장 옳지 않은 것은?

① 모든 차의 사용자, 정비책임자 또는 운전자는 「자동차관리법」, 「건설기계관리법」이나 그 법에 따른 명령에 의한 장치가 정비되어 있지 아니한 차를 운전하도록 시키거나 운전하여서는 아니 된다.

② 경찰공무원은 정비불량차에 해당한다고 인정하는 차가 운행되고 있는 경우에는 우선 그 차를 정지시킨 후, 운전자에게 그 차의 자동차등록증 또는 자동차 운전면허증을 제시하도록 요구하고 그 차의 장치를 점검할 수 있다.

③ 경찰공무원은 점검한 결과 정비불량 사항이 발견된 경우에는 그 정비불량 상태의 정도에 따라 그 차의 운전자로 하여금 응급조치를 하게 한 후에 운전을 하도록 하거나 도로 또는 교통 상황을 고려하여 통행구간, 통행로와 위험방지를 위한 필요한 조건을 정한 후 그에 따라 운전을 계속하게 할 수 있다.

④ 시·도경찰청장은 정비 상태가 매우 불량하여 위험발생의 우려가 있는 경우에는 그 차의 자동차등록증을 보관하고 필요하면 15일의 범위에서 정비기간을 정하여 그 차의 사용을 정지시킬 수 있다.

17 차의 운전자가 교통사고로 인하여 업무상과실·중과실 치사상죄를 범한 경우 교통사고처리 특례법상의 처벌은?

① 3년 이하의 징역 또는 1,000만 원 이하의 벌금

② 5년 이하의 금고 또는 2,000만 원 이하의 벌금

③ 5년 이하의 징역 또는 2,000만 원 이하의 벌금

④ 3년 이하의 금고 또는 2,000만 원 이하의 벌금

18 3년간 연간 누산점수가 얼마에 해당하면 운전면허가 취소되는가?

① 121   ② 201

③ 271   ④ 373

19 다음 (   ) 안에 들어갈 숫자는?

> 운전면허 처분에 이의가 있는 사람은 그 처분을 받은 날부터 (   )일 이내에 운전면허처분 이의신청서에 운전면허처분서를 첨부하여 시·도경찰청장에게 제출하여야 한다.

① 10   ② 20

③ 40   ④ 60

20 다음 중 교통안전교육기관을 지정할 수 있는 자는?

① 시장등

② 경찰청장

③ 행정안전부장관

④ 시·도경찰청장

▶▶▶ **제1과목** **사회**

1 자료에 대한 옳은 분석만을 〈보기〉에서 고른 것은?

> 표는 갑국과 을국의 국내 총생산을 지출 측면에서 계산하기 위하여 연도별로 정리한 것이다. 교역은 거래 비용 없이 양국 간에만 이루어졌다.

〈갑국〉

(단위 : 억 달러)

구분	2018년	2019년
소비 지출	200	220
투자 지출	120	110
정부 지출	80	80
수출	50	40

〈을국〉

(단위 : 억 달러)

구분	2018년	2019년
소비 지출	120	100
투자 지출	50	50
정부 지출	30	40
수출	30	50

─── 〈보기〉 ───

ㄱ. 2018년 갑국의 순수출은 양(+)의 값이다.
ㄴ. 2019년 을국의 국내 총생산은 전년도에 비해 감소하였다.
ㄷ. 2019년 소비 지출이 국내 총생산에서 차지하는 비중은 갑국이 을국보다 크다.
ㄹ. 을국의 국내 총생산에서 정부 지출이 차지하는 비중은 2019년에 비해 2018년이 크다.

① ㄱㄴ
② ㄱㄷ
③ ㄴㄷ
④ ㄴㄹ

2 그림은 과세 대상 금액과 세율의 관계를 나타낸다. 이에 대한 옳은 설명을 〈보기〉에서 고른 것은?

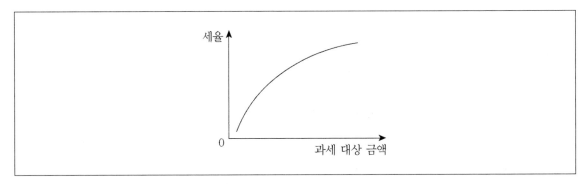

〈보기〉

㉠ 역진세의 성격이 강하다.
㉡ 과세 전에 비해 과세 후의 소득 격차가 작다
㉢ 부가 가치세 등에서 나타나는 세율 구조이다.
㉣ 비례세에 비해 조세의 소득 재분배 효과가 크다.

---

① ㉠㉡ ② ㉠㉢
③ ㉡㉢ ④ ㉡㉣

3 다음 사례에서 비행을 바라보는 갑, 을, 병의 이론적 관점에 대한 설명으로 가장 적절한 것은?

갑 : 나쁜 친구를 사귀면서 부정적인 영향을 받는 것이 문제입니다.
을 : 나쁜 친구와 한두 번 어울린다고 해서 문제아가 되는 것은 아닙니다. 오히려 자녀를 문제아로 보니
    까 자녀의 행동이 비행으로 보이는 것입니다.
병 : 사회나 부모의 기대가 너무 높은데 정상적인 방법으로 그것을 충족시키지 못하니까 자녀가 밖으로
    나돌면서 비행을 일삼는 것입니다.

---

① 을은 사회 변화에 따른 전통적인 규범의 해체가 비행의 원인이라고 본다.
② 병은 비행 자체보다는 그에 대한 사회적 평가를 문제 삼고 있다.
③ 갑과 을은 비행 친구와의 접촉을 통한 학습이 비행의 원인이라고 본다.
④ 갑과 병은 비행을 규정하는 사회적 규범이 존재하는 것으로 본다.

4 소비자의 소득이 고정되어 있고, 이 소득으로 가격이 각각 다른 재화 x 재와 y 재를 소비할 때 최대의 만족을 얻기 위한 소비의 조건은?

① x 재와 y 재의 한계효용이 최대가 될 때

② x 재와 y 재의 한계효용이 모두 0일 때

③ x 재와 y 재의 총효용이 같을 때

④ x 재와 y 재의 화폐 1원어치의 한계효용이 같을 때

5 다음 내용에 대한 주제로 알맞은 것은?

> 후보자를 추천 또는 지지함으로써 국민의 정치적 의견형성에 참여하고 국민의 이익을 위한 책임있는 정치적 주장이나 정책을 추진함으로써 정권을 획득하고자 하는 국민의 자발적인 조직이다.

① 사회이익단체의 활동

② 직접민주정치의 도입

③ 여론정치의 현주소

④ 정당정치의 실현

6 우리 헌법의 기본권 제한에 관한 내용으로 옳지 않은 것은?

① 원칙적으로 법률에 의한다.

② 국가안전보장, 질서유지, 공공복리를 위해 필요시에 한한다.

③ 국가비상시는 기본권의 제한에 한계를 두지 않고 있다.

④ 국가긴급권의 발동 시 법률이 아닌 명령, 처분으로 제한할 수 있다.

7 그림에서 수요곡선이 D에서 D'로 또는 D'에서 D로 변화하게 되는 요인이 아닌 것은? (단, D는 쇠고기의 수요곡선, S는 쇠고기의 공급곡선)

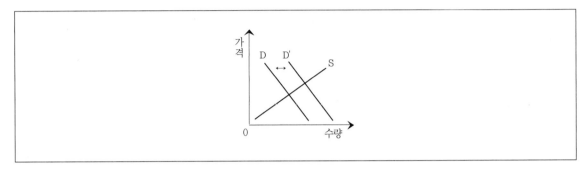

① 쇠고기 가격의 변화
② 돼지고기 가격의 변화
③ 수요자들의 소득수준의 변화
④ 쇠고기에 대한 소비자의 기호의 변화

8 국내법과 국제법에 관한 설명으로 옳지 않은 것은?

① 헌법에 의하여 체결·공포된 조약과 일반적으로 승인된 국제법규는 국내법과 같은 효력을 지닌다.
② 국회는 상호원조 또는 안전보장에 관한 조약의 체결·비준에 대한 동의권을 가진다.
③ 국제법을 위반할 경우 국내법을 위한한 경우보다 이행을 강제하기 어렵다.
④ 국제법은 범세계적인 입법기관에서 제정되므로 국내법과 법원(法源)이 동일하다.

9 개인간의 생활관계를 규율하는 법의 내용으로 옳은 것은?

① 물권이 변동될 때는 공시의 원칙에 따라 모두 등기해야 한다.
② 민사상의 분쟁해결은 자력구제의 원칙을 적용한다.
③ 전세권, 질권, 유치권 등은 모두 제한물권이다.
④ 채권의 발생은 계약으로 성립되고, 인도로써 소멸된다.

10 다음과 같은 상황을 극복하기 위해서 강조되는 국제사회의 특징은?

> • 핵전쟁으로 인한 인류멸망
> • 자원낭비로 인한 인류의 생존위협
> • 인구의 폭발적 증가로 행복저해

① 자원민족주의가 강화되는 사회
② 공동목표를 위해서 협조하는 사회
③ 통일된 통일기구가 없는 사회
④ 힘의 원리가 지배하는 사회

11 국제수지의 불균형을 조절하기 위해서 다음과 같은 방법을 썼을 때 국내물가를 상승시킬 우려가 가장 큰 것은?

① 균형환율정책 　　　　　　② 금융완화정책
③ 수입자유화정책 　　　　　④ 긴축재정정책

12 다음에서 국민소득(NI)을 계산하면?

> • 총생산물 : 50만 원　　　　• 감가상각비 : 5만 원
> • 간접세 : 3만 원　　　　　　• 보조금 : 2만 원
> • 중간생산물 : 15만 원

① 20만 원　　　　　　　　② 25만 원
③ 29만 원　　　　　　　　④ 40만 원

13 다음 표에 제시된 선거구제도 (가)와 (나)의 비교에 대한 적절한 설명을 〈보기〉에서 고르면?

선거구제도 〈항목〉	(가)	(나)
선거관리가 쉬운가?	어렵다	쉽다
사표의 발생 정도는 어떠한가?	적다	많다
신진 인사의 정계진출이 용이한가?	쉽다	어렵다
후보자에 대한 인물 파악이 쉬운가?	어렵다	쉽다

──── 〈보기〉 ────

ㄱ. (가)는 군소 정당의 난립을 막고 양대 정당이 발달하기 쉽다.
ㄴ. (가)는 (나)보다 시민들의 다양한 의사를 대변할 수 있다.
ㄷ. (나)는 다수당의 출현이 용이해 정국안정을 기대할 수 있다.
ㄹ. (나)보다 (가)에서 후보자와 유권자 간 친밀감이 두터워진다.

① ㄱㄴ   ② ㄱㄹ
③ ㄴㄷ   ④ ㄴㄹ

14 다음 중 기회비용 개념에 대한 설명으로 옳지 않은 것은?

① 기계 20대를 생산하면 옷 50벌밖에 만들지 못한다.
② 정부가 다리를 많이 놓으면 교실을 많이 짓지 못한다.
③ 소비재 생산에 투입된 자원은 자본재 생산에 이용되지 못한다.
④ 소득이 늘면 생활필수품과 사치품을 동시에 더 많이 살 수 있다.

15 다음 그림은 완전 경쟁 상태에 있는 어떤 재화의 시장에서 정부가 P_1 수준에서 최고 가격을 설정할 경우를 나타낸 것이다. 예상할 수 있는 결과가 아닌 것은?

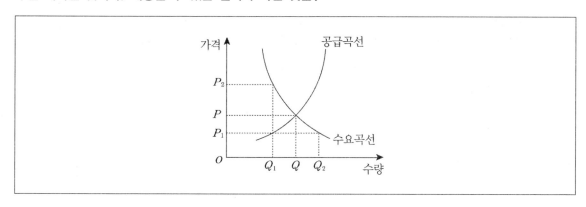

① 암시장이 형성될 가능성이 있으며, 이때 암시장에서의 가격은 P_2 수준으로 급등할 수 있다.
② 정부가 나서서 배급제나 선착순으로 재화를 배분하는 방법도 나타난다.
③ 정부가 방치할 경우 매점·매석의 사태가 나타날 수 있다.
④ 수요의 가격 탄력성이 클수록 Q_1, Q_2는 작아진다.

16 다음 대화에서 사회 계층화에 대한 을의 관점에 부합하는 진술은?

> 갑 : 신문에 세계 10대 갑부가 소개되었는데, 역시 능력 있고 성실성이 돋보이는 것 같아. 능력 있는 사람들이 열심히 일하면 큰 부자가 될 수 있어.
> 을 : 글쎄, 능력이나 성실성보다는 부모가 부자라서 갑부가 된 것이 아닐까? 어떤 가정에서 태어났는가에 따라 그 사람의 사회적 지위가 결정되는 거야.

① 각 직업의 기능적 중요성에는 차이가 없다.
② 사회 계층화는 필수 불가결한 보편적인 현상이다.
③ 차별적인 분배 체계는 사람들의 성취 욕구를 자극한다.
④ 사회 계층 현상은 사회가 최적으로 기능하도록 도와준다.

17 다음의 내용을 가장 적절하게 설명해 줄 수 있는 개념은?

> • 한 개인의 흡연행위는 담배를 피우지 않는 많은 사람에게 많은 피해를 주게 된다.
> • 전력생산을 위해 댐을 건설하면 홍수조절과 함께 경관이 좋은 관광자원을 얻을 수 있다.

① 규모의 경제　　　　　　　　　　② 기회비용

③ 감가상각　　　　　　　　　　　　④ 외부효과

18 다음의 특징을 지닌 사회·문화적 현상을 과학적으로 인식하고 탐구하기 위해서는 어떠한 태도가 요구되는가?

> 사회와 문화의 현상은 시대에 따라 다르며, 그 사회가 처해 있는 여러 가지 현실적 상황과 역사적·문화적 배경에 따라 다르게 나타난다.

① 개방적인 태도

② 객관적인 태도

③ 상대주의적인 태도

④ 조화의 중요성을 인식하는 태도

19 다음 중 헌법재판소의 권한을 바르게 묶은 것은?

> ㉠ 법원의 위헌법률심사제청이 있을 때 법률이 헌법에 위반되는지의 여부를 심판한다.
> ㉡ 국회로부터 탄핵소추를 받은 자가 있을 경우 이를 심판한다.
> ㉢ 명령, 규칙, 처분이 헌법이나 법률에 위반되는지의 여부를 최종적으로 심판한다.

① ㉠　　　　　　　　　　　　　　② ㉠㉡

③ ㉠㉢　　　　　　　　　　　　　④ ㉠㉡㉢

20 다음 사례에 대한 법적 판단으로 옳은 것은?

> 갑은 엄마 을과 함께 유치원이 끝난 후 병이 운영하는 키즈 카페에서 놀고 있었다. 갑은 함께 놀던 동갑내기 정을 살짝 밀었는데, 마침 종업원이 가져다 놓은 의자에 정이 걸려 넘어져 크게 다치는 사고가 발생하였다. 정의 엄마인 무는 '을이 부주의한 사이에 갑이 정을 밀어서 넘어진 것'이라고 주장하였다. 반면 을은 '자신은 갑을 잘 돌보고 있었으며, 오히려 병이 종업원 관리를 잘못하여 정이 다쳤다'고 주장하였다.

① 무는 종업원에게 채무 불이행에 대한 책임을 물을 수 있다.

② 갑의 행위에 위법성이 있다면, 을의 감독자 책임은 면제된다.

③ 갑과 을은 공동 불법 행위 책임을 질 수 있다.

④ 무의 주장이 인정된다면, 무는 을에게 정신적 손해에 대한 배상을 청구할 수 있다.

1 다음 중 열효율이 가장 좋은 기관은?

① 디젤기관 ② 가솔린기관

③ 가스터빈 ④ 증기터빈기관

2 자동차가 300m를 통과하는데 15초 걸렸다면 자동차의 속도는?

① 72km/h ② 68km/h

③ 86km/h ④ 94km/h

3 가솔린기관의 압축압력을 측정할 때 틀린 것은 어느 것인가?

① 기관을 작동 온도로 한다.

② 기관의 회전을 공회전시 측정한다.

③ 기관의 점화플러그를 전부 빼야 한다.

④ 기관에 엔진오일을 넣고도 측정할 수 있다.

4 가솔린기관에서 엔진회전수가 2,500rpm에서 40PS의 출력을 얻었다면 이 기관의 회전력은 약 얼마인가?

① 8.5mkgf ② 9.5mkgf

③ 10.5mkgf ④ 11.5mkgf

5 연료의 연소에 의해서 얻은 전 열량과 실제의 동력으로 바뀐 유효한 일을 한 열량과의 비를 무엇이라 표현하는가?

① 기계효율
② 평균유효압력
③ 열효율
④ 대기손실

6 다음 중 용어의 정의 중 맞지 않는 것은?

① 자동차가 수평상태에 있을 때에 1개의 차축에 연결된 모든 바퀴의 윤중의 합 – 축중
② 적정 공기압을 유지하고 타이어가 지면과 접촉되는 부분 – 접지부분
③ 조향바퀴의 조향각도와 바퀴의 조향각도와의 비 – 조향비
④ 자동차가 수평상태에 있을 때에 1개의 바퀴에 수직으로 지면을 누르는 중량 – 윤중

7 자동차 높이의 최대허용 기준으로 맞는 것은?

① 3.8m
② 4.0m
③ 4.3m
④ 4.5m

8 화물자동차 및 특수자동차의 차량 총중량은 몇 톤을 초과해서는 안 되는가?

① 20톤
② 30톤
③ 40톤
④ 45톤

9 자동차의 최소회전반경은 바깥쪽 앞바퀴 중심선을 따라 측정할 때 몇 m 이하인가?

① 4m
② 8m
③ 10m
④ 12m

10 등록번호표의 부착위치로 옳은 것은 어느 것인가?

① 차체의 뒤쪽 끝으로부터 65cm 이내
② 차체의 뒤쪽 끝으로부터 70cm 이내
③ 차체의 뒤쪽 끝으로부터 75cm 이내
④ 차체의 뒤쪽 끝으로부터 80cm 이내

11 도로교통법에서 정한 도로교통법의 목적으로 가장 거리가 먼 것은?

① 도로에서 일어나는 교통상의 위험 관리, 제거
② 도로 교통상의 장해 제거
③ 안전하고 원활한 교통 확보
④ 교통 원활을 위한 도로의 관리

12 도로교통법상 도로의 정의에 대하여 잘못된 설명은?

① 고속도로도 도로에 포함된다.
② 일반교통에 사용되지 않는 학교운동장도 도로에 포함된다.
③ 도로법에 정한 도로를 말한다.
④ 일반교통에 사용되는 곳을 말한다.

13 다음 중 도로법에 따른 도로에 해당하지 않는 것은?

① 고속국도
② 특별시도
③ 농어촌도로
④ 광역시도

14 다음 중 「도로교통법」에서 사용되는 용어 중에 정차에 대하여 옳은 것은?

① 운전자가 특별한 사유로 차를 계속하여 정지시키는 것을 말한다.

② 운전자가 차에서 떠나 운전할 수 없는 상태로 정지시키는 것을 말한다.

③ 운전자가 3분을 초과하지 아니하고 차를 정지시키는 것을 말한다.

④ 운전자가 5분을 초과하지 아니하고 차를 정지시키는 것을 말한다.

15 차도를 설명한 것 중 옳은 것은?

① 일반 교통에 사용되는 모든 장소

② 자동차만 다닐 수 있도록 설치된 도로

③ 차마가 한 줄로 도로의 정해진 부분을 통행하도록 차선으로 구분한 차도의 부분

④ 연석선, 안전표지 또는 그와 비슷한 인공구조물을 이용하여 경계를 표시하여 모든 차가 통행할 수 있도록 설치된 도로의 부분

16 안전지대에 대한 설명으로 잘못된 것은?

① 횡단보행자의 안전을 위하여 설치한 곳

② 통행하는 차마의 안전을 위하여 설치한 곳

③ 고장차량의 주정차를 위하여 설치한 곳

④ 안전표지로 표시한 곳

17 도로교통법상 '차'가 아닌 것은?

① 자전거

② 경운기

③ 건설기계

④ 보행보조용 의자차

18 다음 설명 중 틀린 것은 모두 몇 개인가?

> ㉠ 교통은 사람의 장소적 이동을 말하며 화물의 이동은 제외된다.
> ㉡ 궤도에 의한 철도교통이나 항공교통도 교통경찰의 단속 대상이다.
> ㉢ 교통지도단속의 근거 법령으로서 도로법(道路法)은 직접적인 관계가 적다고 볼 수 있다.
> ㉣ 교통 관련 업무분장에 지방도로 주변 가로수 관리가 포함된다.
> ㉤ 도로에서 위험을 방지하고 교통의 안전과 원활을 도모하기 위하여 신호기나 안전표지를 설치하는 등 도로에서 통행규칙을 설정하는 활동은 교통규제이다.

① 2개 ② 3개
③ 4개 ④ 모두

19 도로교통법상의 안전표지가 아닌 것은?

① 금지표지 ② 노면표시
③ 주의표지 ④ 지시표지

20 도로교통의 안전을 위하여 각종 주의, 규제, 지시 등의 내용을 노면에 기호, 문자, 선으로 도로사용자에게 알리는 표지는?

① 주의표지 ② 노면표시
③ 지시표지 ④ 보조표지

▶▶▶ **제1과목** **사회**

1 다음 글의 밑줄 친 '이것'에 대한 타당한 설명을 〈보기〉에서 고른 것은?

> 이것은 일반적으로 사회의 일부 집단 구성원들 간의 상호 작용 과정을 통해서 형성된다. 비슷한 연령, 동종의 직업 집단, 동일한 종교적 신념을 가진 집단 등을 기초로 하여 그 구성원들이 의사소통하고 상호 작용하는 가운데 형성된 그들만의 문화이다.

〈보기〉

㉠ 전체 사회를 발전시키는데 부정적으로 작용한다.
㉡ 지배 문화에 대해 반문화(反文化)의 성격을 띤다.
㉢ 사회가 다원화되고 복잡해질수록 다양하게 나타난다.
㉣ 특정한 집단이나 범주에 속한 사람들이 공유하는 생활양식이다.

① ㉠㉡   ② ㉢㉣
③ ㉡㉢   ④ ㉠㉢

2 다음 자료에 대한 옳은 설명만을 〈보기〉에서 고른 것은?

> 우리나라의 지방 자치 단체는 ㉠광역 자치 단체와 ㉡기초 자치 단체로 구분된다. 광역 자치 단체와 기초 자치 단체는 모두 의결 기관인 A와 집행 기관인 B로 구성된다. ㉢기초 의회 지역구 의원 선거에 적용되는 선거구제는 ㉣광역 의회 지역구 의원 선거에 적용되는 선거구제와 다르다.

〈보기〉

㉠ B는 주민 소환의 대상이 될 수 없다.
㉡ A는 B와 달리 조례의 제·개정 및 폐지권을 갖는다.
㉢ ㉠과 달리 ㉡의 A에는 비례 대표 의원이 포함된다.
㉣ ㉢은 중선거구제, ㉣은 소선거구제이다.

① ㉠, ㉡   ② ㉠, ㉢
③ ㉡, ㉢   ④ ㉡, ㉣

3 사회현상 및 그에 대한 탐구의 특징으로 옳지 않은 것은?

① 통제된 실험이 곤란하다.
② 객관성을 유지하기가 곤란하다.
③ 당위(sollen)의 법칙이 지배한다.
④ 몰가치적이고 보편적인 성질을 지닌다.

4 다음 중 어느 경우에 통화량이 늘어나는가?

① 일반 은행의 대출이자율 인하
② 유가증권을 매각하여 민간자금 흡수
③ 중앙은행이 지급준비율을 인상할 때
④ 당좌예금이 줄고 저축성 예금이 늘어날 때

5 다음 괄호 안에 들어갈 ㈎, ㈏, ㈐가 차례대로 적절히 들어간 것은?

> 대법원장은 국회의 동의를 얻어 대통령이 임명하고, (㈎)은 대법원장의 제청으로 국회의 동의를 얻어 대통령이 임명하게 되어 있다. 이러한 (㈎)는 대법원의 중추 역할을 담당하는 사법부의 최고 수뇌부로서 대법원장을 포함한 (㈏)인으로 구성되며 (㈐)의 임기는 10년이다.

	㈎	㈏	㈐
①	판사	14	대법관
②	헌법재판소장	9	판사
③	대법관	14	판사
④	헌법재판소 재판관	9	헌법재판소장

6 국민경제에서 총수요가 총공급보다 지나치게 클 때 취해야 할 조치 중 옳지 않은 것은?

① 생산의 증대   ② 수입의 증대

③ 수출의 감소   ④ 정부지출의 증대

7 다음 X재의 시장 상황에 관한 설명으로 옳은 것은?

○○제약회사는 최근 유행하기 시작한 신종 전염병의 백신인 X재를 최초로 개발하여 ㉠특허권을 인정 받았다. 그러나 신종 전염병이 급속하게 확산되자 ㉡특허권을 일시적으로 정지시키고 다른 제약 회사 들에게 X재의 생산 기술을 공개 하라는 요구가 제기되고 있다.

① X재의 접종은 부정적 외부 효과를 발생시킨다.

② ㉠으로 인해 X재의 생산 기술은 경합성을 가지게 된다.

③ ㉡으로 인해 X재의 가격은 상승한다.

④ ㉡의 상황에서 X재의 시장 거래량은 사회적 최적 수준보다 적다.

8 다음 중 법원의 권한에 속하는 것은?

㉠ 명령규칙심사   ㉡ 위헌법률제청권
㉢ 탄핵소추권   ㉣ 위헌정당해산제소권

① ㉠㉡   ② ㉠㉢

③ ㉡㉢   ④ ㉡㉣

9 국가형벌권의 한계를 제시하여 그 남용을 방지함으로써 국민의 인권을 보장하기 위한 형법의 가장 중 요한 기본원칙은?

① 관습형벌의 배제   ② 죄형법정주의

③ 일사부재리의 원칙   ④ 형벌불소급의 원칙

10 그림은 경쟁국인 A국 화폐의 평가 절상이 우리나라의 상품 수지에 영향을 미치는 경로를 나타낸 것이다. ㉠~㉢에 들어갈 효과를 바르게 짝지은 것은?

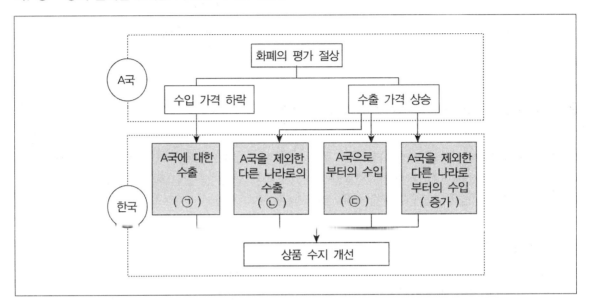

	㉠	㉡	㉢
①	증가	증가	감소
②	증가	감소	증가
③	증가	감소	감소
④	감소	증가	증가

11 공공재로 인하여 효율적 자원배분이 힘든 이유는?

① 정부가 생산하기 때문이다.
② 공공재의 비시장성 때문이다.
③ 시장실패 때문이다.
④ 수익자에게 부담시키기 어렵기 때문이다.

12 다음의 주장이 비판하고 있는 사항을 보완하기 위해 가장 타당한 방안은?

> • 의사는 대표될 수 없다.
> • 투표하기 전에는 자유로우나 투표가 끝나면 노예가 된다.

① 중요한 국가정책은 국민투표를 실시한다.
② 진정한 자유를 위해서는 정부가 존재하지 않아야 한다.
③ 인간존중을 위하여 권력분립제도를 채택한다.
④ 선거제도를 적극적으로 활용한다.

13 다음 중 헌법개정에 대한 설명으로 옳지 않은 것은?

① 헌법개정안은 대통령이 제안할 수 있다.
② 국회의 의결에는 재적의원 과반수의 출석과 출석의원 3분의 2 이상의 찬성이 있어야 한다.
③ 국회는 공고된 날로부터 60일 이내에 의결하여야 한다.
④ 의결한 날로부터 30일 이내에 국민투표에 부쳐야 한다.

14 다음과 같은 목적으로 행해지는 정부규제방법은?

> • 여러 기업이 경쟁하여 가장 경쟁적인 기업만 남아 독점적인 기업으로 될 우려가 있을 때 이를 방지한다.
> • 서비스의 질 개선 등 공익을 추구한다.
> • 개발도상국에서 특정한 전략산업을 육성한다.

① 독과점규제
② 정부의 인 · 허가제
③ 최고가격제
④ 최저가격제

15 자유민주사회를 운영하는 기본원리로 정치면에서는 민주주의를, 경제면에서는 시장경제를 들 수 있다. 다음 중 민주주의와 시장경제에 대한 설명으로 옳지 않은 것은?

① 민주주의는 정치적 의사결정에 공정성을 추구하는 합리주의이다.

② 시장경제는 경제적 의사결정에 형평성을 추구하는 합리주의이다.

③ 민주주의는 인간존중을 기본으로 하는 개인주의이다.

④ 시장경제는 사유재산과 영리를 추구하는 개인주의이다.

16 다음 중 서구 여러 나라의 근대시민계급에 대한 설명으로 옳지 않은 것은?

① 처음에는 중앙집권적 민족국가를 형성하는 절대군주에 적극 협력하였다.

② 경제활동에 있어서 보호무역을 주장하였다.

③ 산업혁명 이후부터 부의 축적이 강화되면서 절대군주와 대립하였다.

④ 자유와 평등을 보장하는 정치제도를 요구하였다.

17 다음과 일치하는 관점을 고르면?

> • 평준화는 학력의 하향평준화를 초래하여 학력수준을 저하시키는 문제점이 있다.
> • 평준화 폐지로 자립형 사립학교를 양성하면 21세기의 무한경쟁시대에 부응하는 다 양한 교육욕구를 충족시킬 수 있다.

① 차별적 보상은 구성원이 더욱 열심히 일할 수 있도록 동기를 준다.

② 차별적 분배체계는 지배계층의 노력으로 완화될 수 있다.

③ 사회규범은 사회성원들의 합의보다는 강제와 복종관계에서 만들어졌다.

④ 사회계층화는 개인과 사회가 발전하는 데 장애요소이다.

18 법의 효력에 대한 설명으로 옳지 않은 것은?

① 법의 효력은 법 시행일 이전의 사항에는 미치지 아니한다.

② 모든 성문법은 그 제정일로부터 폐지일까지 효력을 가진다.

③ 오늘날 대부분의 국가는 속지주의를 원칙으로 하고, 속인주의를 보충적으로 채택하고 있다.

④ 속지주의는 그 영토 내에 있는 모든 사람에게 법이 적용된다는 원칙이다.

19 다음 그림은 경기순환의 네 국면을 나타낸 것이다. A국면에서 나타나는 현상은?

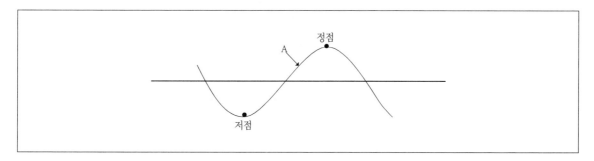

① 국민소득이 증가하고 기업의 이윤도 늘어나므로 설비투자도 활기를 띠게 된다.

② 경제활동이 둔화되고 생산과잉상태가 부분적으로 발생한다.

③ 기업이윤의 감소로 손해가 발생하게 되어 도산하는 기업이 생기고 실업자도 증가한다.

④ 경제활동이 활기를 띠기 시작하며 서서히 수요가 증가하고 생산량이 많아지므로, 실업자도 줄어 들게 된다.

20 사회 변동의 방향을 바라보는 갑, 을의 관점에 대한 설명으로 옳은 것은?

> 갑 : 사회 변동은 '인간이 환경에 적응하기 위한 노력'에 의해 이루어집니다. 그 결과 사회는 '단순한 것에서 복잡한 것'으로, '미개한 사회로부터 문명화된 사회'로 발전하게 됩니다.
>
> 을 : 사회 변동은 역사 속의 내재된 힘에 의해 감각적, 관념적, 이상적 문화가 교대로 지배하는 과정의 연속입니다. 따라서 각각의 문화는 일정 수준까지 발전하면 더 이상 발전하지 못하고 필연적으로 쇠퇴하여 소멸하게 됩니다.

① 갑의 관점은 운명론적 관점에서 사회 변동을 설명한다.
② 을의 관점은 사회 변동이 항상 진보를 의미하지 않는다는 점을 간과한다.
③ 갑의 관점은 을의 관점과 달리 사회 발전을 서구화로 전제함으로써 제국주의 침략을 정당화한다는 비판을 받는다.
④ 을의 관점은 갑의 관점과 달리 모든 사회가 동일한 단계를 거쳐 단선적으로 발전한다고 본다.

1 주행하는 탱크로리 자동차 뒷면에 표시 사항으로 틀린 것은?

① 최대적재량 ② 최대 적재용적

③ 적재 물품명 ④ 소재지 구역표시

2 자동차 전조등의 등광색으로 맞는 것은 어느 것인가?

① 적색 또는 담황색 ② 백색

③ 녹색 또는 백색 ④ 노란색 또는 회색

3 긴급자동차 중 경광등 색이 적색 또는 황색이 아닌 것은?

① 소방용 자동차

② 구급자동차

③ 범죄수사를 위하여 사용되는 자동차

④ 교도소 또는 교도기관의 자동차 중 피수용자의 호송 및 경비를 위한 자동차

4 연소실 설계 시 고려해야 할 사항으로 틀린 것은?

① 연소실 내 가열되기 쉬운 돌출부가 없어야 한다.

② 연소실 표면적을 최대가 되게 설계한다.

③ 연소실 내에서 혼합기가 와류가 일어나도록 한다.

④ 화염전파시간을 단축시킨다.

5 엔진 오버홀 작업 시 실린더 헤드볼트를 조일 때 회전력을 측정하기 위하여 사용되는 공구는?

① 스피드핸들   ② 토크렌치
③ 스패너   ④ 소켓렌치

6 실린더 블록이나 헤드의 평면도 측정에 알맞은 것은 어느 것인가?

① 마이크로미터   ② 노니우스
③ 다이얼게이지   ④ 직각자와 간극게이지

7 운전자가 위험 물체를 보고 브레이크를 밟아 차량이 정차할 때까지의 거리는?

① 정지거리   ② 공주거리
③ 제동거리   ④ 이동거리

8 크랭크축이 회전 중 받는 힘의 종류가 아닌 것은?

① 비틀림(torsion)   ② 휨(bending)
③ 전단(shearing)   ④ 관통(penetration)

9 밸브 스프링에서 서징현상을 방지하는 방법이 아닌 것은?

① 원뿔형 스프링을 사용한다.
② 고유진동수가 다른 2개의 스프링을 사용한다.
③ 부등피치나 피치가 다른 2중 스프링사용
④ 스프링의 고유진동을 같게 하거나 정수비로 한다.

10 전자제어 가솔린기관에서 연료펌프에서 고압이 작용하는 경우 연료 누출 혹은 파손을 방지하는 밸브는 어느 것인가?

① 체크 밸브

② 팽창 밸브

③ 릴리프 밸브

④ 분사 밸브

11 초보운전자란 처음 운전면허를 받은 날로부터 얼마가 경과되지 않은 자를 말하는가?

① 6개월

② 1년

③ 2년

④ 3년

12 도로교통법상 보행자 및 차마의 통행방법 등에 관한 설명 중 가장 적절하지 않은 것은?

① 자전거의 운전자는 안전표지로 통행이 허용된 경우를 제외하고는 2대 이상이 나란히 차도를 통행하여서는 아니 된다.

② 보행자는 보도와 차도가 구분된 도로에서는 언제나 보도로 통행하여야 한다. 다만, 차도를 횡단하는 경우, 도로공사 등으로 보도의 통행이 금지된 경우나 그 밖의 부득이한 경우에는 그러하지 아니하다.

③ 차마의 운전자는 길가의 건물이나 주차장 등에서 도로에 들어갈 때에는 일단 서행하면서 안전 여부를 확인하여야 한다.

④ 보행자는 차와 노면전차의 바로 앞이나 뒤로 횡단하여서는 아니 된다. 다만, 횡단보도를 횡단하거나 신호기 또는 경찰공무원 등의 신호나 지시에 따라 도로를 횡단하는 경우에는 그러하지 아니하다.

13 신호기 정의로서 가장 타당한 것은?

① 건널목에 설치된 횡단기도 포함된다.

② 도로교통의 신호를 표시하기 위하여 사람이나 전기의 힘으로 조작되는 장치

③ 도로에 표시된 모든 문자나 기호 표시

④ 교차로에서 볼 수 있는 모든 전기로 표시되는 장치

14 적색, 황색, 녹색화살표, 녹색의 사색등화로 표시되는 신호등 중 종형일 경우 위에서부터 등화의 배열 순서로 옳은 것은??

① 적색 → 황색 → 녹색화살표 → 녹색

② 적색 → 황색 → 녹색 → 녹색화살표

③ 황색 → 녹색화살표 → 적색 → 녹색

④ 적색 → 녹색 → 황색 → 녹색화살표

15 다음 중 도로교통법상 신호위반이라 볼 수 없는 것은?

① 경찰관의 수신호 위반

② 군사경찰의 수신호 위반

③ 신호기에 우선하여 실시하는 모범운전자의 수신호 위반

④ 녹색어머니회 회원의 수신호 위반

16 도로에서의 위험을 방지하고 교통의 안전과 원활한 소통을 확보하기 위하여 필요하다고 인정할 때에 구간을 정하여 보행자나 차마 또는 노면전차의 통행을 금지하거나 제한할 수 있는 자는?

① 경찰청장

② 시·도경찰청장

③ 시·도지사

④ 경찰서장

17 다음 중 보행자의 통행방법으로 잘못된 것은?

① 보행자는 반드시 보도를 통행해야 한다.

② 보행자는 보도와 차도가 구분되지 않는 도로에서는 차마와 마주보는 길가장자리로 통행해야 한다.

③ 보행자는 예외적으로 도로의 중앙을 통행할 수 있다.

④ 학생의 대열이 차도를 통행할 때에는 차도의 우측으로 통행해야 한다.

18 다음 중 도로의 중앙으로 통행할 수 있는 행렬은?

① 군부대나 그에 준하는 행렬
② 사회적으로 중요한 행사에 따른 단체의 행렬
③ 도로에서 보수작업을 하고 있는 사람
④ 장의 행렬

19 보행자의 도로횡단과 관련하여 잘못 설명한 것은?

① 횡단보도는 시·도경찰청장이 설치한다.
② 횡단보도가 없는 도로에서는 가장 짧은 거리로 횡단해야 한다.
③ 지체장애인의 경우 육교가 설치된 곳이라면 반드시 육교를 이용해야 한다.
④ 횡단보도 횡단 또는 경찰공무원 등의 신호, 지시에 따라 횡단할 경우를 제외하고는 차와 노면전
  차의 바로 앞이나 뒤로 횡단하여서는 아니 된다.

20 횡단보도가 설치되어 있지 아니한 도로에서 보행자의 횡단방법은?

① 차가 오지 않는 시간이 일정기간 지나면 무단횡단이 가능하다.
② 차의 바로 앞으로 횡단한다.
③ 차의 바로 뒤로 횡단한다.
④ 도로익 가장 짧은 곳으로 횡단한다.

정답 및 해설 P. 355

▶▶▶ 제1과목 **사회**

1 다음 중 우리 헌법에 규정된 국민의 기본적 인권에 대한 설명으로 옳지 않은 것은?

① 기본권은 공공복리를 위해 필요한 경우에 제한할 수 있다.

② 기본권을 제한하는 경우에도 자유와 권리의 본질적 내용은 침해할 수 없다.

③ 기본권은 법률에 의해서만 제한할 수 있다.

④ 질서유지를 위해 필요한 경우에도 기본권은 제한될 수 있다.

2 다음은 어느 법률사이트에 올라온 설명글이다. 이 글을 읽고 괄호에 들어갈 내용을 추론한 진술로 틀린 것은?

> 자신의 얼굴 등 자신임이 드러나는 신체적 특징이 함부로 촬영되거나 공표되지 않고, 영리적으로 이용되지 않을 권리를 초상권(肖像權)이라고 합니다. 오늘은 유명인의 경제적 가치가 있는 초상이 무단으로 사용되는 재산권에 대해 얘기해보고자 합니다. 초상권을 침해받은 경우, 형사처벌은 힘들지만 (   )책임을 물을 수 있습니다

① 고의 또는 과실로 인한 위법행위로 타인에게 손해를 가한 자는 그 손해를 배상할 책임이 있음을 의미한다.

② 미성년자가 타인에게 손해를 가한 경우에 그 행위의 책임을 변식할 지능이 없는 때에는 배상의 책임이 없다.

③ 만약 공동으로 피해를 야기했을 경우 자기책임의 원칙에 따라 1인당 할당된 액수만큼 피해배상을 해야 한다.

④ 가해행위와 손해발생 사이에 인과관계가 있어야 한다.

3 대통령제와 의원내각제가 공통적으로 채택하고 있는 것은?

① 정부에 의해 실천   ② 각료와 의원의 겸직

③ 사법권의 독립   ④ 정부의 법률안제안권

4 공공재에 대한 설명으로 옳지 않은 것은?

① 공공재는 정부실패의 요인 중 하나이다.

② 공공재는 자본 회수 기간이 길다.

③ 공공재는 소비에서의 비경합성을 갖는다.

④ 공공재에는 국방, 외교, 치안 등이 있다.

5 다음은 민주정치제도의 원리이다. 그 설명이 바르지 못한 것은?

① 권력분립의 원리 – 견제와 균형의 관계를 유지한다.

② 대표의 원리 – 선거구민의 의사를 그대로 전달한다.

③ 입헌주의의 원리 – 헌법에 따라 정치를 한다.

④ 지방자치의 원리 – 중앙정부와 지방자치의 상호 견제로 권력을 분산한다.

6 대통령의 긴급명령으로 지방자치법이 폐지되었으나 국회의 승인을 얻지 못하는 경우 지방자치법은 어떻게 되는가?

① 계속 폐지된다.

② 폐지되었던 순간부터 효력을 회복한다.

③ 승인을 얻지 못한 순간부터 효력을 회복한다.

④ 폐지되었던 순간부터 효력을 상실한다.

7 우리나라 무역수지를 흑자로 되게 하는 요인으로 보기 어려운 것은?

① 재할인율의 중단
② 원화의 평가절상
③ 국제금리의 하락
④ 원유가격의 하락

8 다음의 그림에서 커피의 수요곡선이 D 에서 D₁의 방향으로 이동하였을 때 그 원인으로 보기 어려운 것은?

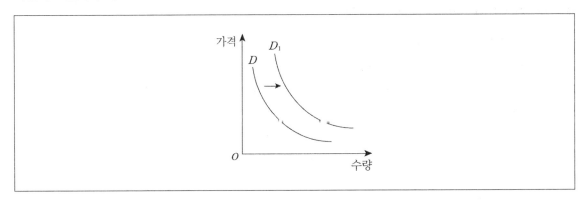

① 홍차 가격의 상승
② 커피 소비인구 증가
③ 커피 소비자들의 소득 증가
④ 커피 가격의 하락

9 다음 괄호 안에 들어갈 ㈎, ㈏, ㈐가 차례대로 적절히 들어간 것은?

헌법재판소는 (㈎)의 자격을 가진 (㈏)인의 재판관으로 구성하며, 헌법재판소의 장은 (㈐)의 동의를 얻어 대통령이 임명하며, 재판관의 임기는 6년으로 연임할 수 있다.

	㈎	㈏	㈐
①	법관	9	국회
②	대법관	14	국회
③	대법관	14	대법원장
④	변호사	9	대법원장

10 사회존속을 위한 기본적인 조건을 만족시켜 주는 것은?

① 규범

② 기술

③ 문화

④ 종교

11 다음 중 우리 헌법의 최고가치지표는?

① 국민주권

② 행복추구권

③ 천부인권존중

④ 인간의 존엄과 가치

12 행정주체가 법의 절차에 따라 도시계획사업을 추진하는 경우, 어떤 절차에 따라 개인의 사유재산의 희생을 행정적으로 구제할 수 있는가?

① 손실보상

② 손해배상

③ 민사소송

④ 행정심판

13 헌법재판소가 정부의 요청에 의해 행사할 수 있는 것은?

① 헌법소원심판권

② 정당해산심판권

③ 탄핵심판권

④ 위헌법률심판권

14 한 나라의 총수요가 총공급을 초과하여 일어나는 인플레이션을 바르게 나타낸 것은?

① 관리가격인플레이션

② 비용상승인플레이션

③ 수요견인인플레이션

④ 초과공급인플레이션

15 표는 어느 기업의 X재 생산과 관련된 자료이다. 이에 대한 분석으로 옳은 것은? (단, 생산량은 모두 판매된다)

생산 요소 투입량(단위)	1	2	3	4	5	6
생산 요소의 단위당 가격(만 원)	3	3	3	3	3	3
X재 생산량(개)	5	12	18	23	27	29
X재 시장 가격(만 원)	1	1	1	1	1	1

① 생산성은 계속 증가하고 있다.
② 얻을 수 있는 최대 이윤은 29만 원이다.
③ 생산 요소를 5단위 투입할 때 이윤이 가장 크다.
④ 생산 요소 투입량이 1단위씩 증가할 때 추가되는 생산 비용은 늘어난다.

16 준거집단과 소속집단에서의 불일치로 나타나는 일반적인 현상과 거리가 먼 것은?

① 이동의 촉진
② 두 집단간의 괴리 증대
③ 소속집단의 규범 거부
④ 문화전파의 촉진

17 다음은 행정상의 손해배상과 손실보상에 관한 설명이다. 올바른 것은?

	손해배상	손실보상
①	적법한 행위를 대상으로 함	위법한 행위를 대상으로 함
②	공공의 필요에 의한 사유재산의 특별한 희생	공무원의 직무상 불법행위, 공공영조물 하자
③	상당한 인과 관계가 있는 모든 손해배상	법률에 의한 정당한 보상
④	재산상 손실	재산상 정신상의 손해

18 다음 사례에 대한 법적 판단으로 옳지 않은 것은? (다툼이 있는 경우 판례에 의함)

> • A는 자신 소유의 자동차에 불을 질러 공공의 위험을 발생시켰다.
> • 권투 선수인 B는 시합 중 상대방 선수인 갑을 때려 큰 부상을 입혔다.
> • 음주운전으로 운전면허가 일시 정지된 의사 C는 응급환자에게 가기 위하여 자동차를 운전하였다.
> • D는 초등학교 2학년인 아들의 절도 습관을 없애기 위하여 회초리로 몇 차례 체벌을 하였다.

① A의 행위는 피해자의 승낙에 해당하므로 위법성이 조각된다.

② 갑이 권투 시합의 결과 사망한 경우에도 B의 행위는 위법성이 조각된다.

③ C가 택시를 타고 갈 수 있었음에도 불구하고, 스스로 자동차를 운전했다면 C의 행위는 위법성이 조각되지 않는다.

④ D의 체벌이 아들의 건전한 육성을 위하여 필요한 범위 내에서 상당한 방법으로 행사되었다면 법령에 의한 행위로서 D의 행위는 위법성이 조각된다.

19 다음 사례에 대한 법적 판단으로 옳은 것은?

> 30대의 직장인 갑은 아들인 을과 비행기를 타고 가던 중 사고를 당해 사망하였다. 유족으로는 어머니 병과 배우자 정이 있다. 갑의 재산으로는 부동산과 동산을 합쳐 3억원을 보유하고 있었다.

① 갑이 을보다 먼저 사망한 경우는 어머니인 병과 배우자인 정이 공동 상속한다.

② 을이 갑보다 먼저 사망한 경우 배우자인 정이 단독 상속한다.

③ 갑과 을이 동시 사망한 경우 어머니인 병과 배우자인 정이 공동 상속한다.

④ 이 사례에서는 어느 경우에도 배우자인 정이 단독 상속한다.

20 개인과 사회의 관계를 바라보는 관점 ㈎, ㈏에 대한 설명으로 옳은 것은?

> ㈎ 사회는 비록 개인의 합이지만, 일단 사회가 형성이 되면 하나의 단위로서 독자성을 갖는다. 예를 들어 남녀가 만나 하나의 가정을 이루게 되면, 가정은 이 두 남녀의 성격을 합친 것과는 분명히 다른 독자적인 특성을 갖게 된다.
>
> ㈏ 사회가 성립된다고 하더라도 개인은 사회로부터 자유롭지 못한 피동적 존재가 아니다. 도리어 개인은 사회의 영향으로부터 벗어나 독자적 영역을 가지며, 개인의 결단에 따라 모든 사회적 행위가 구성된다.

① ㈎는 사회가 허구적 실체에 불과하다고 본다.
② ㈏는 사회를 개인으로 환원하여 설명할 수 있다고 본다.
③ ㈎는 ㈏와 달리 개인의 속성이 사회의 속성을 결정한다고 본다.
④ ㈏는 ㈎와 달리 인간 행동에 개인 의지보다 사회 제도가 더 큰 영향을 줄 것이라고 본다.

1 전자제어 가솔린기관에서 연료펌프 내에서 연료의 압송이 정지될 때 닫히고 연료라인 내에 잔압을 유지시켜 고온 시 베이퍼록 현상을 방지하고 재시동성을 향상시키는 밸브는?

① 릴리프 밸브   ② 체크 밸브

③ 팽창 밸브   ④ 분사 밸브

2 전자제어 엔진에서 냉간 시 점화시기 제어 및 연료분사량 제어를 하는 센서는?

① 수온 센서   ② 공기흐름 센서

③ 대기압 센서   ④ 흡기온도 센서

3 전자제어 연료분사장치 장착 가솔린기관에서 대기압보다 낮은 고지에 위치할 때 연료량 제어는 어떻게 하는가?

① 대기압 센서 신호로서 기본 분사량을 감량시킨다.

② 대기압 센서 신호로서 기본 분사량을 증량시킨다.

③ 대기압 센서 신호로서 연료보정량을 증량시킨다.

④ 대기압 센서 신호로서 페일 세이프기능 가진다.

4 윤활장치에서 유압이 높아지는 이유로 맞는 것은?

① 엔진오일과 가솔린의 희석   ② 오일펌프의 마멸

③ 윤활유의 점도가 낮을 때   ④ 릴리프 밸브 스프링의 장력이 클 때

5 전자제어 가솔린기관에서 피드백(feed back) 제어를 하는 시기는 언제인가?

① 급가속 시   ② 시동 시

③ 급제동 시   ④ 공전 시

6 블로바이 가스(HC)가 PCV 밸브에 의해서 컨트롤 되는 경우는 어느 때인가?

① 급가속 시
② 중·고부하 시
③ 고부하 시
④ 경·중부하 시

7 자동차에서 배출되는 배기가스 중 일산화탄소(CO)의 배출은 공연비의 변화에 의하여 어떻게 변하는가?

① 공연비에 영향을 받지 않는다.
② 공연비의 증가에 따라 증가한다.
③ 공연비의 증가에 따라 감소한다.
④ 공연비의 연료량에 따라 증가한다.

8 가솔린기관에서 운전조건에 따른 일산화탄소(CO)의 배출량이 가장 많이 배출될 때는 언제인가?

① 공회전 시
② 가속할 때
③ 정속시 주행시
④ 감속 상태

9 4행정 사이클 6실린더 기관에서 6실린더가 한 번씩 폭발하려면 크랭크축은 몇 회전하는가?

① 1회전
② 2회전
③ 3회전
④ 4회전

10 흡입 매니폴드 압력변화를 피에조(piezo)소자를 이용하여 측정하는 센서는?

① 차량속도 센서
② 휠 스피드 센서
③ 크랭크각 센서
④ MAP 센서

11 도로교통법상 어린이의 연령은?

① 11세 미만　　　　　　　　② 12세 미만

③ 13세 미만　　　　　　　　④ 14세 미만

12 어린이 보호구역 안에서 시·도경찰청장이나 경찰서장이 할 수 있는 조치가 아닌 것은?

① 자동차의 주정차 금지

② 자동차의 통행을 금지, 제한

③ 이면도로를 일방통행로로 지정, 운영하는 것

④ 자동차의 운행 속도를 매시 60km로 제한

13 어린이 보호구역은 당해 초등학교 등의 주출입문을 중심으로 반경 몇 미터 이내로 지정하는가?

① 100m　　　　　　　　② 200m

③ 300m　　　　　　　　④ 400m

14 현행 도로교통법상 어린이 통학버스에 대한 설명 중 가장 적절하지 않은 것은?

① 도로교통법상 어린이라 함은 13세 미만의 사람을 말한다.

② 어린이통학버스가 어린이 또는 유아를 태우고 있다는 표시를 하고 도로를 통행하는 때에는 모든 차는 어린이통학버스를 앞지르지 못한다.

③ 어린이통학버스가 도로에 정차하여 점멸등 등 어린이가 타고 내리는 중임을 표시하는 장치를 가동 중인 때에는 동일한 차로와 그 옆차로를 통행하는 차의 운전자는 어린이통학버스에 이르기 전에 일시정지하여 안전을 확인한 후 서행하여야 한다.

④ 어린이통학버스가 도로에 정차하여 점멸등 등 어린이가 타고 내리는 중임을 표시하는 장치를 가동 중인 때에는 중앙선이 설치되지 아니한 도로의 반대 방향에서 진행하는 차의 운전자는 어린이통학버스에 이르기 전에 서행하여야 한다.

15 다음 중 차마가 도로의 중앙이나 좌측부분을 통행할 수 있는 경우로 잘못된 것은?

① 도로가 일방통행으로 지정된 때

② 도로의 파손, 도로공사 등으로 도로의 우측 부분을 통과할 수 없을 때

③ 도로의 우측 부분의 폭이 7m인 도로에서 앞 차량을 앞지르기 하는 때

④ 도로 우측 부분 폭이 그 차마의 통행에 충분치 않을 때

16 다음 중 차의 신호를 하는 경우 그 시기가 다른 것은?

① 정지할 때

② 좌회전 할 때

③ 서행할 때

④ 정지할 때

17 다음 중 자전거가 보도를 통행할 수 있는 경우가 아닌 것은?

① 안전표지로 자전거 통행이 허용된 경우

② 자전거도로가 설치되지 않은 곳을 통행하는 경우

③ 어린이, 노인, 신체장애인이 자전거를 운전하는 경우

④ 도로의 파손으로 도로를 통행할 수 없는 경우

18 차마가 도로 이외의 장소에 출입하기 위하여 보도를 횡단하려고 할 때 가장 적절한 통행 방법은?

① 보행자 유무에 구애받지 않는다.

② 보행자가 없으면 빨리 주행한다.

③ 보행자가 있어도 차마가 우선 출입한다.

④ 보도 직전에서 일시정지하여 보행자의 통행을 방해하지 말아야 한다.

19 예외적으로 전용차로로 통행할 수 있는 경우가 아닌 것은?

① 긴급자동차가 본래의 긴급한 용도로 운행하는 경우

② 택시의 승객이 승하차하는 경우

③ 도로파손으로 전용차로의 통행이 불가피한 경우

④ 교통체증이 심한 경우

20 다음 중 서행해야 하는 장소에 해당하지 않는 곳은?

① 교통정리를 하고 있지 아니하는 교차로

② 도로가 구부러진 부근

③ 가파른 비탈길의 오르막

④ 시·도경찰청장이 도로에서의 위험을 방지하고 교통의 안전과 원활한 소통을 확보하기 위하여 필요하다고 인정하여 안전표지로 지정한 곳

정답 및 해설 P. 360

▶▶▶ 제1과목 **사회**

1 다음 중 십분위분배율에 대한 내용으로 적당한 것은?

① 십분위분배율이 클수록 소득분배의 불평등이 개선된다.
② 우리나라에서는 십분위분배율이 계속 높아지고 있다.
③ 십분위분배율이 높을수록 상위소득계층이 하위계층에 비해 상대적으로 많아진다.
④ 십분위분배율은 소득과는 무관하다.

2 배추 1포기가 500원이었는데 갑자기 5,000원으로 뛰어올랐다. 이러한 현상으로 알 수 있는 것은?

① 수요와 공급이 극히 탄력적이다.
② 수요와 공급이 극히 비탄력적이다.
③ 수요가 탄력적이다.
④ 공급이 탄력적이다.

3 다음 자료에 대한 옳은 분석만을 〈보기〉에서 고른 것은?

그림은 X재 시장의 균형점 이동 결과를 유형별로 구분하여 그 원인이 되는 수요 또는 공급의 변동을 추론한 것이다. A와 B는 각각 균형 가격과 균형 거래량 중 하나이다. 단, X재는 수요 및 공급 법칙을 따르고, 균형점 이동 결과는 수요 곡선과 공급 곡선 중 하나만의 이동으로 나타났다.

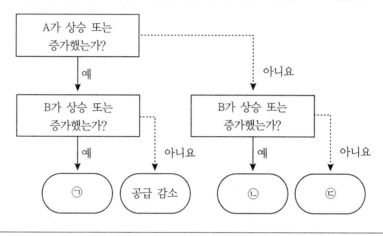

〈보기〉

ㄱ. A는 균형 거래량, B는 균형 가격이다.
ㄴ. ㉠에는 '수요 증가'가 들어갈 수 있다.
ㄷ. X재의 생산 요소 가격 하락은 ㉡의 요인에 해당한다.
ㄹ. 소비자의 X재에 대한 선호도 증가는 ㉢의 요인에 해당한다.

① ㄱ, ㄴ
② ㄱ, ㄷ
③ ㄴ, ㄷ
④ ㄴ, ㄹ

4 다음 사례들에 해당하는 개념을 바르게 짝지은 것은?

> (개) 남태평양 원주민들은 조상이 새를 통해 선물을 보내준다는 믿음을 가지고 있었다. 백인과의 접촉 과정에서 새로운 운송 수단을 접하게 된 이들은 조상이 비행기나 배를 통해 대규모 선물을 보내주기를 기원하는 의례를 행하게 되었다.
>
> (나) 최근 인도네시아의 고립된 도서 지역에 텔레비전이 보급되었다. 한국의 드라마와 대중음악이 알려지자, 이 지역 주민은 한국 연예인의 이름을 외우고 한국 노래를 유행처럼 부르게 되었다.
>
> (다) 라틴 아메리카 도시 빈민 거주지에는 특유의 생활양식이 존재한다. '빈곤의 문화'라 불리는 이 생활양식은 불안정한 직업과 저소득, 조기 취업, 현재 중심적 태도 등과 같은 속성을 갖는다.

	(개)	(나)	(다)
①	문화 융합	간접 전파	하위문화
②	문화 병존	직접 전파	하위문화
③	문화 융합	간접 전파	반문화
④	문화 동화	자극 전파	반문화

5 부당한 정책결정에 대한 저항권 행사의 요건에 관한 내용으로 옳지 않은 것은?

① 다른 해결방안이 있어도 저항권을 행사할 수 있다.

② 최후의 수단으로만 사용해야 한다.

③ 저항권 행사를 사전에 예방하는 것이 가장 중요하다.

④ 개정되기 전까지는 악법도 준수해야 한다.

6 다음은 무엇을 설명하는 것인가?

> 최근 자동차가 급증하고 있다. 그러나 운전자의 질서의식이 부족하여 신호위반, 음주운전, 과속 등은 개선되지 않고 있다.

① 아노미현상　　　　　　　　　② 교통발달

③ 일탈행위　　　　　　　　　　④ 문화지체현상

7 다음을 통하여 알 수 있는 GNP는?

> 나무꾼이 산에서 나무를 1단위 생산하여 종이 생산자에게 팔고, 종이 생산자는 나무를 가지고 종이를 3단위 생산하여 노트 생산자에게 팔았다. 노트 생산자는 노트를 5단위 생산하여 판매하였다(단, 나무꾼의 생산요소는 노동력만 투입하였고, 그 외의 요소는 무시하기로 한다. 나무 1단위 20원, 종이 1단위 30원, 노트 1단위 50원).

① 150원　　　　　　　　　　　② 330원
③ 250원　　　　　　　　　　　④ 370원

8 국민총생산(GNP)과 국내총생산(GDP)에 대한 설명으로 옳은 것은?

구분	국민총생산(GNP)	국내총생산(GDP)
A국	1,350	1,500
B국	890	760

① A국은 B국보다 해외투자가 활발하다.
② B국은 해외지급 요소소득보다 해외수취 요소소득이 더 많다.
③ A국은 B국보다 삶의 질이 높다.
④ B국은 A국보다 소득이 평등하게 분배되고 있다.

9 다음의 상황에서 적용되는 행정구제제도는?

> 지방자치단체가 건설한 교량이 시공자의 흠으로 붕괴되어 지역주민들에게 상해를 입혔을 때 지방자치단체가 상해를 입은 주민들의 피해를 구제해 주었다.

① 흠있는 직무행위로 인한 손해배상
② 적법한 행정작용으로 인한 손실보상
③ 손해전보제는 국민의 재산성에 국한함
④ 흠있는 행정작용으로 인한 행정쟁송

10 가격이 1,000원인 어떤 상품을 생산함에 있어서 투입되는 가변비용과 그에 따른 생산량의 관계가 다음 도표와 같을 때 합리적인 생산량은 몇 단위인가?

가변비용(만 원)	8	9	10	11	12
생산량(단위)	177	189	200	210	219

① 177단위

② 189단위

③ 210단위

④ 219단위

11 다음 중 사회구조에 대한 설명으로 옳지 않은 것은?

① 사회구조는 사람들이 원하는 방향으로만 진행된다.

② 사회구조는 외재성, 강제성, 역사성, 지속성 등의 성격을 지닌다.

③ 기능론은 합의에 바탕을 둔 균형과 협동을 강조한다.

④ 갈등론은 갈등과 강제 간의 모순에 바탕을 두고 사회변동의 속성을 강조한다.

12 다음 표는 甲국 경제에서 부존자원과 생산 기술을 이용하여 생산할 수 있는 자전거와 오토바이의 최대 생산량 조합을 나타낸 것이다. 이에 대한 설명으로 가장 옳은 것은?

(단위 : 대)

최대 생산량 조합	A	B	C	D	E
자전거	100	80	60	35	10
오토바이	1	2	3	4	5

① 오토바이 3대와 자전거 50대 생산은 불가능하다.

② B에서 C로 이동할 때, 오토바이 1대의 추가 생산에 따른 기회비용은 자전거 60대이다.

③ 자전거의 생산량을 늘려감에 따라, 자전거 생산의 기회비용은 점차 감소한다.

④ 생산량 조합이 B에서 C보다 C에서 D로 변할 때, 오토바이 생산의 기회비용은 증가한다.

13 다음 사례의 밑줄 친 부분을 분석한 것으로 옳은 것만을 〈보기〉에서 고르면?

> 서울중앙지검 형사1부는 A씨가 모욕죄로 무더기 고소한 네티즌 1,000여 명에 대해 불기소 처분을 내렸다고 밝혔다. 검찰 관계자에 따르면 "네티즌들이 올린 비난의 글은 표현이 다소 과격했다 해도 <u>사회상규에 위배되지 않아 형사 처벌할 수준은 아니다</u>"라고 말했다.

〈보기〉

㉠ 구성요건에 해당하는 행위의 위법성을 배제하는 특별한 사유를 의미한다.
㉡ 행위자에 대한 주관적 판단으로 개인적 특수성이 고려된다.
㉢ 범죄를 조각하는 사유로써 형사미성년자와 심신미약자와 동일한 범주로 분류된다.
㉣ 만약 A씨의 승낙에 따라 법익이 훼손되었더라도 동일한 범죄 개념으로 접근한다.
㉤ 공무원의 직무집행행위를 포함하여 위법성을 조각하는 사유가 된다.

① ㉠㉢㉣
② ㉡㉣㉤
③ ㉠㉤
④ ㉡㉢

14 어느 지방자치단체가 관리하는 간판이 떨어져서 자동차가 부서졌다. 자동차의 소유자가 피해의 구제를 받기 위해 우선적으로 취해야 하는 구제절차는?

① 행정상 손해배상
② 행정상 손실보상
③ 행정소송
④ 행정심판

15 다음과 같은 일을 수행하는 기관은?

> 임의로 선거구를 정함으로써 특정 정당이나 후보자에게 유리한 일이 없도록 선거구를 조정한다.

① 행정부
② 국회
③ 중앙선거관리위원회
④ 사법부

16 다음 중 헌법소원 심판을 청구할 수 있는 사례로 가장 적절한 것은?

① 친구에게 빌려준 돈을 변제 기일이 지나도록 받지 못한 경우
② 교도소의 서신 검열로 수형자가 통신의 자유를 침해받은 경우
③ 간판이 떨어져 차량이 파손되었으나 간판 주인이 배상을 거부한 경우
④ 배우자의 부정행위로 갈등이 심화되어 부부가 이혼하기로 합의한 경우

17 다음 중 갈등해결을 위한 정의의 원칙에 관한 설명으로 옳지 않은 것은?

① 사회정의는 모든 당사자의 이익을 골고루 나눠주는 것이다.
② 이해당사자들의 이익을 조정하는 것은 형식적 정의이다.
③ 절차적 정의에는 상호존중, 자유합의, 합의이행 등이 있다.
④ 절차적 정의는 적절한 규칙의 준수를 의미한다.

18 다음 자료에 대한 설명으로 옳은 것은?

그림의 A, B점은 갑이 예산을 남기지 않고 최대한 소비할 수 있는 X재와 Y재의 조합 중 일부이다. 단, 갑의 소비 대상은 X재와 Y재뿐이며, Y재 1개의 가격은 2,500원이다. 갑은 항상 모든 예산을 투입하여 소비한다.

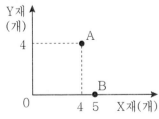

① 갑의 예산은 4만 원이다.
② X재의 가격은 Y재 가격의 5배이다.
③ 갑은 X재 3개와 Y재 12개의 소비 조합을 선택할 수 있다.
④ Y재의 가격이 2배가 된다면 X재 4개와 Y재 2개의 소비 조합을 선택할 수 있다.

19 다음 중 대통령의 재임기간 중에도 공소시효가 계속해서 진행되는 것은?

① 사기죄   ② 뇌물죄

③ 내란죄   ④ 살인죄

20 표의 (가), (나)에 각각 들어갈 수 있는 질문만을 〈보기〉에서 고른 것은?

구분		(가)	
		예	아니요
(나)	예	사내 동호회	가족
	아니요	시민 단체	회사

> ㉠ 구성원들의 선택 의지와 무관하게 형성된 사회 집단인가?
> ㉡ 구성원들 간 수단적 관계보다 전인격적 관계가 중시되는 사회 집단인가?
> ㉢ 공통의 관심사나 목표를 가진 사람들이 자발적으로 결성한 사회 집단인가?
> ㉣ 공식 조직 내에서 구성원들이 긴장감이나 소외감을 완화하기 위해 만든 사회 집단인가?

	(가)	(나)			(가)	(나)
①	㉠	㉣		②	㉡	㉢
③	㉢	㉡		④	㉢	㉣

1 연소실 체적이 50cc, 실린더의 배기량이 400cc인 기관의 압축비는?

① 8 : 1   ② 9 : 1
③ 10 : 1   ④ 7 : 1

2 실린더 내경이 60mm, 행정이 60mm인 6실린더 기관의 총배기량은 얼마인가?

① 917cc   ② 1,017cc
③ 1,117㏄   ④ 678㏄

3 간극 체적이 60cc이고 압축비가 8인 기관의 배기량은?

① 420cc   ② 480cc
③ 520cc   ④ 580cc

4 이소옥탄 60%, 노멀헵탄 40%인 가솔린에서 옥탄가는 얼마인가?

① 40%   ② 50%
③ 60%   ④ 70%

5 실린더의 지름이 150mm, 행정이 150mm인 1기통의 기관의 배기량은?

① 2,050cc   ② 2,649cc
③ 10,600cc   ④ 12,000cc

6 내연기관에서 오버스퀘어 기관의 장점이 아닌 것은?

① 기관의 높이를 낮게 설계할 수 있다.

② 고속으로 주행하는 자동차에 사용된다.

③ 흡, 배기 밸브의 지름을 크게 하여 효율을 증대할 수 있다.

④ 피스톤이 과열되지 않는 운전을 할 수 있다.

7 4행정 사이클 기관에서 2행정을 완성하려면 크랭크축의 회전각도는 다음 중 맞는 것은?

① 360도

② 540도

③ 720도

④ 180도

8 가솔린 연료의 내폭성을 표시하는 값은?

① 세탄가

② 점성

③ 점도지수

④ 옥탄가

9 다음 중 최적의 상태에서 공연비를 바르게 나타낸 것은?

① 농후한 혼합비

② 14.7 : 1로 완전연소가 가능한 공연비

③ 공전 시 최적의 혼합비

④ 시동 시 혼합비

10 실린더 내의 마멸이 제일 큰 부분은?

① 실린더 상사점

② 실린더 하사점

③ 상사점과 하사점 중간

④ 실린더 중간

11 전용차로 종류가 아닌 것은?

① 버스 전용차로   ② 다인승 전용차로

③ 자전거 전용차로   ④ 자가용 전용차로

12 어떤 자동차가 750m의 터널을 45초에 통과했다면 시속은?

① 50km/h   ② 60km/h

③ 70km/h   ④ 80km/h

13 동일 방향으로 주행하고 있는 전·후차 간의 안전운전방법 중 틀린 것은?

① 뒤따르는 차량의 속도보다 느린 속도로 진행하려고 할 때는 진로를 양보한다.

② 뒤차는 앞차가 급정지할 때 충돌을 피할 수 있는 필요한 거리를 확보한다.

③ 앞차가 다른 차를 앞지르고 있을 때는 빠른 속도로 앞지른다.

④ 앞차는 부득이한 경우를 제외하고는 급정지, 급가속을 하여서는 아니된다.

14 운전자가 위협을 느껴 브레이크를 밟아 브레이크가 실제 가동되기 시작할 때까지의 주행되는 거리는?

① 공주거리   ② 주행거리

③ 제동거리   ④ 정지거리

15 공주거리와 제동거리에 대한 설명으로 틀린 것은?

① 공주거리와 제동거리를 합하여 정지거리라 한다.

② 노면이 미끄러울수록 공주거리는 길어진다.

③ 비에 젖은 노면에서 제동거리는 길어진다.

④ 공주거리는 주취운전시에 길어진다.

16 편도 2차로의 일반도로에서 노면이 얼어붙은 때의 1.5톤 화물차의 운행속도는?

① 매시 80km 이내　　　　　　② 매시 50km 이내

③ 매시 40km 이내　　　　　　④ 매시 30km 이내

17 다음 중 교차로에서 가장 우선권이 있는 차는?

① 긴급자동차　　　　　　　　② 폭이 넓은 도로의 차

③ 직진 및 우회전 차　　　　　④ 선 진입차

18 교차로에서 좌우회전 방법을 표시한 방법 중 틀린 것은?

① 좌회전 – 미리 중앙선을 따라 서행해야 한다.

② 좌회전 – 원칙적으로 교차로의 중심 바깥쪽을 따라 회전한다.

③ 좌회전 – 시 · 도경찰청장이 예외적으로 지정한 곳에서는 바깥쪽으로 회전할 수 있다.

④ 우회전 – 신호에 따라 횡단하는 보행자의 통행을 방해할 수 없다.

19 견인자동차가 아닌 자동차로 다른 자동차를 견인하여 도로를 통행할 경우 총중량 1,800kg의 자동차를 3,600kg의 자동차로 견인할 때의 속도는?

① 매시 25km 이내　　　　　　② 매시 30km 이내

③ 매시 35km 이내　　　　　　④ 매시 40km 이내

20 노면이 얼어붙은 경우 또는 폭설로 가시거리가 100미터 이내인 경우 최고속도의 얼마나 감속 운행하여야 하는가?

① $\dfrac{50}{100}$　　　　　　　　② $\dfrac{30}{100}$

③ $\dfrac{40}{100}$　　　　　　　　④ $\dfrac{20}{100}$

정답 및 해설 P. 365

▶▶▶ **제1과목** **사회**

1 다음 중 대통령이 임명할 수 있는 헌법기관이 아닌 것은?

① 헌법재판소장

② 감사원장

③ 대법원장

④ 중앙선거관리위원장

2 직접세의 세율을 인하하고 부가가치세의 세율을 인상할 때 예상되는 경제적 효과를 바르게 추론한 것은?

① 국민의 가처분소득이 증가할 것이다.

② 조세의 징수가 쉽지 않을 것이다.

③ 조세에 대한 저항이 클 것이다.

④ 소득재분배의 효과가 있을 것이다.

3 자료는 금융 상품 A～C의 일반적인 특징을 나타낸다. 이에 대한 설명으로 옳은 것은? (단, A～C는 각각 저축성 예금, 주식, 채권 중 하나이다.)

A의 소유자는 주주로서의 지위를 가지며, C는 A, B와 달리 예금자 보호 제도의 대상이다.

① A는 발행자의 입장에서 부채에 해당한다.

② B는 A와 달리 원금 손실이 발생할 수 있다.

③ C는 A보다 수익성이 높다.

④ 시세 차익을 얻을 수 있다는 점은 ㉠에 해당한다.

4 다음과 같은 현대 정치상황에서 일어날 수 있는 변화를 바르게 지적한 것은?

> 컴퓨터 공학의 과학·기술 및 정보통신망의 응용은 지식과 정보의 처리·저장·전달기술의 혁신 및 양의 폭발로 이어졌고, 지식과 정보가 사회의 핵심적인 가치로 등장하도록 하는 정보화사회를 촉발시켰다. 전자투표나 전자여론 수렴과 같은 새로운 기계적인 수단의 활용이 늘어나면서 경제·사회·문화부문과 더불어 정치부문에서도 혁신적인 변화가 일어나게 될 것이다.

① 향리형 정치문화가 형성될 것이다.
② 시민의 정치적 무관심이 증대될 것이다.
③ 간접민주정치의 요소가 더욱 강화될 것이다.
④ 일반 시민이 정치에 직접 참여할 기회가 많아질 것이다.

5 다음은 인터넷 실명제를 둘러싼 논쟁의 일부이다. (가)와 (나)에 대한 옳은 설명을 〈보기〉에서 고른 것은?

> (가) 2000년 이후 인터넷 관련 명예훼손 소송이 1,667건에 달하며 매년 증가하고 있습니다. 인터넷상에서의 명예훼손은 우울증이나 자살을 불러오기도 합니다. 인터넷 실명제 실시를 통해 이러한 부작용을 막아야 합니다.
>
> (나) 인터넷 실명제 실시는 표현의 자유를 침해하게 됩니다. 표현의 자유는 헌법상 보장된 국민의 기본권이므로 반드시 지켜져야 합니다.

〈보기〉
㉠ (가)는 경험적 근거에 의해 증명이 가능하다.
㉡ (나)에는 인간의 주관적 평가가 개입되어 있다.
㉢ (가)는 가치 판단이고, (나)는 사실 판단이다.
㉣ (가)는 (나)보다 연구자의 시각에 따라 다양하게 인식될 가능성이 크다.

① ㉠㉡
② ㉠㉢
③ ㉡㉢
④ ㉡㉣

6 그림에서 수요와 공급의 균형점이 A에서 B로 이행하는 경우는?

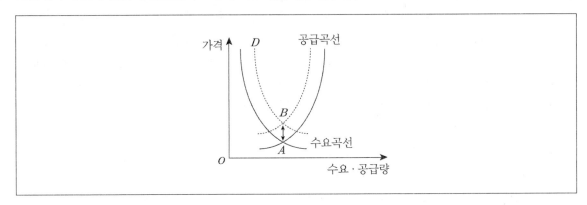

① 소비자 기호 감소

② 소득 수준 증가, 기술 개선

③ 가수요 발생, 매점 매석

④ 소득 수준 감소, 생산비 감소

7 다음은 갑의 일기이다. ㉠~㉣에 대한 타당한 설명을 〈보기〉에서 모두 고른 것은?

> 오전 내내 할 일 없이 뒹굴면서도 ㉠○○농구 동아리 경기에 참가하지 않아 ㉡마음이 편하지 않다. 벌써 몇 달째 ㉢회원 노릇을 못하고 있는데 오후에는 ㉣○○인터넷 게임 동아리에 세 시간이나 접속했다.

―――――――― 〈보기〉 ――――――――

㉠ ㉠은 이익 사회이며 자발적 결사체이다.

㉡ ㉡은 역할 갈등, ㉢은 역할 행동에 해당된다.

㉢ ㉣은 갑이 회원이 된 이후부터 갑의 준거 집단이 될 수 있다.

㉣ ㉣은 실제 대면 접촉이 어렵다는 한계가 있더라도 사회 집단으로 볼 수 있다.

① ㉠, ㉡

② ㉠, ㉣

③ ㉡, ㉢

④ ㉠, ㉢, ㉣

8 다음 중 조세에 관한 설명으로 옳은 것은?

① 재산에 관한 것은 주로 간접세이고, 유통과 소비에 관한 것은 주로 직접세이다.

② 대체로 선진국은 직접세의 비중이 크고, 후진국은 간접세의 비중이 크다.

③ 간접세는 조세의 전가성이 작고, 직접세는 조세의 전가성이 크다.

④ 간접세는 소득재분배로 빈부의 격차를 해소하고, 직접세는 재정수입 조달에 편리하다.

9 그림은 지난 1년간 A ~ C재의 가격 변화에 따른 매출액 변화이다. 각 재화의 수요의 가격 탄력성으로 옳은 것은?

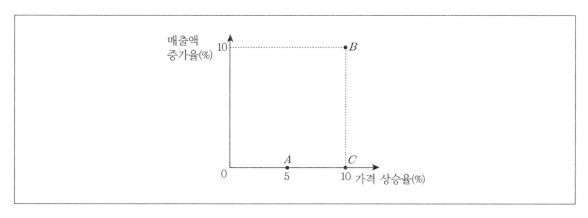

	A재	B재	C재
①	완전 탄력적	단위 탄력적	완전 탄력적
②	단위 탄력적	완전 탄력적	비탄력적
③	단위 탄력적	완전 비탄력적	단위 탄력적
④	완전 비탄력적	비탄력적	단위 탄력적

10 다음 중 국제통화기금(IMF)의 설립목적이 아닌 것은?

① 국제무역의 증진

② 각국에 무상경제원조

③ 국제수지의 불균형 해소

④ 단기자금의 공급으로 환율의 안정 도모

11 실업률이 증가하고 국내총생산량이 감소할 때 정부나 중앙은행이 쓸 수 있는 경제정책은?

① 재할인율을 인상한다.

② 소득세율을 인상한다.

③ 국·공채를 매각한다.

④ 정부공사 발주를 늘인다.

12 다음 중 문화지체현상으로 볼 수 없는 것은?

① 생활이 서구화되어 아침 밥상에 밥 대신 빵이 올라오고 있다.

② 노령화사회에 들어섬에도 불구하고 정부의 노인복지정책은 미비하나.

③ 자동차가 증가함에도 불구하고 교통법규는 제대로 지켜지지 않고 있다.

④ 핸드폰 이용자는 많아졌지만 공공장소에서의 핸드폰 사용예절은 잘 지켜지지 않고 있다.

13 사회발전에 관한 근대화론에 대한 비판으로 옳은 것은?

① 서구사회의 자기중심주의에 근거하고 있다.

② 발전에서 이념적인 문제를 부각시키고 있다.

③ 국제적 힘의 관계와 한 나라의 발전을 연관시켜 생각하게 한다.

④ 우리나라나 대만과 같은 신흥공업국의 발전과정을 설명하기에 부적합하다.

14 다음 중 간접세 부과로 초래되는 효과가 아닌 것은?

① 소득격차해소책이 강구됨이 없이 세금이 징수될 수 있다.

② 사업자의 납세의무액이 소비자에게 전가된다.

③ 소비액에 비례하여 세금이 부과된다.

④ 소비자에게서 조세저항이 심하게 발생한다.

15 국민경제가 회복기에 들어설 때 볼 수 있는 변화가 아닌 것은?

① 물가 상승
② 재고 증가
③ 실업률 감소
④ 주식가격 상승

16 최근 선진국에서 불고 있는 큰 정부에서 작은 정부로의 회귀현상의 원인으로 볼 수 있는 것은?

① 공기업의 민영화
② 독과점의 폐해 발생
③ 공공재의 생산 부족
④ 외부효과에 따른 사회적 비용의 증가

17 다음 중 소득분배의 개선책으로 옳지 않은 것은?

① 하위 40% 소득계층의 성장을 고려한 소득재분배정책을 실시한다.
② 소득분배의 십분위분배율을 1에 접근시킨다.
③ 하위 40% 소득계층을 고려한 성장정책을 강구한다.
④ 상위 20% 소득계층의 성장을 고려한 소득재분배정책을 실시한다.

18 다음 중 감사원의 권한이 아닌 것은?

① 탄핵소추권
② 국가의 세입·세출의 결산 및 보고
③ 국가 및 법률이 정한 단체의 회계검사
④ 행정기관 및 공무원의 직무에 관한 감찰

19 자료에 대한 설명으로 옳은 것은?

갑국은 연간 소득액에 일률적으로 10%의 세율을 적용하고 있는 현행 소득 세제를 〈1안〉 또는 〈2안〉으로 변경할 것을 계획하고 있다.

변경안 연간 소득액	〈1안〉	〈2안〉
5만 달러 이하	부족분에 대해 20%의 지원금 지급	5%의 소득세 부과
5만 달러 초과	초과분에 대해서만 20%의 소득세 부과	초과분에 대해 15%의 소득세 부과

- 1안 예시 : 연간 소득액이 4만 달러인 사람은 부족분 1만 달러의 20%인 지원금 2천 달러를 받고, 6만 달러인 사람은 초과분 1만 달러의 20%인 소득세 2천 달러를 납부한다.
- 2안 예시 : 연간 소득액이 6만 달러인 사람은 5만 달러에 대해서 5%의 세율을 적용한 2천 5백 달러와 5만 달러를 초과하는 1만 달러에 대해서 15%의 세율을 적용한 1천 5백 달러를 합산하여 총 4천 달러의 소득세를 납부한다.

① 현행 소득 세제는 〈2안〉보다 소득 재분배 효과가 더 크다.
② 현행 소득 세제는 연간 소득액에 상관없이 세액이 일정하다.
③ 연간 소득액이 10만 달러인 경우 납부할 세액은 현행 소득 세제, 〈1안〉, 〈2안〉에서 모두 같다.
④ 연간 소득액이 5만 달러인 사람은 현행 소득 세제를 〈1안〉으로 변경하는 것에 대해 반대할 것이다.

20 다음 중 시장의 실패를 초래한 원인으로 옳지 않은 것은?

① 외부효과의 발생에 대비하지 못하였다.
② 기업간에 과열경쟁이 행하여졌다.
③ 정부 또는 지방자치단체가 공기업을 운영하였다.
④ 경제주체들간에 불공정거래가 자행되었다.

1 실린더 윗부분이 아래 부분보다 마멸이 큰 이유는 무엇인가?

① 오일이 상사점까지 순환되지 못해서 발생된다.

② 오일링의 불량으로 마모가 크다.

③ 압축가스의 영향을 받기 때문이다.

④ 피스톤링의 호흡작용으로 발생한다.

2 흡·배기 밸브가 실린더 헤드에 있고 캠축도 실린더 헤드에 있는 기관은?

① OHV 기관

② OHC 기관

③ I형 기관

④ L형 기관

3 DOHC 기관처럼 고속 회전 시 엔진의 출력을 높이기 위하여 흡기 밸브와 배기 밸브 크기 중 어느 것을 크게 제작하여야 하는가?

① 흡기밸브

② 1번과 3번 흡기밸브

③ 배기밸브

④ 2번과 4번 배기밸브

4 4행정 기관에서 크랭크축이 2,000rpm일 때 캠축은 몇 rpm으로 회전하는가?

① 750rpm

② 900rpm

③ 1,000rpm

④ 1,500rpm

5 유압식 밸브 리프터의 유압은 어떤 유압을 사용하는가?

① 흡기다기관의 진공시 발생하는 압을 사용한다.

② 유압펌프에서 발생하는 압을 사용한다.

③ 윤활장치의 유압을 사용한다.

④ 진공펌프에서 발생하는 유압을 사용한다.

6 기관 작동 중 밸브를 회전시켜주는 이유는?

① 밸브 면에 카본이 쌓여 밸브의 밀착이 불완전하게 되는 것을 방지한다.

② 밸브 스프링의 작동을 원활하게 한다.

③ 압축행정 시 공기의 와류를 좋게 한다.

④ 연소실 벽에 카본이 쌓여 있는 것을 방지한다.

7 밸브 개폐시기 선도에서 밸브 오버랩(valve overlap)이란?

① 흡기밸기만 열려있는 기간

② 배기밸브만 열려있는 기간

③ 상사점에서 흡기밸브 배기밸브가 동시에 열려있는 기간

④ 상사점에서 흡기밸브 배기밸브가 동시에 닫혀있는 기간

8 4행정 기관의 밸브 개폐시기가 다음과 같다. 배기행정 기간은 몇 도인가?

• 흡기밸브 열림 : 상사점 전 15도	• 흡기밸브 닫힘 : 하사점 후 50도
• 배기밸브 열림 : 하사점 전 45도	• 배기밸브 닫힘 : 상사점 후 20도

① 180도　　　　　　　　　　　② 230도

③ 235도　　　　　　　　　　　④ 245도

9 피스톤 링의 주요 3대 작용에 해당되지 않는 것은?

① 기밀 유지 작용　　　　　　② 오일 제어 작용

③ 오일 청정 작용　　　　　　④ 열전도 작용

10 기관정비 작업시 피스톤의 이음 간극을 측정할 때 측정도구로 알맞은 것은?

① 마이크로 미터　　　　　　② 틈새 게이지

③ 버니어캘리퍼스　　　　　　④ 다이얼 게이지

11 교통정리가 없는 교차로에서의 운전 내용으로 틀린 것은?

① 교통정리를 하고 있지 않는 교차로에 들어가려고 하는 차의 운전자는 이미 교차로에 들어가 있는 다른 차가 있을 때에는 그 차에 진로를 양보해야 한다.

② 교통정리를 하고 있지 않는 교차로에 들어가려고 하는 차의 운전자는 그 차가 통행하고 있는 도로의 폭보다 교차하는 도로의 폭이 넓은 경우에는 서행해야 하며, 폭이 넓은 도로로부터 교차로에 들어가려고 하는 다른 차가 있을 때에는 그 차에 진로를 양보해야 한다.

③ 교통정리를 하고 있지 않는 교차로에 동시에 들어가려고 하는 차의 운전자는 먼저 진입한 도로의 차에 진로를 양보해야 한다.

④ 교통정리를 하고 있지 않는 교차로에서 좌회전하려고 하는 차의 운전자는 그 교차로에서 직진하거나 우회전하려는 다른 차가 있을 때에는 그 차에 진로를 양보해야 한다.

12 교통정리가 행해지고 있지 않은 교차로에서 통행의 우선순위가 가장 빠른 것은?

① 교차로 내에 먼저 진입한 차　　　② 좌측도로로 진입하는 차

③ 폭이 넓은 도로에서 진입하는 차　　④ 공사용 대형차량

13 다음 중 운전자가 휴대용 전화를 사용할 수 있는 경우가 아닌 것은?

① 자동차가 서행하는 경우

② 긴급자동차를 운전하는 경우

③ 손으로 잡지 아니하고도 휴대용 전화를 사용할 수 있도록 해 주는 장치를 이용하는 경우

④ 재해 신고 등 긴급한 필요가 있는 경우

14 좁은 도로에서 통행 우선방법으로 옳게 설명한 것은?

① 올라가는 자동차가 내려가는 자동차에게 도로의 우측 가장자리로 피하여 진로를 양보한다.

② 내려가는 자동차가 올라가는 자동차에게 도로의 우측 가장자리로 피하여 진로를 양보한다.

③ 늦게 진입한 자동차가 우측 가장자리로 피하여 양보한다.

④ 승객을 태운 자동차가 동승자가 없는 차량에게 우측으로 양보한다.

15 다음 중 앞지르기 금지시기가 잘못된 것은?

① 앞차의 우측에 다른 차가 앞차와 나란히 가고 있는 때

② 앞차가 다른 차를 앞지르고 있는 때

③ 위험을 방지하기 위하여 앞차가 서행하고 있을 때

④ 도로의 구부러진 곳을 통과하고 있을 때

16 다음 중 교통사고에 대한 정의로 가장 알맞은 것은?

① 일반적인 교통수단에 의해 발생하는 모든 사고

② 차가 손괴되거나 사람이 사상하는 경우

③ 차의 운전자가 운전 중 사고를 일으키는 경우

④ 차의 교통으로 인하여 사람을 사상하거나 물건을 손괴하는 경우

17 앞지르기에 대한 설명 중 타당하지 않은 것은?

① 앞차를 앞지르고자 할 때에는 앞차의 좌측을 통행해야 한다.

② 도로 중앙 좌측으로 앞지르기 하는 경우 반대 방향을 살펴야 한다.

③ 터널 안, 고개 정상 부근은 앞지르기가 금지되어 있다.

④ 황색 실선 중앙선이 설치된 곳이라도 앞차 운전자의 수신호에 따라 앞지르기를 할 수 있다.

18 앞지르기 금지 장소가 아닌 것은?

① 교차로   ② 터널 안
③ 다리 위   ④ 비탈길 오르막 시작 부근

19 철길건널목을 통과할 때의 통과방법으로 잘못된 것은?

① 건널목 앞에서 일시 정지하여 안전을 확인한 뒤 통과한다.

② 경보기가 울리고 있는 동안에는 통과할 수 없다.

③ 신호기가 표시하는 신호에 따르는 경우라도 일시 정지해야 한다.

④ 차단기가 내려지는 경우에는 통과할 수 없다.

20 보행자전용도로에 대한 설명으로 틀린 것은?

① 시·도경찰청장이 설치할 수 있다.

② 경찰서장이 설치할 수 있다.

③ 보행자전용도로에서는 모든 차량은 반드시 일시 정지해야 한다.

④ 차마는 보행자전용도로를 원칙적으로 진입할 수 없다.

02

정답 및 해설

정답 및 해설

▶▶▶ **제1과목** **사회**

1 ①

㈎는 생산물 시장, A는 가계, B는 기업에 해당한다. 가계는 효용 극대화를 추구하는 경제 주체이다.
② 기업은 생산물 시장의 공급자이다.

2 ②

원화의 평가절하…환율상승으로 원화의 가치가 하락되는 것을 의미한다.
① 수출 증가는 외화공급의 증대를 가져와 환율을 하락시킨다(외화공급곡선의 오른쪽 이동).
② 해외여행 자유화는 외화에 대한 수요를 증대시켜 환율을 상승시킨다(외화수요곡선의 오른쪽 이동).
③ 수입 감소는 외화수요를 감소시켜 환율을 하락시킨다(외화수요곡선의 왼쪽 이동).
④ 지급준비율 인상은 통화량을 감소시켜 물가를 하락시키므로 수출이 증가하게 되어 외화공급의 증대로 환율이 하락하게 된다(외화공급곡선의 오른쪽 이동).
※ ①③④와 같이 환율이 하락하여 원화의 가치가 상승되는 것을 평가절상이라고 한다.

3 ③

문화지체현상…문화요소간의 변동속도가 달라서 일어나는 부조화현상으로, 미국의 사회학자 오그번(W. F. Ogburn)이 처음 사용하였다.

4 ③

㈎ 시장은 생산물 시장, ㈏ 시장은 생산 요소 시장이다. 생산물인 재화와 서비스는 ㈎ 시장에서 거래된다.

5 ③

고도의 기술이 집약되어 대량으로 생산되는 제품의 결함을 이유로 제조업자에게 손해배상책임을 지우는 경우, 그 제품의 생산과정은 전문가인 제조업자만이 알 수 있어서 어떠한 결함이 존재하는지, 그 결함으로 손해가 발생한 것인지의 여부는 일반인으로서는 밝힐 수 없는 특수성이 있다. 따라서 제조물로 인해 피해가 발생한 경우, 소비자 측이 제품의 결함 및 그 결함과 손해발생 사이의 인과관계를 과학적·기술적으로 입증한다는 것은 지극히 어렵다(대판 2004.3.12, 2003다16771).
④ 제조물 책임법 제4조(면책사유)

6 ③

조세를 줄이거나 정부 지출을 늘리면 총수요가 증가한다. 고용 수준이 증가하며 국민 경제활동은 확장된다. 또한, 물가가 상승하면서 인플레이션을 유발하게 된다.

7 ④

청구권적 기본권
㉠ 성격 : 침해당한 기본권의 구제를 국가에 대해 청구하는 적극적 권리로서, 그 자체가 권리의 목적이 아니라 다른 기본권을 보장하기 위한 수단적 성격의 기본권이다.
㉡ 내용 : 청원권, 재판청구권, 형사보상청구권, 국가배상청구권, 구속적부심사청구권, 변호인의 조력을 받을 권리, 타인의 범죄행위로 인한 피해에 대해 국가구제를 받을 권리 등이다.

8 ①

대통령이 법률안을 거부할 수 있는 권한은 전형적인 대통령제 하에서의 특징으로 입법부와 행정부가 상호 견제하는 과정과 연관이 있다.

9 ④

성능의 가중치를 2배로 하면 합계 점수는 A가 12점, B가 14점, C가 13점이 되므로 갑의 선택은 C에서 B로 바뀐다.

① 합계 점수는 A가 8점, B가 11점, C가 12점이므로 갑은 C를 선택할 것이다.

10 ①

법적용의 우선순위

㉠ 신법우선의 원칙 : 동일한 사항에 대하여 신법과 구법의 내용이 상호 저촉되는 경우 그 범위 안에서 구법은 효력을 상실하고 신법이 우선하여 적용된다.

㉡ 특별법우선의 원칙 : 일반법과 특별법이 서로 충돌할 때에는 특별법이 우선하여 적용된다.

㉢ 상위법우선의 원칙 : 상위법과 하위법이 상호 저촉하는 경우에 상위법이 우선하여 적용된다(헌법 > 법률 > 명령 > 자치법규).

① 공법·사법의 분류는 법이 규율하는 실체에 따른 것이므로 우선순위가 적용되지 않는다.

11 ③

기사를 통해 처벌할만한 마땅한 법조항이 없기 때문에 피고인에게 불리한 방향으로 확대, 유추해석해서는 안 된다는 것을 추론할 수 있다. 따라서 ㉢의 유추해석 금지원칙만 답이 된다.

㉠ 법관이 적용할 형벌은 국회에서 제정한 성문의 법률이어야 한다는 것은 관습형법금지 원칙이다.

㉡ 무엇이 금지되고 어떤 처벌을 받는지를 명확히 해야 한다는 것은 명확성의 원칙이다.

㉣ 범죄행위 이전에 소급하여 적용할 수 없다는 것은 형벌 불소급의 원칙이다.

12 ①

질문지법

㉠ 의의 : 조사하고자 하는 내용에 관한 설문지를 작성하여 기입하게 하는 방법으로 자료수집방법에서 가장 많이 이용된다.

㉡ 장점
• 시간과 비용의 절약
• 자료분석시 비교가 용이(동일항목에 여러 사람이 응답)

㉢ 단점
• 질문지 회수율 낮음
• 질문내용의 오해가능성 유발
• 문맹자에 대한 실시 불가능
• 질문지에 표시된 한도 내에서만 자료수집이 가능하고, 응답자의 외면적 표현에 의존하여야 함

㉣ 질문지 작성상 유의점
• 알아보기 쉽도록 정확히 서술
• 질문지를 예비적으로 간단히 작성·조사하여 그 반응을 통해 결함을 보완하여야 함
②③ 면접법 ④ 참여관찰법

13 ④

㈎는 팀제 조직, ㈏는 네트워크 조직, ㈐는 오케스트라형 조직이다.

이들은 모두 탈관료제 조직형태로 변화에 빠르게 적응하며 조직의 구성과 해체가 자유롭다. 수평적 관계로 효율적인 의사소통 및 빠른 업무처리가 가능하며 개인과 조직의 경쟁력 강화, 창의력 증진, 구성원의 능력과 업적에 따른 보상이 가능하다.

14 ②

사례는 자유권 중에서도 신체의 자유를 규정하고 있다.

㉠ 형사보상청구권으로 청구권에 해당하므로 틀린 설명이다.

㉣ 생존권 또는 사회적 기본권으로 자유권과 유형을 달리하므로 틀린 설명이다.

15 ①

외국의 재화가 우리나라에 들어와 많은 사람이 애용하고 있다는 것으로 문화 전파와 관련된 내용이다. 여기서 ㉠ 직접 전파 ㉡ 문화 접변 ㉢ 문화 융합 ㉣ 자극 전파가 제시되어 있는데, 문화 융합은 두 가지 문화가 새로운 형태로 탄생되는 개념이기 때문에 사례와는 관련이 없다. 또한 커피를 통해서 우리나라에서 새롭게 발명된 게 있다면 자극 전파에 해당하지만 그런 결과가 없기 때문에 ㉣ 역시 해당되지 않는다.

16 ②

수출의 증가 수입의 감소, 외자도입의 증가는 균형환율이 하락하는 요인이다.

Plus Study 환율의 변동요인

㉠ 해외자본의 국내유입 : 외화의 공급증대 → 외화의 공급곡선 우향이동 → 균형환율 하락
㉡ 국내자본의 해외유출 : 외화의 수요증가 → 외화의 수요곡선 우향이동 → 균형환율 상승
㉢ 국내물가의 하락 : 수출의 증대 → 외화의 공급증대 → 균형환율 하락

17 ①

공개행정, 언론의 자유, 주민참여의 보장, 이익단체 활동의 보장 등은 모두 권력의 남용과 정치의 부정부패를 방지하기 위한 제도이다.

18 ①

한계생산균등의 법칙 … 각 생산요소의 비용단위당 한계생산이 같도록 생산요소를 최적배합하는 것이다.

$$한계생산균등의\ 법칙 = \frac{자본의\ 한계생산}{노동의\ 가격}$$
$$= \frac{자본의\ 한계생산}{자본의\ 가격}$$

㉠ 노동의 한계생산 > 자본의 한계생산 : 노동투입량 증가, 자본투입량 감소
㉡ 노동의 한계생산 < 자본의 한계생산 : 노동투입량 감소, 자본투입량 증가
㉢ 노동의 한계생산 = 자본의 한계생산 : 최적 결합

19 ④

우리나라의 국제관계 … 국제법규의 준수, 침략전쟁의 부인, 국제법과 국내법의 동일시, 주한 외국인의 보호, 재외국민 보호 등 국제간의 우호와 평화를 유지하고 증진시키기 위한 내용을 헌법에 규정하고 있다.

20 ②

외부효과란 생산자나 소비자들의 경제활동이 그 의도와 관계없이 제3자에게 피해 또는 이익을 가져다주는 것으로, 이때 사회적 비용의 증가로 인해 제3자에게 피해를 주는 것을 외부불경제라고 하는데, 환경오염이 대표적이다.

▶▶▶ **제2과목** **자동차구조원리 및 도로교통법규**

1 ③

엔진 2회전에 1사이클 완성하므로 크랭크축 위상각도는 6기통은 120도이다.

2 ①

베어링 크러시 … 베어링의 바깥둘레와 하우징 둘레와의 차이를 말하며, 볼트로 죄었을 때 하우징 내에서 베어링이 강하게 눌러서 베어링 보오와 베어링이 압착되도록 하는 역할을 한다.

3 ④

유성기어장치는 자동변속기의 부속품이다.

4 ④

한쪽 방향으로는 흐르지만 역방향으로는 자동적으로 폐쇄되어 흐르지 않게 되어 있는 밸브를 체크 밸브라 한다.

5 ④

압력 조절기 … 일반적으로 연료의 압력상승이 일어날 경우 인젝터의 파손을 막기 위해 규정된 압력 이상이 되면 이것이 작동하여 막아주는 작용을 하는 장치이다.

6 ③

연료 분사 노즐로서, 연료를 뿜어 줄 뿐 아니라, 연료가 공기와 잘 섞이도록 가는 안개 모양의 구조로 되어있는 자동차의 부품으로, 액체 연료를 분무화하여 엔진의 실린더의 가장 가까이서 연료를 최종 공급하는 장치를 인젝터라 한다.

7 ①

인젝터는 분해조립 해서는 안 된다.

8 ③

운전 조건에 따라 ECU가 연료분사를 제어하기 때문에 연비나 출력이 훨씬 뛰어나다.

9 ①

부분 부하영역에서 제동 연료소비율이 낮다

10 ①

오일소비가 늘어날 때 색깔은 흰색이며 검은색은 공기부족으로 발생한다.

11 ④

법 제31조(서행 또는 일시 정지할 장소)

① 모든 차 또는 노면전차의 운전자는 다음의 어느 하나에 해당하는 곳에서는 서행하여야 한다.
  ㉠ 교통정리를 하고 있지 아니하는 교차로
  ㉡ 도로가 구부러진 부근
  ㉢ 비탈길의 고갯마루 부근
  ㉣ 가파른 비탈길의 내리막
  ㉤ 시 · 도경찰청장이 도로에서의 위험을 방지하고 교통의 안전과 원활한 소통을 확보하기 위하여 필요하다고 인정하여 안전표지로 지정한 곳
② 모든 차 또는 노면전차의 운전자는 다음의 어느 하나에 해당하는 곳에서는 일시정지하여야 한다.
  ㉠ 교통정리를 하고 있지 아니하고 좌우를 확인할 수 없거나 교통이 빈번한 교차로
  ㉡ 시 · 도경찰청장이 도로에서의 위험을 방지하고 교통의 안전과 원활한 소통을 확보하기 위하여 필요하다고 인정하여 안전표지로 지정한 곳

12 ④

주차 및 정차의 금지장소

정차 및 주차의 금지장소 (법 제32조)	① 교차로 · 횡단보도 · 건널목이나 보도와 차도가 구분된 도로의 보도(「주차장법」에 따라 차도와 보도에 걸쳐서 설치된 노상주차장은 제외 한다) ② 교차로의 가장자리나 도로의 모퉁이로부터 5미터 이내인 곳 ③ 안전지대가 설치된 도로에서는 그 안전지대 사방 으로부터 각각 10미터 이내인 곳 ④ 버스여객자동차의 정류지(停留地)임을 표시하는 기둥이나 표지판 또는 선이 설치된 곳으로 부터 10미터 이내인 곳. 다만, 버스여객자동차의 운전자가 그 버스여객자동차의 운행 시간 중에 운행노선에 따르는 정류장에서 승객을 태우거나 내리기 위하여 차를 정차하거나 주차하는 경우에는 그러하지 아니하다.

⑤ 건널목의 가장자리 또는 횡단보도로부터 10미터 이내인 곳

⑥ 다음 각목의 곳으로부터 5미터 이내인 곳

　가. 「소방기본법」 제10조에 따른 소방용수시설 또는 비상소화 장치가 설치된 곳

　나. 「화재예방. 소방시설 설치, 유지 및 안전관리에 관한 법률」 제2조 1항 제1호에 따른 소방시설로서 대통령령으로 정하는 시설이 설치된 곳

⑦ 시·도경찰청장이 도로에서의 위험을 방지하고 교통의 안전과 원활한 소통을 확보하기 위하여 필요하다고 인정하여 지정한 곳

※ 다만, 이 법이나 이 법에 따른 명령 또는 경찰공무원의 지시를 따르는 경우와 위험방지를 위하여 일시정지하는 경우에는 그러하지 아니하다

| 주차금지의 장소 (법 제33조) | 1 터널 안 및 다리 위
2. 다음 각 목의 곳으로부터 5미터이내인 곳
　가. 도로공사를 하고 있는 경우에는 그 공사 구역의 양쪽가장 자리
　나. 「다중이용업소의 안전관리에 관한 특별법」에 따른 다중이용업소의 영업장이 속한 건축물로 소방본부장의 요청에 의하여 시·도경찰청장이 지정한 곳
3. 시·도경찰청장이 도로에서의 위험을 방지하고 교통의 안전과 원활한 소통을 확보하기 위하여 필요하다고 인정하여 지정한 곳 |

★ 주·정차금지장소(황색실선), 주차금지장소(황색점선)

13 ④

12 해설 참조

14 ②

12 해설 참조

15 ②

시·도경찰청장, 경찰서장 또는 시장 등은 이법을 위반한 사실을 기록, 증명하기 위하여 무인교통단속용 장비를 설치, 관리할 수 있다(도로교통법 제 4조의 2제2항)

16 ④

차의 사용자나 운전자의 성명, 주소를 알 수 없을 때에는 대통령령으로 정하는 방법에 따라 공고하여야 한다(법 제35조 제4항).

17 ③

③ 밀실시킴은 보관 차량에 대하여 선량한 관리자의 주의의무로 보관하여야 한다(법 제35조 제3항).

18 ②

도로교통법상의 긴급자동차(법 제2조 제22호)

㉠ 소방차

㉡ 구급차

㉢ 혈액 공급차량

㉣ 경찰용 자동차 중 범죄수사, 교통단속, 그 밖의 긴급한 경찰업무 수행에 사용되는 자동차

㉤ 국군 및 주한 국제연합군용 자동차 중 군 내부의 질서 유지나 부대의 질서 있는 이동을 유도하는 데 사용되는 자동차

㉥ 수사기관의 자동차 중 범죄수사를 위하여 사용되는 자동차

㉦ 다음의 어느 하나에 해당하는 시설 또는 기관의 자동차 중 도주자의 체포 또는 수용자, 보호관찰 대상자의 호송·경비를 위하여 사용되는 자동차

• 교도소·소년교도소 또는 구치소

• 소년원 또는 소년분류심사원

• 보호관찰소

㉧ 국내외 요인에 대한 경호업무 수행에 공무로 사용되는 자동차

ⓩ 전기사업, 가스사업, 그 밖의 공익사업을 하는 기관에서 위험 방지를 위한 응급작업에 사용되는 자동차

ⓩ 민방위업무를 수행하는 기관에서 긴급예방 또는 복구를 위한 출동에 사용되는 자동차

㉠ 도로관리를 위하여 사용되는 자동차 중 도로상의 위험을 방지하기 위한 응급작업에 사용되거나 운행이 제한되는 자동차를 단속하기 위하여 사용되는 자동차

㉢ 전신·전화의 수리공사 등 응급작업에 사용되는 자동차

㉣ 긴급한 우편물의 운송에 사용되는 자동차

㉤ 전파감시업무에 사용되는 자동차

㉮ ㉠부터 ㉤까지 자동차 외에 다음의 어느 하나에 해당하는 자동차는 긴급자동차로 본다.
- 경찰용 긴급자동차에 의하여 유도되고 있는 자동차
- 국군 및 주한 국제연합군용의 긴급자동차에 의하여 유도되고 있는 국군 및 주한 국제연합군의 자동차
- 생명이 위급한 환자 또는 부상자나 수혈을 위한 혈액을 운송 중인 자동차
- ※ ⓩ부터 ㉤까지의 자동차는 이를 사용하는 사람 또는 기관 등의 신청에 의하여 시·도경찰청장이 지정하는 경우로 한정한다.

19 ②

ⓩ 노면전차 ⓩ 전동킥보드는 차에 개념에 포함한다.

20 ①

경찰용 긴급자동차에 의하여 유도되고 있는 자동차는 지정과 관계없이 긴급자동차로 본다(시행령 제2조 제2항).

▶▶▶ **제1과목** **사회**

1 ④

수요의 증가요인 … 소득의 증가, 기호의 변화, 인구의 증가, 대체재의 가격 상승, 보완재의 가격 하락 등이 수요를 증가시키는 요인이다.
④ 어떤 재화에 대한 가격변화(소고기 가격의 하락)는 동일한 수요곡선상에서 수요점만 이동시키는 수요량의 변화원인이다.

2 ③

사회구조에 대한 관점

기능론적 관점	갈등론적 관점
• 사회는 하나의 유기체	• 대립적 불균형상태
• 각 부분은 상호의존관계	• 갈등·강제·변동관계
• 전체적 균형과 통합유지	• 긴장, 마찰에 의한 변화
• 합의에 의한 협동적 관계	• 강제에 의한 종속관계
• 희소가치의 차등분배로 계층이 발생	• 지배집단의 기득권 유지를 위해 계층 존속
• 개인의 자질과 능력에 따라 합법적 절차로 배분	• 권력이나 가정배경에 따라 강제에 의해 배분
• 개인의 자질 계발에 동기를 부여하여 개인의 발전과 사회의 유지에 기여	• 집단 간의 갈등과 대립이 심화되어 개인과 사회의 발전에 장애가 됨

3 ④

ⓒ의 예로 특수 불법 행위 중 사용자 배상 책임, 책임 능력이 없는 자의 감독자 책임을 들 수 있다.
③ 손해에 대한 배상은 금전으로 하는 것을 원칙으로 한다.

4 ④

직접세와 간접세

㉠ 직접세

- 담세자와 납세자가 같으므로 조세의 전가성이 없음
- 누진율이 적용되어 소득재분배효과가 있음
- 조세저항이 크고 조세징수가 곤란
- 선진국은 직접세의 비중이 높음
- 종류 : 종합토지세, 법인세, 상속세, 재평가세, 소득세 등

㉡ 간접세

- 담세자와 납세자가 달라 조세의 부담이 타인에게 전가
- 비례세율의 적용으로 빈부격차가 형성
- 조세저항이 작고 조세징수가 용이
- 후진국은 간접세의 비중이 높음
- 종류 : 부가가치세, 특별소비세, 주세 등

㉢ 우리나라 세입구조의 특징

- 높은 비중의 조세수입
- 높은 간접세의 비중
- 조세징수가 간편

5 ①

범죄

㉠ 범죄의 성립요건 : 구성요건해당성, 위법성, 책임성이다.

㉡ 위법성 조각사유 : 어느 행위가 범죄의 구성요건에는 해당되지만 그 행위의 위법성을 배제하여 적법으로 하는 예외적인 특별사유, 즉 정당행위, 정당방위, 긴급피난, 자구행위, 피해자의 승낙에 의한 행위 등이다.

㉢ 의사의 수술행위와 교도관의 사형집행행위는 위법성 조각사유 중 정당행위(업무로 인한 행위 및 법령에 의한 행위)에 해당하여 범죄가 성립되지 않는다.

6 ④

대통령의 권한

㉠ 국가원수로서의 권한

- 대외적으로 국가를 대표할 권한 : 외국과의 조약체결 · 비준권, 선전포고와 강화권, 외국승인권
- 국가의 독립과 영토의 보전, 국가의 계속성과 헌법을 수호할 책무에 따르는 권한 : 긴급재정 · 경제처분 및 명령권과 긴급명령권, 계엄선포권, 위헌정당해산제소권
- 국정조정권 : 헌법개정안제안권, 국민투표부의권, 임시국회소집요구권, 국회출석발언권
- 헌법기관을 구성할 권한 : 대법원장 · 국무총리 · 헌법재판소장 임명권

㉡ 행정부 수반으로서의 권한 : 행정부의 지휘 · 감독권 및 법령집행권, 국군통수권, 공무원임면권, 대통령령발포권

7 ④

구분	동시사망의 추정	인정사망	실종선고
개념	2인 이상이 동일한 사망 시 동시에 사망한 것으로 추정	사망의 개연성(수난, 화재, 전쟁 등)에 따라 관공서의 사망보고와 등록부에 기재	부재자의 생사 불명 상태 지속에 따라 사망 간주
성격	추정/민법에서 규율	추정/가족관계의 등록 등에 관한 법률에서 규율	간주/민법에서 규율
특징	반대 사실을 들어 번복 가능		법원의 취소절차 없이는 번복 불가능

8 ②

대통령제의 특징
- ㉠ 엄격한 권력분립(입법부와 행정부의 분리)이 이루어진다.
- ㉡ 상호간의 대등한 관계를 가지는 견제와 균형의 원리에 충실한 제도이다.
- ㉢ 의회의 다수파의 횡포를 막고, 소수파의 권익을 보호한다.

9 ④

인플레이션이 우려될 때, 과열된 경기를 진정시키기 위하여 중앙은행이 시중의 자금을 줄이는 방식의 금융정책으로, 국·공채나 통화안정증권의 매각을 통해 시중의 자금을 거둬 들이거나, 지급준비율의 인상으로 은행대출량을 줄이거나, 재할인율을 인상하여 이자율이 오르도록 한다.

10 ②

정부의 수매정책 … 풍년기근현상이 나타날 때 실시하는 정책으로, 정부가 $Q_1 Q_2$만큼의 배추를 사들이기로 한다면 배추의 일시적인 공급곡선은 Q_1점에서 위로 올라가는 수직선이 되는 셈이므로 배추가격은 P_1으로 결정된다. 이때 정부의 농산물수매가격 역시 P_1이라면 농민의 소득은 $P_1 \times Q_1$이 되어 풍년기근현상을 예방할 수 있다.

11 ①

통화량
- ㉠ 통화량은 물가, 생산, 고용 등 국민경제의 여러 가지 측면에 영향을 미친다.
- ㉡ 통화량 증가 : 이자율이 내려서 투자·생산·고용·소득이 증가되나 인플레이션의 발생가능성이 높아진다.
- ㉢ 통화량 감소 : 이자율이 올라서 투자·생산·고용이 감소하여 국민경제가 위축된다.

① 통화량이 증가하면 시중에 자금이 너무 많아 경기가 과열될 우려가 있으므로 중앙은행은 보유하고 있는 국·공채를 팔아 시중의 자금을 거둬들인다.

12 ④

② 갑이 선택을 통해 얻는 편익은 B가 C보다 크다.
③ 갑은 성능(30점)보다 기업의 사회적 책임(40점)을 중시한다.

13 ④

청구권적 기본권 … 이 기본권은 그 자체가 권리의 목적이 아니라, 침해당한 기본권의 구제를 국가에 대해 청구하는 적극적인 권리로 청원권, 재판청구권, 형사보상청구권, 국가배상청구권 등이 이에 속한다.

14 ②

경제 지표는 일정 시점이 아니라 일정 기간 동안을 나타내는 유량의 개념이다. 즉, 일정 기간 한 나라 안에서의 생산, 지출, 물가 변동 등을 살펴보는 유용한 자료이며, 이를 통해 국민 경제의 상태를 파악할 수 있다.

15 ③

A국의 근로자가 B국에 취업하여 연봉 400만 달러를 받은 것은 A국의 국민총생산에 반영된다.
B국에서 개최된 오디션에서 A국 국민이 참가하여 100만 달러의 상금을 받은 것은 A국의 국민총생산에 반영된다.
C국의 기업이 A국에 공장을 세워 B국에 800만 달러를 수출한 것은 A국의 국내총생산에 반영된다.
D국의 근로자가 A국에 취업하여 300만 달러의 소득을 받은 것은 A국의 국내총생산에 반영된다.
따라서 국내총생산은 1,100만 달러다.

16 ④

가격과 경제문제

㉠ 가격의 기능 : 시장경제체제하에서 기본적인 경제
문제를 해결, 가격의 자유로운 변동은 인위적인
계획이나 명령에 의하지 않고도 해결되도록 한다.

㉡ 경제문제의 해결

- 생산선택의 문제해결
- 생산방법의 문제해결
- 소득분배의 문제해결

17 ④

선거구법정주의 … 선거구가 특정한 정당이나 후보자
에게 유리한 일이 없도록 하기 위해 선거구를 국회
가 법률로써 정하는 것으로, 대부분의 국가가 이 세
도를 채택하고 있다.

18 ③

③ 소수대표제는 득표순위에 따라 대표자를 선출할
수 있는 제도로 대선거구제를 전제로 한다. 우리나
라에서는 채택되지 않고 있다.

19 ②

금융긴축과 금융완화

㉠ 금융긴축

- 인플레이션이 우려될 때 과열된 경기를 진정시키
기 위하여 중앙은행이 시중의 자금을 줄이는 금
융정책
- 국·공채나 통화안정증권의 매각, 지급준비율 인
상(은행대출량 줄임), 재할인율 인상 등의 방법
사용

㉡ 금융완화(금융확장)

- 실업이 늘어나는 등 불황의 문제가 커질 경우에
중앙은행이 경기를 자극하기 위하여 시중의 자금
사정을 풀어 주는 금융정책
- 국·공채나 통화안정증권의 매입, 지급준비율 인
하, 재할인율 인하 등의 방법 사용

20 ②

기업의 이윤극대의 생산량 … MR(한계수입)=MC(한계
비용)

아래 표에서 한계수입과 한계비용이 일치하는 수준
은 생산량 3단위이다.

생산량	1	2	3	4	5	6
한계수입	50	40	30	20	10	
한계비용	35	40	50	65	80	

▶▶▶ 제2과목 **자동차구조원리 및 도로교통법규**

1 ④

회색 … 4에틸납의 생성물이 혼입된 경우

2 ③

윤활유 급유방식에 자연순환식은 포함되지 않는다.

3 ②

자동차 운행 시 엔진오일이 순환되지 않으면 계기판
에 점등이 되며, 오일압력 유닛에 의해 작동된다.

4 ④

피스톤이 하강하면 실린더 내부의 압력이 낮아져 혼
합기가 흡입된다. 흡기밸브가 열리고 배기밸브는 닫
힌다.

5 ④

오버플로우 파이프는 사전적으로 넘쳐흐른다는 뜻의
용어로 냉각수가 리턴되는 파이프를 말한다.

6 ③

수온 조절기는 벨로즈형과 펠릿형이 있으나 현재는 펠릿형이 사용된다. 벨로즈형의 경우 65℃에서 완전 열린다.

7 ②

물 펌프이 용량이 큰 것은 엔진의 과열과는 아무 상관이 없다.

8 ②

가장 적합한 방법은 ②이다.

9 ①

비중계 … 부동액이나 축전지 전해액의 비중을 측정하는 계기로서 축전지의 충·방전 상태와 부동액의 동결점을 간접적으로 알 수 있다.

10 ③

냉각수의 측정은 실린더 헤드부 물 재킷부에서 측정한다.

11 ②

법 제14조(차로의 설치 등)

ⓛ 시·도경찰청장은 차마의 교통을 원활하게 하기 위하여 필요한 경우에는 도로에 행정안전부령으로 성하는 차로를 설치할 수 있다. 이 경우 시·도경찰청장은 시간대에 따라 양방향의 통행량이 뚜렷하게 다른 도로에는 교통량이 많은 쪽으로 차로의 수가 확대될 수 있도록 신호기에 의하여 차로의 진행방향을 지시하는 가변차로를 설치할 수 있다.

ⓛ 차마의 운전자는 차로가 설치되어 있는 도로에서는 이 법이나 이 법에 따른 명령에 특별한 규정이 있는 경우를 제외하고는 그 차로를 따라 통행하여야 한다. 다만, 시·도경찰청장이 통행방법을 따로 지정한 경우에는 그 방법으로 통행하여야 한다.

ⓒ 차로가 설치된 도로를 통행하려는 경우로서 차의 너비가 행정안전부령으로 정하는 차로의 너비보다 넓어 교통의 안전이나 원활한 소통에 지장을 줄 우려가 있는 경우 그 차의 운전자는 도로를 통행하여서는 아니 된다. 다만, 행정안전부령으로 정하는 바에 따라 그 차의 출발지를 관할하는 경찰서장의 허가를 받은 경우에는 그러하지 아니하다.

ⓔ 경찰서장은 ⓒ의 단서에 따른 허가를 받으려는 차가 「도로법」에 따른 운행허가를 받아야 하는 차에 해당하는 경우에는 대통령령으로 정하는 바에 따라 그 차가 통행하려는 도로의 관리청과 미리 협의하여야 하며, 이러한 협의를 거쳐 경찰서장의 허가를 받은 차는 「도로법」에 따른 운행허가를 받은 것으로 본다.

ⓜ 차마의 운전자는 안전표지가 설치되어 특별히 진로 변경이 금지된 곳에서는 차마의 진로를 변경하여서는 아니 된다. 다만, 도로의 파손이나 도로공사 등으로 인하여 장애물이 있는 경우에는 그러하지 아니하다.

12 ③

속도에 관한 규정을 위반하는 자동차등 및 노면전차를 단속하는 긴급자동차와 국내외 요인(要人)에 대한 경호업무 수행에 공무(公務)로 사용되는 자동차는 사이렌을 울리거나 경광등을 켜야 하는 긴급자동차의 준수 사항의 예외가 된다(시행령 제3조 제1항 참고).

13 ①

시행규칙 제4조(지정의 취소 등)

㉠ 시·도경찰청장은 제3조제2항에 따라 지정을 받은 긴급자동차가 다음 각 호의 어느 하나에 해당하는 경우에는 그 지정을 취소할 수 있다.

- 자동차의 색칠·사이렌 또는 경광등이 자동차안전기준에 규정된 긴급자동차에 관한 구조에 적합하지 아니한 경우
- 그 차를 목적에 벗어나 사용하거나 고장이나 그 밖의 사유로 인하여 긴급자동차로 사용할 수 없게 된 경우

㉡ 시·도경찰청장은 ㉠에 따라 긴급자동차의 지정을 취소한 때에는 지체 없이 긴급자동차지정증을 회수하여야 한다.

14 ②

도로교통법 제30조(긴급자동차에 대한 특례)에 명시한 특례 중 승차인원 초과에 대한 특례는 해당이 없다.

㉡ 1개만 해당

15 ④

④는 해당되지 않는다.

> 법 제60조(갓길 통행금지 등)
> ① 자동차의 운전자는 고속도로 등에서 자동차의 고장 등 부득이한 사정이 있는 경우를 제외하고는 행정안전부령으로 정하는 차로에 따라 통행하여야 하며, 갓길(「도로법」에 따른 길어깨를 말한다)로 통행하여서는 아니 된다. 다만, 긴급자동차와 고속도로 등의 보수·유지 등의 작업을 하는 자동차를 운전하는 경우에는 그러하지 아니하다.
> ② 자동차의 운전자는 고속도로에서 다른 차를 앞지르려면 방향지시기, 등화 또는 경음기를 사용하여 행정안전부령으로 정하는 차로로 안전하게 통행하여야 한다.

16 ②

법 제40조(고장자동차의 표지) 제1항

① 자동차의 운전자는 고장이나 그 밖의 사유로 고속도로 또는 자동차전용도로(이하 "고속도로등"이라 한다)에서 자동차를 운행할 수 없게 되었을 때에는 다음 각 호의 표지를 설치하여야 한다.

1. 「자동차관리법 시행령」 제8조의2 제7호, 「자동차 및 자동차부품의 성능과 기준에 관한 규칙」 제112조의8 및 별표 30의5에 따른 안전삼각대(국토교통부령 제386호 자동차 및 자동차부품의 성능과 기준에 관한 규칙 일부개정령 부칙 제6조에 따라 국토교통부장관이 정하여 고시하는 기준을 충족하도록 제작된 안전삼각대를 포함한다)
2. 사방 500미터 지점에서 식별할 수 있는 적색의 섬광신호·전기제등 또는 불꽃신호. 다만, 밤에 고장이나 그 밖의 사유로 고속도로등에서 자동차를 운행할 수 없게 되었을 때로 한정한다.

17 ④

밤에 서로 마주보고 진행할 때 : 모든 차 또는 노면전차의 운전자는 밤에 서로 마주보고 진행하는 때에는 전조등의 밝기를 줄이거나 빛의 방향을 아래로 향하게 하거나 잠시 전조등을 끌 것. 다만, 도로의 상황으로 보아 마주보고 진행하는 차 서로간의 교통을 방해할 우려가 없는 경우에는 그러하지 아니하다(시행령 제20조 제1항 제1호).

18 ①

시행령 제22조(운행상의 안전기준)

1. 자동차(고속버스 운송사업용 자동차 및 화물자동차는 제외)의 승차인원은 승차정원의 110퍼센트 이내일 것. 다만, 고속도로에서는 승차정원을 넘어서 운행할 수 없다.

2. 고속버스 운송사업용 자동차 및 화물자동차의 승차인원은 승차정원 이내일 것

3. 화물자동차의 적재중량은 구조 및 성능에 따르는 적재중량의 110퍼센트 이내일 것

4. 자동차(화물자동차, 이륜자동차 및 소형 3륜자동차만 해당한다)의 적재용량은 다음의 구분에 따른 기준을 넘지 아니할 것

   가. 길이 : 자동차 길이에 그 길이의 10분의 1을 더한 길이. 다만, 이륜자동차는 그 승차장치의 길이 또는 적재장치의 길이에 30센티미터를 더한 길이를 말한다.

   나. 너비 : 자동차의 후사경(後寫鏡)으로 뒤쪽을 확인할 수 있는 범위(후사경의 높이보다 화물을 낮게 적재한 경우에는 그 화물을, 후사경의 높이보다 화물을 높게 적재한 경우에는 뒤쪽을 확인할 수 있는 범위를 말한다)의 너비

   다. 높이 : 화물자동차는 지상으로부터 4미터(도로구조의 보전과 통행의 안전에 지장이 없다고 인정하여 고시한 도로노선의 경우에는 4미터 20센티미터), 소형 3륜자동차는 지상으로부터 2미터 50센티미터, 이륜자동차는 지상으로부터 2미터의 높이

19 ④

긴급자동차에 대한 예외규정은 없다.

20 ②

운행상의 안전기준을 넘어서 승차시키거나, 적재한 상태로 운전하기 위해서는 출발지를 관할하는 경찰서장의 허가를 받아야 한다(법 제39조 제1항).

▶▶▶ **제1과목** 사회

1 ④

① 갑의 2심 재판은 지방 법원 합의부에서 담당할 것이다.

② 갑 또는 검사가 항소를 할 경우, 판결은 확정되지 않는다.

③ 지방 법원 단독 판사가 담당한 재판은 국민참여재판을 신청할 수 없다.

2 ③

제시된 두 법조항은 소유권 행사의 공공복리 적합의무를 나타낸 것으로 근대 민법의 3원칙을 수정한 현대 민법의 원리가 된다.

구분	소유권 절대 원칙	계약자유 원칙	과실 책임 원칙
폐단	경제적 약자에 대한 유산계급의 지배와 횡포	경제적 강자에게 유리한 계약을 약자에게 일방적 강요	기술과 자본을 통해 고의 · 과실 없음을 증명하여 책임회피
수정 (현대 민법 원리)	소유권 행사의 공공 복리 적합의무 (원칙)	계약공정의 원칙	무과실 책임의 원칙

㉠ 공정을 잃은 법률행위는 무효로 한다는 것은 계약공정의 원칙이므로 옳은 설명이다.

㉡ 가해자는 고의 혹은 과실이 있을 때에만 책임을 지는 원칙은 과실 책임의 원칙이므로 틀린 설명이다.

㉢ 자유로운 의사에 기초하여 법률관계를 형성할 수 있는 권리는 계약자유의 원칙이므로 틀린 설명이다.

㉣ 현대 민법의 수정원리는 경제적 횡포에 대한 제한과 약자에 대한 보호를 일정부분 반영하므로 옳은 설명이다.

3 ③

사회 보험과 공공 부조는 모두 금전적 지원을 원칙으로 한다.
① 사회 보험은 수익자 부담 원칙을 적용하므로 복지 비용 부담자와 복지 수혜자가 일치한다.

4 ③

비교우위설 … 무역이익은 양국이 서로 다른 재화에 절대우위가 있을 때에만 발생하는 것이 아니라, 어느 한 나라의 두 재화가 모두 절대우위에 있을 때에도 발생하게 된다는 리카도(Ricaedo. D.)의 보완적인 무역이론이다.
③ 乙국이 두 재화에 대해 모두 절대우위에 있지만,

甲국 : 라디오는 $\dfrac{100}{90}$, 옷감은 $\dfrac{120}{80}$ 으로

    라디오가 비교우위

乙국 : 라디오는 $\dfrac{90}{100}$, 옷감은 $\dfrac{80}{120}$ 으로

    옷감이 비교우위

따라서 甲국은 상대적으로 생산비가 적게 드는 라디오를 특화하고, 乙국은 옷감을 특화하여 무역을 하면 양국 모두 무역상의 이익을 볼 수 있다.

5 ②

㉠ 편 가르기도 일종의 사회적으로 유익한 작용이라는 것은 곧 사회에 필요한 기능을 수행하고 있다고 보는 기능론적 관점이다.
㉡ 네티즌 사이에서도 지배계급과 피지배계급의 착취적 관계가 나타날 수 있다는 입장은 갈등론적 관점이다.
㉣ 네티즌들의 교류 속에서 자아를 형성하고 행동을 학습하게 된다는 관점은 상징적 상호작용론의 입장이다.

6 ②

소득재분배 … 국민들의 경제활동능력의 차이 등으로 국민소득의 분배가 균등하게 이루어지지 않음에 따라 여러 가지 재정정책을 통하여 소득분배의 지나친 불균등을 완화하는 정책이다.
㉠ 세입 면 : 누진세율을 적용하고, 특별소비세를 부과한다(고소득층에 부과).
㉡ 세출 면 : 사회보장비를 지급한다(최저생계 유지, 저소득층에 혜택).

7 ②

공개시장에서 국·공채를 매각하거나 세율을 인상하면 시중의 통화량이 감소하게 되어 경기가 과열되었을 때 물가를 안정시킬 수 있다.

8 ②

(가)는 생산물 시장에서 물건을 받고 대신에 소비를 하는 주체이며 기업에 노동력을 제공하는 주체이므로 가계가 된다. (나)는 생산요소에 대한 대가를 가계에 지불하므로 기업이 된다. (A)의 생산물로는 이발이나 의료행위와 같은 서비스도 포함된다. (B)는 가계가 기업에 주는 생산요소인 노동, 토지, 자본의 공급이 된다.

9 ②

표에서 (가)는 간접 민주정치를, (나)는 직접 민주정치의 방식을 각각 나타낸다. 직접 민주정치의 방식은 대표라는 매개가 없이 국민 의사가 반영되므로 간접 민주정치 방식에 비해 국민의 의사가 정확히 반영될 수 있다. 그러나 정치 공동체의 규모가 클 경우에는 한계를 지니게 된다.

10 ①

법의 이념(법의 목적)

㉠ 정의
- 사회의 평화 · 번영 · 안정의 필요조건
- 오늘날에는 평등 · 공정 및 기본적 인권의 존중 등으로 파악
- 사회구성원 개개인의 인간으로서의 존엄과 가치를 최대한 보장, 사회공동체의 조화와 복리증진을 실현

㉡ 합목적성 : 국가와 사회가 전체적으로 어떤 가치를 추구하는 것이 이상적인가를 예상하고 그것에 맞추어 방향을 설정

㉢ 법적 안정성
- 국민들이 법에 따라 안심하고 생활할 수 있는 것
- 법의 내용이 명확하고, 함부로 변경되지 않으며, 국민의 의식에 합당해야 함

① 자연법의 정신은 실정법을 통해서 구체화되고 실정법의 내용은 자연법에 근거하여 그 타당성을 인정받는다.

11 ①

수출이 수입을 초과할 때에는 국제수지의 흑자로 통화량이 증가한다.

②③④ 통화량 감소를 가져오는 요인이다.

12 ③

선거관리위원회

㉠ 권한 : 선거와 국민투표의 공정한 관리, 정당에 관한 사무처리권을 가진다.

㉡ 종류 : 중앙선거관리위원회, 각급 선거관리위원회(서울특별시 · 광역시 · 도 선거관리위원회, 선거구관리위원회 등)가 있다.

㉢ 위원의 신분보장
- 선거관리의 공정과 정치적 중립 유지를 위해 정당가입과 정치관여를 금지한다.
- 탄핵이나 금고 이상의 형의 선고에 의하지 않고는 파면되지 않는다.

13 ①

국내물가가 상승하면 수출품의 외화가격이 올라 수출이 감소되고 수입이 증대되므로 외화의 공급감소 및 수요의 증대를 가져와 환율이 인상된다.

Plus Study 변동환율제도

㉠ 개념 : 외화에 대한 수요와 공급에 의하여 환율이 자유로이 변동되도록 하는 제도이다.

㉡ 장점 : 환율이 자동적으로 균형을 이루게 되므로 국제수지 불균형을 조절하기 위한 정책을 실시할 필요가 없다.

㉢ 단점 : 환율이 자주 변동하면 수입과 수출에 대한 계획을 세우기 어렵고, 수출품과 수입품의 가격변동이 심해져 국민경제가 불안정하다.

㉣ 우리나라의 환율제도(시장평균환율제도) : 국내 외 환시장에서 은행들 간 원화와 달러화의 매매가격에 의해 환율이 결정된다.

㉤ 변동환율제도 하의 국제수지 균형
- 국제수지흑자 → 환율인하 → 수출감소 · 수입증가
- 국제수지적자 → 환율인상 → 수출증가 · 수입감소

14 ④

사례는 문헌연구법에 관련된 것으로 헌 연구법은 비교적 시간과 비용을 절약할 수 있고, 기존 연구 성과물과 연구 동향을 파악할 수 있으며, 시 · 공간의 제약을 비교적 적게 받으면서 폭넓은 연구를 할 수 있다.

15 ③

사회보장의 방법

㉠ 사회보험
- 수혜자가 납부하여 마련된 기금에서 사고발생시 급여하는 제도
- 비용은 보험에 가입한 개인, 고용주, 국가가 부담
- 국민건강보험제도, 연금제도, 산업재해보상보험제도 고용보험제도 등

㉡ 공공부조
- 일정 기준 이하의 빈곤자에게 국가가 제공하는 부조
- 비용은 국가가 세금으로 보조

• 국민기초생활보장제도, 의료보호제도, 재해구호제도 등

16 ④
갑의 태도는 자문화 중심주의, 을의 태도는 문화 사대주의, 병의 태도는 문화 상대주의이다.

17 ④
수요의 가격탄력성과 기업의 수입
㉠ 수요의 가격탄력성 = 수요량의 변동률(%)/가격의 변동률(%) = (수요량의 변동분/원래의 수요량)/(가격의 변동분/원래의 가격)
• 가격이 250원→350원일 때:
  $(150/500)/(100/250) = 0.75$
• 가격이 350원→250원일 때:
  $(150/350)/(100/350) = 1.5$
㉡ 기업의 수입 = 가격(P)×수요량(Q)
• 가격이 250원일 때 : $250×500 = 125,000$
• 가격이 350원일 때 : $350×350 = 122,500$
① 250원으로 팔 때 기업의 수입이 더 많다.
② 수요의 가격탄력성을 나타내는 그래프로서, 가격의 변동률에 대한 수요량의 변동의 정도를 보여준다.
③ 가격이 350원에서 250원으로 내렸을 때 가격탄력성이 더 크다.
④ 수요의 가격탄력성은 가격을 내렸을 때 더 탄력적이므로 소비자들은 가격변동에 민감하게 반응할 것이다.

18 ①
㉠ 시간이 지날수록 상위계층에게 부과하는 소득세율이 높아지고 있다. 따라서 누진세의 성격이 강화되고 있음을 알 수 있다.
㉡ 시간이 지날수록 상위계층과 하위계층의 소득비중의 차이가 커지고 있다. 따라서 소득 분배의 양극화 현상이 나타나고 있음을 알 수 있다.

㉢ 소득 수준과 비례해서 세율이 높아지며 지속적으로 높아지고 있다.
㉣ ㈎는 소득이 많은 사람에게 세금을 많이 부여하는 세제를 나타내고 있으므로 ㈎의 소득세제가 ㈏의 상황을 초래했다고 볼 수 없다.

19 ②
태아는 원칙적으로 권리능력자가 아니나 예외적으로 일정한 경우에만 권리능력자로 인정된다. 즉, 우리 민법 하에서는 원칙적으로 태아를 완전한 사람으로 보지 않지만 특별한 경우에 이미 출생한 것으로 보는 경우가 있다. 즉 태아는 아직 태어나서 걸어 다니는 사람이 아니지만 불법 행위로 인한 손해 배상의 청구, 상속 등의 경우에는 이미 출생한 것으로 보고 있다.

20 ④
④ 비례세는 주로 간접세에 적용되어 조세부과금액(소득)에 상관없이 일정한 세율을 적용하는 조세이므로 소득불균형을 심화시킨다.

▶▶▶ 제2과목 **자동차구조원리 및 도로교통법규**

1 ④
에어크리너 … 오염된 공기를 정화하여 깨끗한 공기로 바꾸는 장치로, 자동차의 공기청정기는 기관에 흡입되는 공기 속의 먼지나 토사를 제거함으로써 실린더의 마모를 방지하고, 또 공기가 실린더 내로 흡입될 때 일어나는 소음을 방지하는 역할을 한다.

2 ④
배기 다기관은 각 실린더로부터 배출되는 배기가스를 포집하여 유효적절하게 방출하는 역할을 한다. 최적효율을 얻기 위해서는 실린더수와 점화순서에 따라 개별 배기관 사이에 적절한 조화를 필요로 한다.

3 ③

공기 중에 있는 질소산화물 중 가장 주요한 형태는 일산화질소와 이산화질소이며, 이 둘을 합쳐서 NO_x로 표현하기도 한다. 질소산화물은 주로 공기 중에서 질소가스(N_2)가 분해되어서 생성된다.

4 ③

산소가 부족할 때 배출되는 가스의 색깔은 흑색이다.

5 ③

실린더헤드커버 또는 크랭크케이스로부터 나오게 한 블로바이 가스를 에어크리너와 흡입관 상류부로 환원한다.

6 ④

차콜 캐니스터 … 연료 탱크나 기화기로부터 발생되는 가솔린 증기를 모아 정화시키기 위해 사용되는 활성탄소를 채운 용기를 말한다.

7 ③

서모 밸브 … 엔진의 냉각온도에 따라 진공의 통로를 열고 닫음으로써 EGR 밸브, 퍼지컨트롤 밸브, 2차 공기 조절 밸브 등을 제어하는 밸브이다.

8 ④

3원 촉매 변환장치는 이론 공연비 부근에서 연소될 때 최고의 효율을 얻을 수 있으므로 전자제어에 의한 공연비 조절이 필요하다. 또한 실화를 일으키게 되면 변환장치가 과열되어 정화능력이 감소되고 특히 납성분이 포함된 유연 연료를 사용해서는 절대 안되므로, 무연연료만 사용해야 한다. 통상적으로 이론공연비는 14.781이다.

9 ①

SCR촉매 … 화석연료의 사용에 따라 발생하는 질소산화물 등의 문제를 발생시키는 유해물질을 대기중으로 배출하기 전에 N_2와 O_2 등 유해하지 않은 물질로 전환시키는 촉매를 말한다.

10 ③

내연기관에 있어서 실린더 내에서 연소할 때의 최고 압력을 말하며 기관에 따라서 다르나 가솔린 기관은 대략 $35 \sim 45kg/cm^2$ 정도이다.

11 ①

대형승합자동차는 오른쪽 차로가 지정차로이다(도로교통법 시행규칙 별표 9참조).

12 ③

① 차로 : 차마가 한 줄로 도로의 정하여진 부분을 통행하도록 차선(車線)으로 구분한 차도의 부분을 말한다.

② 차선 : 차로와 차로를 구분하기 위하여 그 경계지점을 안전표지로 표시한 선을 말한다.

④ 길가장자리구역 : 보도와 차도가 구분되지 아니한 도로에서 보행자의 안전을 확보하기 위하여 안전표지 등으로 경계를 표시한 도로의 가장자리 부분을 말한다.

13 ②

시·도경찰청장은 정비 상태가 매우 불량하여 위험 발생의 우려가 있는 경우에는 그 차의 등록증을 보관하고 운전의 일시정지를 명할 수 있는데, 이 경우 필요할 때에는 10일의 범위에서 정비기간을 정하여 그 차의 사용을 정지시킬 수 있다(법 제41조 제3항).

14 ③

어린이통학버스를 운영하는 사람과 운전하는 사람 및 동승한 보호자는 어린이통학버스의 안전운행 등에 관한 교육을 받아야 하며 이 가운데 정기안전교육은 2년마다 정기적으로 실시한다.

> 법 제53조의3(어린이통학버스 운영자 등에 대한 안전교육) 제1항, 제2항
> ① 어린이통학버스를 운영하는 사람과 운전하는 사람 및 제53조 제3항에 따른 보호자는 어린이통학버스의 안전운행 등에 관한 교육(이하 "어린이통학버스 안전교육"이라 한다)을 받아야 한다.
> ② 어린이통학버스 안전교육은 다음 각 호의 구분에 따라 실시한다.
> 　1. 신규 안전교육 : 어린이통학버스를 운영하려는 사람과 운전하려는 사람 및 제53조 제3항에 따라 동승하려는 보호자를 대상으로 그 운영, 운전 또는 동승을 하기 전에 실시하는 교육
> 　2. 정기 안전교육 : 어린이통학버스를 계속하여 운영하는 사람과 운전하는 사람 및 제53조 제3항에 따라 동승한 보호자를 대상으로 2년마다 정기적으로 실시하는 교육

15 ①

②③④는 예외적으로 차도의 우측으로 통행이 가능한 경우이다.

16 ②

운전이 금지되는 술에 취한 상태의 기준은 운전자의 혈중알코올농도가 0.03퍼센트 이상인 경우로 한다(법 제44조 제4항).

17 ②

측정결과에 불복하는 운전자에 대하여는 그 운전자의 동의를 받아 혈액채취 등의 방법으로 다시 측정할 수 있다(법 제44조 제3항).

18 ③

교육부장관(X), 행정안전부장관(O)

19 ③

사람을 사상한 후 필요한 조치 및 신고를 하지 아니한 경우에는 운전면허가 취소된 날부터 5년은 운전면허를 받을 수 없다(법 제82조 제2항 제3호).

20 ③

자율주행시스템의 종류는 3가지로 구분된다.
① 완전자율주행시스템
② 부분자율주행시스템
③ 조건부 완전자율주행시스템

▶▶▶ **제1과목** **사회**

1 ④

㉠은 취업자, ㉡은 실업자, ㉢은 비경제 활동 인구이다. 취업 상태였던 사람이 실업자가 되면 실업률은 상승한다. 실업 상태였던 사람이 비경제 활동 인구가 되면 실업률은 하락한다.

2 ②

사례에서 갑의 유언이 적법하다면 갑의 전 재산 3억 원은 을이 받게 되며, 정은 을을 상대로 법정 상속분의 1/2인 1억 5천만 원의 유류분을 청구할 수 있다. 갑의 유언이 적법하지 못하다면 법정 상속이 이루어지므로 사실혼 배우자인 을은 상속을 받지 못하고 정이 3억 원을 단독 상속받는다.

3 ②

법률의 성립시기는 대통령의 서명시이고, 법률의 확정시기는 일반적으로는 대통령의 공포시이다.

4 ②

① ㉠은 편익을 증가시키고자 한다.
③ ㉠, ㉡과 같은 경제적 유인은 모두 사람들이 합리적으로 행동한다는 것을 전제로 한다.
④ 긍정적 유인은 해당 행동의 빈도를 증가시키기 위해서 사용되고, 부정적 유인은 해당 행동의 빈도를 감소시키기 위해 사용된다.

5 ④

제시된 내용은 자극전파의 예이다. 자극전파란 어떤 문화요소가 전해지면서 새로운 발명이 일어나도록 자극하는 경우로, 전파와 발명이 복합되어 일어나는 것을 말한다.

6 ④

아버지는 성취 지에에 해당하며 갑의 아버지는 대학원에 속해 있기 때문에 내집단이 되며 갑은 대학에 속해 있기 때문에 외집단이 된다.
㉢ 어릴 적부터 아버지에게 배워온 가정교육으로 사회화에 해당한다.
㉣ 새로운 환경에서 배운 재사회화에 해당한다.
㉤ 아버지는 학생으로써의 실제 역할을 다하지 못한 것으로 여긴 것이다. 이는 역할 행동에 속한다.

7 ③

③ 직접세는 납세자와 담세자가 일치하므로 조세의 전가성이 없고, 간접세는 납세자와 담세자가 일치하지 않으므로 조세의 전가성이 있다.

※ 직접세와 간접세의 비교

구분	직접세	간접세
특징	• 납세자와 담세자가 동일 • 조세의 전가성이 없음 • 소득과 재산의 원천에 기준을 두고 부과	• 납세자와 담세자가 분리 • 조세의 전가성이 있음 • 소비와 유통과정에 기준을 두고 부과
장점	• 담세능력에 따른 공평과세 가능 • 누진세 적용(고소득자에게는 높은 세율 적용)으로 소득재분배효과 • 조세수입이 확실	• 징수가 편리 • 조세에 대한 저항이나 압박감이 적음 • 국가수입 조달이 편리하고, 자본 축적에 유리
단점	• 저축과 근로의욕 저하 • 조세징수가 곤란 • 일시에 많은 금액을 납부해야 함 • 조세에 대한 저항감과 압박감이 큼	• 빈부에 관계없이 부과하므로 저소득층에게 불리 • 조세수입이 불확실 • 가격변동으로 물가 상승을 자극함
종류	소득세, 상속세, 재산세, 취득세, 등록세, 법인세, 증여세 등	부가가치세, 특별소비세, 주세, 인지세 등

8 ④

납세자와 담세자의 주체가 동일하지 않은 세금은 간접세이며, 간접세 중에서 소득재분배에 기여하는 세금은 특별소비세이다. 특별소비세란 일반적인 생활필수품 이외의 특정한 사치품이나 고가품의 소비에 대해서 일반 소비재보다 높은 비율의 세금을 부과하는 조세로 소득재분배, 자원배분, 소비억제, 재정수입 등에 기여한다.

9 ①

(가) 국가는 지역구 의석수 외에 정당 득표율이 반영되므로 비례대표제를 가미하고 있으며 한 지역에서 1명만을 선출하므로 소선거구제로 운영된다. (나) 국가는 정당 득표율이 지역구 의석수에 전혀 반영되지 않으며 한 지역구에서 2명 이상을 선출하는 형태로 중선거구제를 채택하고 있다.
① (나)는 중선거구제로 소수대표제와 결합하므로 옳은 설명이다.
② 소선거구제 하에서는 다수당의 출연이 용이하므로 틀린 설명이다.
③ 우리나라 국회의원 선거는 (가) 국가의 방식을 취하고 있으므로 틀린 설명이다.
④ 우리나라 기초 의원 선거는 중선거구제, 소수대표제를 취하는 점에서 (나)의 방식을, 비례대표제를 접목한 측면에서 (가) 국가의 제도를 포함하기 때문에 틀린 설명이다.

10 ④

제시문에서 사회는 전통사회에서 산업사회로 변했으나 이에 걸맞는 새로운 윤리적 질서가 세워지지 못해 극단적인 사회병리현상이 발생한다고 설명하고 있다. 여기서 사회병리현상의 발생 원인은 아노미 현상에 기인한다.

11 ④

우리나라에서 채택하고 있는 선거제도는 소선거구제, 다수대표제, 비례대표제이다.

Plus Study 우리나라의 선거제도

　㉠ 소선거구제 : 한 선거구에서 1인의 대표를 선출하는 제도
　㉡ 다수대표제 : 최고 득표자 1인이 당선되는 제도
　㉢ 비례대표제 : 각 정당의 총득표수에 비례하여 당선자를 결정하는 제도

12 ③

　㉠ 제5차 개헌(1962. 12. 26) ; 최초의 국민투표에 의한 개헌으로 대통령 직선제, 국회 단원제, 국민투표제 등을 주요 내용으로 한다.
　㉡ 제3차 개헌(1960. 6. 15) : 내각책임제 개헌으로 의원내각제 채택, 국민의 기본권 강화, 헌법재판소의 설치 등을 주요 내용으로 한다.
　㉢ 제7차 개헌(1972. 12. 27) : 유신개헌으로 기본권 보장의 약화, 대통령 간선제, 대통령의 권한 강화 등을 주요 내용으로 한다.

13 ②

환율인상의 경우 달러에 대한 원화 가치의 하락으로 인하여 수출증가, 수입감소, 국내물가 상승, 외채상환부담 증가, 해외여행 불리 등의 효과가 나타난다.
※ 환율의 변동

구분	환율인하(평가절상)	환율인상(평가절하)
의미	1$: 1,000 → 1$: 500 원이 된 경우로 우리나라의 원화 가치가 달러에 대해 상승한 것을 말한다.	1$: 500 → 1$: 1,000원이 된 경우로 우리나라의 원화 가치가 달러에 대해 하락한 것을 말한다.

효과	• 수출감소 : 국내에서 1,000원이던 재화의 국제가격이 1달러에서 2달러로, 달러화표시가격이 상승함 • 수입증가 : 외국에서 1달러인 재화의 수입가격이 1,000원에서 500원으로, 원화표시가격이 하락함 • 물가하락 : 수출감소와 수입증가로 통화량이 감소 • 외채상환부담 감소 : 1달러를 상환할 경우 부담액이 1,000원에서 500원으로 하락함 • 해외여행 유리 : 100만원을 해외여행에 지출할 경우 해외에서 쓸 수 있는 돈이 1,000달러에서 2,000달러로 증가함	• 수출증가 : 국내에서 500원이던 재화의 국제가격이 1달러에서 0.5달러로, 달러화 표시가격이 하락함 • 수입감소 : 외국에서 2달러인 재화의 수입가격이 1,000원에서 2,000원으로, 원화표시가격이 상승함 • 물가상승 : 수출증가와 수입감소로 통화량이 증가함 • 외채상환부담 증가 : 1달러를 상환할 경우 부담액이 500원에서 1,000원으로 상승함 • 해외여행 불리 : 100만원을 해외여행에 지출할 경우, 해외에서 쓸 수 있는 돈이 2,000달러에서 1,000달러로 감소함

14 ③

재고율 증가, 이자율 하락, 실업률 증가는 경기침체시에 나타나는 현상이다. 경기침체시 정부는 경기를 활성화하고 일자리를 더 만들어 주기 위한 경기활성화 조치를 취해야 한다. 경기활성화 조치로는 세출확대와 세율인하를 내용으로 하는 재정확장(팽창)정책과 적자예산 편성이 있다. 그러므로 간접세를 높이는 것은 타당하지 않다.

15 ①

① 가격이 P_0인 경우 독점기업의 총수입은 $OQ_0 \times OP_0$이다. 정부가 가격을 P_1으로 낮출 경우, 기업의 총수입이 줄어들게 되므로 독점기업은 생산량을 Q_0에서 Q_1만큼 늘림으로써 $OQ_1 \times OP_1$의 총수입을 확보하려 할 것이다.

② 정부가 독점기업의 가격을 P_0에서 P_1으로 낮출 경우, 독점기업은 공급량을 Q_1까지 늘림으로써 이윤을 확보하려 하므로 초과수요는 발생하지 않는다. 따라서 암시장이 형성된다고 볼 수는 없다.

③ 독점기업의 한계수입은 시장가격과 일치하지 않으며, 공급량의 증가에 따라서 정(+)에서 점차 체감하다가 결국 부(−)로 된다.

④ 독점기업은 이윤을 극대화하기 위하여 공급량은 물론 가격도 결정할 수 있다.

16 ①

외부효과 … 타인에게 이익이나 손실을 주고도 시장을 통하여 그 대가를 주거나 받지 않는 개인이나 기업행위의 효과를 말한다. 정부가 부강해지면 개별기업도 해외에서 부강해지는 것은 이로운 외부효과가 발생한 경우이고, 기업이 좋지 않은 공기를 발산한 것은 해로운 외부효과가 발생한 경우이다.

17 ④

제시된 그림은 로렌츠(Lorentz) 곡선이다. 로렌츠 곡선은 소득불평등 지표를 나타내 준다.

① 소득분배상황이 개선되기 위해서는 소득·수입을 기준으로 부과하는 직접세율의 비중을 늘려야 한다.

② 소득분배상황이 개선되면 계층구조는 피라미드형에서 다이아몬드형으로 변한다.

③ 소득분배상황을 개선하기 위해서는 사회복지정책에 중점을 두어야 한다.

④ 그림에서 로렌츠 곡선이 대각선에 접근한 것으로 보아 소득분배상황이 개선된 것이다. 소득분배의 개선은 누진세의 적용이나 사회복지정책을 통해 달성할 수 있다.

18 ③

경제통합의 단계 … 자유무역지역(관세철폐) → 관세동맹(공동관세) → 공동시장(생산요소간의 자유로운 이동) → 경제동맹(재정·금융정책의 협조)

Plus Study | 경제통합의 형태

㉠ 자유무역지역 : 가맹국간에 관세가 완전히 철폐됨으로써 자유무역이 실현되지만, 비가맹국에 대해서는 공동관세로 대처하지 않고 독자적인 관세정책을 인정하는 형태이다[유럽자유무역연합(EFTA), 북미자유무역협정(NAFTA)].

㉡ 관세동맹 : 관세동맹국간에는 자유무역이 실현되면서 비가맹국에 대해서는 공동관세로 대처하는 형태이다[중앙아메리카공동시장(CACM)].

㉢ 공동시장 : 관세동맹에서 생산요소의 자유로운 이동까지 이루어지는 형태이다(EC).

㉣ 경제동맹 : 국가 간 재정·금융정책까지 상호 협조하는 경제통합의 최종단계이다(EU).

19 ④

공공재는 비배제성과 비경합성을 특징으로 한다. 통행료 징수 전의 도로는 비배제성과 경합성을 갖는다. 즉, 비용을 지불하지 않아도 소비할 수 있었으나(비배제성), 이용하려는 사람이 많아 개인의 소비가 다른 개인의 소비를 줄일 수 있는(경합성) 특징을 갖는다. 이러한 특성을 갖는 재화를 공유재라고 한다.

㉠ 국방은 비배제성, 비경합성을 갖는 공공재로서 통행료를 징수하여 배제성을 갖는 공유재와는 구분된다.

㉢ 도로 이용의 사회적 비용이 사적비용보다 크기 때문에 사람들은 도로를 많이 이용해 왔고 교통은 혼잡했다. 이러한 문제를 해결하기 위해 통행료를 징수하여 사적비용이 사회적 비용보다 크게 만들려는 것을 확인할 수 있다.

20 ④

① 실업률은 30%에서 20%로 하락하였다.

② 경제 활동 인구는 변함이 없다.

③ 15세 이상 인구는 1,000만 명에서 1,200만 명으로 증가하였다.

〈고용 지표 변화〉

(단위 : 만 명)

구분	t년	t+10년
15세 이상 인구	1,000	1,200
경제 활동 인구	900	900
취업자 수	630	720
실업자 수	270	180
비경제 활동 인구	100	300

▶▶▶ 제2과목 **자동차구조원리 및 도로교통법규**

1 ①

전자제어연료분사식 엔진은 온도와 상관없이 시동성이 좋다.

2 ②

Karman 타입 … 카르만 와류의 주파수가 공기량의 척도이다. 발신기로부터 발신된 초음파는 관로를 유동하는 흡입공기에 직각으로 방출된다. 이때 초음파는 흡기유동에 발생된 카르만 와류에 의해 잘려져 흩어지게 되고, 초음파의 전달속도는 영향을 받게 된다. 카르만 와류의 영향을 받은 초음파의 전달속도는 초음파 수신기에 의해 감지된다.

3 ④

산소 센서는 배기다기관에 설치되어 배출되는 배기가스중의 산소농도를 감지한다.

4 ②

Water Temperature Sensor

5 ①

MAP 센서는 직접 흡기다기관에 설치되거나, ECU에 설치된다. ECU에 설치된 경우에는 호스를 통해 센서에 흡기다기관의 부압이 작용하는 구조로 되어 있다.

6 ①

운전자가 가속페달을 밟으면 자동차의 속도가 상승하며 이러한 운전자의 의도가 차량에 반영되게 하는 것이 T.P.S(스로틀 포지션 센서 : Throttle Position Sensor)이다. TPS는 가속페달에 연결되어 있는 스로틀밸브의 열림 정도를 전압으로 나타나게 하는 부품으로 엔진제어장치와 자동변속기 제어장치에 그 정보가 전달되는 역할을 한다.

7 ④

출력단자의 전압을 측정한다.

8 ④

노킹의 발생으로 인해 기관이 가열된다.

9 ②

출력되는 산소 센서의 전압으로 작동상태를 알 수 있다.

10 ④

기관의 가·감속을 감지하는 센서는 스로틀 포지션 센서이다.

11 ④

①②③은 교통사고 발생 시 신고 사항이지만 ④는 신고사항이 아니다(도로교통법 제 54조 제 2항 참조).

12 ④

시행령 제28조(자동차 창유리 가시광선 투과율의 기준)

구분	가시광선 투과율 기준
앞면 창유리	70% 미만
운전석 좌우 옆면 창유리	40% 미만

13 ①

어린이통학버스를 운영하려는 자는 행정안전부령으로 정하는 바에 따라 미리 관할 경찰서장에게 신고하고 신고증명서를 발급받아야 한다.

법 제52조(어린이통학버스의 신고 등)
① 어린이통학버스를 운영하려는 자는 행정안전부령으로 정하는 바에 따라 미리 관할 경찰서장에게 신고하고 신고증명서를 발급받아야 한다.
② 어린이통학버스를 운영하는 자는 어린이통학버스 안에 발급받은 신고증명서를 항상 갖추어 두어야 한다.
③ 어린이통학버스로 사용할 수 있는 자동차는 행정안전부령으로 정하는 자동차로 한정한다. 이 경우 그 자동차는 도색·표지, 보험가입, 소유 관계 등 대통령령으로 정하는 요건을 갖추어야 한다.
④ 누구든지 신고를 하지 아니하거나 「여객자동차운수사업법」에 따라 어린이를 여객대상으로 하는 한정면허를 받지 아니하고 어린이통학버스와 비슷한 도색 및 표지를 하거나 이러한 도색 및 표지를 한 자동차를 운전하여서는 아니 된다.

14 ②

9인승 이상 승용자동차 및 승합자동차는 전용차도를 통행할 수 있다. 다만, 승용자동차 또는 12인승 이하의 승합자동차는 6명 이상이 승차한 경우로 한정한다.

15 ②

좌석 안전띠 미착용 사유(시행규칙 제31조)
도로교통법에 따라 좌석안전띠를 매지 아니하거나 승차자에게 좌석안전띠를 매도록 하지 아니하여도 되는 경우는 다음의 어느 하나에 해당하는 경우로 한다.
㉠ 부상·질병·장애 또는 임신 등으로 인하여 좌석안전띠의 착용이 적당하지 아니하다고 인정되는 자가 자동차를 운전하거나 승차하는 때
㉡ 자동차를 후진시키기 위하여 운전하는 때
㉢ 신장·비만 그 밖의 신체의 상태에 의하여 좌석안전띠의 착용이 적당하지 아니하다고 인정되는 자가 자동차를 운전하거나 승차하는 때
㉣ 긴급자동차가 그 본래의 용도로 운행되고 있는 때
㉤ 경호 등을 위한 경찰용 자동차에 의하여 호위되거나 유도되고 있는 자동차를 운전하거나 승차하는 때
㉥ 「국민투표법」 및 공직선거관계법령에 의하여 국민투표운동·선거운동 및 국민투표·선거관리업무에 사용되는 자동차를 운전하거나 승차하는 때
㉦ 우편물의 집배, 폐기물의 수집 그 밖에 빈번히 승강하는 것을 필요로 하는 업무에 종사하는 자가 해당업무를 위하여 자동차를 운전하거나 승차하는 때
㉧ 「여객자동차 운수사업법」에 의한 여객자동차운송사업용 자동차의 운전자가 승객의 주취·약물복용 등으로 좌석안전띠를 매도록 할 수 없거나 승객에게 좌석안전띠 착용을 안내하였음에도 불구하고 승객이 착용하지 않은 때

16 ④

지하도나 육교 등의 도로횡단시설을 이용할 수 없는 지체장애인의 경우에는 예외적으로 교통에 지장을 주지 않는 범위 내에서 도로횡단시설을 이용하지 않아도 된다.

17 ④

경찰청장은 고속도로의 원활한 소통을 위하여 특히 필요한 경우에는 고속도로에 전차용로를 설치 할 수 있다(도로교통법 제 61조 제1항).

18 ②

모든 것에 우선하여 사상자 구호에 힘씀이 국민일반의 도덕감과 법감정에 맞는다.
※ 교통사고 발생 시 조치요령(도로교통공단)
㉠ 운전자의 의무
• 연속적인 사고의 방지 : 다른 차의 소통에 방해되지 않도록 길 가장자리나 공터 등 안전한 장소에 차를 정차시키고 엔진을 끈다.
• 부상자의 구호 : 사고현장에 의사, 구급차 등이 도착할 때까지 부상자에게는 가제나 깨끗한 손수건으로 우선 지혈시키는 등 가능한 응급조치를 한다. 이 경우 함부로 부상자를 움직여서는 안 된다. 특히 두부에 상처를 입었을 때에는 움직이지 말아야 한다. 그러나 후속 사고의 우려가 있을 때는 부상자를 안전한 장소로 이동시킨다.
• 경찰공무원 등에게 신고 : 사고를 낸 운전자는 사고발생 장소, 사상자 수, 부상 정도, 망가뜨린 물건과 정도, 그 밖의 조치상황을 경찰공무원이 현장에 있는 때에는 그 경찰공무원에게, 경찰공무원이 없을 때에는 가장 가까운 경찰관서에 신고하여 지시를 받는다. 사고발생 신고 후 사고차량의 운전자는 경찰공무원이 현장에 도착할 때까지 대기하면서 경찰공무원이 명하는 부상자 구호와 교통 안전상 필요한 사항을 지켜야 한다.

ⓛ 피해자의 대처 요령
- 가벼운 상처라도 반드시 경찰공무원에게 알려야 한다. 피해자가 피해신고를 게으르게 하면 후일 사고로 말미암은 후유증의 발생 시 불리하게 될 뿐만 아니라 교통사고증명서를 받을 수 없게 되는 경우가 있다.
- 가벼운 상처나 외상이 없어도 두부 등에 강한 충격을 받았을 때에는 의사의 진단을 받아 두어야 나중에 후유증이 생겼을 때 선의의 피해를 보지 않는다.

ⓒ 사고현장에 있는 사람의 자발적 협조
- 부상자의 구호, 사고차량의 이동 등에 대하여 스스로 협력하는 것이 바람직하다.
- 사고를 내고 뺑소니하는 차는 그 차의 번호, 차종, 색깔, 특징 등을 메모 또는 기억하여 112번으로 경찰공무원에게 신고한다.
- 특히 사고현장에는 휘발유가 흘러져 있거나 화물 중에 위험물 등이 있을 수 있으므로 담배를 피우거나 성냥불 등을 버리는 행위는 절대 삼가야 한다.

19 ①

법 제54조(사고발생 시의 조치)

① 차 또는 노면전차의 운전 등 교통으로 인하여 사람을 사상하거나 물건을 손괴(이하 "교통사고"라 한다)한 경우에는 그 차 또는 노면전차의 운전자나 그 밖의 승무원(이하 "운전자 등"이라 한다)은 즉시 정차하여 다음의 조치를 하여야 한다.
  ㄱ 사상자를 구호하는 등 필요한 조치
  ㄴ 피해자에게 인적 사항(성명·전화번호·주소 등을 말한다.) 제공

② ①의 경우 그 차 또는 노면전차의 운전자등은 경찰공무원이 현장에 있을 때에는 그 경찰공무원에게, 경찰공무원이 현장에 없을 때에는 가장 가까운 국가경찰관서(지구대, 파출소 및 출장소를 포함한다.)에 다음의 사항을 지체 없이 신고하여야 한다. 다만, 차 또는 노면전차만 손괴된 것이 분명하고 도로에서의 위험방지와 원활한 소통을 위하여 필요한 조치를 한 경우에는 그러하지 아니하다.
  ㄱ 사고가 일어난 곳
  ㄴ 사상자 수 및 부상 정도
  ㄷ 손괴한 물건 및 손괴 정도
  ㄹ 그 밖의 조치사항 등

20 ③

긴급자동차, 부상자를 운반 중인 차, 우편물자동차 및 노면전차 등의 운전자는 긴급한 경우에는 동승자로 하여금 조치나 신고를 하게 하고 운전을 계속할 수 있다(법 제54조 제5항).

▶▶▶ 제1과목 사회

1 ③

A는 사회 보험, B는 공공 부조, C는 사회 서비스이다.
① 사후 처방적 성격을 가지는 사회 복지 제도 유형은 공공 부조이다.
② 상호 부조의 원리를 바탕으로 하는 사회 복지 제도 유형은 사회 보험이다.
④ 금전적 지원을 원칙으로 하는 사회 복지 제도 유형은 사회 보험과 공공 부조이다.

2 ②

자유민주주의의 필수적 요소
㉠ 인간의 존엄과 가치를 존중하기 위한 기본적 인권의 보장
㉡ 상향식 의사형성과정의 보장
㉢ 권력의 분립과 견제
㉣ 법치주의
㉤ 법률에 의한 행정
㉥ 사법권의 독립
㉦ 복수정당제에 바탕을 둔 자유로운 정당활동
㉧ 소수의견의 존중

3 ②

우리나라의 정부형태 … 대통령제와 의원내각제 요소가 혼합된, 혼합제 정부형태 또는 변형된 대통령제이다. 대통령 또는 행정부가 법률안제출권을 가지며, 국회의원은 행정각부의 장관을 겸할 수 있고, 행정각부의 장관은 국회에 출석·발언할 수도 있으며, 내각은 심의기관으로서의 성격을 띠고 있다.

4 ②

근대민주국가와 현대복지국가의 정치관
㉠ 근대민주국가의 정치관(자유방임적 국가) : 국방과 치안에만 정치기능을 한정한 소극국가로 중립적 조정자로서의 기능을 수행한다.
㉡ 현대복지국가의 정치관(적극적인 국가) : 국민경제의 규제와 조정을 통해 국민의 인간다운 삶을 보장한다.
①③④는 정부규제가 없는 자유방임주의를 선호하고 있으나, ②는 정부규제가 필요하다고 보고 있다.

5 ①

민법 제2조 제1항의 "권리의 행사와 의무의 이행은 신의에 좇아 성실히 하여야 한다"는 규정은 민법 전체를 지배하는 원칙으로서, 사권(私權)의 사회성·공공성으로부터 도출된다. 따라서 채권자의 강제경매 신청에 의하여 그 건물을 경락받은 제3자에게 토지소유자가 지어서 얼마 되지 않은 건물의 철거를 요구하는 것은 민법 제2조 제1항의 신의성실의 원칙에 위배된다고 할 수 있다(대판 1991. 6. 11, 91다9299).

6 ②

A는 대법원, B는 국회, C는 대통령, D는 감사원이다.
② 정부가 제출한 국가 예산안을 심의·확정하는 권한은 국회가 가진다.

7 ②

사례 A는 법률행위의 무효가 되는 사례이고, B는 취소가 되는 사례이다. 미성년자의 행위는 취소할 수 있는 사례가 된다.

구분	개념	법률관계
의사 능력	행위의 의미나 결과를 변별 하고 판단할 수 있는 능력	의사능력 여부는 구체적인 사안에 따라 개별적으로 판단하며, 의사무능력자의 행위는 무효가 됨
권리 능력	권리를 갖고 의무를 부담할 수 있는 자격	권리능력을 갖는 주체는 자연인과 법인
행위 능력	단독으로 완전하고 유효한 법률행위를 할 수 있는 지위나 자격	행위무능력자의 법률행위는 취소가능
책임 능력 (불법 행위 능력)	불법행위책임을 변식할 수 있는 지능이나 인식능력	책임무능력자의 행위로 피해발생시 감독의무자 또는 보호자의 책임을 인정

8 ④

(가)는 넓은 의미, (나)는 좁은 의미의 문화이다.
문화가 우열의 개념을 내포하고 있다고 보는 것과 '문화생활', '문화강국'에서의 문화는 좁은 의미의 문화이다.

9 ④

근대민주정치
㉠ 배경 : 17세기 중엽 ~ 18세기 후반 영국 · 미국 · 프랑스에서 일어난 시민혁명이 배경이다.
㉡ 의미 : 시민계급이 권력을 쟁취하여 신분제에 얽힌 정치체제를 타파하고자 하는 사상이다.
㉢ 사회계약설(J. Locke)
• 자연상태 : 모든 사람이 생명 · 자유 · 재산에 자연법상의 권리를 가지고 있다.
• 사회계약 : 계약에 의해 정부를 조직하여 자연권의 일부를 신탁할 필요가 있다.
• 저항권 인정 : 인민은 정부에 저항하여 정부를 재구성할 정당한 권리를 가진다.

• 사회계약설의 반영 : 프랑스혁명의 이념, 미국의 독립선언서에 반영되었다.
㉣ 간접민주정치
• 루소의 직접민주정치사상 : 의사는 대표될 수 없다.
• 직접민주정치의 한계로 인해 대표자가 정치를 운영하는 간접민주정치가 출현하였다.
① 치자와 피치자의 동일성을 유지하는 가장 좋은 방법은 직접민주정치이다.
② 지역국가가 형성된 뒤 민주정치를 요구하는 시민혁명이 일어났다.
③ 로크는 자연권의 일부를 국가 또는 국왕에게 신탁해야 한다는 신탁계약설(일부양도설)을 주장하였다.

10 ④

형사 피고인으로서 구금되었던 사람이 무죄 판결을 받아 확정되면 국가에 형사 보상을 청구할 수 있다. 집행 유예는 유죄 선고에 해당하므로 병은 형사 보상을 청구할 수 없다.

11 ③

재정과 예산
㉠ 재정
• 개념 : 정부의 활동과 관련된 정부의 경제활동
• 세입(재정수입) : 정부의 수입
• 세출(재정지출) : 정부의 지출
㉡ 예산 : 일정 기간(보통 1년)의 정부의 재정 수입 · 지출에 대한 예정계획서
① 경제개발비의 비중이 낮아지고 있는 것은 경제개발을 이끌어 나가는 데 있어서 민간부문의 역할이 증대되고 정부의 역할이 감소하는 추세에 있기 때문이다.
② 직접세의 비율이 높을수록 소득재분배 효과가 있다(종합소득세, 법인세, 상속세, 재산세 등).
④ 불경기일 때 정부는 경기회복을 위해서 조세인하, 재정지출 증가 등의 팽창정책을 실시하여 경제안정화를 추구하고 호경기 때에는 반대로 조세인상, 재정지출 감소의 긴축재정을 펼친다.

12 ③

제시된 자료는 정당의 짧은 수명주기를 보여줌으로써 정치적 변혁이 있을 때마다 기존의 정당은 사라지고 새로운 정당이 나타남을 보여준다.

Plus Study 우리나라 정당정치의 특징

㉠ 정당의 수명이 짧다.
㉡ 특정 인물이나 지역을 중심으로 운영된다.
㉢ 국민 전체의 의사를 대변하지 못한다.
㉣ 비합법적이거나 초당적인 운영이 많다.

13 ③

평가절하와 평가절상

구분	환율인하(평가절상)	환율인상(평가절하)
개념	자국화폐의 대외가치 상승	자국화폐의 대외가치 하락
장점	수입증가, 수출감소	수입감소, 수출증가
단점	외채상환부담 경감, 수출위축	외채상환부담 증가, 물가상승

14 ①

사회계층화 현상의 관점
㉠ 기능론적 관점
• 계층화 현상은 필연적
• 사회제도가 계층제도를 형성
• 사회유지상 필요에서 생김
• 사회기능의 수행을 위한 최선의 장치
• 사회구성원의 합의된 가치의 반영
• 사회적 희소가치는 대체로 합법적인 방법과 절차에 의해 분배
• 경제분야는 사회분야의 한 부분
• 사회계층구조는 사회적 진화과정을 통하여 변화
㉡ 갈등론적 관점
• 계층화가 보편적 현상일 뿐 필연적이지 않음
• 계층제도가 사회체계를 형성
• 집단 간의 대립·갈등에서 생김

• 개인과 집단의 최선의 기능수행에 장애가 됨
• 지배적 집단이 지향하는 가치의 반영
• 사회적 희소가치는 지배집단의 의사와 결정에 따라 분배
• 경제분야가 사회를 지배
• 사회계층구조는 혁명적 과정을 통하여 변화
① 갈등론적 관점이다.

15 ②

민주국가의 정치형태
㉠ 참여주체에 따른 분류

구분	직접민주정치	간접민주정치
참여 주체	모든 국민(국민자치의 원리 충실히 실행)	국민이 선출한 대표자(대의정치)
단점	영토가 좁거나 인구가 적은 나라에서만 실현 가능	• 국민의사를 정확히 전달하기 어려움 • 국민의 정치적 무관심 초래
보완점	간접민주정치 채택	• 국민투표·국민발안·국민소환 • 지방자치제도 병행

㉡ 입법부와 행정부의 관계에 따른 분류

구분	대통령제	의원내각제
지도 체제	대통령과 의회의 균형	의회 중심
내용	의회 ↔ 대통령 탄핵소추 / 법률안거부권	의회 ↔ 내각 내각불신임권 / 의회해산권
내각의 성격	심의기관	의결기관
장점	정국안정, 강력한 정치	책임정치, 민주적 요청 충실
단점	독재화 우려	다수당의 횡포, 정국불안

16 ③

국제레짐

㉠ 개념 : 국제관계를 규율하는, 다시 말하면 행위주체들이 바라는 바가 수렴되는 제도, 원칙, 규범, 규칙, 절차 등을 총칭하는 포괄적 개념이다.

㉡ 구체적인 예 : GATT체제, WTO체제

17 ③

자료수집방법

㉠ 면접법 : 질문하고자 하는 내용을 조사자가 말로써 물어보고 그 응답을 통해 자료를 수집하는 것으로, 문맹자에게도 실시할 수 있고 자세히 물어볼 수 있으나 표본을 많이 구하기 어렵고 면접자의 편견이 개입될 수 있는 방법이다.

㉡ 관찰법 : 사회적인 현상을 보거나 듣고 느끼는 감각작용을 통해서 자료를 수집하는 방법으로, 어린이나 동물에게도 실시 가능하고 실제성이 보장되지만, 현상이 나타날 때까지 기다려야 하고 원하지 않는 변수통제가 곤란하다.

㉢ 질문지법 : 조사하고자 하는 내용을 서면의 질문지로 작성하여 이를 조사대상자에게 보내어 기입하게 해서 자료를 수집하는 방법으로, 시간과 비용이 절약되고 정보수집이 비교적 용이하지만, 미회수율이 높고 문맹자에게는 실시할 수 없고 응답자의 외면적 표현에만 의존한다.

㉣ 문헌연구법 : 역사적인 문헌을 수집하거나 이미 발표된 통계자료를 수집하여 분석하는 자료수집방법으로, 모든 연구에 가장 기초가 되는 작업이 된다.

18 ③

직접민주정치

㉠ 도시국가의 구성형태

• 시민공동체, 소규모 공동체

• 시민 : 외적의 방어, 공무의 집행, 재판 등의 공적인 일에 종사(18세 ~ 20세 이상의 남자에게만 시민권 부여)

• 노예 : 농토의 경작

㉡ 아테네의 직접민주정치

• 시민 전원이 참여(실제 시민이란 18세 이상의 성인남자로, 부녀자와 외국인에게는 참정권이 없었으며 노예는 제외)

• 윤번제 적용, 다스리는 사람과 다스림을 받는 사람이 동일

① 사회를 새로이 구성하는 원리로서의 성격이 두드러지는 것은 근대민주정치이다.

② 공직자를 추첨제로 선임하고 윤번제를 적용하였기 때문에, 아테네 시민들은 대부분 일생에 한 번 정도는 공직을 맡을 수 있었다.

④ 아테네에서 시민이란 18세 이상의 성인남자에 한하였고, 부녀자와 외국인에게는 참정권이 없었으며 노예는 제외되어 있었다.

19 ②

A는 생산물 시장, B는 생산 요소 시장이다.

① 임금, 지대, 이자는 B에서 결정된다.

③ 가계는 B에서 공급자이다.

④ 환자가 병원에서 진료 받는 행위는 A에서 이루어진다.

20 ②

국민소득의 여러 개념

㉠ 국민총생산(GNP) : 한 나라 국민이 1년 동안 생산한 재화와 용역의 가치를 화폐단위로 평가해서 합산한 것이다.

• 한 나라 국민 : 국내에서 외국인이 생산한 것은 제외되고 해외에서 자국민이 생산한 것을 포함한다.

• 재화와 용역 : 중간생산물을 제외한 최종생산물만 합산한다.

• 화폐단위 : 화폐가치로 환산하여 합산한다.

• GNP = 부가가치의 합계 = 총생산물 − 중간생산물 = 국내총생산(GDP) + 자국민의 해외생산 − 외국인의 국내생산 = 국민순생산(NNP) + 감가상각비

㉡ 국내총생산(GDP) : 국내에서 그 나라의 국민과 외국인이 생산한 것을 합산한 것이다.

ⓒ 국민순생산(NNP) : 생산과정에서 발생하는 자본재의 감모분을 제외한 순부가가치의 합계이다.

ⓔ 감가상각비 : 기계설비와 같은 자본재는 닳아 없어지는 부분이 생기는데, 이처럼 자본이 감모된 부분을 보충하기 위한 것이다.

▶▶▶ 제2과목 **자동차구조원리 및 도로교통법규**

1 ①
독립분사(순차분사) … 각 실린더별로 배기행정 말기에서 1사이클(크랭크 2회전)에 각각 1회씩 분사를 한다. 이 방식은 일반적으로 과도 상태에서의 공연비 제어성이 뛰어나며 엔진 응답성 또한 상당히 좋다. 그리고 인젝터의 최저 분사 시간이 결정된 상황에서 보다 짧은 분사량을 제어할 수 있다.

2 ④
ECU의 분사신호에 의하여 연료를 분사한다.

3 ④
각 실린더의 흡입 · 압축 · 폭발 · 배기 행정에 관계없이 크랭크축 1회전에 일정한 위치에서 1회 분사(1사이클에 2회 분사)를 한다.

4 ①
인젝터는 ECU의 출력요소이다.

5 ①
기관에 흡입되는 공기량을 엑셀러레이터로 연결된 스로틀 보디에서 제어한다.

6 ③
산소 센서는 배기 가스 중의 산소 농도를 감지하여 이론공연비를 보정한다.

7 ④
산소 센서의 고장과 기관의 시동 장치와는 별개이다.

8 ②
펄스는 매우 짧은 시간 동안에 흐르는 신호용의 약한 전류로서 제어 회로 신호에 사용한다.
1번 실린더 상사점검출 센서나 크랭크 각 센서 등과 같이 디스크에 설치된 슬릿이 발광 다이오드와 포토 다이오드 사이를 통과할 때만 전류가 흐르므로 신호는 맥류의 파형으로 이루어진다.

9 ④
공기를 압축하면 온도가 높아진다는 것은 잘 알려져 있는 사실이다. 가솔린엔진은 혼합기를 1/10 정도의 체적으로 압축하지만, 디젤엔진은 공기를 1/20 전후까지 압축하여 600℃ 이상의 온도로 높인 후 연료 분사 펌프에서 연료의 압력을 100기압 이상으로 높여 1/1,000 ~ 2/1,000초의 단시간(短時間)에 분무한다.

10 ③
디젤기관은 세탄가가 높은 연료를 사용하여야 한다.

11 ③
원동기장치자전거의 경우에는 16세 미만인 사람은 운전면허를 받을 수 없다(법 제82조 제1항 제1호).

12 ①
시장 등은 교통사고의 위험으로부터 어린이를 보호하기 위하여 필요하다고 인정하는 경우에는 일정 구간을 어린이 보호구역으로 지정하여 자동차 등의 통행속도를 시속 30킬로미터 이내로 제한할 수 있다 (법 제12조 제1항).

13 ④

경찰서장은 위법한 인공구조물을 설치한 사람에 대하여 위반행위를 시정 하도록 하거나 그 위반행위로 인하여 생긴 교통장해를 제거할 것을 명 할 수 있다(도로교 통법 제 71조 제 1항).

14 ③

모든 자동차는 고속도로에서 횡단, 유턴, 후진할 수 없다.

15 ③

고속도로 등에서의 정차 및 주차의 금지(법 제64조) … 자동차의 운전자는 고속도로 등에서 차를 정차하거나 주차시켜서는 아니 된다. 다만, 다음의 어느 하나에 해당하는 경우에는 그러하지 아니하다.
- ㉠ 법령의 규정 또는 경찰공무원(자치경찰공무원은 제외한다)의 지시에 따르거나 위험을 방지하기 위하여 일시 정차 또는 주차시키는 경우
- ㉡ 정차 또는 주차할 수 있도록 안전표지를 설치한 곳이나 정류장에서 정차 또는 주차시키는 경우
- ㉢ 고장이나 그 밖의 부득이한 사유로 길가장자리구역(갓길을 포함한다)에 정차 또는 주차시키는 경우
- ㉣ 통행료를 내기 위하여 통행료를 받는 곳에서 정차하는 경우
- ㉤ 도로의 관리자가 고속도로등을 보수·유지 또는 순회하기 위하여 정차 또는 주차시키는 경우
- ㉥ 경찰용 긴급자동차가 고속도로등에서 범죄수사, 교통단속이나 그 밖의 경찰임무를 수행하기 위하며 정차 또는 주차시키는 경우
- ㉦ 소방차가 고속도로 등에서 화재진압 및 인명 구조·구급 등 소방활동, 소방지원활동 및 생활안전활동을 수행하기 위하여 정차 또는 주차시키는 경우

- ◎ 경찰용 긴급자동차 및 소방차를 제외한 긴급자동차가 사용 목적을 달성하기 위하여 정차 또는 주차시키는 경우
- ㉧ 교통이 밀리거나 그 밖의 부득이한 사유로 움직일 수 없을 때에 고속도로등의 차로에 일시 정차 또는 주차시키려는 경우

16 ①

고속도로에서 버스전용차로로 통행할 수 있는 차는 9인승 이상 승용자동차 및 승합자동차(승용자동차 또는 12인승 이하의 승합자동차는 6명 이상이 승차한 경우로 한정한다.)

17 ④

교육실시권자는 시장 등(도지사 포함)이며, 연 1회 8시간 정기교육을 실시하며 시장 등이 필요하다고 인정하는 경우에는 수시교육을 실시할 수 있다.

18 ④

④ 강변도로표지

19 ①

연습운전면허는 그 면허를 받은 날부터 1년 동안 효력을 가진다. 다만, 연습운전면허를 받은 날부터 1년 이전이라도 연습운전면허를 받은 사람이 제1종 보통면허 또는 제2종 보통면허를 받은 경우 연습운전면허는 그 효력을 잃는다(법 제81조).

20 ③

- ㉠ 편도 2차선 일반국도 최고속도 : 매시 80킬로미터 이내
- ㉡ 비가 내려 가시거리 100m 이내 : 최고속도의 50/100분을 줄여야 하므로 40km/h 이내로 속도를 준수해야 한다.

▶▶▶ 제1과목 사회

1 ①

ⓒ 공급의 가격 탄력성에 상관없이 공급 곡선은 우상향하므로 수요가 감소하면 소비 지출액은 항상 감소한다.

ⓔ 수요의 가격 탄력성을 알아야 소비 지출액의 증감을 파악할 수 있다.

2 ③

㉠ 외국 기업의 국내 투자는 국내 GDP에 반영되는데, 30에서 60으로 커졌다.

ⓒ 외국인 노동자의 국내 취업 증가는 국내 GDP에 반영된다.

ⓒ 자국 기업의 공장 해외 이전은 GNP에 반영되는데 30에서 50으로 증가하였다.

ⓔ 자국 기업의 국내 생산 설비 증설은 자국의 GDP와 GNP 모두에 해당한다. 이는 70에서 60으로 줄어든 것을 확인할 수 있다.

3 ②

사법상의 제재 … 손해배상, 강제이행, 권리의 상실, 무효·취소의 인정 등이 있다.

①④ 공법상의 제재

③ 사회법상의 제재

4 ①

청구권적 기본권 … 다른 기본권을 보장하기 위한 기본권으로 청원권, 재판청구권, 형사보상청구권, 국가배상청구권, 국가구조청구권 등이 있다.

① 타 기본권 보장을 위한 수단적 권리(자유권 보장을 위한 청구권)

② 복지국가 지향원리와 관계 깊은 사회적 기본권

③ 참정권

④ 국민의 기본권 중 자유권적 기본권

5 ③

① 조세법률주의〈헌법 제59조〉

② 선거구법정주의〈헌법 제41조 제3항〉

③ 미풍양속에 위배되지 않으면 사인간에 자유로이 정할 수 있다.

④ 정부조직의 입법화〈헌법 제96조〉

6 ②

법적 안정성 … 법에 의해 보호되는 사회생활의 질서와 안정을 의미하는 것으로, 국민생활의 안정을 가져오고 사회질서를 유지시켜 준다.

7 ②

"국회의원 선거구의 인구편차가 심하면 위헌이다"라는 것은 평등선거에 근거한 것이다.

8 ④

P가 P'로 이동했다는 것은 실제로 구입한 X와 Y재의 수요량의 감소를 의미한다. X재와 Y재는 서로 보완관계에 있으므로 X재의 가격이 올라 X재와 Y재의 수요량을 감소시킨 것이다.

9 ①

간접민주정치는 국민의 의사가 정치에 직접 반영되지 못하는 단점을 안고 있다. 그러므로 직접참여의 원리를 보완하는 방법이 필요하다.

① 간접민주정치제도가 발달한 나라의 일반적인 특징이다.

② 직접참여의 기회 증가를 의미한다.

③ 국민투표, 국민발안, 국민소환을 직접민주정치의 3요소라 한다.

④ 지역주민의 참여기회 확대를 가져와 간접민주정
치의 중앙집권화에 대한 보완책으로 적합하다.

10 ③

③ 의원내각제의 행정권은 의회의 다수당에 의해 구
성된 내각에 있다(의회중심주의).

11 ④

제시된 내용은 헌법상 보장된 평등의 원칙 위배로 기
본권 침해를 받은 여성의 기본권 회복을 청구하는 것
으로, 제9차 개헌에서 신설된 헌법소원에 대한 설명
이다.
① 위법한 직무를 수행한 고위공무원을 파면하는 권
  한이다.
② 헌법의 기본질서를 위반한 법률을 폐지하는 권한이다.
③ 국가기관, 공공기관간의 권한 내지는 분쟁을 해
  결하는 권한이다.
④ 국가기관의 권한행사 내지는 불행사로 인해 기본
  권을 침해당한 국민의 기본권을 회복시키는 권한
  이다.

12 ①

저작권료는 상속대상이긴 하나 채권이 아니라 지적
재산권(무체재산권)이다. 상속재산으로는 동산, 부동
산은 물론 채권과 지적재산권 등 모든 재산을 포함
한다.

13 ④

독점기업은 이윤극대화를 위한 가격결정력이 있으므
로 "한계비용 = 한계수입"인 곳에서 가격과 이윤극대
생산량을 결정한다(Q_2). 그러나 가격은 그 교차점인
P_1이 아니라 수요곡선상의 한 점인 P_3에서 결정하
여 독점이윤을 극대화한다. 이윤극대점(Q_2)에서 한
계수입은 P_1이고, 시장가격은 P_3이다.

※ 완전경쟁시장은 "시장가격 = 한계수입 = 한계비
용"이 된다. 그러나 독점시장에서는 "시장가격 >
한계수입 = 한계비용"이 된다.

14 ①

A는 누진세로서 과세대상이 커짐에 따라 세율 자체
가 상승하며, 과세대상의 금액이 많을수록 높은 세
율을 적용한다. 소득세(직접세) 등이 이에 해당한다.
B는 비례세로서 세율이 일정하며 특별소비세, 부가
가치세(간접세) 등이 이에 해당한다. 누진세는 소득
의 재분배 효과가 크기 때문에 빈부의 격차를 해소
하는 등 사회정의의 실현에 도움을 줄 수 있다.

15 ①

수요의 법칙에 의해 수요량은 감소하고, 가격의 상
승효과보다는 수요량의 감소효과가 크므로 가계의
소비지출금액은 감소한다. 그러므로 사치품(탄력적
인 재화)의 가격이 오르면 오히려 가계의 소비지출
은 줄어들고, 농산물과 같은 생활필수품(비탄력적인
재화)의 가격이 오르면 가계의 소비지출이 증가하여
가계의 부담을 가중시킨다. 수요의 가격탄력성이 탄
력적인 경우, 가격이 상승하면 총판매수입이 감소하
고 소비자 총지출액은 감소한다.

16 ④

④ 피라미드형 계층구조에 관한 설명이다.

17 ③

③ 1995년에 비해 1997년의 무역수지의 적자폭이 감
소되었으나, 1997년의 무역규모는 알 수 없다.

18 ③

① ㉠은 돼지고기 공급 감소 때문이다.
② ㉡은 돼지고기 수요 감소 때문이다.

19 ④

문화지체 … 두 문화요소 간의 변동속도가 달라서 일어나는 부조화현상(문화격차현상)을 일컫는 말로서, 물질문화는 비물질문화보다 변동속도가 빠른 게 일반적이다.

① 기존의 문화원리나 요소를 조합하여 새로운 원리나 요소를 창안해내는 것(활의 원리를 이용한 현악기의 발명)

② 외래문화의 전파에 자극받아 그 외래문화를 대신할 수 있는 새로운 문화를 창안해내는 것(천주교의 전래에 자극받아 천도교가 창안)

③ 이질적인 타문화의 전면적인 접촉을 통한 문화의 전파현상

20 ④

② 다극화현상은 나타나고 있지만, 자국의 이익보호를 위한 무역마찰을 해소되지 않고 있으며 새로운 무역의 장벽이 나타나기도 한다.

④ 미국과 일본의 수지격차, 미국과 유럽공동체(EC)간의 농산물 마찰, 유럽공동체와 일본의 자동차 마찰, 미·일의 반도체 마찰 등이 서로 얽히고 설켜왔다. 선진국과 개발도상국간의 무역마찰이 여기에 끼여들게 되어 자국의 이해관계에 따라 때로는 공동전선을 펴기도 하고, 경쟁·대립하기도 한다.

▶▶▶ 제2과목 자동차구조원리 및 도로교통법규

1 ④

연료분사펌프를 사용하는 디젤기관에서 타이머는 분사시기를 조정한다.

2 ④

직접분사실식의 특징

㉠ 열손실이 적고 열효율이 높다.

㉡ 고속엔진에 사용하고 방열이 적다.

㉢ 실린더벽으로 열전달이 적다.

3 ④

$$세탄가 = \frac{세탄}{세탄 + \alpha - 메틸타프탈린} \times 100$$

4 ④

세탄가를 높이기 위한 발화촉진제로는 아초산아밀, 아초산에틸렌, 초산에틸렌 등을 사용한다.

5 ①

① 관성력에 의한 동력손실을 줄이기 위해 무게가 가벼울 것

6 ③

디젤 노크 방지법

㉠ 세탄가가 높은 연료를 사용한다.

㉡ 압축비를 높게 한다.

㉢ 회전속도를 빠르게 한다.

㉣ 연료분사 시기를 느리게 한다.

㉤ 실린더 벽의 온도를 높게 유지한다.

㉥ 흡입공기의 온도를 높게 유지한다.

㉦ 분사 초기 연료분사량을 적게 분사한다.

㉧ 착화 지연기간을 짧게 한다.

7 ②

예열 플러그식 … 디젤 자동차의 엔진 점화 성능을 향상시켜주는 플러그로 4개 혹은 6개의 플러그 중 1개라도 이상이 있다면 전체 예열이 되지 않으므로 전체적인 관리가 필요하다.

8 ①

연소실 이외의 추가로 연소실이 구성되어 있는 연소실을 복실식이라 한다.

9 ②

연료분사 펌프 … 디젤기관에서 실린더 안에 연료를 분사시키는 펌프

10 ②

딜리버리 벨브 … 디젤엔진에서 연료를 분사할 때는 통로를 열어서 연료를 통하게 하고, 분사 끝에는 급격히 파이프 내의 연료 압력을 감소시켜서 분사의 단속을 양호하게 하고 노즐로부터의 후적을 방지하는 밸브이다.

11 ①

30만 원 이하의 벌금이나 구류에 처하도록 하고 있다(법 제154조).

12 ①

도로관리청 또는 공사시행청의 명령에 따라 도로를 파거나 뚫는 등 공사를 하려는 사람은 공사시행 3일 전에 그 일시, 공사구간, 공사기간 및 시행방법 그 밖의 필요한 사항을 관할 경찰서장에게 신고하여야 한다. 다만 산사태나 수도관 파열 등으로 긴급히 시공할 필요가 있을 경우에는 그에 알맞은 안전 조치를 하고 공사를 시작한 후에 지체 없이 신고하여야 한다(법 제69조 제1항).

13 ①

교통안전시설의 원상회복 … 도로교통법에 따라 공사시행자는 공사로 인하여 교통안전시설을 훼손한 때에는 부득이한 사유가 없는 한 해당공사가 끝난 날부터 3일 이내에 이를 원상회복하고 그 결과를 관할 경찰서장에게 신고하여야 한다(시행규칙 제43조).

14 ④

경찰서장은 도로교통법에 따라 스스로 제거한 인공구조물 등이나 그 매각 대금을 보관하는 경우에는 이를 보관한 날부터 14일간 그 경찰서의 게시판에 공고하고, 행정안전부령으로 정하는 바에 따라 열람부를 작성·비치하여 관계자가 열람할 수 있도록 하여야 한다(시행령 제34조 제1항).

15 ④

경찰서장은 다음의 어느 하나에 해당하는 사람에 대하여 위반행위를 시정하도록 하거나 그 위반행위로 인하여 생긴 교통장해를 제거할 것을 명할 수 있다(법 제71조 제1항).
ㄱ 교통안전시설이나 그 밖에 이와 비슷한 인공구조물을 함부로 설치한 사람
ㄴ 물건을 도로에 내버려 둔 사람
ㄷ 교통에 방해가 될 만한 인공구조물 등을 설치하거나 그 공사 등을 한 사람

16 ①

시·도경찰청장이나 경찰서장은 보행자우선도로에서 보행자를 보호하기 위하여 필요하다고 인정하는 경우에는 차마의 통행속도를 시속 20킬로미터 이내로 제한할 수 있다

17 ④

시·도경찰청장은 운전면허시험에 합격한 사람에 대하여 행정안전부령으로 정하는 운전면허증을 발급하여야 한다(법 제85조 제2항).

18 ②

교통안전교육의 과목 · 내용 · 방법 및 시간〈도로교통법 시행규칙 별표16〉

㉠ 교통안전교육

교육 대상자	교육 시간	교육과목 및 내용	교육방법
운전 면허를 신규로 받으 려는 사람	1시간	• 교통환경의 이해와 운전자의 기본예절 • 도로교통 법령의 이해 • 안전운전 기초이론 • 위험예측과 방어운전 • 교통사고의 예방과 처리 • 어린이 · 장애인 및 노인의 교통사고 예방 • 긴급자동차에 길 터주기 요령 • 친환경 경제운전의 이해 • 전 좌석 안전띠 착용 등 자동차 안전의 이해	시청각

㉡ 특별교통안전교육

• 특별교통안전 의무교육

교육 과정	교육 대상자	교육 시간	교육과목 및 내용	교육 방법
음주 운전 교육	(1) 법 제73 조 제2항에 해당하는 사람 중 음주운전이 원인이 되어 운전면허효력 정지 또는 운전면허 취소처분을 받은 사람	최근 5년 동안 처음으로 음주운전을 한 사람	6시간	• 음주운전 실태 • 음주운전의 주요 원인 • 알코올이 운전에 미치는 영향 • 음주운전 유형 • 음주운전 극복 • 주요 생활 교통법규 등	강의 · 시청각 · 발표 · 토의 · 영화 상영 등
		최근 5년 동안 2번 음주운전을 한 사람	8시간	• 음주문화와 교통안전 • 음주운전 재발의 원인 및 유형 • 음주운전 재발자의 심리적 특성 • 음주운전 관련 교통법규 • 음주운전 예방 • 운전성격 · 행동 검사 • 안전운전과 교통법규 등	강의 · 시청각 · 토의 · 지필 검사 · 과 제작성 · 영화 상영 등
		최근 5년 동안 3번 이상 음 주운전을 한 사람	16시간	• 안전운전과 교통법규 등 • 안전운전 체험 • 행동 변화를 위한 상담 등	강의 · 시청각 · 영화상영 · 실습 · 상담 등
배려 운전 교육	(2) 법 제73조 제2항에 해당하는 사람 중 보복운전이 원인이 되어 운전면허효력 정지 또는 운전면허 취소처분을 받은 사람		6시간	• 스트레스 관리 • 분노 및 공격성 관리 • 공감능력 향상 • 보복운전과 교통안전	강의 · 시청각 · 토의 · 검사 · 영화 상영 등

교육 과정	교육 대상자	교육 시간	교육과목 및 내용	교육방법
법규 준수 교육 (의무)	(3) 법 제73조 제2항에 해당하는 사람 중 음주운전, 보복운전 이외의 원인으로 운전면허효력 정지 또는 운전면허 취소처분을 받은 사람	6시간	• 교통환경과 교통문화 • 안전운전의 기초 • 교통심리 및 행동이론 • 위험예측과 방어운전 • 운전유형 진단 교육 • 교통관련 법령의 이해	강의 · 시청각 · 토의 · 검사 · 영화 상영 등

• 특별교통안전 권장교육

교육 과정	교육 대상자	교육 시간	교육과목 및 내용	교육 방법
법규 준수 교육 (권장)	(1) 법 제73조 제3항 제1호에 해당하는 사람 중 교육받기를 원하는 사람	6시간	• 교통환경과 교통문화 • 안전운전의 기초 • 교통심리 및 행동이론 • 위험예측과 방어운전 • 운전유형 진단 교육 • 교통관련 법령의 이해	강의 · 시청각 · 토의 · 검사 · 영화 상영 등
법질 감경 교육	(2) 법 제73조 제3항 제2호에 해당하는 사람 중 교육받기를 원하는 사람	4시간	• 교통질서와 교통사고 • 운전자의 마음가짐 • 교통법규와 안전 • 운전면허 및 자동차 관리 등	강의 · 시청각 · 형화상영 등
현장 참여 교육	(3) 법 제73조 제3항 제3호에 해당하는 사람이나 (1)의 교육을 받은 사람 중 교육받기를 원하는 사람	8시간	• 도로교통 현장 관찰 • 음주 등 위험상황에서의 운전 가상체험 • 교통법규 위반별 사고 사례분석 및 토의 등	도로교통 현장관찰 · 강의 · 시청각 · 토의 · 영 화상영 등
고령 운전 교육	(4) 법 제73조 제3항 제4호에 해당하는 사람 중 교육받기를 원하는 사람	3시간	• 신체노화와 안전운전 • 약물과 안전운전 • 인지능력 자가진단 및 그 결과에 따른 안전운전 요령 • 교통관련 법령의 이해 • 고령운전자 교통사고 실태	강의 · 시청각 · 인지능력 자가 진단 등

㉢ 긴급자동차 교통안전교육

교육 대상자	교육 시간	교육과목 및 내용	교육 방법
법 제73조 제4항에 해당하는 사람	2시간 (3시간)	• 긴급자동차 관련 도로교통법령에 관한 내용 • 주요 긴급자동차 교통사고 사례 • 교통사고 예방 및 방어운전 • 긴급자동차 운전자의 마음가짐 • 긴급자동차의 주요 특성	강의 · 시청각 · 영화상영 등

㉣ 75세 이상인 사람에 대한 교통안전교육

교육 대상자	교육 시간	교육과목 및 내용	교육 방법
법 제73조 제5항에 해당하는 사람	2시간	• 신체 노화와 안전운전 • 약물과 안전운전 • 인지능력 자가진단 및 그 결과에 따른 안전운전 요령 • 교통관련 법령의 이해 • 고령 운전자 교통사고 실태	강의 · 시청각 · 인지능력 자가 진단 등

19 ④

특별교통안전교육은 다음의 사항에 대하여 강의·시청각교육 또는 현장체험교육 등의 방법으로 3시간 이상 16시간 이하 실시한다(시행령 제38조 제2항).

㉠ 교통질서
㉡ 교통사고와 그 예방
㉢ 안전운전의 기초
㉣ 교통법규와 안전
㉤ 운전면허 및 자동차관리
㉥ 그 밖에 교통안전의 확보를 위하여 필요한 사항

20 ①

법 제80조(운전면허) 제2항

시·도경찰청장은 운전을 할 수 있는 차의 종류를 기준으로 다음과 같이 운전면허의 범위를 구분하고 관리하여야 한다. 이 경우 운전면허의 범위에 따라 운전할 수 있는 차의 종류는 행정안전부령으로 정한다.

① 제1종 운전면허
　㉠ 대형면허
　㉡ 보통면허
　㉢ 소형면허
　㉣ 특수면허
　　• 대형견인차면허
　　• 소형견인차면허
　　• 구난차면허
② 제2종 운전면허
　㉠ 보통면허
　㉡ 소형면허
　㉢ 원동기장치자전거면허
③ 연습운전면허
　㉠ 제1종 보통연습면허
　㉡ 제2종 보통연습면허

▶▶▶ 제1과목 **사회**

1 ②

㉠ 제1차 개헌 : 발췌개헌(1952)
㉡ 제5차 개헌 : 국민투표개헌(1962)
㉢ 제8차 개헌 : 국가보위비상대책위원회 개헌(1980)
㉣ 제7차 개헌 : 유신개헌(1972)

2 ④

소득분배개선을 위한 복지정책 ··· 누진세제도의 도입, 상속제도의 개선, 사회보험의 실시, 교육기회의 확대, 공적 부조의 실시(국민기초생활보장법, 국민건강보험법, 아동복지법) 등이 있다.
④ 직접세는 소득의 원천을 기준으로 부과하는 세금으로서 담세능력에 따른 공평한 과세가 가능하기 때문에 소득분배개선을 위해서는 비율을 높여야 한다.

3 ②

A는 세금을 걷어서 소득이 낮은 계층에게 급부를 제공하는 공공부조에 해당한다. 이는 소득재분배가 큰데 비하여 B는 소득재분배효과는 크지 않지만 수혜자가 보험료를 부담하기 때문에 국가 재정 의존도가 낮고 강제가입으로 수혜자의 범위가 넓은 특징을 갖는다.

4 ④

여자와 남자 모두에서 노동력 부족을 선택한 응답자가 세대 갈등을 선택한 응답자의 2배를 넘는다.
① 여자 응답자 수와 남자 응답자 수를 알 수 없으므로 단정할 수 없는 진술이다.

5 ②

(가) 공유자원으로 비배제성과 경합성을 특징으로 한다.

(나) 일반적으로 시장에서 구매할 수 있는 사적재화를 나타낸다.

(다) 공공재를 말하고 있다.

① 공유지의 비극은 보통 공유자원에서 나타난다.

③ (나)는 사적재화이므로 배제성과 경합성을 갖는다.

④ (다)는 무임승차의 문제를 발생시키므로 시장실패를 야기한다.

6 ④

구분	소유권 절대 원칙	계약자유 원칙	과실 책임 원칙
폐단	경제적 약자에 대한 유산계급의 지배와 횡포	경제적 강자에게 유리한 계약을 약자에게 일방적 강요	기술과 자본을 통해 고의·과실 없음을 증명하여 책임회피
수정 (현대 민법 원리)	소유권 행사의 공공복리 적합의무 (원칙)	계약공정의 원칙	무과실 책임의 원칙

7 ①

우리나라는 국가재정의 원천이 되는 조세의 종목과 세율은 반드시 법률로 정하도록 하는 조세법률주의를 채택하고 있다. 권력분립의 원리에 따라 법률을 제정하는 입법권은 국회가 행사하므로 조세의 종목과 세율을 결정하는 기관은 바로 국회이다.

8 ②

② 보통선거는 선거민의 사회적 신분이나 재산·지위에 관계없이 모든 사람(만 19세 이상)에게 선거권 및 피선거권을 인정하는 제도로 현대 대중민주주의의 실현에 기여하였다.

9 ③

③ 중앙은행이 소유한 채권을 매각하는 경우에는 시중의 자금을 회수하기 때문에 통화량이 감소하지만, 다시 이 돈을 벤처에 투자한 경우에는 시중에 자금을 공급하는 것이므로 통화량이 증가하게 된다. 결국 통화공급에 영향이 없다.

10 ②

세대간 이동은 부모와 자녀간에 나타나는 계층적 위치의 변화를, 세대내 이동은 한 개인의 생애 동안에 계층적 위치가 변화되는 경우를 말한다. 조사결과를 보면 세대간, 세대내 이동의 가능성이 모두 높은 것으로 나와 있으므로 이는 현대산업사회의 개방적 계승구조를 나타낸다. 이러한 사회에서는 귀속지위보다 성취지위가 강조된다.

※ 사회이동의 가능성에 따른 계층구조

구분	폐쇄적 계층구조 (전통사회의 계층구조)	개방적 계층구조 (현대산업사회의 계층구조)
의미	수직적 이동은 극히 제한되고 수평이동은 가능하도록 제도화되어 있는 계층구조	사회이동의 기회가 제도적으로 보장된 계층구조
사회 이동의 주요 요소	• 세대간 이동 : 신분 세습의 형태 • 세대내 이동 : 개인의 노력·능력에 의한 이동은 극히 제한	• 세대간, 세대내 이동에 제한없음 • 개인적 능력·노력이 사회이동의 주요 요소로 작용
특징	• 계층 척도 : 혈통, 가문, 직업의 세습 • 귀속지위의 강조 • 피라미드형 계층구조	• 계층척도 : 재산, 교육, 직업 등 • 성취지위의 강조 • 다이아몬드형 계층구조
예	노예제도, 인도의 카스트제도, 조선시대의 반상계급	근대 이후의 대부분의 국가

11 ①

사례는 직관이나 상황 맥락에 의존하는 질적 연구방법(해석학적 연구방법)을 비판하고 양적 연구방법(실증적 연구방법)을 주장하고 있다. 따라서 연구자의 감정 이입을 통해 사회 현상을 이해하는 해석학적 연구방법과는 모순된다.

12 ①

제시된 내용은 예치주의에 대한 설명이다. 우리나라는 전통적으로 유교문화권에 속해 있었기 때문에 중국법의 영향을 많이 받아서, 법치주의보다는 덕치주의와 예치주의를 숭상하여 왔다. 우리의 조상들은 예만 지키면 어느 정도 윤리도 충족하고 법도 지키는 것으로 생각하여, 어릴 적부터 주자가례에 따른 관혼상제를 지키고, 여성은 엄격한 가례(家禮)와 여훈(女訓)을 익혔다. 이러한 예치주의는 법의 기능을 수행하는 측면을 지니고 있기도 하지만, 동시에 법의 발전을 가로막는 역할도 하였다.

13 ②

(가)는 계획 경제 체제, (나)는 시장 경제 체제가 된다. 계획 경제 체제는 국가의 적극적 개입을 통한 공정한 배분(형평성), 시장 경제 체제는 시장을 통한 효율성을 강조한다. 한편, 복지국가는 계획경제가 아닌 시장 경제 체제를 기본으로 정부의 개입을 허용한 수정자본주의 논리와 관련된다.

14 ④

A는 계급론, B는 계층론이다.
A에 따라 생산수단을 소유한 사람은 을, 병이고, 생산 수단을 소유하지 못한 사람은 갑, 정이다.
B에 따라 계층적 위치를 구분하면 다음과 같다.

구분	재산	권력	위신
갑	알 수 없음	알 수 없음	알 수 없음
을	상층	상층	상층
병	상층	중층	중층
정	하층	하층	하층

15 ②

정부간 국제기구(GO)와 비정부간 국제기구(NGO)

구분	정부간 국제기구(GO)	비정부간 국제기구(NGO)
기능	• 각국 정부가 당사자로 되는 기구 • 국가간의 의사소통을 할 수 있는 장을 제공하고, 공식적인 대화와 분쟁조정의 1차적인 권한과 책임을 갖고 있음 • 국제연합	• 개인이나 사적 집단이 당사자로 되는 기구 • 보건, 우편, 항공, 교통, 기상분야와 같은 경우처럼 회원국간 일정 부문의 규정을 설정해 알리거나 표준화시키는 기능을 수행함으로써 비정치적 분야의 상호연대나 교류에 기여 • PLO(팔레스타인 해방기구), 그린피스, UNESCO, 세계자연보호기금, 국제사면위원회 등
역할 변천	제2차 세계대전 직후에는 일반적으로 국제기구는 GO를 중심으로 활동해 왔으나, 교통·통신·기술의 혁명적 발달과 국경을 초월한 비정치적 분야의 상호연대와 교류증대로 NGO의 역할이 증대하고 있다.	

② NGO(Non Governmental Organization)는 비정치적 분야에서의 상호연대와 교류를 목적으로 한다. 따라서 특정 집단 간의 반목으로 인한 적대행위는 아니다.

16 ④

법치주의의 유형 중 A는 형식적 법치주의, B는 실질적 법치주의이다. A와 B 모두 국민의 기본권을 제한하는 경우 법적 근거가 있어야 한다고 본다.

17 ④

산업혁명 이후 부의 증가에 따른 빈부격차의 심화, 계층구조의 변화, 관료제·기계제 및 획일화에서 오는 개성상실과 비인간화현상 등 사회적 갈등이 증가하고 이러한 문제를 해결하기 위해 국가의 적극적인 역할이 요청되었으며, 국제협력의 필요성 또한 증대되었다.

18 ③

③ 전자투표나 전자여론조사 같은 정보·통신매체를 통한 새로운 형태의 정치참여를 원격민주정치라고 한다. 원격민주정치에서는 시민들의 의사를 짧은 시간에 집계할 수 있어서 정책결정에 시간이 많이 단축된다.

19 ④

④ 소멸시효와 취득시효는 진실한 권리자의 권리를 소멸시키므로 '정의'를 희생시키는 반면, 기존의 지속된 사실관계를 존중함으로써 법적 안정성을 꾀하고 있다.

> **Plus✛**
> **Study** | **법적 안정성**
>
> ㉠ 의미 : 법에 의해 보호되는 사회생활의 질서와 안정을 의미하며, 국민생활의 안정과 사회질서를 유지시켜 주는 기능을 한다.
> ㉡ 법적 안정성의 요건
> • 법의 제정은 신중하게 이루어져야 하며, 법의 내용이 명확해야 한다.
> • 실제로 실현가능한 것이어야 한다.
> • 국민의 법의식과 합치되어야 한다.
> • 너무 자주, 그리고 함부로 변경되지 않아야 한다.

20 ②

환율인하(평가절상)는 수출상품의 외화가격이 오르므로 수출이 감소하고, 수입상품의 원화가격이 내리므로 수입이 증가한다. 따라서 국제수지가 악화되고 수입원자재의 가격이 내리므로 국내물가도 하락하여 물가가 안정되고 외채상환부담이 감소하며, 수출감소에 따른 외화공급의 감소와 수입증가에 따른 외화수요의 증가를 초래한다.

▶▶▶ **제2과목** **자동차구조원리 및 도로교통법규**

1 ④

무화, 분포, 관통도를 3대 연료분사조건이라고 한다.

2 ④

기동전동기는 전기분야의 시동 장치이다.

3 ②

터보차저의 장점은 과급해 주면 높은 충전 효율을 얻는다. 충전 효율이 크다는 것은 단위 시간에 연소하는 혼합 가스의 양이 많아지는 것이므로, 당연히 출력은 크게 향상한다. 더욱이 과급기는 원래 대기 중에 버리던 배기 에너지를 이용하고 있기 때문에 엔진의 효율은 개선되어 연비 성능도 향상된다.

4 ①

추진축에서 각도 변화를 주기 위하여 자재이음을 사용한다.

5 ④

마스터 실린더에 잔압을 두는 이유
㉠ 유압회로 내의 공기유입 방지
㉡ 휠 실린더 내에서 오일 누출 방지
㉢ 브레이크 작동 늦음 방지
㉣ 베이퍼 록 방지

6 ④

수막 현상은 특히 고속으로 주행할 때 발생한다. 저속이나 중속으로 주행하는 경우에는 타이어 아래쪽의 물이 튀어나가면서 노면과의 접촉이 유지되는 반면, 일정 속도 이상이 되면 물이 튕겨져 나갈 수 있는 시간이 없어 노면이 아닌 수면 위를 달리는 현상이 발생한다.

7 ①

오버드라이브 … (차량의) 증속 구동(속도를 내기 위해 가장 높은 기어를 사용하는 것)

8 ③

동력실린더를 조향링키지 중간에 둔 것인데 제어밸브의 설치위치에 따라 조합형과 분리형이 있다. 조합형은 제어밸브와 동력실린더가 일체로 되어진 것으로 설치장소가 비교적 넓은 대형트럭이나 버스에 사용되어지며 분리형은 제어 밸브와 동력실린더가 각각 분리되어 있는 방식으로 설치장소가 좁은 소형트럭이나 승용차 등에서 사동되어지는 방식이다.

9 ③

브레이크 배력장치는 외력을 이용하여 운전자의 페달 답력을 배가(倍加)시켜 주는 장치이다. 배력장치가 고장일 경우에는 운전자의 페달 답력만으로 브레이크를 조작할 수 있어야 한다.
배력장치에 이용되는 외력으로는 기관의 흡기다기관 부압, 유압, 공기압 등이 있다.

10 ④

토크컨버터 … 유체를 사용하여 토크를 변환하여 동력을 전달하는 장치를 말한다.
엔진 측에 연결된 펌프와 변속기 측에 연결되는 터빈 및 힘을 강하게 하는 스테이터와 오일로 구성된다.

11 ④

제1종 운전면허
㉠ 대형면허
㉡ 보통면허
㉢ 소형면허
㉣ 특수면허
• 대형견인차면허
• 소형견인차면허
• 구난차면허

12 ①

① 법 제162조
② 범칙행위→20만 원(30만 원 아님) 이하의 벌금이나 구류 또는 과료에 해당하는 위반행위이다.
③ 범칙금의 납부여부는 범칙자의 의지에 좌우되므로 강제성은 없다.
④ 범칙금 미납자가 범칙금 납부 만료일부터(통고처분을 받은 날로부터 아님) 60일까지 즉결심판을 받지 않으면 그 통고처분 불이행자의 운전면허의 효력을 일시 정지시킬 수 있다(시행령 제99조).

13 ④

18세 이상자가 운전면허를 취득할 수 있다. 단 원동기장치자전거는 16세 이상이면 취득이 가능하다.

14 ①

운전면허 결격사유 신체장애인(법 제82조)
㉠ 듣지 못하는 사람(제1종 운전면허 중 대형면허 · 특수면허만 해당한다.)
㉡ 앞을 보지 못하는 사람(한쪽 눈만 보지 못하는 사람의 경우에는 제1종 운전면허 중 대형면허 · 특수면허만 해당한다.)
㉢ 다리 · 머리 · 척추나 그 밖의 신체장애로 인하여 앉아 있을 수 없는 사람
㉣ 양팔의 팔꿈치관절 이상을 잃은 사람, 양쪽 팔을 전혀 쓸 수 없는 사람

15 ④

시 · 도경찰청장은 정비상태가 매우 불량하여 위험발생의 우려가 있는 경우에는 그 차의 자동차등록증을 보관하고 운전의 일시정지를 명할 수 있으며 이 경우 필요하면 10일의 범위에서 정비기간을 정하여 그 차의 사용을 정지 시킬 수가 있다.

16 ①

시행규칙 별표 18(제1종 보통면허로 운전할 수 있는 차의 종류)

㉠ 승용자동차
㉡ 승차정원 15명 이하의 승합자동차
㉢ 적재중량 12톤 미만의 화물자동차
㉣ 건설기계(도로를 운행하는 3톤 미만의 지게차로 한정)
㉤ 총중량 10톤 미만의 특수자동차(구난차 등은 제외)
㉥ 원동기장치자전거

17 ③

연습운전면허증을 받은 사람은 도로주행시험에 응시할 수 있다.

18 ①

교통사고발생시 신고하여야 할 사항

㉠ 사고가 일어난 장소
㉡ 사상자 수 및 부상정도
㉢ 손괴한 물건 및 손괴정도
㉣ 그 밖의 조치 사항 등

19 ②

대형면허와 특수면허만이 1종 면허에 속하므로 제2종 운전면허와 제2종 연습면허로는 운전을 할 수 없다(법 제80조).

20 ④

교통사고를 일으킨 차가 「보험업법」, 「여객자동차 운수사업법」, 「화물자동차 운수사업법」에 따른 보험 또는 공제에 가입된 경우에는 공소제기를 할 수 없지만 피해자가 신체의 상해로 인하여 생명에 대한 위험이 발생하거나 불구가 되거나 불치 또는 난치의 질병이 생긴 경우에는 공소를 제기할 수 있다(교통사고처리 특례법 제4조).

▶▶▶ 제1과목 **사회**

1 ④

㈎는 복지 국가 원리이다.
① 복지 국가 원리는 현대 입헌주의 헌법에서 강조한 원리이다.
②, ③ 국민 주권주의에 대한 설명이다.

2 ③

수요의 가격탄력성

㉠ 사치품 : 수요의 가격탄력성이 1보다 큰 상품은 가격을 내릴 때 수요량 증가율이 가격의 하락률보다 커서 총판매수익이 증가한다.
㉡ 생필품 : 수요의 가격탄력성이 1보다 작으면 가격을 내린 상품의 수요량 증가율이 가격의 하락률보다 작아 총판매수익은 감소한다.

3 ③

㈎는 2차적 사회화 기관이고, ㈏는 가입과 탈퇴가 자유로운 자발적 결사체에 속한다.
㈐ 역시 특정한 목적을 위해 조직된 자발적 결사체에 해당하며 ㈑의 종친회는 태어나면서부터 가입되는 자연 발생적 현상이 아니기 때문에 공동사회가 아니다.

4 ④

생산물 시장에서는 기업이 공급자가 되고 가계가 수요자가 된다. 생산 요소 시장은 이와 반대로 가계가 공급자가 되고 기업이 수요자가 된다. 이때 지대는 기업이 생산요소를 활용한 대가로 가계에 지급하는 것이므로 B에서 결정된다. 세금이 인상되면 가격이 인상되어 제품판매수입이 감소하기 때문에 ㈎는 감소한다. 만약 임금이 인상될 경우는 기업이 가계에 지급하는 소득의 원천이 커지기 때문에 ㈏는 증가한다.

5 ②

비동맹외교의 방향

㉠ 비동맹국가들과의 관계개선과 교류를 증진시키는 외교이다.

㉡ 초청방문외교 : 국가원수, 국회의원, 관료의 교류를 확대한다.

㉢ 경제외교 : 경제력을 바탕으로 효율적 경제교류, 차관제공을 목적으로 한다.

㉣ 문화외교 : 상호이해에 도움이 되는 광범하고 적극적인 문화교류를 목적으로 한다.

6 ①

갑이 한 행동은 자구행위이다. 개인의 신체·재산 등이 타인에 의해 문제가 발생하면 법적인 수단을 이용하여 해결해야 하나, 법적인 수단을 이용하는 시간이 부족하거나 특정한 상황일 경우에는 본인을 위하여 행동할 수 있다. 을의 경우 위급한 상황을 피하기 위해 다른 이익 또는 가치를 침해하지 않고는 달리 피할 방법이 없을 때 인정되는 정당화 사유이다. 병의 경우 법령에 의한 행위 또는 업무로 인한 행위가 사회의 보편적인 규칙에 위배되지 않는 경우로 모두 위법성이 조각된다.

7 ②

지역구의원은 지역대표제, 다수대표제(소선거구제)를, 전국구의원은 비례대표제를 채택하고 있고, 선거공영제는 국가 또는 지방자치단체가 선거를 관리하는 제도이다.

8 ②

직접민주정치제도의 도입 … 오늘날의 민주국가에서 간접정치의 단점을 보완하기 위해 도입되었다.

㉠ 국민투표 : 헌법개정이나 국가의 중요한 일에 대하여 국민의 의사를 직접 묻는 방법이다.

㉡ 국민발안(국민창안) : 법률안 또는 헌법개정안 등의 발의를 국민이 직접 할 수 있는 제도이다.

㉢ 국민소환 : 선출된 대표가 부적당하다고 생각될 때 소환할 수 있는 제도이다.

9 ④

주인의식 … 국가생활과 공동생활에 관한 일을 나의 일처럼 생각하는 것으로, 실천방법으로는 능동적 참여, 정당한 권리행사, 성실한 의무이행 등이 있다.

10 ④

질문지법 … 조사하고자 하는 내용에 관한 설문지를 작성하여 이를 조사대상자에게 보내서 기입하게 하는 조사방법으로, 자료수집방법에서 가장 많이 사용된다.

㉠ 장점 : 시간과 비용절약, 자료분석시 비교가 용이하다.

㉡ 단점 : 질문지 회수율이 낮고 질문내용을 오해할 가능성이 있으며, 문맹자에게 실시가 불가능하다.

① 면접법

③ 관찰법

11 ④

B가 C를 폭행하여 상해를 입힌 사안에서 불법행위가 성립되기 위해서는 가해행위, 위법성, 고의 또는 과실, 손해의 발생, 인과관계, 책임능력 등이 필요하다. 한편 A의 사용자 책임이 인정되기 위해서는 ① 어느 사무에 종사시키기 위하여 타인을 사용할 것, ② 피용자가 사무집행에 관하여 제3자에게 손해를 주었을 것, ③ 피용자의 불법행위, ④ 사용자가 면책 사유를 입증하지 못할 것이 성립해야 한다. B가 손해배상 할 능력이 있는지 유무는 사용자 배상책임의 성립요건은 아니다.

12 ①

지급준비율의 인하, 국·공채의 매입, 재할인율 인하 등은 통화증가의 요인으로 물가상승을 초래한다.

13 ④

관세의 부과이유
⊙ 국내산업의 보호 · 육성을 위해서이다.
⊙ 국민경제의 자주성 · 국가안보의 목적을 위해서이다.
⊙ 정부의 세입 증대를 위해서이다.
⊙ 수입사치재의 소비억제효과를 위해서이다.

14 ①

재정정책과 공공투자정책 … 자본주의 국가들은 공황
극복을 위하여 대규모의 재정지출로 공공사업을 일
으켜 유효수요를 증대시킴으로써 실업자를 구제하려
는 정책을 추진하는데, 미국에서 실시한 뉴딜(New
Deal)정책이 그 대표적인 예이다.

15 ③

경제안정화정책 … 정부가 인플레이션을 억제하고 완
전고용수준에 가깝도록 실업을 줄이면서 경제성장을
이루고자 재정정책이나 금융정책을 시행하는 것이다.
⊙ 불황기 : 팽창정책(조세인하, 재정지출 확대) → 국
내수요 확대, 실업감소
⊙ 호황기 : 긴축정책(조세인상, 재정지출 감소) → 국
내수요 억제, 물가안정

16 ④

그림에서 (가)는 스스로의 가입의지가 없고 사람들 사
이의 관계가 전인격적인 1차 집단인 것으로 보아서
가족, 또래집단 같은 경우가 속함을 추론할 수 있다.
(나)는 스스로의 가입의 지가 있고 수단적이고 계산적
인 만남을 하는 것이므로 회사나 정당이 여기에 속
하게 된다.

17 ①

평등
⊙ 개념 : 평등이란 누구든지 성별, 종교, 사회적 신
분 등 불합리한 이유 때문에 차별을 받아서는 안
된다는 것을 의미한다. 상대적 · 비례적 평등을
실현하도록 노력해야 한다.
⊙ 법 앞의 평등의 의미 : 법적으로 차별대우를 받지
않는다는 뜻으로 인격의 평등, 기회의 균등, 능
력에 따른 평등, 곧 합리적 차별대우를 말한다.

18 ③

사회계층에 대한 갈등론적 기능론적 관점
⊙ 갈등론적 관점 : 사회적 희소가치의 분배는 자질과
능력보다는 권력이나 가정의 배경과 같은 요인에
의해 차등하게 분배된다.
⊙ 기능론적 관점 : 각자의 위치에는 적절한 자질과
능력을 가진 사람으로 채워지게 되고, 이에 따라
사회적 희소가치가 차등있게 분배된다.

19 ①

제시된 사례에서 공통적으로 부각되어 있는 문화의
속성은 공유성이다.
②는 변동성, ③은 축적성, ④는 학습성에 대한 설
명이다.

20 ②

가수요란 실제 필요에 따른 수요가 아닌 가격 변화
를 예상한 수요이다. 가수요가 있으면 일반적인 수
요 법칙과는 반대의 현상이 일어난다.

1 ④

클러치는 회전부분의 관성이 적어야 한다.

2 ③

차고 센서 … 아래(low) 컨트롤 암과 센서 보디에 레버와 로드로 연결되어 자동차의 앞뒤에 각각 1개씩 설치, 레버의 회전량이 센서에 전달되어 자동차의 높이 변화에 따른 차축과 보디의 위치를 감지하는 센서

3 ②

하이드로 백 내 작동 … 브레이크를 밟았을 때 공기 밸브가 열려 대기압이 동력 피스톤의 뒤쪽에 공급되도록 하여 배력작용이 이루어진다.

4 ③

변속기로서는 보통 직결(直結) 또는 감속(減速)을 하나 이와 반대로 증속(增速)을 하는 것을 오버드라이브라고 한다. 이로써 평탄한 도로를 주행할 때의 엔진의 회전수를 낮추고, 연료 소비, 소음을 줄이며, 수명을 길게 할 수 있다.

5 ④

인터록 … 수동 변속기의 기어를 변속하는 과정에서 두 개의 기어가 동시에 물리는 것을 방지하기 위해 레일과 레일 사이에 설치되어 있는 장치

6 ③

조향기어비 = 조향핸들 각도/피트먼 암 각도

$14 = \dfrac{x}{20}$, $x = 280$

7 ④

종감속비 … 링 기어 잇수와 구동 피니언 기어 잇수의 비를 말한다.

8 ①

최소 회전반경 = 축거/조향각 + 바퀴 접지면 중심과 킹핀과 이르는 거리 = $\dfrac{4}{\sin 30°} + 0.06 = 8 + 0.06 = 8.06$

9 ③

파스칼의 원리 … 밀폐된 용기 속에 담겨 있는 액체의 한쪽 부분에 주어진 압력은 그 세기에는 변함없이 같은 크기로 액체의 각 부분에 골고루 전달된다는 법칙

10 ④

시미 … 양쪽 조향 차륜에 작용하는 주행 저항이 동일하지 않아 자동차의 앞부분이 좌우로 흔들리는 현상을 말한다.

11 ④

㉠ 제1종 운전면허 : 두 눈을 동시에 뜨고 잰 시력이 0.8 이상이고, 두 눈의 시력이 각각 0.5 이상일 것. 다만, 한쪽 눈을 보지 못하는 사람이 보통면허를 취득하려는 경우에는 다른 쪽 눈의 시력이 0.8 이상이고, 수평시야가 120도 이상이며, 수직시야가 20도 이상이고, 중심시야 20도 내 암점(暗點) 또는 반맹(半盲)이 없어야 한다.

㉡ 제2종 운전면허 : 두 눈을 동시에 뜨고 잰 시력이 0.5이상일 것. 다만, 한쪽 눈을 보지 못하는 사람은 다른 쪽 눈의 시력이 0.6 이상이어야 한다.

12 ④

적성검사 미필로 취소된 사람은 응시제한 기간이 없다.(즉시 응시가 가능하다)

13 ②

건설기계와 구난차(특수면허)만이 제1종 대형면허에 속하므로 제2종 보통면허와 제1종 보통연습면허로는 운전을 할 수 없다(법 제80조).

14 ④

행정안전부령으로 정하는 보행보조용 의자차는 차가 아니라 보행자로 취급한다.

15 ②

②는 해당되지 않는다.

16 ③

배려운전교육은 특별교통안전 권장교육이 아니고 특별교통안전 의무교육이다.

17 ④

최초의 운전면허증 갱신기간 … 도로교통법에 따른 운전면허 시험에 합격한 날부터 기산하여 10년(운전면허시험 합격일에 65세 이상 75세 미만인 사람은 5년, 75세 이상인 사람은 3년)이 되는 날이 속하는 해의 1월 1일부터 12월 31일까지(법 제87조)

18 ④

법 제92조 제1항 제2호(운전면허증 등을 갈음하는 증명서)
㉠ 임시운전증명서
㉡ 범칙금 납부통고서 또는 출석지시서
㉢ 출석고지서

19 ④

법 제91조(임시운전증명서)

① 시·도경찰청장은 다음의 어느 하나의 경우에 해당하는 사람이 임시운전증명서 발급을 신청하면 행정안전부령으로 정하는 바에 따라 임시운전증명서를 발급할 수 있다. 다만, ㉡의 경우에는 소지하고 있는 운전면허증에 행정안전부령으로 정하는 사항을 기재하여 발급함으로써 임시운전증명서 발급을 갈음할 수 있다.
  ㉠ 운전면허증을 잃어버렸거나 헐어 못 쓰게 되었을 때에 재발급 신청을 한 경우
  ㉡ 정기 적성검사 또는 운전면허증 갱신 발급 신청을 하거나 수시 적성검사를 신청한 경우
  ㉢ 운전면허의 취소처분 또는 정지처분 대상자가 운전면허증을 제출한 경우
② ①의 임시운전증명서는 그 유효기간 중에는 운전면허증과 같은 효력이 있다.

20 ④

음주운전으로 단속된 경우는 필요적 취소 사유가 아니라 임의적 취소 사유이다.

1 ②

소멸시효와 취득시효는 시효제도를 통하여 거래의 안전을 이룰 수 있고 국민생활의 안정과 사회질서를 유지할 수 있으므로 법적 안정성을 존중하는 제도이다.

※ **시효제도** … 일정한 사실상태가 일정한 기간 지속된 경우에는 그 상태가 진실한 권리관계에 합치하느냐를 묻지 않고, 그 상태를 진실한 권리관계로 인정하여 일정한 법률상의 효과를 부여하는 제도이다. 시효제도는 일정한 기간 동안에 지속된 사실관계를 존중함으로써 진실한 권리자의 권리를 소멸시키므로 정의와 합목적성을 희생시킨 것이다.

2 ④

1차 · 2차 개헌

㉠ 1차 개헌(1952. 7, 발췌개헌) : 일사부재의의 원칙(부결된 개헌안과 동일 내용의 개헌안을 다시 제출할 수 없음)에 위배되었으며, 공고 없이 이루어진 개헌이므로 공고절차를 위반했으며, 폭력단에 의해 공포분위기를 조성한 다음 국회의원들을 의사당에 강제 연행해 와서 토론의 자유도 없이 의결이 강제(투표의 자유에 하자)되었기 때문에 위헌이다.

㉡ 2차 개헌(1954. 11, 사사오입개헌) : 초대 대통령에 한하여 중임제한을 철폐한 것은 평등의 원칙에 위배되며, 사사오입이라는 수학적 이론을 헌법 개정에 도입하여 부결선언을 가결로 전복 결의한 것은 절차상으로도 정족수에 미달한 위헌적인 개헌이다.

④ 일사부재리의 원칙은 동일한 범죄에 대해 거듭 처벌받지 않는다는 것이므로 위의 내용과는 관계없고, 일사부재의의 원칙으로 고쳐져야 한다.

3 ①

㉢ ㉢은 청구권에 해당한다. 국가 및 공공 기관 구성원으로서 직무를 담당할 수 있는 권리는 공무담임권으로 참정권에 해당한다.

㉣ 헌법 재판소는 기본권 제한의 한계를 넘지 않았다고 판단하였다.

4 ②

헌법상 소유자는 재산권의 행사의 자유를 갖는 한편 인근 주민들은 헌법상 환경권을 갖는다. 따라서 소유자의 자유권적 기본권과 인근 주민의 사회권적 기본권이 충돌하고 있다.

5 ③

자치행정권 … 법령과 조례에 근거를 두고 지방자치단체의 장이 행사할 수 있다.

구분		내용
고유사무		지방의 복리증진을 도모하고 공공사무를 처리하는 업무를 말한다(상 · 하수도사업, 각급 학교 · 도서관의 설치 및 관리, 지방세에 관한 사무, 오물처리, 소방사무 등).
위임 사무	단체 위임 사무	직접적으로 지방적 이해관계가 있을 뿐만 아니라 전국적으로 이해관계가 있는 사무로서, 국가나 상급 지방자치단체로부터 위임받은 사무이다(시 · 군의 국세징수사무나 재해구호사무, 국도유지의무, 하천점용료 징수사무, 보건소업무 등).
	기관 위임 사무	지방적 이해관계가 없이 전국적인 이해관계가 있는 사무로서 국가 또는 광역자치단체로부터 위임받은 사무를 말한다(호적, 주민등록, 경찰, 선거, 민방위, 인구조사사무 등).

※ 호적, 주민등록사무는 사회 교과서와 통설에 의하면 기관위임사무이다. 지방자치법과 대법원 판례(호적사무는 고유사무)와 행정학의 유력설에 의하면 고유사무로 볼 수 있다. 통설은 호적, 주민등록 사무는 전국적 이해관계를 가진 것으로 기관위임사무이나 행정편의상 고유사무로 취급되고 있을 뿐이라고 이해한다.

6 ④

제시된 내용은 국회의원이 국민에 대해 특별한 책임을 지지 않는다는 내용이다. 선거 때만이 아니라 평상시 국회의원의 책임과 민주적인 통제를 확보하기 위해서는 국회의원을 임기 만료 전에 투표로써 다시 해임하는 국민소환이 하나의 방안이 될 수 있다.

① 중선거구제는 한 선거구에서 2~3인을 선출하는 방식으로 제시된 내용과는 무관하다.

②③ 국민이 발의하고 직접 표결에 참여하는 제도로 대의정치를 보완하는 방식이지만, 제시된 내용과 관련된 국회의원에 대한 직접적인 통제방안이 아니다.

7 ④

총수요 = 민간소비 + 민간투자 + 정부지출 + 수출
총공급 = GDP(또는 GNP) + 수입
총수요가 총공급을 초과했을 때는 총수요는 줄이고, 총공급을 늘리는 정책이 필요하다.

8 ④

관료제의 전형적인 특징을 보여주고 있다. 관료제는 공식적인 절차와 위계화된 구조로 운영되기 때문에 보통은 개인적인 판단이나 의사가 개입되기 어렵다.

9 ③

(가)는 대통령제, (나)는 의원 내각제이다.

① 선거 결과 과반수 의석을 차지한 정당이 없어 다수당의 횡포가 나타날 가능성은 높지 않다.

④ 의원 내각제의 특징이다.

10 ④

(가) 갑은 A 재화의 가격과 상관없이 매달 5만원 어치를 구입한다. 가격이 상관없이 매달 소비 지출이 일정할 때, 단위탄력적이라 한다. 즉, 소비 지출은 기업의 판매 수입과 같은 값으로 항상 일정하다.

(나) 가격과 상관없이 매달 일정량을 구입하고 있다. 이는 가격의 변화에 상관없이 수요량이 변화지 않으므로 비탄력적이라는 것을 알 수 있다.

(다) 매달 생활비가 일정하다고 가정할 때, 일정한 생활비의 1/10을 사용하므로 A 재화 구입비 역시 일정액을 사용하고 있는 것이다. 따라서 그 재화의 가격이 어떠하든 매달 일정액을 사용하므로 소비 지출과 기업의 판매 수입은 같은 값으로 항상 일정하다.

11 ③

실증적 연구방법(양적 접근법) … 경험적 자료를 계량화하여 분석하고 연역적 추론과정을 통하여 사회현상의 일반적인 법칙을 발견하여 설명하려는 연구방법이다.

①②④ 해석적 연구방법(질적 접근법)에 대한 설명이다.

12 ①

선거의 4원칙

㉠ 보통선거 : 제한선거의 상대적 개념인 보통선거는 일정한 연령에 달하면 성별, 재산, 학력 등에 관계없이 누구나 선거권을 행사할 수 있는 제도로서, 차티스트운동의 결과 확립되었으며, 이에 따라 대중민주주의가 가능하였다. 여성에게도 제한 없이 선거권이 부여되는 것은 보통선거원칙이다.

㉡ 평등선거 : 차등선거의 상대적 개념으로, 1인 1표와 선거구 인구비례의 평등을 요구하는 선거원칙이다. 인구비례의 평등을 요구하는 것은 평등선거원칙이나, 여기서 지문에 나타난 결론은 1928년 여성에게도 남성과 동등한 참정권이 주어지게 되었다는 것이므로 중시되는 선거원칙은 보통선거원칙이다.

ⓒ 직접선거 : 대리선거의 상대적 개념으로, 선거권자가 대리인을 거치지 않고 자신이 직접 투표장소에서 나가 투표하는 제도이다.

ⓔ 비밀선거 : 공개선거의 상대적 개념으로, 선거인이 어떤 후보자에게 투표했는지 알 수 없게 하는 제도이다.

13 ③

법률로써 제한할 수 있다는 것은 합법성을 의미하고, 일정한 목적 하에서만 제한할 수 있다는 것은 합목적성을 나타낸다. 이에 자유과 권리의 본질적인 내용을 침해할 수 없다는 것은 결국 정의의 영역을 최고 가치로 삼고 있음을 의미한다.

14 ④

사실혼 배우자는 상속받을 수 없으며, 또한 사망했기 때문에 고려할 필요가 없게 된다. 따라서 직계비속인 B가 단독으로 상속한다.

15 ④

지수물가는 여러 가지 재화와 용역의 가격변동을 가중값으로 하여 산출하는 데 반해 소비자가 느끼는 체감물가는 흔히 사서 쓰는 몇 가지 품목의 가격변동에 의해 크게 좌우되기 때문이다.
④ 정부에서 발표하는 물가는 가중물가지수이다.

16 ④

성 불평등의 극복방안
ⓐ 고정관념의 파괴 : 성 역할은 어떤 고정관념에 의해 강요된 결과임을 인식하고 평등주의 가치관을 재정립한다.
ⓑ 양성성의 개발 : 남성다움의 장점과 여성다움의 장점을 고루 갖춘 인성이 되도록 해야 한다.

ⓒ 법과 정책의 개발 : 가족법 개정, 남녀고용평등법 등 정치·경제·사회·문화의 각 영역에서 남녀를 차별하지 않는 정책 개발이 필요하다.
ⓓ 여성교육의 강화 : 여성의 교육기회의 실질적 보장, 여성의 의식전환을 위한 제도적 장치가 마련되어야 한다.
④ 불평등현상이 존재하는 상황에서 "남자는 남자답게, 여자는 여자답게"라는 전통적 규범에 대한 성 역할 교육은 기존의 불평등현상을 고착화시킨다.

17 ①

제시된 내용은 공공(공적)부조에 대한 설명이다. 공공부조제도는 보험료를 부담할 능력이 없는 일정한 기준 이하의 빈곤자에게 국가가 제공하는 생활보조 활동으로 대상자는 자산, 건강, 연령 등을 고려하여 개별적으로 선정되며 전액 공비로 운영되므로 소득재분배의 효과가 크다.

18 ②

환율인상(평가절하) … 1달러가 500원에서 1,000원이 된 경우로 우리나라의 원화가치가 달러에 대해 하락한 것을 말한다.
ⓐ 수출증가 : 국내에서 500원이던 재화의 국제가격이 1달러에서 0.5달러로, 달러화 표시가격이 하락하여 수출이 증가한다.
ⓑ 수입감소 : 외국에서 2달러인 재회의 수입가격이 1,000원에서 2,000원으로, 원화표시가격이 상승하여 수입이 감소한다.
ⓒ 외채상환부담 증가 : 1달러를 상환할 경우 부담액이 500원에서 1,000원으로 상승한다.
ⓓ 해외여행 불리 : 100만원을 해외여행에 지출할 경우 해외에서 쓸 수 있는 돈이 2,000달러에서 1,000달러로 감소한다.
ⓔ 물가의 상승 : 수출증가와 수입감소로 통화량이 증가하여 물가가 오른다.

② 수입품의 국내가격 상승으로 수입업체의 이윤은 감소하게 된다.

19 ②

독과점의 횡포(불완전한 경쟁), 공공재의 부족, 사회적 비용의 발생, 즉 외부효과(외부경제, 외부불경제) 등은 시장이 최선의 자원배분을 보장하지 못하는 시장실패이다.
② 시장실패를 해결하기 위한 정부의 지나친 개입으로 오히려 효율성이 저하되는 정부실패의 사례이다.

20 ③

문화 변동으로 A국에서는 문화 병존, B국에서는 문화 융합, C국에서는 문화 동화 현상이 나타났다.

▶▶▶ 제2과목 **자동차구조원리 및 도로교통법규**

1 ③

조향장치는 수동으로도 조작할 수 있어야 한다.

2 ④

스테이터 … 토크를 변환하여 동력을 전달하는 장치. 유체 이음과 비슷하나 펌프 날개차, 터빈 날개차 이외에 정지 스테이터(stator)가 있는 것이 특징으로, 자동차·선박 등에 응용하면 변속 기어가 필요 없게 되며 시동시의 회전력도 크다.

3 ④

저속에서 가장 큰 회전력을 얻을 수 있다.

4 ②

싱크로나이저 링 … 싱크로메시 기구에 있는 링 모양의 부품 명칭이다.

5 ④

P와 N 위치의 변속레버에서만 시동이 걸리도록 하는 역할은 인히비터 스위치가 한다.

6 ③

스로틀 보디의 스로틀 샤프트와 함께 회전함에 따라 스로틀 포지션 센서의 출력 전압이 변하며, ECU(electronic control unit)는 이 전압 변화를 기초로 하여 엔진의 가속 상태를 판단하고 그에 따라 필요한 제어를 실행한다.

7 ①

매뉴얼 밸브 … 운전석에 설치되어 있는 시프트 레버 변속 레버에 의해 작동되는 수동용 밸브로서, 오일 라인에 압력을 P, R, N, D, 2, L 레인 인에 따라 작동 부분에 유도된다.

8 ①

유성 기어 … 변속기 주축의 구동축에 고정되어 회전력을 전달하는 선 기어와, 변속기 주축의 피동축에 연결되어 구동력을 추진축으로 전달하는 링 기어 사이에서, 캐리어에 의해 지지되어 있는 기어로, 오버드라이브기구의 한 구성 부품이다.

9 ③

저온에서 유동성이 좋아야 한다.

10 ④

출발 시 엔진에서 덜컹거리는 현상에 영향을 주는 것은 레귤레이터 압력스프링 작용이다.

11 ②

적성검사에 불합격된 경우에 국제운전면허증에 의한 운전이 금지될 수 있다.

> 국제운전면허증에 의한 운전 금지(법 제97조)
> 국제운전면허증을 가지고 국내에서 자동차 등(개인형 이동장치는 제외한다)을 운전하는 사람이 다음의 어느 하나에 해당하면 그 사람의 주소지를 관할하는 시 · 도경찰청장은 행정안전부령으로 정하는 기준에 따라 1년을 넘지 않는 범위에서 국제운전면허증에 의한 자동차 등의 운전을 금지할 수 있다.
> ㉠ 적성검사를 받지 않았거나 적성검사에 불합격된 경우
> ㉡ 운전 중 고의 또는 과실로 교통사고를 일으킨 경우
> ㉢ 대한민국 국적을 가진 사람이 운전면허가 취소되거나 효력이 정지된 후 결격기간이 지나지 않은 경우
> ㉣ 자동차 등의 운전에 관하여 도로교통법이나 이 법에 따른 명령 또는 처분을 위반한 경우

12 ①

도로교통의 안전을 위하여 각종 제한 및 금지 등의 규제를 하는 경우 이를 도로사용자에게 알리기 위한 표지는 규제표지에 해당한다.

13 ②

유효기간은 발급일로부터 1년이다.

14 ①

운전면허를 받은 사람이 국외에서 운전을 하기 위하여 「도로교통에 관한 협약」에 따른 국제운전면허증을 발급받으려면 시 · 도경찰청장에게 신청하여야 한다(법 제98조).

※ 시행규칙 제98조(국제운전면허증의 발급)
운전면허를 받은 사람이 국제운전면허증을 발급받으려는 경우에는 신청서에 사진 1장을 첨부하여 시 · 도경찰청장 또는 도로교통공단에 제출하여야 한다.

15 ③

국제운전면허증은 이를 발급받은 사람의 국내운전면허의 효력이 없어지거나 취소된 때에는 그 효력을 잃는다(법 제98조).

16 ①

금지사유(법 제97조)
㉠ 도로교통법에 따른 적성검사를 받지 아니하였거나 적성검사에 불합격한 경우
㉡ 운전 중 고의 또는 과실로 교통사고를 일으킨 경우
㉢ 대한민국 국적을 가진 사람이 도로교통법에 따라 운전면허가 취소되거나 효력이 정지된 후 규정된 (면허결격)기간이 지나지 아니한 경우
㉣ 자동차 등의 운전에 관하여 이 법이나 이법에 따른 명령 또는 처분을 위반한 경우

17 ①

연간 누산 벌점 점수가 1년 → 121점, 2년 →201점, 3년→ 271점이면 면허가 취소된다.

18 ②

연습면허로는 원동기장치자전거를 운전 할 수 없다.

19 ③

인적 피해 있는 교통사고를 야기하고 도주한 차량의 운전자를 검거하거나 신고하여 검거하게 한 운전자(교통사고의 피해자가 아닌 경우로 한정한다)에게는 검거 또는 신고할 때마다 40점의 특혜점수를 부여하여 기간에 관계없이 그 운전자가 정지 또는 취소처분을 받게 될 경우 누산점수에서 이를 공제한다. 이 경우 공제되는 점수는 40점 단위로 한다(시행규칙 별표28).

20 ④

④의 경우 통고처분 대상이다. 통고처분이란 안전벨트를 착용하지 않고 운전을 하던 중, 경찰관에게 단속이 되는 경우와 같이 위반 행위에 해당하는 금액을 납부할 것을 알리는 행정 처분이다. 통고처분을 할 수 없을 경우에는 즉결심판 대상이 된다.

①②③의 경우 통고처분을 할 수 없어 즉결심판을 받는다(법 제163조).

> 법 제163조(통고처분)
> ① 경찰서장이나 제주특별자치도지사는 범칙자로 인정하는 사람에 대하여는 이유를 분명하게 밝힌 범칙금 납부통고서로 범칙금을 낼 것을 통고할 수 있다. 다만, 다음의 어느 하나에 해당하는 사람에 대하여는 그러하지 아니하다.
> ㉠ 성명이나 주소가 확실하지 아니한 사람
> ㉡ 달아날 우려가 있는 사람
> ㉢ 범칙금 납부통고서 받기를 거부한 사람

⑩ 제10회 정답 및 해설

▶▶▶ **제1과목** 사회

1 ①

이 자료에는 취업자, 실업자, 비경제활동인구에 대한 수가 나와 있지 않으므로 실업자가 몇 명인지는 알 수 없다. 2019년에 비하여 2020년에 실업률은 2% 증가하였고, 경제활동인구는 80%에서 70%로 감소하였다. 또한 취업자는 12% 감소한 반면, 실업자는 2% 증가하여 취업자의 증감비율이 더 크다.

2 ③

③ 2010년에 남자 근로자와 여자 근로자 간의 평균 임금 차이는 400달러이다. 내국인 근로자의 평균 임금은 2,100달러보다 크고, 외국인 근로자의 평균 임금은 1,700달러보다 작으므로 그 차이는 400달러보다 크다.

② 2010년에 내국인 근로자 평균 임금은 2,500달러보다 작고, 외국인 근로자 평균 임금은 1,500달러보다 크다. 따라서 내국인 근로자 평균 임금에 대한 외국인 근로자 평균 임금의 비는 3 / 5보다 크다.

3 ①

① 종교단체는 현행법상 정치자금을 기부할 수 없으므로 종교단체의 기부금은 정치자금이 될 수 없다.

※ 현행법상 정치자금을 기부할 수 없는 자… 외국인과 외국인단체, 국가 또는 지방자치단체, 국영·공공기업체, 언론단체, 학교법인, 종교단체, 노동단체 등

4 ④

지방 자치 단체장은 그 권한에 속하는 사무에 관하여 규칙을 제정할 수 있다.

5 ③

주어진 표에는 전체 인구에서 65세 이상 노인 인구가 차지하는 비중을 확인할 수 없으므로 단순히 노인 부양비만 갖고는 판단할 수 없다. 마찬가지로, 인구수 자체가 제시되어 있지 않고 %인 노인 부양비의 수치만 갖고는 인구가 세 배가 될 것이라 결론내릴 수 없다. 한편, 자료에서 노인 부양 부담이 증가된다는 것은 확인가능하다. 또한, 2030년에는 고령화 지수가 100보다 크므로 65세 이상 인구가 15세 미만 인구보다 많다고 전망할 수 있다.

6 ③

③ 통화는 일반적 지불수단으로 쉽게 사용가능한 것의 합으로 "현금통화 + 예금통화(입출금이 자유로운 요구불예금)"이다.

※ 신용창조가능액 $= \dfrac{C(1-r)}{r} = \dfrac{C(1-0.1)}{0.1} = 9C$,

따라서 본원예금의 9배만큼 신용창조가 가능하다.

7 ④

개인간에 분쟁이 발생하면 당사자가 자치적으로 해결하는 것이 가장 바람직하다. 그런데 자치적으로 분쟁을 해결하지 못한 후에는 권리자가 자력으로 구제를 해서는 안되고 법률이 정한 절차에 따라 국가기관인 법원에 대하여 소송을 제기해야 한다. 법원에서는 이에 대하여 법적 판단인 판결을 하여야 하고 판결이 있었음에도 불구하고 의무자가 이에 따르지 아니할 때에는 국가의 강제력으로써 권리의 내용을 실현할 수 있다. 그 밖에 법원의 최종적인 판결이 있기 전에 화해나 조정, 또는 중재를 통해 분쟁을 해결할 수 있다.

※ 자력구제 … 일반적으로 자기의 권리를 확보하기 위하여 사법절차에 의하지 않고 자력을 행사하는 것을 말하고, 민사상의 분쟁해결을 위해서는 자력구제가 금지된다.

8 ②

평가절하와 평가절상

구분	평가절하(환율인상)	평가절상(환율인하)
의의	자국화폐의 대외기치가 낮아짐	자국화폐의 대외가치가 높아짐
장점	• 수입상품의 가격상승으로 수입감소 • 수출상품의 외화가격을 내릴 수 있으므로 수출이 일시적으로 증가	• 수입촉진, 수출감소로 물가가 안정 • 국내기업의 기술개발로 경쟁력이 촉진 • 외채의 상환부담이 경감
단점	• 수입원자재 가격이 올라서 물가상승 자극 • 외채의 상환부담이 가중	• 수입의 증대로 국제수지가 악화 • 수출이 위축 • 도산기업이 발생

9 ②

완전경쟁기업이 직면하는 수요곡선은 시장가격에서 일정한 수평선이므로 시장가격은 반드시 한계수입과 같다(P = MR). 그러나 나머지 시장은 기업이 직면하는 수요곡선이 우하향이므로 시장가격은 한계수입보다 크다(P > MR).

10 ③

만기가 정해져 있고 확정 이자를 기대할 수 있는 금융 상품은 채권이다.
㉠ 주식과 채권 모두 시세 차익을 기대할 수 있다.
㉣ 주식은 발행 주체인 기업의 입장에서 자기 자본에 해당한다.

11 ④

기회비용 … 제한된 자원과 재화의 이용은 다른 목적의 생산 또는 소비를 포기한다는 전제하에서만 이루어질 수 있다. 이때 포기되거나 희생된 재화 또는 용역을 선택된 재화와 용역의 기회비용이라 한다.
①② 감자의 생산량을 늘려갈수록 포기되는 고구마의 수가 많아지고, 고구마의 생산량을 늘려갈수록 포기되는 감자의 수가 많아지므로 감자와 고구마의 기회비용은 정비례한다.

12 ③

돈이 국내로 유입되면 +로 이는 흑자가 되며 해외로 유출되면 −가 되어 적자가 된다.
거래 1은 경상수지(−), 거래 2는 자본수지(+), 거래 3은 경상수지(+), 거래 4는 경상수치(+), 거래 5는 자본수지(−)이다. 따라서 경상수지는 1억 달러 흑자이고 자본수지는 0이 되어 균형을 이룬다.

13 ①

① 부가가치세는 간접세로 소득에 관계없이 판매되는 가격의 10%를 획일적으로 부과하여 저소득자와 고소득자가 동일한 금액의 조세를 부담하게 하는 것으로, 고소득자에게는 높은 세율을, 저소득자에게는 낮은 세율을 부과함으로써 상대적인 소득격차를 줄이려는 공평과세의 원칙에 위배된다.

14 ①

② 각료와 의원의 겸직이 가능하다.

③ 행정부와 국회의원이 법률안을 제출할 수는 있으나 행정부는 법률안의 거부권이 없으며, 이는 대통령의 권한이다.

④ 국회는 대통령과 국무위원 등에게 탄핵소추를 의결할 수 있다.

15 ④

④ 정당에 관한 사무는 선거관리위원회가 담당한다. 그러나 정당의 목적이나 활동이 민주적 기본질서에 위배될 때에 정부는 헌법재판소에 그 해산을 제소할 수 있고, 정당은 헌법재판소의 심판으로 해산된다.

16 ②

수입 원자재 가격 변화는 총공급의 변동 요인이고, 정부 지출의 변화는 총수요의 변동 요인이다. 총수요가 증가하고 총공급이 감소하면 국민 경제의 균형점 E는 ㈎ 영역으로 이동하게 된다.

17 ①

세계대공황 … 자본주의 경제의 주기적 변동이 1930년대 초에 세계적인 대공황으로 나타났다. 기업의 도산, 실업, 금융붕괴, 물가폭등 등을 초래하여 경제 전체를 마비시켰고 이에 민간경제에 공공투자를 하여 수요를 증대시키는 등 정부의 역할이 강화되었다.

18 ④

복지사회의 요건

㉠ 인간의 존엄성 인정 : 동등한 인격체로서 존중

㉡ 완전고용의 실현 : 만성적인 실업 방지

㉢ 기회균등의 보장 : 민주화의 요건

㉣ 소득의 공정한 분배 및 재분배 : 빈부격차의 해소

㉤ 최저생활의 보장 : 인간다운 생활을 하기 위한 바탕

19 ④

제시된 그래프는 외화의 공급증가로 환율이 하락함을 나타내고 있다. 외국자본 도입의 증가는 외화공급의 증가요인이고, 환율의 하락으로 외채의 상환부담은 감소한다.

20 ③

③ 노동조합은 근로자들이 사용자와 대등한 입장에서 임금과 근로조건에 관한 교섭을 할 수 있는 단체이며, 변호사와 의사단체도 자신들의 목표달성을 위하여 설립된 특수이익 확보를 위한 이익단체라 할 수 있다. 따라서 국민적 이익을 최우선으로 고려하지 않고, 자기들의 특정한 이익을 위해 활동한다.

▶▶▶ 제2과목 자동차구조원리 및 도로교통법규

1 ③

등속도 자재이음의 종류 … 트랙터형, 벤딕스 와이스형, 제파형, 버필드형

2 ②

비틀림 스프링은 코일의 중심선 주위에 비틀림을 받아 탄성 변형을 하는 스프링이며 클러치판이 플라이 휠에 접속되어 동력 전달이 시작될 때 회전 방향의 충격을 흡수한다.

3 ④

페달의 작동상태의 점검은 주행상태에서 어렵다.

4 ③

가이드링 … 유체클러치 내에 설치되어 펌프 임펠러에서 유출된 오일이 터빈 러너를 통하여 동력을 전달할 때 유체의 와류를 방지하여 동력 전달 효율이 떨어지는 것을 방지하는 역할을 한다.

5 ④

토크컨버터는 크랭크 축과 연결되어 있다.

6 ③

하이포이드 기어는 일반 베벨기어와는 다르게 구동 피니언 기어가 링기어 중심부와 접속되어 있지 않고 링기어의 하단부와 접속되어 있다. 추진축의 위치를 낮게 배치할 수 있게 되고 운전의 정숙성이 좋다.

7 ③

종감속비 = 링기어 잇수×구동피니언의 잇수

8 ④

차동장치 … 반대쪽 휠이 회전하고 있을 때, 어느 쪽이든 후륜에 동력을 전달하기 위해 클러치 장치를 사용하고 있는 차동 제한 장치를 말한다.

9 ②

액슬축 작업 시 바퀴 및 허브를 떼어내지 않고 작업한다.

10 ③

타이로드 … 래크 앤드 피니언의 래크와 로크 암 사이, 링크를 말하는데 좌우에 하나씩 있고, 토인(toe in) 교정을 위해 길이를 조절할 수 있게 되어 있다.

11 ③

'면허정지처분 집행대상자'(×)→'면허정지처분 대상자'(○)
※ 면허정지처분 집행대상자 … 정지 처분 결정 후 그 정지기간 개시일이 도래하지 않은 사람

12 ④

① 사망 1명당 벌점 90점이 부과된다.
② 단순한 물적 피해에 대한 벌점은 없고 물적 피해 후 도주한 때 벌점 15점이 부과된다.
③ 그 사고원인 중 중한 위반행위를 한 운전자만 적용한다.

13 ③

난폭운전 금지(법 제46조의3) … 자동차등의 운전자는 다음 각 호 중 둘 이상의 행위를 연달아 하거나, 하나의 행위를 지속 또는 반복하여 다른 사람에게 위협 또는 위해를 가하거나 교통상의 위험을 발생하게 하여서는 아니 된다.
㉠ 신호 또는 지시 위반
㉡ 중앙선 침범
㉢ 속도의 위반
㉣ 횡단 · 유턴 · 후진 금지 위반
㉤ 안전거리 미확보, 진로변경 금지 위반, 급제동 금지 위반
㉥ 앞지르기 방법 또는 앞지르기의 방해금지 위반
㉦ 정당한 사유 없는 소음 발생
㉧ 고속도로에서의 앞지르기 방법 위반
㉨ 고속도로 등에서의 횡단 · 유턴 · 후진 금지 위반

14 ②

벌점 · 누산점수 초과로 인한 면허 취소(시행규칙 별표 28) … 1회의 위반 · 사고로 인한 벌점 또는 연간 누산점수가 다음 표의 벌점 또는 누산점수에 도달한 때에는 그 운전면허가 취소된다.

기간	벌점 또는 누산점수
1년간	121점 이상
2년간	201점 이상
3년간	271점 이상

15 ④

'처분 벌점'이라 함은 구체적인 법규위반 사고야기에 대하여 앞으로 정지처분기준을 적용하는 데 필요한 벌점으로서, 누산점수에서 이미 정지처분이 집행된 합계치를 뺀 점수를 말한다. 다시 말해, 처분벌점은 행정처분이 아직 집행되지 않은 점수이고, 이 처분 벌점이 40점을 넘어가면 면허정지처분이 집행된다.

16 ④

①②③ 신호 · 지시 위반, 휴대용 전화사용은 벌점 15점이다.
④ 운전면허증 제시 의무 위반은 벌점 30점이다.

17 ④

처분벌점이 40점 미만인 경우에, 최종의 위반일 또는 사고일로부터 위반 및 사고 없이 1년이 경과한 때에는 그 처분벌점은 소멸한다.

18 ③

운전면허 행정처분 기간 중 운전행위는 도로교통법에 의해 운전면허를 취소할 사유에 해당된다. 중앙선 침범은 벌점 30점, 승객의 차내 소란행위 방치운전은 벌점 40점, 고속도로 · 자동차 전용도로 갓길통행은 벌점 30점 부과사유에 해당된다.

19 ②

시 · 도경찰청장, 경찰서장 또는 시장 등은 이 법을 위반한 사실을 기록, 증명하기 위하여 무인 교통단속용 장비를 설치 · 관리할 수 있다

20 ①

운전면허 취소사유가 발생한 경우 그 날로부터 7일 이내에 반납해야 한다(법 제95조 제1항).

---

11 제11회 정답 및 해설

▶▶▶ 제1과목 **사회**

1 ④

2018년 경제 활동 인구는 80만 명에서 2019년 90만 명으로 증가하였다.

2 ③

가격이 하락하면 수요량은 증가한다(수요의 법칙). 수요의 가격탄력성이 1보다 큰 재화는 가격이 하락한 때 가격의 하락률보다 수요량(판매량)의 증가율이 크기 때문에 총수입이 증가한다.

※ 수요의 가격탄력성과 총판매수입과의 관계

수요 탄력성	가격변동률과 수요량 변동률	가격 하락시	가격 상승시
탄력적	가격변동률 < 수요량 변동률	총수입 증가	총수입 감소
비 탄력적	가격변동률 > 수요량 변동률	총수입 감소	총수입 증가
단위 탄력적	가격변동률 = 수요량 변동률	총수입 불변	총수입 불변

3 ④

주어진 자료를 토대로 한 현행과 개편안의 선거 결과는 다음과 같다.

(단위 : 석)

구분		A당	B당	C당	D당
현행	지역구	88	84	16	12
	비례 대표	38	40	12	10
	총의석수	126	124	28	22
개편안	지역구	88	84	16	12
	비례 대표	32 (13)	38 (18)	16 (10)	14 (9)
	총의석수	120	122	32	26

* ( )안의 숫자는 새로운 계산 방식을 적용한 각 정당의 비례 대표 의석수임.

④ 현행과 개편안 모두에서 D당은 정당 득표율보다 의석 점유율이 낮으므로 과소 대표된다.

4 ④

세계무역기구(WTO)는 강력한 분쟁처리수단의 도입으로 규범에 의한 세계경제의 조율을 가능하게 하였으며, 관세장벽 및 비관세장벽(수출입보조금, 수입할당제)을 철폐하였다. 또한, 공산품은 물론 농산물 및 서비스교역, 지적 재산권, 무역관련투자 등을 포괄하여 명실상부한 실효성 있는 자유원칙이 확보되었다. 공정한 바탕 위에서 외국기업과 경쟁할 수 있도록 국내산업에 대한 정부의 지원과 보호도 제한하고 있다. 이는 국제경제사회가 이념과 체제를 초월한 무한경쟁시대에 돌입하고 있음을 의미하며, 이 과정에서 경쟁력이 없는 국가나 기업은 도태될 것이다.

5 ①

정부의 국채를 중앙은행이 인수하는 경우에는 중앙은행이 그에 해당하는 만큼의 화폐를 발행하므로 통화량이 증가한다.

Plus Study 화폐공급의 증·감요인

㉠ 증가요인
- 지급준비금이 줄어들어 신용창조액이 늘어날 때
- 은행이 중앙은행으로부터 자금을 빌려 쓰게 될 때
- 수출, 관광수입, 외자도입 등으로 외화가 국내로 흘러 들어올 때
- 정부의 국채를 중앙은행이 인수하여 그에 해당하는 만큼의 화폐를 발행할 때

㉡ 감소요인
- 지급준비금이 늘어나 신용창조액이 줄어들 때
- 시중은행이 중앙은행의 차입금을 갚을 때
- 수입이나 외채상환으로 외화를 해외에 지급할 때
- 정부가 중앙은행이 이수한 국채를 다시 사들일 때

6 ②

외부효과 … 제3자에게 의도하지 않은 이익이나 손실을 주고도 시장을 통하여 그 대가를 지불하지도 받지도 않는 개인이나 기업행위의 효과를 말한다.

㉠ 외부경제(External economy) : 시장을 통한 대가의 지불없이 개인이나 기업에 미치는 유리한 효과(사적 비용 > 사회적 비용)로서, 과수원 주인이 과일나무를 더 심었을 때 양봉업자의 꿀생산이 늘어나는 효과이다.

㉡ 외부불경제(External diseconomy) : 시장을 통한 대가의 지불없이 개인이나 기업에 미치는 불리한 효과(사적 비용 < 사회적 비용)로서, 제조업체들이 방출하는 오염물질로 인해 양식업자에게 피해가 발생하는 경우이다.

㉢ 외부효과의 영향
- 외부경제(이로운 외부효과)의 경우 : 사회적 이익이 발생하나 개별기업은 이익으로 계산하지 않기 때문에 시장에서 사회적으로 이익극대를 달성하는 수준보다 더 적게 생산되는 과소생산의 문제가 발생한다.
- 외부불경제(해로운 외부효과)의 경우 : 개별기업은 비용으로 계산하지 않기 때문에 시장에서 사회적으로 이익극대를 달성하는 수준보다 더 많이 생산되는 과잉생산의 문제가 발생한다.
- 외부효과가 발생하는 경우 가격기구는 자원을 효율적으로 배분할 수 없게 된다.

① 외부불경제
② 외부경제
③④ 직접적인 산업연관효과

7 ④

원격민주정치(Teledemocracy)

○ 의의 : 정보·통신매체를 통한 민주정치형태로 전자민주주의라고도 한다.

○ 실시요건 : 정보화에 따른 정보·통신기술의 발달이 이루어진 사회여야 한다.

○ 결과 : 시민이 직접 한 장소에 모이지 않고도 정보·통신매체의 발달로 자신들의 의사를 표출할 수 있어 직접민주정치의 요소를 강화할 수 있게 되었다.

④ 전자민주주의는 정보·통신매체를 통한 민주정치형태를 말하며, 시민이 직접 한 장소에 모이지 않고도 정보·통신매체의 발달로 자신들의 의사를 표출하게 되면 선거제도를 고집할 이유가 없어질 것이다.

8 ④

④ 경제적인 관점에서 합리적 선택이 되기 위해서는 선택한 것의 가치가 기회비용보다 커야 한다.

9 ④

필립스곡선은 물가상승률과 실업률 사이는 반비례관계가 성립한다는 것으로, 물가안정과 완전고용이라는 두 가지 경제목표는 동시에 달성할 수 없다는 것이다. ㈎는 물가상승률은 낮은 편이지만 실업률은 높은 상태이므로 실업률을 낮추고 경기를 회복시키는 정책이 필요하다. 이를 위해서는 적극적 재정정책(정부지출의 증대, 세율 인하 등)과 금융완화정책(재할인율 인하, 지급준비율 인하, 유가증권의 매입 등)을 동시에 시행해야 한다.

10 ①

○ 법이 따라야 할 가치 또는 기준인 합목적을 의미하는데, 합목적성은 국가와 사회가 처해 있는 상황과 이데올로기에 따라 그 내용이 달라진다.

○ 시간과 공간을 초월하여 보편타당하게 적용될 수 있는 객관적 질서는 자연법이며, 실정법의 제정과 개정의 기준이 된다.

○ 적법한 행정작용의 경우 그 피해를 구제해주는 것은 행정상 손해전보제도 중 손실보상이다.

② 행정벌을 의미하는데, 여기에는 행정형벌과 행정질서벌이 있다.

11 ②

환율인상(평가절하)

○ 의미 : 환율인상은 원화의 가치하락을 의미하므로 평가절하이다.

○ 효과
• 수출언체이 채산성 호전으로 수출증가
• 외채의 상환부담 증가
• 수입상품의 가격상승으로 수입감소, 국제수지의 개선
• 수입 원자재의 국내가격 상승으로 국내물가 상승

② 환율인상은 자국의 화폐가 평가절하되었음을 의미하므로 외채의 상환부담이 증가된다.

12 ④

① ○은 자구 행위로 위법성 조각 사유에 해당한다.

② 고의가 없어도 민사상 책임을 질 수 있다.

③ 위법성이 조각되어 범죄가 성립되지 않는다.

13 ③

특정한 성에 대해 특정한 역할을 강조하거나 요구할 때 성불평등의 문제가 발생한다.

14 ④

노동법, 경제법, 사회보장법은 사회법의 종류로 사법도 공법도 아닌 제3의 법역에 속하며 복지이념의 구현을 위한 법이다.

Plus⁺ Study　**사회법**

㉠ 의의 : 사법이 공법화되어 가는 과정에서 중간적인 법의 영역에 해당하는 법이다.
㉡ 등장배경 : 독점자본주의의 사회적·경제적 폐해를 해결하기 위해 국가가 개인 또는 집단간의 생활 관계에 적극 개입하여 국민의 경제생활과 노사관계를 합리적으로 규제, 조정하게 되었다.
㉢ 특징 : 제3의 법, 법의 사회화 경향, 사법의 공법 화현상, 복지국가의 법적 기반 이룩, 경제적 약자의 보호로 실질적 자유와 평등의 실현
㉣ 종류 : 노동법, 경제법, 사회보장법

15 ①

강제성과 수용주체의 문화통합력에 따른 문화접변의 양상
㉠ 수용이 강제적이고 통합력이 약할 때 : 기존 문화는 소멸되고, 새로운 문화로 대체된다.
㉡ 수용이 강제적이고 통합력이 강할 때 : 문화의 반동 내지 복고운동이 일어난다.
㉢ 수용이 자발적이고 통합력이 약할 때 : 외래문화의 영향력이 크게 작용하여 기존 문화에 혁신이 일어난다.
㉣ 수용이 자발적이고 통합력이 강할 때 : 두 문화요소 간의 선택적인 결합으로 문화변용이 활발하게 이루어진다.
① A유형　②④ C유형　③ B유형

16 ④

① 합목적성을 강조하였다.
② 법적 안정성을 강조하였다.
③ 법의 강제성을 나타낸 말이다.
④ 소멸시효의 존재이유는 오랫동안 자기의 권리를 주장하지 않는 자는 법률의 보호를 받을 가치가 없다는 점에 있다. 즉, 정의를 희생시켜 법적 안정성을 구현하고자 한다.

17 ①

① 시민들의 정치참여는 시민 스스로가 다스림과 동시에 다스림을 받는 치자와 피치자의 동일성 원리에 근거하고 있으므로 민주정치를 위한 전제조건이 된다. 따라서 의회가 정부를 구성했는지의 여부는 정치참여와 관계가 없다.

18 ③

직접선거란 선거인이 대리인을 거치지 않고 직접 스스로 대표자를 선출하는 원칙으로 반대 개념은 대리선거이다. 그러나 사례 ㈐는 대통령 직선제가 아닌 간선제 하에서의 투표형태이기 때문에, 이를 대리선거라 할 수 없다.

19 ①

국내총생산은 한 나라가 국경 안에서 일정기간에 걸쳐 새로이 생산한 재화와 용역의 부가가치 또는 최종재의 값을 화폐단위로 합산한 것을 의미한다. 따라서 물물교환, 주부의 가사노동, 자가소비는 국내총생산에 포함되지 않는다.

20 ①

여성 노동자의 삶에 대한 연구는 주관적 의도, 가치, 동기 등을 통해 사회현상의 본질을 파악하려 한다. 이는 연구자의 감정 이입을 통한 해석학적 연구방법에 적합하다. 이와 비교하여 만족도 조사와 거주지 이전과의 상관관계는 계량적으로 통계처리를 하여 분석이 가능한 영역에 속한다.

1 ④

공차상태에서 측정한다.

2 ①

4륜 조향장치 … 4WS라고도 하며, 4륜 자동차의 앞 뒤 바퀴를 함께 조향하는 방식이다.
앞뒤 바퀴를 같은 방향으로 향하게 하여 자동차의 요잉(yawing)을 적게 하고 고속 주행에서의 안전성을 향상시킨다.

3 ④

고속 직진 시 복원 반발력이 증가하여야 한다.

4 ②

오일 압력 스위치의 역할은 공회전 속도 조절이다.

5 ①

조향핸들이 무거운 것과 타이어의 밸런스와는 별개이다.

6 ①

자동차의 커브를 회전할 때 원심력을 감소시키는 방법은 커브의 바깥쪽을 따라가야 한다.

7 ④

전자제어 현가장치 … 노면이 울퉁불퉁한 비포장도로에서는 차 높이를 높여 차체를 보호하고, 고속도로와 같이 고속 주행이 가능한 도로에서는 차 높이를 낮추어 공기 저항을 줄여 줌으로써 주행 안정성을 높일 수 있도록 설계되어 있다.

8 ④

조향장치의 입력요소와 크랭크 각 센서는 별개이다.

9 ②

드래그 링크 … 피트먼 암과 조향 너클을 연결하는 로드로, 양 끝이 볼 이음으로 되어 있다.
볼 섭동부 마모를 적게 하고 노면 충격을 흡수하기 위하여 볼 속에는 스프링이 들어 있다.

10 ③

맥퍼슨 스트럿식 서스펜션은 서스펜션 방식의 일종으로, 텔레스코픽 쇽업쇼바 자체를 현가장치로, 거기에 스프링과 차륜을 단 구조로 되어 있다.

11 ③

자동차 대 자동차 교통사고의 경우에는 그 사고원인 중 중한 위반행위를 한 운전자만 벌점을 적용한다.

12 ②

(신호위반 15점) + (중상 1명 15점) + (경상 1명 5점) 으로 벌점 총합은 35점이다.

13 ②

법 제68조(도로에서의 금지행위 등)
① 누구든지 함부로 신호기를 조작하거나 교통안전시설을 철거·이전하거나 손괴하여서는 아니 되며, 교통안전시설이나 그와 비슷한 인공구조물을 도로에 설치하여서는 아니 된다.
② 누구든지 교통에 방해가 될 만한 물건을 도로에 함부로 내버려두어서는 아니 된다.
③ 누구든지 다음의 어느 하나에 해당하는 행위를 하여서는 아니 된다.

1. 술에 취하여 도로에서 갈팡질팡하는 행위
2. 도로에서 교통에 방해되는 방법으로 눕거나 앉거나 서있는 행위
3. 교통이 빈번한 도로에서 공놀이 또는 썰매타기 등의 놀이를 하는 행위
4. 돌·유리병·쇳조각이나 그 밖에 도로에 있는 사람이나 차마를 손상시킬 우려가 있는 물건을 던지거나 발사하는 행위
5. 도로를 통행하고 있는 차마에서 밖으로 물건을 던지는 행위
6. 도로를 통행하고 있는 차마에 뛰어오르거나 매달리거나 차마에서 뛰어내리는 행위
7. 그 밖에 시·도경찰청장이 교통상의 위험을 방지하기 위하여 필요하다고 인정하여 지정·공고한 행위

14 ①
시·도경찰청장 및 경찰서장은 운전자의 운전면허·교통사고 및 교통법규 위반에 관한 정보를, 공단은 운전면허에 관한 정보를 각각 전산시스템에 등록·관리하여야 한다.(법 제137조 제2항)

15 ②
시·군공무원은 전용차로 통행 금지 의무, 긴급자동차에 대한 진로양보 의무 또는 정차 및 주차 금지 의무를 위반한 운전자가 있으면 행정안전부령으로 정하는 바에 따라 현장에서 위반행위의 요지와 경찰서장에게 출석할 기일 및 장소 등을 구체적으로 밝힌 고지서를 발급하고, 운전면허증의 제출을 요구하여 이를 보관할 수 있다(법 제143조).

16 ④
듣지 못하는 사람은 해당하지 않는다.

17 ④
④는 공동 위험 행위로써 난폭운전의 유형에는 포함되지 않는다.

18 ②
시·도경찰청장 또는 경찰청장이 공단에 대행할 수 있는 업무에 해당한다(시행령 제86조).

19 ④
교통사고 발생 시의 조치를 아니한 사람의 벌칙은 5년 이하의 징역이나 1천5백만 원 이하의 벌금으로 한다(법 제148조).

20 ①
①의 경우 1년 이상 5년 이하의 징역이나 500만 원 이상 2천만 원 이하의 벌금에 처해진다(법 제148조의2).
② 신호기를 조작하거나 교통안전시설을 철거·이전하거나 손괴한 사람의 경우 3년 이하의 징역이나 700만 원 이하의 벌금에 처한다(법 제149조).
③ 교통안전시설을 손괴하여 도로에서 교통위험을 일으키게 한 사람은 5년 이하의 징역이나 1천500만 원 이하의 벌금에 처한다(법 제149조).
④ 2년 이하의 징역이나 500만 원 이하의 벌금에 처한다(법 제150조).

▶▶▶ **제1과목** 사회

1 ④

④ 복지제도의 확대를 위해서는 행정권력의 적극적인 개입을 요구하여 오히려 행정국가화를 초래한다.

2 ④

(가), (나)는 계약 자유의 원칙이, (다)는 소유권 절대의 원칙이, (라)는 과실 책임의 원칙이 수정·보완된 예이나.
② 사회적 강자가 사회적 약자를 강제하는 수단으로 악용될 수 있는 것은 계약자유의 원칙이다.

3 ④

인플레이션하에서의 부와 소득의 불공평한 재분배
㉠ 유리한 사람 : 실물자산(부동산, 귀금속, 상품 등) 소유자, 산업자본가, (금전)채무자, 수입업자, 생산자
㉡ 불리한 사람 : 금융자산(현금, 은행예금 등) 소유자, 금융자본가, (금전)채권자, 수출업자, 고정수입자(봉급생활자, 임금노동자, 연금생활자 등)

4 ③

밑줄 친 경제체제는 무역의 대상이 되는 물품과 수량은 정부에 의해 정해진다는 것을 통해 계획경제임을 알 수 있다. 따라서 자원의 배분 과정에서 시장보다는 정부가 주도적인 역할을 하게 된다.

5 ②

갑은 좁은 의미로, 을은 넓은 의미로 정치를 바라보고 있다. 국가 형성 이전의 정치 현상을 설명하기에 용이한 것은 넓은 의미로 정치를 바라보는 관점이다.

6 ①

완전경쟁시장에서는 기업이 공급량을 늘리거나 줄이더라도 시장가격에 아무런 변동도 나타나지 않으므로, 이때의 시장가격이 곧 기업의 한계수입이며 "가격(한계수입) = 한계비용"의 지점에서 이윤이 극대화된다. 따라서 개별기업의 한계비용곡선이 개별기업의 공급곡선이 되며, 시장가격이 한계비용과 일치하는 수준에서 공급량을 결정한다.

7 ①

• A유형 : 정치 공동체에 대한 명확한 인식을 가지고 정책 제안과 결정 및 집행의 과정에 적극적으로 참여하는 참여형 정치 문화로 선진국에서 나타난다.
• B유형 : 정치 공동체에 대한 인식도 없고 정책 제안뿐 아니라 결정과 집행의 과정에도 소극적으로 대하는 향리형 정치 문화로 주로 전근대적인 국가에서 나타난다.
• C유형 : 공동체에 대한 인식이 있으나 정책 제안은 소극적이며 결정과 집행에는 따르는 권위주의 국가에서 나타나는 형태인 신민형 정치문화이다.

8 ③

대통령제의 장·단점

장점	단점
• 대통령 임기 동안 정국안정	• 독재화 우려
• 대통령의 임기 중 강력한 행정을 수행	• 대립해소 곤란
• 다수의 횡포 견제(소수자의 권익보호)	• 신속입법 곤란

9 ③

표는 사회화 기관을 접촉 방식과 수행 방식에 따라 분류한 것이다. 회사와 정당은 D에 해당하며, 학교는 체계적이며 의도적인 사회화 기관으로 C에 해당한다. 또래 집단은 비공식적이며 1차적 성격을 갖기 때문에 B에 해당한다.

10 ①

② 헌법재판소에 제소한다.
③ 긴급명령의 위법성 여부는 통치행위로 사법심사의 대상에서 제외된다.
④ 입법부의 자율권이므로 사법심사의 대상이 아니다.

11 ②

국민의 가치에 맞추어 법을 제정하는 것이 합목적성의 목적이지만, 국민이 원하는 방향으로 법을 설정한다는 것은 법의 이념인 합목적성을 지나치게 강조한 것이다.
①③은 법의 안정성을, ④는 정의를 표현한 것이다.

12 ②

수요의 변화와 수요량의 변화
㉠ 수요의 변화 : 해당 재화가격 이외 요인의 변동에 의해 일어나는 수요의 변화를 의미하며, 수요곡선 자체를 이동시킨다[소득수준의 변화, 소득분포의 변화, 인구의 증감, 기호·선호의 변화, 다른 재화(대체재·보완재·독립재)의 가격변화 등].
㉡ 수요량의 변화 : 해당 재화가격의 변동으로 나타나는 수요량의 변화를 의미하며, 수요곡선상의 점의 이동으로 나타난다.
② 동일한 수요곡선상의 수요의 점만 이동시키는 수요량의 변화요인이다.

13 ③

① 쌀과자 한 봉지를 구입하면 천 원이 포기됨으로 MP3파일 2개가 된다.
② 부모님이 용돈을 올려주어도 쌀과자와 MP3의 가격은 그대로이며 따라서 구입양만 바뀔뿐, 기회비용 자체가 바뀌지는 않는다.
③ MP3파일 가격이 200원으로 하락한다면, 하락 전에는 MP3 파일 1개로 쌀과자 1/2개를 살 수 있었지만 이제는 1/5개 밖에 못 사기 때문에 작아진 것이 된다.
④ 용돈과 재화의 가격이 모두 100% 오른다면 동률적으로 상승한 것이기 때문에 최대 구매 가능량은 변함이 없다.

14 ③

소득재분배
㉠ 세입 면 : 정부가 고소득층에 대하여 누진적으로 높은 세율을 적용하여 세금을 징수하면 고소득층과 저소득층 간의 격차가 어느 정도 줄어들게 되고, 고소득층이 구매하는 고급승용차, 귀금속 등에는 높은 세율의 특별소득세를 부과하여 두 계층간의 소득격차를 줄일 수 있다.
㉡ 세출 면 : 오늘날 대부분의 국가에서는 정부가 최저생계를 유지하는 데 필요한 사회보장비를 지급하고 있는데, 이는 주로 저소득층에 혜택을 주기 때문에 소득분배의 불균등을 어느 정도 완화시키는 효과를 가져온다.
㉢ 소득재분배의 필요성 : 사회적 불안요소를 제거히고, 경제발전에의 참여의식을 고취시키며, 사회적 후생을 높이기 위해서는 소득재분배의 정책이 필요하다.

15 ①

"한민족공동체 건설을 위한 3단계 통일방안"의 통일과정을 제시한 것으로, 궁극적으로 1민족 1국가, 1체제 1정부의 수립을 목적으로 한다.

16 ③

① 조례는 규칙의 상위법이다.

② "명령 > 조례 > 규칙"의 순이므로 효력이 서로 다르다.

④ 조례는 지방의회가, 규칙은 지방자치단체의 장이 제정한다.

17 ④

계층구조

㉠ 폐쇄적 계층구조 : 수직이동의 가능성은 극히 제한, 수평이동 가능, 세습적, 중세봉건사회 · 인도 · 고려 · 조선시대에서 볼 수 있다.

㉡ 개방적 계층구조

• 사회이동이 비교적 자유롭고 개인적 능력이나 노력이 사회이동의 주요한 요소로 작용한다.

• 계층간 이동의 기회가 제도적으로 보장되며, 근대사회 이후의 대부분의 국가에서 나타났다.

㉢ 계층구성원의 비율에 따른 분류

• 피라미드형 계층구조 : 하류계층의 구성원 비율이 상류계층보다 높은 경우로, 중세봉건시대의 신분제사회에서 볼 수 있는 계층구조이다.

• 다이아몬드형 계층구조 : 중류계층의 구성원 비율이 가장 높은 형태로 안정된 기반을 갖춘 구조이며, 산업사회가 진행됨에 따라 전문직 · 관료직 · 사무직과 같은 직종이 늘어나면서 나타난다.

① 안정된 사회에서는 흔히 다이아몬드형의 계층구조가 이루어진다.

② 복지사회에서는 중류계층의 비율이 제일 높다.

③ 우리나라의 계층구조는 피라미드형에서 다이아몬드형으로 변화하고 있다.

18 ①

현대사회에서 행정권이 강화된 국가를 행정국가 또는 복지국가라고 하는데, 행정부의 기능강화는 입법권의 상대적 위축, 행정부의 권한남용으로 인한 부패, 국민의 기본적 인권의 침해 등이 유발될 우려가 있다.

19 ①

① 정부가 시장에 개입하도록 하는 요인이다.

20 ①

근소한 미지급액을 이유로 계약 전체를 해제하는 것은 신의성실의 원칙에 위배되는 것이므로 甲의 계약 해제는 효력이 없다.

Plus⊕ Study 신의성실의 원칙

사회공동생활의 일원으로서 상대방의 신뢰를 헛되이 하지 않도록 성실하게 행동하여야 한다는 원칙이다.

▶▶▶ 제2과목 **자동차구조원리 및 도로교통법규**

1 ③

탠덤 마스터 실린더 … 유압브레이크 장치에서 어느 한 부분의 이상 발생 시 안전성을 높이기 위하여 전 · 후륜 또는 X자 형식의 대칭으로 각각 독립적으로 작용을 하는 2계통의 오일 탱크와 피스톤을 둔 실린더를 말한다. 한쪽 회로 고장 발생 시 다른 한쪽이 제동력을 발휘할 수 있는 장점이 있다.

2 ①

방열이 잘되는 구조이어야 한다.

3 ④

제동 기구에서 회전 중인 바퀴에 제동을 걸면 큰 제동력이 발생하는데 이것을 자기(自己) 서보작용이라고 한다. 이와 반대로, 회전 방향과 반대로 슈를 밀어붙이면 제동력은 약하다. 전자를 리딩 슈, 후자를 트레일링 슈라 한다.

4 ③

브레이크 오일은 에틸렌글리콜과 피마자유를 혼합하여 만들어진 것으로 운전자가 브레이크 페달을 밟으면 브레이크 오일 라인에 압력이 형성되고, 이 유압을 이용하여 브레이크가 작동한다.

5 ②

이퀄라이저 … 브레이크 휠에 대해서 그 외주에 따라 밴드 형상의 브레이크 슈가 설치되어 있으며, 제동할 필요가 없을 때는 브레이크 휠과 밴드 형상의 브레이크 슈는 밀착되지 않지만, 제동할 필요가 생겼을 때는 브레이크 휠에 브레이크 슈를 밀어붙여 제동하도록 되어있는 것을 말한다.

6 ②

ABS 브레이크는 안전장치가 아니다.

7 ③

폴 피스에 이물질이 붙어 있으면 바퀴의 회전속도의 감지능력이 저하된다.

8 ②

TCS … 눈길, 빗길 따위의 미끄러지기 쉬운 노면에서 차량을 출발하거나 가속할 때 과잉의 구동력이 발생하여 타이어가 공회전하지 않도록 차량의 구동력을 제어하는 시스템

9 ④

휠속도 센서의 주파수는 속도에 비례한다.

10 ③

레이디얼 타이어 … 노면과의 저항이 적어져 연료를 절약할 수 있는 동시에 타이어의 수명도 늘어날 수 있다. 또한 도로와의 흡착성이 우수하여 고속주행 시 좋고 조종의 안정성이나 코너링능력 · 제동능력 · 승차감 등도 향상된다. 레이디얼 타이어는 도로상태가 나쁜 곳에서는 취약하다는 단점이 있다. 그래서 비포장도로를 많이 달리는 차량 등에는 잘 쓰이지 않는다.

11 ④

함부로 신호기를 조작하거나 교통안전시설을 철거, 이전하거나 손괴한 사람은 3년 이하의 징역이나 700만 원 이하의 벌금에 처한다(법 제149조).

12 ④

④ 2년 이하의 징역이나 500만 원 이하의 벌금에 처한다(법 제150조).
① 1년 이상 2년 이하의 징역이나 500만 원 이상 1천만 원 이하의 벌금에 처한다(법 제148조의2).
② 최고속도보다 시속 100킬로미터를 초과한 속도로 3회 이상 자동차 등을 운전한 사람은 1년 이하의 징역이나 500만 원 이하의 벌금에 처한다(법 제151조의2).
③ 교통에 방해가 될 만한 물건을 함부로 도로에 내버려둔 사람은 1년 이하의 징역이나 300만 원 이하의 벌금에 처한다(법 제152조).

13 ②

터널 안은 앞지르기 금지장소이다.

14 ③

편도 1차로 고속도로에서의 최고속도는 매시 80킬로미터이다(도로교통법 시행규칙 제 9조 1항).

15 ①

철길건널목은 앞지르기 금지장소가 아니다.

16 ②

납부기한에 범칙금을 내지 아니한 사람은 납부기간이 끝나는 날의 다음 날부터 20일 이내에 통고받은 범칙금에 100분의 20을 더한 금액을 내야 한다(법 제164조).

17 ③

범칙금이란 범칙자가 통고처분에 따라 국고 또는 제주특별자치도의 금고에 내야 할 금전을 말하며, 범칙금의 액수는 범칙행위의 종류 및 차종 등에 따라 대통령령으로 정한다(법 제162조).

18 ④

경찰서장 또는 제주특별자치도지사는 다음의 어느 하나에 해당하는 사람에 대해서는 지체 없이 즉결심판을 청구하여야 한다. 다만, 제2호에 해당하는 사람으로서 즉결심판이 청구되기 전까지 통고받은 범칙금액에 100분의 50을 더한 금액을 납부한 사람에 대해서는 그러하지 아니하다(법 165조).
1. 제163조 제1항 각 호(성명이나 주소가 확실하지 아니한 사람, 달아날 우려가 있는 사람, 범칙금 납부통고서 받기를 거부한 사람)의 어느 하나에 해당하는 사람
2. 제164조 제2항(납부기간에 범칙금을 내지 아니한 사람은 납부기간이 끝나는 날의 다음 날부터 20일 이내에 통고받은 범칙금에 100분의 20을 더한 금액을 내야 한다)에 따른 납부기간에 범칙금을 납부하지 아니한 사람

19 ①

②③④는 서행해야 할 장소이다.

20 ②

범칙금 납부기간 만료일부터 60일이 경과될 때까지 즉결심판을 받지 않으면 벌점 40점이 부과된다(시행규칙 별표 28).

13 제13회 정답 및 해설

▶▶▶ **제1과목** 사회

1 ①

② 대통령 또는 국회 재적 의원 과반수는 헌법 개정안을 발의할 수 있다.
③ 대통령 등 고위 공무원이 직무를 수행하면서 헌법이나 법률을 위반한 때 국회가 탄핵 소추를 하면, 헌법 재판소가 탄핵 여부를 심판한다.
④ 국정 감사 및 조사를 통해 행정부를 견제하는 것은 국회이다.

2 ④

국무회의는 행정부의 최고심의기관으로 정부(대통령)의 권한에 속하는 중요한 정책을 심의한다. 제시된 내용들은 모두 국무회의의 심의를 거쳐 국회의 동의·승인·통고와 헌법재판소의 심판을 요하는 사항들이다.

3 ①

① 하나의 지위에 대하여 서로 상반되는 복수의 역할이 동시에 요구될 경우에 생기는 곤란이다.

② 한 개인이 두 가지 이상의 지위를 가짐으로써 지위에 대한 역할내용이 상충될 경우에 생기는 곤란이다.

④ 어떤 지위에 따르는 역할에 대한 사회적 기대이다.

4 ①

A는 사회보험, B는 공공부조, C는 사회복지서비스를 나타낸다.

ⓒ 국민기초생활보장제도, 의료급여, 재해구호 등은 공공부조에 해당한다.

ⓔ 공공부조는 국가나 공공기관이 비용을 전액 부담하여 저소득층에게 혜택을 주기 때문에 사회보험에 비해 소득 재분배 효과가 크다. 반면 국가의 재정 부담을 가중시키고 수혜자의 사회적 의타심(도덕적 해이)을 조장하는 부작용이 생길 수 있다는 단점이 있다.

5 ③

수요의 가격탄력성 … 상품의 가격이 변동될 때 수요량이 변동되는 민감도를 나타내는 지표이다.

$$수요의 \ 가격탄력성 = \frac{수요량의 \ 변동률}{가격의 \ 변동률}$$

수요의 가격탄력성이 2.0일 경우 상품의 가격이 10% 하락한다면 수요량은 20% 증가하게 된다.

6 ①

완전경쟁시장에서는 동질의 상품이 거래되는 반면에, 완전경쟁시장과 독과점시장의 성격을 함께 지니고 있는 독점적 경쟁시장에서는 차별화된 상품이 거래된다.

7 ②

노동과 자본이 생산요소이며 이들이 대체관계인 상황에서 자본의 가격이 하락하면 자본의 대한 수요는 증가하고 노동의 수요는 감소한다. 따라서 기존의 수요곡선에서 좌측으로 이동한다.

8 ④

사회법 … 근대시민법의 원리에 수정을 가하고 독점자본주의가 가져온 여러 가지 사회적·경제적 폐해를 국가가 합리적으로 해결하기 위한 것으로서, 사법(私法)과 공법(公法)의 성격을 모두 가지고 있는 법이다. 사회법의 종류에는 노동법, 경제법, 사회보장법 등이 있다.

9 ①

님비현상(NIMBY ; Not In My Back Yard) … 늘어나는 범죄자, 마약중독자, AIDS환자, 산업폐기물, 핵폐기물 등의 수용 및 처리시설의 필요성에는 찬성하지만, 이러한 시설들이 자신의 지역에 들어서는 것에 대해서는 강력히 반대하는 것으로 핌피현상과 함께 지역이기주의의 대표적인 예이다.

※ 핌피현상(PIMFY ; Please In My Front Yard) … 자신의 지역에 이득이 되는 시설물을 유치하거나 관할권을 차지하려는 현상을 말한다.

10 ①

총수요와 총공급
㉠ 총수요 = 민간소비 + 민간투자 + 정부지출 + 수출
㉡ 총공급 = 국내총생산 + 수입

11 ②

① 모든 근로자가 각자의 능력을 계발·발휘할 수 있는 직장에 취업할 기회를 제공하고, 산업에 필요한 노동력의 충족을 지원함으로써 근로자의 직업안정을 도모하고 국민경제의 발전에 이바지하기 위한 법이다.

③ 근로자의 단결권·단체교섭권·단체행동권을 보장하여 근로조건의 유지·개선과 근로자의 경제적·사회적 지위의 향상을 도모하고, 노동관계를 공정하게 조정하여 노동쟁의를 예방·해결함으로써 산업평화의 유지와 국민경제의 발전에 이바지하기 위한 법이다.

④ 노동관계에 있어서 판정 및 조정업무의 신속·공정한 수행을 위하여 노동위원회를 설치하고 그 운영에 관한 사항을 규정함으로써 노동관계의 안정과 발전에 이바지하기 위한 법이다.

12 ④
① 한 사회나 집단의 구성원들이 자기 문화만을 절대적으로 옳고 가장 우월한 것으로 과신하여 자기 문화의 관점에서 다른 문화를 부정하거나 비하하는 태도이다(민족중심주의, 문화적 국수주의).
② 다른 사회나 집단의 문화를 동경하거나 숭상하여 자기 문화를 업신여기거나 낮게 평가하는 태도이다.
③ 자기 문화이든 다른 문화이든 어떤 하나의 문화만을 절대적인 기준으로 삼아 판단하는 태도이다.

13 ①
① 혼합경제체제에서는 시장(가격기구)을 통한 자유경쟁원리와 정부의 개입에 의해 경제문제를 해결하고 있다.

14 ②
면접법 … 질문하고자 하는 내용을 조사자가 말로써 물어보고 그 응답을 통해 자료를 수집한다. 많은 사람으로부터 비슷한 정보를 얻고자 할 때보다는 비교적 소수의 응답자로부터 깊이 있는 정보를 얻고자 할 때 더 적절하게 쓰여질 수 있다.
㉠ 장점
• 문맹자에게도 실시 가능
• 자세한 질문 가능
• 질문지 회수의 어려움이 없음
㉡ 단점
• 비용이 많이 듬
• 표본을 많이 구하기 어려움
• 조사자의 편견이 개입되기 쉬움

15 ①
② 자본주의 경제의 경기순환에 따른 불황으로 인하여 노동력의 총수요가 부족해지기 때문에 발생하는 실업이다.
③ 농촌, 건설업 등에서 나타나는 것으로, 계절에 따라 고용기회가 줄어들기 때문에 발생하는 실업이다.
④ 노동자가 한 직장에서 다른 직장으로 옮기는 도중에 발생하는 일시적인 실업이다.

16 ②
국가간에 자유경쟁원리가 도입되면 국내산업의 보호가 제한되기 때문에 비교우위에 따른 무역이 증대하여 무역마찰이 완화되고, 서비스교역에까지 확대될 경제의 개방화는 피할 수 없게 되므로 결국 세계는 이념과 체제를 초월한 치열한 무한경쟁체제로 돌입할 것이다.

17 ②
A는 이익 집단, B는 정당, C는 시민 단체이다.
정당은 당정 협의회 등을 통해 행정부와 의회를 매개하는 역할을 한다.

18 ③
사례는 도덕적 또는 윤리적으로 비난을 가해야 하는 행위가 법규범에 위배되는 현상으로 착한 사마리아인의 법과 비슷한 맥락에서 이해할 수 있다.
① 절도행위는 범죄행위를 구성한다.
② 정당방위, 정당행위, 자구행위, 긴급피난 등 위법성을 조각할 만한 사유가 없다.
④ 사례는 형법이 적용되는 경우로 민법을 적용할 여지가 없다.

19 ④

정부의 조세정책

㉠ 조세수입의 증가(세율의 인상) : 국민경제활동을 위축시킨다.
- 가계 : 가처분소득의 감소→소비지출 감소
- 기업 : 투자수익의 감소→투자의욕 둔화

㉡ 조세수입의 감소(세율의 인하) : 국민경제활동을 활성화시킨다.
- 가계 : 가처분소득의 증가→소비지출 증가
- 기업 : 투자수익의 증가→투자 증가

④ 각 나라가 감세를 하는 주된 목적은 국민경제활동의 활성화, 즉 경기의 부양을 위한 것이다. 감세를 함으로써 가계에는 소득의 증가효과를 주어 유효수요를 크게 해주고, 기업에는 이익의 증대효과를 주어 투자의욕을 고취시킬 수 있다. 세금의 감면은 결국 정부 재정규모의 축소를 가져와 작은 정부를 지향하는 취지에 부합된다.

20 ④

소비자 잉여는 ㉡을 시행할 때 4,500달러이고, ㉢을 시행할 때 2,000달러이다.

② 추정한 사회적 최적 거래량은 A가 30개, B가 20개이다.

③ 시장 가격은 ㉡을 시행할 때 500달러, ㉢을 시행할 때 600달러이다.

▶▶▶ 제2과목 **자동차구조원리 및 도로교통법규**

1 ④

타이어 단면 폭에 대한 단면 높이의 비율을 시리즈라고도 하며, 편평비가 낮을수록 고성능 타이어라 할 수 있다.

2 ④

가속 시 바퀴의 미끄러짐을 방지하는 장치를 구동력 조절장치라 한다.

3 ②

$$편평비 = \frac{타이어\ 높이}{타이어\ 너비} = \frac{190}{225} = 0.84$$

4 ③

자동차관리법 안전기준에 관한 규칙 제12조 2항에 의거 금이 가고 갈라지거나 코드층이 노출될 정도의 손상이 없어야 하며, 요철형 무늬의 깊이를 1.6밀리미터 이상 유지할 것으로 명시되어 있다.

5 ②

condenser … 응축기라고도 하며 압축기에서 보내온 고온 고압의 냉매를 응축 액화하는 장치. 냉장고나 에어컨에서 볼 수 있는 기관 중 하나이다.

6 ①

용량 … 충전한 축전지를 방전했을 때 규정 전압으로 내려갈 때까지 낼 수 있는 전기량으로, 보통 암페어 시(Ah)로 나타낸다. 자동차용 축전지의 용량 표시는 25℃를 기준으로 한다.
축전지 용량은 극판의 크기, 극판의 수, 셀의 크기 및 전해액의 양(황산의 양)에 의해 결정된다.
용량 표시 방법에는 공칭 용량, 규격 용량, 실용량 등이 있다.

7 ③

다이오드는 구조상 열에 상대적으로 약하다.

8 ②

납 합금을 만들어 축전지의 각 셀을 직렬로 연결하기 위한 것이며 전압이 증가한다.
각 셀당 2.1V × 6 = 12.6V

9 ①

화학작용을 이용한 것은 축전지이며 발열작용을 이용한 것은 전구, 예열플러그이다.

10 ③

열을 발산하기 쉽고, 전극부의 온도가 상승하기 어려운(열값이 높은) 형식의 점화플러그를 냉형(冷型) 플러그라고 한다.

11 ④

경찰공무원은 자동차 등 또는 노면전차의 운전자가 무면허운전, 음주운전, 과로한 상태에서의 운전에 위반하여 자동차등 또는 노면전차를 운전하고 있다고 인정되는 경우에는 일시 정지시키고 그 운전자에게 운전면허증을 제시할 것을 요구할 수 있다

12 ①

처벌의 특례(교통사고처리 특례법 제3조)

① 차의 운전자가 교통사고로 인하여 「형법」 제268조(업무상과실·중과실 치사상)의 죄를 범한 경우에는 5년 이하의 금고 또는 2천만 원 이하의 벌금에 처한다.

② 차의 교통으로 제1항의 죄 중 업무상과실치상죄(業務上過失致傷罪) 또는 중과실치상죄(重過失致傷罪)와 「도로교통법」 제151조의 죄를 범한 운전자에 대하여는 피해자의 명시적인 의사에 반하여 공소(公訴)를 제기할 수 없다. 다만, 차의 운전자가 제1항의 죄 중 업무상과실치상죄 또는 중과실치상죄를 범하고도 피해자를 구호(救護)하는 등 조치를 하지 아니하고 도주하거나 피해자를 사고 장소로부터 옮겨 유기(遺棄)하고 도주한 경우, 같은 죄를 범하고 음주측정 요구에 따르지 아니한 경우(운전자가 채혈 측정을 요청하거나 동의한 경우는 제외)와 다음의 어느 하나에 해당하는 행위로 인하여 같은 죄를 범한 경우에는 그러하지 아니하다.

1. 신호기가 표시하는 신호 또는 교통정리를 하는 경찰공무원등의 신호를 위반하거나 통행금지 또는 일시정지를 내용으로 하는 안전표지가 표시하는 지시를 위반하여 운전한 경우
2. 중앙선을 침범하거나 회단 등의 금지를 위반하여 횡단, 유턴 또는 후진한 경우
3. 제한속도를 시속 20킬로미터 초과하여 운전한 경우
4. 앞지르기의 방법·금지시기·금지장소 또는 끼어들기의 금지를 위반하거나 고속도로에서의 앞지르기 방법을 위반하여 운전한 경우
5. 철길건널목 통과방법을 위반하여 운전한 경우
6. 횡단보도에서의 보행자 보호의무를 위반하여 운전한 경우
7. 운전면허 또는 건설기계조종사면허를 받지 아니하거나 국제운전면허증을 소지하지 아니하고 운전한 경우. 이 경우 운전면허 또는 건설기계조종사면허의 효력이 정지 중이거나 운전의 금지 중인 때에는 운전면허 또는 건설기계조종사면허를 받지 아니하거나 국제운전면허증을 소지하지 아니한 것으로 본다.
8. 술에 취한 상태에서 운전을 하거나 약물의 영향으로 정상적으로 운전하지 못할 우려가 있는 상태에서 운전한 경우
9. 보도(步道)가 설치된 도로의 보도를 침범하거나 보도 횡단방법을 위반하여 운전한 경우
10. 승객의 추락 방지의무를 위반하여 운전한 경우
11. 어린이 보호구역에서 같은 조 제1항에 따른 조치를 준수하고 어린이의 안전에 유의하면서 운전하여야 할 의무를 위반하여 어린이의 신체를 상해(傷害)에 이르게 한 경우
12. 자동차의 화물이 떨어지지 아니하도록 필요한 조치를 하지 아니하고 운전한 경우

13 ④

업무상과실(業務上過失) 또는 중대한 과실로 교통사고를 일으킨 운전자에 관한 형사처벌 등의 특례를 정함으로써 교통사고로 인한 피해의 신속한 회복을 촉진하고 국민생활의 편익을 증진함을 목적으로 한다.

14 ①

차로는 횡단보도, 교차로, 철길건널목에는 설치 할 수 없다.

15 ①

차의 교통으로 업무상과실치상죄 또는 중과실치상죄를 범한 운전자에 대하여는 피해자의 명시적인 의사에 반하여 공소를 제기할 수 없다. 다만, 차의 운전자가 업무상과실치상죄 또는 중과실치상죄를 범하고도 피해자를 구호하는 등 조치를 하지 아니하고 도주하거나 피해자를 사고 장소로부터 옮겨 유기하고 도주한 경우에는 공소를 제기할 수 있다(교통사고처리특례법 제3조).

16 ①

비포장도로에서의 사고는 위반행위에 해당되지 않으므로 피해자의 의사에 관계없이 공소를 제기해야 할 경우에 해당되지 않는다.

17 ③

나머지는 교통사고처리 특례법상 위반 항목에 해당. 골목길 후진으로 인한 경상은 이에 해당되지 않는다.

18 ①

대형승합자동차는 오른쪽 차로가 지정차로이다

19 ①

제한속도를 30km 초과한 경우이므로 특례법에 따라 형사처분 대상이다.

20 ③

편도 1차로 고속도로에서의 최고속도는 매시 80킬로미터이다

---

14 제14회 정답 및 해설

▶▶▶ **제1과목** 사회

1 ②

② 다수당의 횡포를 방지할 수 있는 것은 대통령제이다. 대통령제에서는 대통령이 법률안 거부권을 통하여 다수당의 횡포를 방지할 수 있다.

※ 대통령제와 의원내각제

구분	대통령제	의원내각제
특징	• 권력분립주의 • 견제와 균형의 원리 • 대통령을 수반으로 하는 행정부가 국민에 대하여 책임을 지고 모든 정책을 수행함	• 권력융합주의 • 의회중심주의 • 행정권을 담당하는 내각이 의회의 신임에 따라 조직되고 존속함
정부각료	국회의원 겸직 불가	국회의원 겸직 가능
국회와 정부의 관계	• 대통령과 행정부는 의회에 대하여 책임을 지지 않음 • 의회는 행정부를 불신임할 수 없고, 정부는 의회를 해산할 수 없음 • 정부는 의안제출권이 없음 • 법률안 거부권이 인정됨 • 대통령과 정부각료는 의회에 출석하여 발언할 권리·의무가 없음	• 정부(내각)는 의회에 대하여 연대책임을 짐 • 의회는 정부를 불신임할 수 있고, 정부는 의회를 해산할 수 있음 • 정부는 의안제출권이 있음 • 수상, 각료는 국회에 출석하여 발언할 권리·의무가 있음

2 ③

(가)는 공유 자원의 문제, (나)는 불완전 경쟁, (다)는 정보의 비대칭성을 보여주는 사례에 해당한다.
① (가)의 재화는 경합성은 있으나 배제성은 없다.

3 ③

제시된 내용은 「팡세」에서 법의 상대성을 강조한 파스칼의 말이다. 법의 상대성이란 문화가 그 사회의 입장에서 이해되듯이 법도 시간과 공간에 따라 특수성과 상대성을 가지게 된다는 것이다.

4 ①

① 정당에 대한 설명이다. 이익단체(압력단체)는 이해관계를 공유하는 사람들이 공동의 이익을 실현하기 위하여 정부정책에 영향력을 행사하는 집단으로 정치적 책임을 지지 않는다.

※ 이익단체와 정당

구분	이익단체	정당
차이점	• 자신들의 특수한 이익을 추구하는 것이 목표 • 몇 개의 쟁점, 특수한 영역의 문제점에만 관심	• 정권을 획득하는 것이 목적 • 사회 구성원들에게 영향을 끼치는 모든 쟁점과 문제영역에 광범위한 관심
공통점	정부의 정책에 압력을 행사	
관련성	• 이익단체는 이익실현을 위해 정당을 이용 • 정당은 지지기반을 넓히기 위해 이익단체와 밀접한 관계 유지	

5 ④

제시문은 국민참여재판에 다녀 온 후기를 나타내고 있다.

구분	내용
용어의 정의	배심원이란 형사재판에 참여하도록 선정된 사람을 의미하며, 이러한 배심원이 참여하는 재판을 국민참여재판이라 함
국민참여 재판 대상 사건	특수 공무집행 방해 치사, 뇌물, 특수강도강간, 살인사건 등
강제성 여부	피고인이 원하지 않을 경우 또는 법원이 배제결정을 할 경우는 국민참여재판을 하지 않음
배심원의 권한과 의무	사실 인정, 법령 적용 및 형의 양정에 관한 의견 제시

배심원의 수	법정형이 사형, 무기징역 또는 무기금고에 해당하는 대상사건은 9인, 그 외에는 7인, 이러한 인원이 결격될 경우를 대비하여 5인 이내의 예비배심원을 둠
배심원 자격	만 20세 이상의 대한민국 국민
평결의 기속 여부	배심원의 평결과 의견은 법원을 기속하지 않음

6 ④

제시된 내용은 흑백논리에 의한 사고유형이다. 흑백논리란 모든 문제를 흑 아니면 백, 선 아니면 악이라는 두 가지 사실 중 하나만을 선택하도록 하며, 중간적 입장을 허용하려 들지 않는 사고방식이다.

7 ③

①④ 루소의 사상이다.
② 홉스의 사상이다.
③ 로크는 정부가 인민의 신탁을 배반하여 자연권을 침범하게 되면 인민은 정부에 저항하여 이를 재구성할 권리인 저항권을 갖는다고 하였다.

※ 사회계약론

구분	홉스	로크	루소
인간의 본성	성악설	성무 선악설	성선설
자연 상태	정의와 부정의가 존재하지 않는 "만인에 대한 만인의 투쟁상태"	극단적인 투쟁은 없으나 탐욕스러운 사람에 의한 권리침해의 가능성 존재	제약이나 차별이 없는 자유롭고 평등한 상태
주권 이론	군주주권론, 전부양도설	국민주권론, 저항권 사상, 일부양도설	국민주권론, 양도불가설
정치 형태	전제군주정치	대의민주정치	직접민주정치

8 ③

실증적 연구방법(양적 접근법) … 개념규정→가설설정→사실관찰 및 자료수집→가설 검증→일반적 법칙이나 이론 도출

※ 사회·문화현상의 연구방법

구분	실증적 연구방법 (양적 접근법)	해석적 연구방법 (질적 접근법)
의미	경험적 자료를 계량화하여 분석함으로써 일반적인 법칙을 발견하여 설명하려는 연구방법	연구자의 직관적인 통찰에 의해 사회현상의 의미를 해석함으로써 이해하려는 연구방법
목적	사회현상에 관한 일반적인 법칙 발견→"설명"에 목적	사람의 의식과 관련된 행위의 의미 파악→"이해"가 목적
분석 방법	수리적·통계적 분석	직관적 통찰
연구 대상	객관적 관찰이 가능한 행위	객관적 관찰이 곤란한 동기·의미
연구 과정	• 과학적 방법(개념규정→가설 설정→가설검증→법칙이나 이론 도출) • 개념의 조작적 정의(개념을 경험적으로 관찰할 수 있는 사물의 속성으로 표현) • 가설을 바탕으로 한 연역적 추론	• 주로 관찰된 것으로부터 드러난 사회현상의 의미를 중심으로 개념이나 이론을 만드는 과정 • 원인을 밝히지 않고 사회현상의 개념화를 통해 이해하는 데 초점 • 귀납적 추론
장점	• 정확성과 정밀성 보장 • 가설검증 및 법칙발견의 용이 • 경험적·통계적 연구의 가능성	• 주관적 의식의 심층을 이해 • 행동의 개인적·사회적 의미 파악 • 비공식적 문서, 일기, 역사적 기록, 공식문서의 이면적 의미를 중시
단점	• 연구의 제약 : 계량화하기 어려운 인간의 주관적 영역의 연구 • 연구의 한계성 : 사회현상을 인간의 동기, 의도, 가치로부터 분리	• 객관적 법칙 발견이 어려움 • 행위자들의 주관적 관점을 주요 대상으로 하므로 사회제도적 측면을 소홀히 할 우려가 있음

9 ②

미란다의 원칙 … 누구든지 체포 또는 구속의 이유와 변호인의 조력을 받을 권리가 있음을 고지받지 아니하고는 체포 또는 구속을 당하지 아니한다. 체포 또는 구속을 당한 자의 가족 등 법률이 정하는 자에게는 그 이유와 일시, 장소가 지체없이 통지되어야 한다.

① 범죄의 성립과 형벌의 내용은 미리 성문의 법률로 정해져야 한다는 원칙으로, 국가 형벌권의 남용으로부터 국민의 자유를 보장하는 형법의 최고원리이다.

③ 모든 국민은 행위시의 법률에 의하여 범죄를 구성하지 아니하는 행위로 소추되지 않는다는 원칙이다.

④ "소(訴)가 없으면 심판도 없다"라는 말로, 검사의 공소제기가 없는 한 법원이 사건에 관하여 심리할 수 없다는 원칙이다.

10 ②

① 법규정의 문구나 문장을 기초로 하여 문자 그대로 해석하는 방법으로 가장 일반적인 법의 해석이다.

② 입법기관이 입법권에 근거하여 법문(法文)으로 용어의 정의를 내리는 것으로, 공적 구속력이 가장 강한 해석이며 최초의 유권해석이다.

③ 법규정의 문구에 크게 구애받지 아니하고 입법의 취지나 전체적인 문맥을 고려하여 논리적 추리에 의하여 행하는 해석방법이다.

④ 법조문의 용어가 나타내는 의미보다 넓게 해석하는 방법을 말한다.

11 ①

정부가 수요의 탄력성이 큰 사치품의 가격을 인상하면 소비가 억제되므로 가격정책의 큰 효과를 볼 수 있다.

ㄱ 재화의 용도가 다양할수록 탄력성이 크다.
ㄴ 생필품은 탄력성이 작고, 사치품은 탄력성이 크다.
ㄷ 재화의 가격이 소비자의 소득에서 차지하는 비중이 큰 재화일수록 수요탄력성이 크다.
ㄹ 대체재의 존재 여부(가장 중요한 요인) : 대체재가 있으면 탄력성이 크고, 대체재가 없으면 탄력성이 작다.

12 ④

제시된 내용은 사회계층화현상의 관점 중 갈등론적 관점에 해당한다.
①②③ 기능론적 관점
④ 갈등론적 관점
※ 사회계층화현상의 관점

구분	갈등론적 관점	기능론적 관점
사회계층의 발생원인	지배집단의 기득권 유지를 위해 계층 존속	희소가치의 차등분배로 발생
사회적 희소가치의 배분기준과 절차	권력이나 가정배경에 따라 강제에 의해 배분	개인의 자질과 능력에 따라 합법적 절차로 배분
사회 계층화의 영향	집단간의 갈등과 대립이 심화되어 개인과 사회의 발전에 장애가 됨	개인의 자질계발에 동기를 부여하여 개인의 발전과 사회의 유지에 기여

13 ①

환율인상(평가절하)의 경우에는 물가상승, 수출증가, 수입감소, 외채상환부담의 증가, 해외여행 불리 등이 나타난다.

14 ②

한계효용은 재화의 소비량이 증가하면 총효용은 증가하지만 한계효용은 줄어드는 경향(한계효용체감의 법칙)이 있다. 따라서 총효용이 증가하더라도 한계효용은 감소한다.

15 ④

위법성조각사유 … 어느 행위가 구성요건에는 해당되지만 그 행위의 위법성을 배제하여 적법으로 하는 특별사유로서 정당행위, 정당방위, 긴급피난, 자구행위, 피해자의 승낙 등이 있다.
① 법령·업무·사회상규에 위배되지 아니하는 행위로, 국가적·사회적으로 정당시되는 행위를 말한다.
② 사기 또는 타인의 법익에 대한 현재의 부당한 침해를 방위하기 위한 행위를 말한다.
③ 헌법 제76조에 의해 발동되는 법률의 효력을 가지는 대통령의 긴급권을 말한다.
④ 법정절차에 의하여 청구권을 보전하기 불능한 경우에 그 청구권의 실행불능 또는 현저한 실행곤란을 피하기 위한 행위를 말한다.

16 ③

경기순환의 유형

유형	주기	원인 및 특징
콘드라티예프 파동	약 50년 (장기파동)	기술혁신, 전쟁이나 혁명 등 주요 사회변동
쿠즈네츠 파동	약 20년 (건축순환)	인구증가율의 변동과 이에 따른 경제성장률의 변동, 건축투자의 변동
주글라 파동	10~12년 (주순환)	기업설비투자의 변동
키친 파동	3~4년 (소순환)	기업의 재고변화, 이자율의 변동

17 ①

국민에 의해 선출된 대통령과 국민의 선거로 선출된 의회의 모습으로 대통령제를 나타낸 것이다.

① 정치적 책임과 국민적 요구에 민감하지 못한 것은 대통령제의 단점이다.

②③ 의원내각제의 특징이다.

④ 법률안 제안권은 의원내각제의 특징이고, 법률안 거부권 행사는 대통령제의 특징이다.

※ 대통령제와 의원내각제의 비교

구분	대통령제	의원내각제
지도체제	대통령과 의회의 균형	의회 중심
내용	의회 ⇄ 탄핵소추 / 법률안거부권 대통령	의회 ⇄ 내각불신임권 / 의회해산권 내각
내각의 성격	심의기관	의결기관
장점	정국안정, 강력한 정치	책임정치, 민주적 요청 충실
단점	독재화 우려	다수당의 횡포, 정국 불안

18 ②

㉠ 지역구와 비례대표를 합쳐 300석 중 A당이 152석을 확보했으므로 틀린 설명이다.

㉡ 무소속으로 출마해서 당선되었다면 E일 가능성이 높다. 정당 득표수에 비례하여 의석수를 할당하는 비례대표가 한 석도 없기 때문이다.

㉢ 의원내각제 국가에서는 보통 과반수 이상을 확보한 정당이 없을 경우 연립 내각이 구성되므로 옳은 설명이다.

㉣ A당이 야당이라면 과반수 이상을 확보한 거대 정당이 되므로 옳은 설명이다.

19 ④

④ NI(국민소득) = NNP(국민순생산) − 간접세 + 정부 보조금 = 임금 + 이자 + 지대 + 이윤 = 요소소득의 합계

20 ④

갑국은 X재 생산에, 을국은 Y재 생산에 비교 우위가 있다. 교역 조건은 X재 1개당 Y재 6 / 5개이다.

㉣ X재와 Y재의 교환 비율이 1 : 1이면 을국은 A점에 해당하는 교역 조건보다 유리해지므로 교역에 응할 것이다.

▶▶▶ 제2과목 자동차구조원리 및 도로교통법규

1 ④

열대 지방에서는 1.240, 온대 지방에서는 1.260, 한랭 지방에서는 1.280의 비중을 유지한다.

2 ④

교류발전기에서는 역전류 방지용으로 사용하던 컷아웃 릴레이가 필요 없다(다이오드 대체).

3 ①

반사경·렌즈·필라멘트가 일체인 타입은 실드빔형이다.

4 ②

방전종지전압 … 어느 정도 이상 방전하면 전압이 급격하게 강하하고 극판을 손상시키는 등의 악영향을 미치므로 축전지 방전의 한계를 규정한 전압을 말한다. 방전종지전압의 한계는 10.5V이다.

5 ④

후방경보 시스템 … 장애물은 초음파 센서가 감지하는데, 대부분 차량 뒤쪽 범퍼에 장착되어 있다. 센서는 후진 기어를 넣자마자 작동하기 시작하고, 차량과 장애물 사이가 가까워질수록 더 빠른 경보음을 낸다. 지금은 소리의 간격을 다르게 해서 장애물과

의 거리를 알려 주는 경보형 외에 디지털 방식으로 후방 장애물까지의 거리를 표시해 주는 방식, 첨단 차량시스템을 이용해 감시 카메라로 보여 주는 방식 등이 있다.

6 ④

전압은 저항×전류이므로 30×3 = 90V이다.

7 ③

콘덴서는 직류는 흐르지 못하게 하지만 교류는 통하게 하며 용량이 클수록, 그리고 주파수가 높을수록 잘 통하게 된다.

8 ①

자기유도작용 … 점화 코일에 전류가 흐르면 그 코일 내부에는 전류가 흐르는 방향에 대응하는 방향으로 자기장이 형성된다. 반대로 전류를 차단하면 형성되어 있던 자기장이 빠른 속도로 소멸되는데, 그 소멸되는 자기장이 점화 코일에 전류를 발생시킨다.

9 ④

에어백 점검은 축전지 단자를 반드시 분리하여야 한다.

10 ③

직류 전기 회로에 자력선의 변화가 생겼을 때 그 변화를 방해하기 위해서 다른 전기 회로에 기전력이 발생되는 현상을 말한다. 즉, 1차 코일에 흐르는 전류를 변화시키면 2차 코일에 유도 기전력이 발생하며, 자동차의 점화 코일에 이용된다.

11 ②

단순물피사고라도 사고를 야기한 후 도주할 경우 특례법에 따라 보험가입여부나 합의에 관계없이 형사입건된다.

12 ④

고속도로에서의 회전 및 유턴 중 일어난 사고는 보험가입여부와 관계없이 공소권이 있다.

13 ②

교통사고처리 특례법상 위반 항목에 해당하는 경우 피해자와의 합의나 보험 가입여부에 관계없이 공소권이 있으므로 형사입건이 가능하다.

14 ①

①은 일시정지할 장소이다.
②③④는 서행장소

15 ④

긴급자동차(소방차, 구급차, 혈액 공급차량과 대통령령으로 정하는 경찰용 자동차만 해당)의 운전자가 그 차를 본래의 긴급한 용도로 운행하는 중에 교통사고를 일으킨 경우에는 그 긴급활동의 시급성과 불가피성 등 정상을 참작하여 「도로교통법」상 벌칙규정, 「교통사고처리 특례법」상 처벌의 특례 또는 「특정범죄가중처벌 등에 관한 법률」상 어린이 보호구역에서 어린이 치사상의 가중처벌 규정에 따른 형을 감경하거나 면제할 수 있다.

16 ③

차도를 통행할 수 있는 사람 또는 행렬〈법 제7조〉
㉠ 말·소 등의 큰 동물을 몰고 가는 사람
㉡ 사다리, 목재, 그 밖에 보행자의 통행에 지장을 줄 우려가 있는 물건을 운반 중인 사람
㉢ 도로에서 청소나 보수 등의 작업을 하고 있는 사람
㉣ 군부대나 그 밖에 이에 준하는 단체의 행렬
㉤ 기(旗) 또는 현수막 등을 휴대한 행렬
㉥ 장의(葬儀) 행렬

17 ②

① 차의 운전자가 교통사고로 인하여 사람을 사상에 이르게 한 때에는 5년 이하의 금고 또는 2천만 원 이하의 벌금(형사처벌)에 처한다(법 제3조 제1항).

③④ 법 제3조 제2항에 따라 공소를 제기할 수 있는 경우에 해당한다.

18 ④

안전표지

㉠ 주의표지 : 도로상태가 위험하거나 도로 또는 그 부근에 위험물이 있는 경우에 필요한 안전조치를 할 수 있도록 이를 도로사용자에게 알리는 표지

㉡ 규제표지 : 도로교통의 안전을 위하여 각종 제한·금지 등의 규제를 하는 경우에 이를 도로사용자에게 알리는 표지

㉢ 지시표지 : 도로의 통행방법·통행구분 등 도로교통의 안전을 위하여 필요한 지시를 하는 경우에 도로사용자가 이에 따르도록 알리는 표지

㉣ 보조표지 : 주의표지·규제표지 또는 지시표지의 주기능을 보충하여 도로사용자에게 알리는 표지

㉤ 노면표시 : 도로교통의 안전을 위하여 각종 주의·규제·지시 등의 내용을 노면에 기호·문자 또는 선으로 도로사용자에게 알리는 표지

19 ③

편도 2차로인 일반도로에서 자동차 등의 최고 속도는 매시 80킬로미터 이내이다.

20 ①

자동차 등이 정지하고 있는 경우에는 영상표시장치를 통하여 운전자가 볼 수 있는 위치에 영상이 표시되는 것이 허용된다.

15 제15회 정답 및 해설

▶▶▶ **제1과목** 사회

1 ②

기회비용이란 경제활동에서 어떤 것을 선택함으로써 포기하게 되는 것의 가치를 말한다. 문제에서 노트 2권을 사는 경우와 노트 3권을 사는 경우 전자는 펜 6자루를 살 수 있고, 후자는 펜 4자루를 살 수 있다. 따라서 노트 1권을 더 사기 위해서 포기한 펜이 2자루이므로 펜 2자루가 기회비용이다. 합리적 선택이 되기 위해서는 선택에서 오는 이득이 기회비용보다 커야 한다.

2 ④

외환 시장에서 외환 공급의 증가로 환율 하락이 지속될 것으로 보인다.

① 미국 시장에서 한국산 제품의 가격 경쟁력은 낮아질 것이다.

② 달러 외채를 상환해야 하는 한국 기업의 부담이 감소할 것이다.

③ 자녀를 미국으로 유학 보낸 한국 학부모들의 학비 부담이 감소할 것이다.

3 ③

인플레이션 상황에서 물가를 안정시키기 위해서는 긴축재정·금융정책이 필요하다. 금리 인하와 대출한도 증가는 팽창금융정책이므로 통화량의 증대를 가져와 인플레이션을 더욱 유발한다.

4 ①

신의성실은 원래 사람의 행위나 태도에 대한 윤리적·도덕적 평가를 나타내는 말이지만, 민법 제2조의 신의성실은 구체적인 사건에서 객관적인 법률을 무차별적으로 적용함으로써 발생하는 부작용을 회피하기 위한, 즉 정의와 형평을 의미한다.

5 ④

한계효용균등의 법칙 … 각 상품의 소비에 지출되는 비용 1원어치의 한계효용이 서로 같도록 소비할 때 소비자는 가장 큰 효용을 얻게 되어 합리적인 소비를 하게 된다는 원칙이다.

$$\frac{X재의\ 한계효용(M_x)}{X재의\ 가격(P_x)} - \frac{Y재의\ 한계효용(M_y)}{Y재의\ 가격(P_y)}$$

즉, X재 1원어치의 한계효용 = Y재 1원어치의 한계효용(= 화폐 1원어치의 한계효용)

6 ②

$$수요의\ 가격탄력성 = \frac{수요량의\ 변동률}{가격의\ 변동률}$$

$$= \frac{\dfrac{수요량의\ 변동분(\Delta Q)}{원래의\ 수요량(Q)}}{\dfrac{가격의\ 변동분(\Delta P)}{원래의\ 가격(P)}}$$

$$= \frac{40}{20} = 2$$

Plus⊕ Study 　수요의 가격탄력성의 크기를 결정하는 요인

㉠ 대체재의 존재여부(가장 중요한 요인) : 대체재가 있으면 탄력성이 크고, 대체재가 없으면 탄력성이 작다.
㉡ 재화의 가격이 소비자의 소득에 차지하는 비중이 큰 재화일수록 수요탄력성이 크다.
㉢ 생필품은 탄력성이 작고, 사치품은 탄력성이 크다.
㉣ 재화의 용도가 다양할수록 탄력성이 크다.

7 ③

경기순환의 각 국면
㉠ 호경기 : 경제활동이 가장 활발한 시기로, 국민소득과 기업의 이윤이 증가하고 설비투자도 활기를 띠게 된다.
㉡ 후퇴기 : 경제활동이 둔화되고, 생산과잉상태가 부분적으로 발생한다.
㉢ 불경기 : 경제활동이 쇠퇴·침체되어 도산하는 기업이 생기고 실업자도 증가한다.
㉣ 회복기 : 경제활동이 다시 활기를 띠는 시기로, 서서히 수요 증가, 생산·고용 증가, 실업자 감소가 나타난다.
③ 불경기에 경제활동이 침체된 시기로 재고와 실업수준이 최대이다. 따라서 기업은 불경기에는 설비투자를 줄여야 한다.

8 ④

가격 통제를 하는 경우 초과 공급 상황에서는 최저가격제를, 초과 수요 상황에서는 최고가격제를 실시하게 된다.

9 ④

해석적 연구방법(질적 접근법)
㉠ 의의 : 연구자의 직관적인 통찰에 의해 사회현상의 의미를 해석함으로써 이해하려는 연구방법이다.
㉡ 목적 : 사람의 의식과 관련된 행위의 동기, 의도 등과 같은 의미를 파악함으로써 이해하는 것이 목적이다.
㉢ 연구대상 : 객관적 관찰이 곤란한 동기나 의미가 연구대상이 된다.
㉣ 연구방법
　• 원인을 밝히려 하지 않고 사회현상의 개념화를 통해 이해하는 데 초점을 둔다.
　• 귀납적 추론과정을 거친다.
㉤ 장점
　• 주관적 의식의 심층에 대한 이해가 가능하다.
　• 행동의 개인적·사회적 의미를 파악한다.

ⓑ 단점
  • 객관적 법칙 발견이 어렵다.
  • 행위자들의 주관적 관점을 주요 대상으로 하므로 사회제도적 측면을 소홀히 할 우려가 있다.
ⓢ 특징
  • 개인적·사회적 의미를 중시한다.
  • 비공식적 자료를 중시한다.
①②③ 실증적 연구방법에 대한 설명이다.

10 ②

① 공무원의 위법한 직무행위나 공공시설의 설치, 관리의 흠으로 인하여 개인에게 손해를 가한 경우에 국가나 공공단체가 그 손해를 배상하는 제도이다.
② 공공필요에 의한 적법한 공권력 행사로 사유재산에 가해진 특별희생에 대하여 사유재산 보장과 공평부담의 견지에서 행하는 조절적 보상을 의미한다.
③ 위법·부당한 처분 기타 공권력의 행사·불행사 등으로 권익을 침해당한 자가 상급행정기관에 대하여 그 시정을 구하는 행정쟁송절차이다.
④ 위법한 행정처분에 대해 권익을 침해당한 자가 법원에 구제를 청구하는 제도로, 부당한 행정처분에 대해서는 제기할 수 없다.

11 ③

제시된 내용은 보편적 가치를 무시하는 극단적인 문화상대주의의 입장이다. 문화상대주의는 한 사회의 문화를 그 사회의 입장에서 평가하고 이해하려는 태도이지, 인류의 보편적 가치에 반하는 문화도 모두다 옳다는 것은 아니다. 아무리 각 문화에서의 고유한 가치를 인정하더라도 인류가 보편적으로 합의할 수 있는 가치는 있게 마련이고, 그에 위배되는 행위는 어느 사회에서나 용납될 수 없는 것이다.

12 ③

① 건물 기타 공작물이나 수목을 소유하기 위하여 타인의 토지를 이용할 수 있는 권리는 지상권이다. 을은 전세권을 설정한 것으로 전세금을 지급하고 타인의 부동산(토지, 건물 등)을 점유하여 용도에 맞게 사용, 수익하며, 해당 부동산이 저당권 실행 등 문제가 생길 경우 전세금의 우선변제를 받을 권리가 있는 물권을 말한다.
② 주택의 소유자가 바뀔 경우 병은 대항요건을 획득해야 임차인으로써의 권리를 주장할 수 있다. 임차인이 주택을 인도받아 주민등록을 마치면 제3자에게 대항할 수 있는 효력이 생긴다. 주민등록을 하지 않고 전입신고를 하더라도 대항력이 발생한다.
④ 병이 임대차 기간을 정하지 않을 경우 2년으로 계약한 것으로 간주한다.

13 ③

제시된 내용은 사회현상을 바라보는 인식태도 중 개방적 태도와 관련된다. 개방적 태도는 새로운 사실 증거가 나타나게 되면 이론의 수정 및 새로운 이론이 정립될 수 있다는 점을 수용한다.

Plus Study | 사회·문화현상을 탐구하는 태도

ⓐ 객관적 태도 : 연구자 자신이 신념·종교·직업, 정치적 성향으로부터 독립하여 연구·조사를 행하는 태도
ⓑ 개방적 태도 : 여러 가지 가능성이 동시에 공존할 수 있다는 사실을 인정하는 태도
ⓒ 상대주의적 태도 : 사회와 문화의 특수성을 고려하여 다양한 사회·문화현상의 특성과 고유한 가치를 인정하는 태도
ⓓ 조화의 중요성을 인식하는 태도 : 다양한 상호작용 관계를 인식하고, 조정·타협을 통해 갈등을 극복하려는 태도
ⓔ 반성적 태도 : 사회·문화현상을 있는 그대로 수용하는 것이 아니라, 문화적·역사적 맥락을 따져 보면서 적합성을 구하는 태도

14 ④

저항권의 행사요건

㉠ 민주주의의 기본질서나 기본권 보장의 전체계가 위협되며, 헌법의 존재 자체가 부인되는 경우일 것

㉡ 국가권력의 행사가 불법이라는 것이 객관적으로 명백할 것

㉢ 다른 법적 구제수단이 더 이상 없을 경우에 최후의 수단으로 이용할 것

㉣ 폭력이 아닌 평화적인 방법에 의해 행사할 것

15 ①

국제사회에서 국가간의 갈등을 해결하는 수단

㉠ 국제기구를 통한 해결 : 국제관계에는 중앙정부가 존재하지 않지만, 국제연합 등의 국제기구가 갈등해결의 유력한 수단으로 기능하고 있다.

㉡ 국제조정의 방식을 통한 해결 : 제3국이나 민간단체의 개입을 통한 갈등해결이 가능하다.

㉢ 강제력의 행사 : 전쟁이나 무력위협 등을 통한 갈등해결방식이다.

㉣ 우리의 민족통일은 우리 민족의 배타적 이익만을 추구하지 않고, 국제사회의 화해와 협력에도 기여하여야 한다. 즉, 그들과의 공동번영을 추구하여야 한다.

16 ②

사회 성원의 충원과 관련된 평균 가구원 수, 노령화 지수 등으로는 사회화 기능을 알 수 없다. 또한 생산 가능 인구만을 갖고 경제적 생산 주체로서의 기능이 약화되고 있다는 것은 비약적인 결론이다.

17 ③

A점에서 B점으로의 이동은 소득분배가 평등하게 개선되고 있는 상황이다.

㉠ 공평과세 : 재산소득에 대한 누진세의 적용, 고율의 상속세와 증여세 부과로 세습을 예방하여야 한다.

㉡ 지하경제의 근절 : 부동산투기나 탈세 등에 의한 불로소득은 국민경제의 건전한 발전을 저해하므로 근절해야 한다.

㉢ 분배정의의 실현 : 금융실명제, 부동산실명제, 금융소득종합과세를 실시한다.

18 ①

유엔의 안전보장이사회의 상임이사국인 미국·영국·프랑스·러시아·중국 등 5개국은 국제사회에서 정치적 강대국이라 볼 수 있다. 이들 국가들은 상임이사회에서 거부권을 행사할 수 있다. 한 나라라도 거부권을 행사한 경우 안건은 통과할 수 없어서 국제사회에서 힘의 원리가 작용하고 있음을 인정하는 것이다.

※ 국제사회와 국내사회의 비교

구분	국제사회	국내사회
구성	독립적 주권국가로 구성	개개인으로 구성
갈등요소	• 강력한 중앙정부가 없음 • 자국의 이익 추구 • 힘의 원리가 지배	국가가 법에 의하여 정치권력을 행사→개개인의 이해관계를 규율
협력요소	• 공동의 이해와 규범 존재 • 협력이 필요한 공동문제 등장	정치권력을 가진 국가가 권위적으로 상호 이해관계 조율

19 ①

ㄷ. ㉢은 A 지역에 있는 사람들에게는 배제성이 없지만 B 지역에 있는 사람들에게는 배제성이 있다.

ㄹ. ㉣은 비경합성을 갖기 때문에 한 사람의 소비가 다른 사람의 소비를 감소시키지 않는다.

20 ③

(가)는 호경기를, (나)는 불경기를 나타내고 있다.

㉠ 호경기에는 소비를 억제해야 하므로 정부는 세금을 인상해야 한다.

㉡ (나) 상황은 불경기이므로 정부 지출을 증가시켜야 한다.

㉢ 긴축 재정정책은 정부 지출을 축소하는 것으로 (가) 상황에 취해야 한다.

㉣ 재할인율을 올릴 경우 소비를 억제하므로 (가) 상황에 적합하고, 내릴 경우는 소비를 증가시키므로 (나) 상황에 적합하다.

▶▶▶ 제2과목 **자동차구조원리 및 도로교통법규**

1 ④

캐소드는 음극 즉, 반도체의 ⊖단자를 말하며 이 단자에서 전자를 방출시킨다.

2 ②

포토 트랜지스터 … 포토 다이오드의 PN접합을 베이스–이미터 접합에 이용한 트랜지스터로, 포토 다이오드와 마찬가지로 빛에너지를 전기에너지로 변환한다.

3 ②

축전지에 전기가 들어가는 것을 충전, 축전지에서 전기가 나오는 것은 방전이라 한다.

4 ④

축전지의 방전시 전해액의 비중은 점점 낮아진다.

5 ②

LPI기관은 역화의 발생이 적게 일어난다.

6 ③

LPG의 연료는 부탄을 주로 사용한다.

7 ②

냉각수 온도가 낮은 상태에서 무부하 급가속의 고속운전 시 발생되는 현상은 증발기의 동결현상이 생기거나 가스의 유동정지현상으로 인하여 기관의 시동이 정지될 수 있다. 혼합가스의 진한 공연비를 유지할 수가 없다.

8 ③

스로틀 보디의 스로틀 샤프트와 함께 회전함에 따라 스로틀 위치 센서의 출력전압이 변하며, 이 전압 변화를 기초로 하여 엔진의 가속 상태를 판단하고 그에 따라 필요한 제어를 실행한다.

9 ②

연료의 무화는 인젝터가 하는 역할이다.

10 ①

과류방지 밸브 … 배관 및 연결부의 파손으로 LPG가 유출되는 것을 방지하는 밸브이다.

과류방지 밸브는 믹서 형식의 경우 배출 밸브의 안쪽에 입체식으로 설치되어 있고, LPI의 경우 연료 펌프 멀티 밸브 부분에 설치되어 배관의 연결부 등이 파손되었을 때 LPG가 과도하게 흐르면 밸브는 닫힌다.

11 ②

긴급자동차가 본래의 목적대로 운행중이라 해도 주행상 부과되는 주의의무로부터 자유로울 수 없고, 교통사고시에는 다른 자동차의 주의의무와 같이 당연히 위반내용이 적용되어 책임진다.

②   **12**

교통사고처리 특례법상 위반항목

㉠ 도로교통법에 따른 신호기가 표시하는 신호 또는 교통정리를 하는 경찰공무원 등의 신호를 위반하거나 통행금지 또는 일시정지를 내용으로 하는 안전표지가 표시하는 지시를 위반하여 운전한 경우

㉡ 도로교통법을 위반하여 중앙선을 침범하거나 횡단, 유턴 또는 후진한 경우

㉢ 도로교통법에 따른 제한속도를 시속 20킬로미터 초과하여 운전한 경우

㉣ 도로교통법에 따른 앞지르기의 방법·금지시기·금지장소 또는 끼어들기의 금지를 위반하거나 고속도로에서의 앞지르기 방법을 위반하여 운전한 경우

㉤ 도로교통법에 따른 철길건널목 통과방법을 위반하여 운전한 경우

㉥ 도로교통법에 따른 횡단보도에서의 보행자 보호의무를 위반하여 운전한 경우

㉦ 도로교통법 또는 건설기계관리법을 위반하여 운전면허 또는 건설기계조종사면허를 받지 아니하거나 국제운전면허증을 소지하지 아니하고 운전한 경우

㉧ 도로교통법을 위반하여 술에 취한 상태에서 운전을 하거나 약물의 영향으로 정상적으로 운전하지 못할 우려가 있는 상태에서 운전한 경우

㉨ 도로교통법을 위반하여 보도(步道)가 설치된 도로의 보도를 침범하거나 보도 횡단방법을 위반하여 운전한 경우

㉩ 도로교통법에 따른 승객의 추락 방지의무를 위반하여 운전한 경우

㉪ 도로교통법에 따른 어린이 보호구역에서 조치를 준수하고 어린이의 안전에 유의하면서 운전하여야 할 의무를 위반하여 어린이의 신체를 상해(傷害)에 이르게 한 경우

㉫ 도로교통법을 위반하여 자동차의 화물이 떨어지지 아니하도록 필요한 조치를 아니하고 운전한 경우

---

13 ③

③ 공동 위험행위에 해당한다.

> 제46조의3(난폭운전 금지)
> 자동차등(개인형 이동장치는 제외한다)의 운전자는 다음 중 둘 이상의 행위를 연달아 하거나, 하나의 행위를 지속 또는 반복하여 다른 사람에게 위협 또는 위해를 가하거나 교통상의 위험을 발생하게 하여서는 아니 된다.
> 1. 신호 또는 지시 위반
> 2. 중앙선 침범
> 3. 속도의 위반
> 4. 횡단·유턴·후진 금지 위반
> 5. 안전거리 미확보, 진로변경 금지 위반, 급제동 금지 위반
> 6. 앞지르기 방법 또는 앞지르기의 방해금지 위반
> 7. 정당한 사유 없는 소음 발생
> 8. 고속도로에서의 앞지르기 방법 위반
> 9. 고속도로등에서의 횡단·유턴·후진 금지 위반

14 ②

안전거리 미확보로 인한 것이므로 운전자의 과실을 물을 수 있다.

15 ③

① 사고발생 시부터 72시간 이내에 사망한 때
② 3주 이상의 치료를 요하는 의사의 진단이 있는 사고
④ 5일 미만의 치료를 요하는 의사의 진단이 있는 사고

16 ④

④ 시·도경찰청장은 정비 상태가 매우 불량하여 위험발생의 우려가 있는 경우에는 그 차의 자동차등록증을 보관하고 운전의 일시정지를 명할 수 있다. 이 경우 필요하면 10일의 범위에서 정비기간을 정하여 그 차의 사용을 정지시킬 수 있다(법 제41조 제3항).

17 ②

차의 운전자가 교통사고로 인하여 업무상과실 또는 중과실 치사상의 죄를 범한 경우에는 5년 이하의 금고 또는 2천만 원 이하의 벌금에 처한다(교통사고처리 특례법 제3조).

18 ③

3년간 1회의 위반·사고로 인한 벌점 또는 연간 누산점수가 271점에 도달한 때에는 그 운전면허를 취소한다.

19 ④

운전면허 처분에 이의가 있는 사람은 그 처분을 받은 날부터 60일 이내에 운전면허처분 이의신청서에 운전면허처분서를 첨부하여 시·도경찰청장에게 제출하여야 한다(시행규칙 제95조).

20 ④

시·도경찰청장은 교통안전교육기관 또는 학원 등의 건전한 육성, 발전을 위하여 적절한 지도, 감독을 하여야 한다.

---

16 제16회 정답 및 해설

▶▶▶ 제1과목 사회

1 ②

ⓒ 2018년 갑국의 순수출(수출액 – 수입액)은 20억 달러이다.
ⓒ 2019년 소비 지출이 국내 총생산에서 차지하는 비중은 갑국이 55%, 을국이 50%이다.

2 ④

그림은 직접세를 나타내는 것으로 과세 대상 금액이 올라감에 따라 세율도 같이 올라가는 누진세를 보여 준다. 따라서 소득이 높은 사람에게 더 높은 세율을 부과하므로 과세 후에는 소득 격차가 작아진다.

3 ④

갑은 차별적 교제이론을, 을은 낙인이론을, 병은 아노미이론의 관점으로 청소년 문제를 바라보고 있다. 이때 차별적 교제이론과 아노미이론의 공통점은 합의된 규범이 있다는 데 있다.

4 ④

한계효용균등의 법칙은
$$\frac{x\text{재의 한계효용}}{x\text{재의 가격}} = \frac{y\text{재의 한계효용}}{y\text{재의 가격}}\text{이다.}$$
즉, x재 1원어치의 한계효용 $=y$재 1원어치의 한계효용

5 ④

정당은 정치적 견해를 같이 하는 사람들이 정권을 획득함으로써 자신들의 정강(政綱)을 실현할 것을 목적으로 모인 단체이다.

6 ③

헌법의 기본권 제한 … 국민의 모든 자유와 권리를 국가안전보장, 질서유지 또는 공공복리를 위하여 법률로써 제한할 수 있다는 것이다.

③ 기본권 제한의 한계란 기본권의 본질적 내용을 침해하지 못한다는 것으로 현행 헌법에서 이를 유지하고 있다. 본질적 내용의 침해란 그 침해로 인하여 해당 자유나 권리가 유명무실해질 정도의 침해를 말하는데 이는 국가비상시에도 예외일 수 없다.

7 ①

수요변동요인 … 그 재화의 가격 이외의 다른 조건의 변화에 의해 수요곡선 자체가 이동하는 것으로, 수요증가의 원인은 소득수준의 변화, 기호의 변화, 인구의 변화, 다른 재화의 가격변화에 영향을 받는다.

8 ④

국제법은 통일된 입법기관에서 제정되는 것이 아니기 때문에 분쟁의 소지가 많다.

9 ③

① 물권의 변동 시 부동산은 등기, 동산은 인도한다.
② 민사상 분쟁해결은 자력구제금지의 원칙을 적용한다.
③ 제한물권은 물권의 한정된 면만 지배할 수 있는 권리로, 용익물권(지상권, 지역권, 전세권)과 담보물권(유치권, 질권, 저당권)이 있다.
④ 채권발생은 계약으로 성립되고, 변제로써 소멸된다.

10 ②

국제협력

㉠ 국제협력의 필요성 : 세계 각국이 전쟁의 위험으로부터 벗어나 평화롭게 공존하기 위해서 국제협력이 필요하며, 상호교류를 통해 서로를 이해하는 것이 바람직하다.
㉡ 국제협력으로 해결하여야 할 문제 : 자원문제, 환경문제, 인구문제, 남북문제, 군비확장문제 등이다.

11 ②

금융완화(금융확장)정책

㉠ 정의 : 실업이 늘어나는 등 불황의 문제가 커질 경우에 중앙은행이 경기를 자극하기 위하여 시중의 자금사정을 풀어 주는 금융정책이다.
㉡ 방법 : 국·공채나 통화안정증권의 매입, 지급준비율 인하, 재할인율 인하 등이 있다.

12 ③

국민소득(NI) … 국민들이 생산활동에 종사함으로써 얻게 되는 요소소득의 합계이다.

㉠ 국민총생산(GNP) = 총생산물 − 중간생산물 = 35만 원
㉡ 국민순생산(NNP) = 국민총생산(GNP) − 감가상각비 = 00만 원
㉢ 국민소득(NI) = 국민순생산(NNP) − 간접세 + 정부보조금 = 29만 원

13 ③

㈎는 중·대선거구제, ㈏는 소선거구제이다.
소선거구제의 장점은 다수당 출현을 통한 정국안정과 후보자와 유권자 간 친밀감을 들 수 있다. 반면 중·대선거구제에서는 시민의 다양한 의사가 반영될 수 있지만 군소정당 난립이 예상된다.

14 ④

기회비용 … 일정하게 주어진 자원을 가지고 생산할 수 있는 재화의 수량에는 한계가 있어서, 어떤 한 재화를 생산(소비)하려면 다른 재화의 생산(소비)을 희생시켜야 하는데, A를 얻기 위하여 B를 포기하였다면 B를 A의 기회비용이라 한다.

15 ④

최고가격제는 인위적인 가격 통제이므로 초과 수요에 의해 ①③과 같은 폐단이 나타날 수 있다.
④는 수요의 가격 탄력성이 클수록 수요 곡선이 완만하게 되므로 Q_1, Q_2가 커진다.

16 ①

개인적 요소보다는 가정적 배경을 중시하고 있다는 점에서 을은 갈등론적 관점에서 사회 문화 현상을 바라보고 있음을 알 수 있다. 기능론에서는 직업의 중요성에 차이가 있기 때문에 차별적 보상은 당연하다고 간주하나, 갈등론적 관점에서는 모든 직업의 중요성에는 차이가 없다고 주장한다.

②③④ 모두 사회 계층화에 대한 기능론의 관점에 해당한다.

17 ④

외부효과 … 시장경제에서 모든 문제를 전적으로 가격 기능에만 의존할 수 없는 경우에 발생하는 문제 중 하나로, 어떤 한 사람의 행동이 제3자에게 의도하지 않은 이익이나 손해를 가져다주는데도 이에 대한 대가를 지불하지도 받지도 않았을 때, 외부효과가 발생했다고 한다.

18 ③

사회현상에 대한 상대주의적 태도 … 나라마다의 사회와 문화현상의 특수성을 인정, 상이한 의미의 사회현상을 인정하는 태도이다.

19 ②

헌법재판소의 권한 … 위헌법률심판권, 탄핵심판권, 정당해산심판권, 기관쟁의심판권, 헌법소원심판권을 행사한다.

ⓒ 명령·규칙·처분심사권은 대법원의 권한이다.

20 ④

① 무는 종업원과 계약을 체결하지 않았으므로 채무불이행 책임을 물을 수 없다.

② 갑은 유치원생으로 책임 무능력자이고, 감독자인 을은 특수 불법 행위 책임을 질 수 있다.

▶▶▶ 제2과목 **자동차구조원리 및 도로교통법규**

1 ①

열기관이 하는 유효한 일과 이것에 공급한 열량 또는 연료의 발열량과의 비를 열효율이라 한다. 디젤기관의 열효율이 가장 높고 가스터빈의 열효율이 가장 낮다.

2 ①

속도 $= \dfrac{거리}{시간}$ 이므로

$$\dfrac{300}{\dfrac{15}{3,600}} = 72,000\,\text{m/h} = 72\,\text{km/h}$$

3 ②

압축 압력 측정 방법

㉠ 엔진을 워밍업하여 정상온도(75~85도)가 되도록 한다.
㉡ 모든 점화플러그를 뺀다.
㉢ 연료 공급을 차단한다.
㉣ 에어크리너를 분리하여 공기의 저항을 작게 한다.
㉤ 압축 압력계의 원격 조정 케이블 단자를 기동 전동기의 시동 릴레이의 단자에 연결한다.

※ 압축 압력 시험 결과로 알 수 있는 사항
　㉠ 흡, 배기 밸브의 불량
　㉡ 실린더의 마모
　㉢ 실린더 헤드 가스켓의 불량
　㉣ 피스톤 링의 불량
　㉤ 연소실 내의 카본 누적

4 ④

$2,500 \times \text{PS} = 40 \times 716$

$\text{PS} = 11.45 \fallingdotseq 11.5\text{mkgf}$

5 ③

열효율 … 열기관이 하는 유효한 일과 이것에 공급한 열량 또는 연료의 발열량과의 비

6 ③

조향핸들 기어비 = 조향핸들이 움직인 양(회전각도) / 피트먼 암이 움직인 양(회전각도)

7 ②

자동차의 안전기준에 자동차의 높이는 4.0m를 초과해서는 안된다.

8 ③

화물자동차 및 특수자동차의 차량 총중량은 40톤을 초과해서는 안 된다.

9 ④

자동차의 최소회전반경은 바깥쪽 앞바퀴의 중심선을 따라 측정할 때에 12미터를 초과해서는 안 된다.

10 ①

자동차의 용도를 보여주는 숫자와 글자를 가진 자동차 등록 번호표를 등록번호표라 하며, 차체의 뒤쪽 끝으로부터 65cm 이내에 부착하여야 한다.

11 ④

도로교통법은 도로에서 일어나는 교통상의 모든 위험과 장해를 방지하고 제거하여 안전하고 원활한 교통을 확보함을 목적으로 한다.

12 ②

교통사고가 발생한 장소가 일반인과 학생들의 차량출입을 엄격히 통제하는 대학 구내의 길인 경우, 도로교통법상의 도로에 해당하지 않는다(대판 1996.10.25, 96도1848).

13 ③

「도로법」에 따른 도로의 종류〈도로법 제10조〉
㉠ 고속국도(고속국도의 지선 포함)
㉡ 일반국도(일반국도의 지선 포함)
㉢ 특별시도·광역시도
㉣ 지방도
㉤ 시도
㉥ 군도
㉦ 구도

14 ④

정차란 운전자가 5분을 초과하지 아니하고 차를 정지시키는 것으로서 주차 외의 정지 상태를 말한다(법 제2조 제25호).

15 ④

① 도로
② 자동차전용도로
③ 차로
④ 차도

16 ③

'안전지대'란 도로를 횡단하는 보행자나 통행하는 차마의 안전을 위하여 안전표지나 그와 비슷한 인공구조물로 표시한 도로의 부분을 말한다(법 제2조 제14호).

17 ④

'차'라 함은 자동차, 건설기계, 원동기장치자전거, 자전거 또는 사람이나 가축의 힘 그 밖에 동력에 의하여 도로에서 운전되는 것을 말하고 철길이나 가설된 선을 이용하여 운전되는 것이나, 유모차와 행정안전부령으로 정하는 보행보조용 의자차는 제외한다(법 제2조 제17호).

18 ②

㉠ 교통은 사람과 화물의 장소적 이동도 포함한다.(×)
㉡ 철도교통, 항공교통은 교통경찰의 단속 대상이 아니다.(×)
㉣ 가로수 관리는 교통 관련 업무분장에 해당하지 않는다.(×)

19 ①

도로교통법상의 안전표지(시행규칙 제8조)
㉠ 주의표지
㉡ 지시표지
㉢ 보조표지
㉣ 규제표지
㉤ 노면표시

20 ②

① 주의표지 : 도로상태가 위험하거나 도로 또는 그 부근에 위험물이 있는 경우에 필요한 안전조치를 할 수 있도록 이를 도로사용자에게 알리는 표지
② 노면표시 : 도로교통의 안전을 위하여 각종 주의·규제·지시 등의 내용을 노면에 기호·문자 또는 선으로 도로사용자에게 알리는 표지
③ 지시표지 : 도로의 통행방법·통행구분 등 도로교통의 안전을 위하여 필요한 지시를 하는 경우에 도로사용자가 이에 따르도록 알리는 표지
④ 보조표지 : 주의표지·규제표지 또는 지시표지의 주 기능을 보충하여 도로사용자에게 알리는 표지

▶▶▶ **제1과목** 사회

1 ②

밑줄 친 '이것'은 하위문화이다. 하위문화는 다양한 집단이 증가할수록 늘어나기 마련이다.
㉡의 반문화는 주류 문화에 대한 저항 문화를 말한다. 하위문화 중 반문화의 성격을 띤 것도 존재하나 모든 하위문화가 반문화적 성격을 띠지는 않는다.

2 ④

A는 지방 의회, B는 지방 자치 단체장이다.
지방 의회는 조례의 제·개정 및 폐지권을, 지방 자치 단체장은 규칙 제정권을 갖는다.

3 ④

자연현상과 사회현상
㉠ 자연현상 : 인간세계가 아닌 자연계에서 자연법칙에 의해 일어나는 현상으로 자연과학의 연구대상, 몰가치적으로 가치관 개입의 여지가 없다.
㉡ 사회현상
• 인간의 모든 사회적 행동과 태도를 말하며 사회과학의 연구대상이고, 가치함축적으로 가치관의 개입이 가능하다.
• 사회현상탐구의 특성
− 연구자 자신도 포함되기 때문에 객관적 연구가 곤란하다.
− 통제된 상황 하에서의 실험이 곤란하다.
− 당위법칙, 목적법칙, 규범법칙을 특징으로 한다.

4 ①

금융정책의 양적 조절수단

㉠ 재할인율정책 : 중앙은행이 시중은행에 대한 대출이자율 또는 재할인율을 변동시킴으로써 통화량을 간접적으로 조절하는 정책이다(재할인율 인상→통화량 감소, 재할인율 인하→통화량 증가).

㉡ 공개시장조작정책 : 중앙은행이 국·공채를 매각하거나 매입하여 통화량을 조절하는 정책이다(매각→통화량 감소, 매입→통화량 증가).

㉢ 지급준비율정책 : 은행은 예금에 대하여 일정한 비율의 지급준비금을 중앙은행에 예치하는데, 중앙은행이 이 지급준비율을 올리거나 낮춤으로써 은행의 자금량을 조절하는 정책이다(지급준비율 인상→통화량 감소, 지급준비율 인하→통화량 증가).

5 ③

대법원장은 국회의 동의를 얻어 대통령이 임명하고, 대법관은 대법원장의 제청으로 국회의 동의를 얻어 대통령이 임명하게 되어 있다. 이러한 대법관은 대법원의 중추 역할을 담당하는 사법부의 최고 수뇌부로서 대법원장을 포함한 14인으로 구성된다. 대법관이 아닌 판사는 대법관 회의의 동의를 얻어 대법원장이 임명한다. 대법원장과 대법관의 임기는 6년이고, 판사의 임기는 10년이다. 대법원장은 중임할 수 없으나 대법관과 판사는 연임이 가능하다.

6 ④

총수요와 총공급의 관계

㉠ 총수요 = 총공급 : 공급된 재화와 용역은 결국 여러 목적으로 쓰인 것이므로 일정 기간이 지나고 나면 총공급과 총수요가 일치하게 된다[총수요(민간소비 + 민간투자 + 정부지출 + 수출) = 총공급(국민총생산 + 수입)].

㉡ 공급부족 : 국내수요가 늘어나면 공급부족이 발생하는데, 이를 해결하기 위해서는 생산을 늘리거나 수입을 늘리고 수출을 줄인다.

㉢ 공급과잉 : 국내수요에 비하여 공급이 지나칠 때 발생하며, 생산을 줄이거나 수입을 줄이고 수출을 늘린다.

7 ④

외부경제란 어떠한 경제활동이 의도하지 않고 제3자에게 이익을 가져다주는데도 어떠한 보상을 받지 않는 경우를 말한다. 즉, 백신을 개발하여 접종을 받은 사람들에게 이득을 주고, 이에 더해 사회 전체적으로 보았을 때 전염병의 확산을 예방, 방지할 수 있게 된다. 외부경제는 시장에 맡기게 되면 사회적 최적 생산량보다 적게 생산되는 과소 생산의 문제점이 발생한다.

① 백신은 접종받은 사람뿐만 아니라 사회 전체적으로 전염병 확산을 예방시켜주는 긍정적 외부 효과를 발생시킨다.

② 특허권을 인정하게 되면 생산 기술사용에 있어서 배제성을 갖게 된다.

③ 공급이 증가하면 가격은 하락한다.

8 ①

㉢은 국회, ㉣은 정부의 권한에 속한다.

Plus Study 법원의 권한

㉠ 재판에 관한 권한

㉡ 명령·규칙·처분심사권 : 명령·규칙·처분이 헌법이나 법률에 위반되는지의 여부가 재판의 전제가 된 때에는 대법원은 이를 최종적으로 심사할 권한을 가진다.

㉢ 위헌법률심사제청권 : 어떤 법률이 헌법에 위반되는지의 여부가 재판의 전제가 되면, 법원은 헌법재판소에 위헌 여부의 심사를 제청하여 그 심판에 의하여 재판한다.

㉣ 법원의 자율권 : 대법원은 법률에 저촉되지 아니하는 범위 안에서 소송에 관한 절차, 법원의 내부규율사무처리에 관한 규칙을 제정할 수 있는 권한을 가진다.

9 ②

죄형법정주의

ⓐ 개념 : 공동생활의 질서를 해하는 행위인 범죄와 이에 대한 제재인 형벌의 내용을 미리 법률로 정해야 한다는 원칙이다. 죄형법정주의는 국가형벌권의 한계를 제시하여 그 남용을 방지함으로써 국민의 인권을 보장한다.

ⓑ 파생원칙 : 관습법 적용의 금지, 유추해석의 금지, 형벌불소급의 원칙, 절대적 부정기형의 금지 등이 있다.

10 ①

화폐 절상은 A국 화폐 가치의 상승으로 곧. A국에서는 환율이 하락한 것을 의미한다. 또한 한국에서는 A국 화폐가 비싸진 상황이기 때문에 A국 화폐 환율 상승이 나타난다. 따라서 한국의 환율은 하락한 것이기 때문에 A국을 대상으로 수출이 늘어나게 된다. 반면 A국 제품은 비싸진 것으로 제3국에의 수출이 감소할 것이기 때문에 우리나라 물건은 상대적으로 수출이 늘어날 것이다. 또한 A국 제품은 비싸진 상황이기 때문에 그 국가로부터 물건을 수입하는 비중도 줄어들게 된다.

11 ②

시장경제에서 공공재의 생산을 전적으로 시장기능에 맡겨 생산하게 될 경우 기업은 수지가 맞지 않아서 생산을 기피하거나, 생산한다 하더라도 그 공급량이 사회적으로 충분하지 못하여 공익을 해칠 우려가 크다. 즉, 비시장성 때문에 효율적 자원배분이 힘들다.

Plus Study 공공재(Public Goods)

ⓐ 시장에 의해서 자율적으로 공급되기 어려운 재화와 서비스를 공공재라고 한다. 예를 들어 교육, 국방, 치안이나 도로, 교량, 댐 등이 있다.

ⓑ 많은 자본이 소요되며, 수익성이 떨어지고 사용이나 수익에 있어 배타성이 없다.

ⓒ 시장과 공공재 : 가계나 기업의 경제활동에 반드시 필요하지만, 시장에 의해서는 제대로 충분히 공급되기가 어렵다.

12 ①

제시된 내용은 루소의 간접민주정치에 대한 비판으로, 현대민주정치는 간접민주정치의 단점을 보완하기 위하여 직접민주정치제도를 보충적으로 채택하고 있는데, 우리나라는 국민투표제만을 실시하고 있다.

13 ②

헌법개정절차

ⓐ 제안 : 대통령 또는 국회의 재적의원 과반수가 발의한다.

ⓑ 공고 : 제안된 헌법개정안은 대통령이 20일 이상의 기간 동안 공고한다.

ⓒ 의결 : 공고된 날로부터 60일 이내에 의결하여야 하고, 재적의원 2/3 이상 찬성이 있어야 한다.

ⓓ 국민투표 : 의결 후 30일 이내에 국민투표에 부쳐 선거권자 과반수의 투표와 과반수의 찬성이 있어야 한다.

ⓔ 공포 : 투표자 과반수의 찬성을 얻은 때에는 헌법개정이 확정되며, 대통령이 이를 즉시 공포한다.

14 ②

정부의 인·허가

ⓐ 개념 : 정부의 규제 가운데 대표적인 것으로, 특정 산업부문에서의 기업활동을 특정 업자에게만 인·허가하는 것이다. 이는 시장경제의 경쟁원리에 어긋나는 것이다.

ⓑ 인·허가의 이유

• 과당경쟁방지 : 업자간의 과당경쟁은 기업의 도산, 가장 경쟁적인 기업의 독점기업화, 지나친 광고·선전과 무리한 투자 등 자원의 낭비 우려가 있다.

• 공익의 추구 : 공익사업의 경우, 지나친 경쟁은 서비스의 질적 저하 등 공익성을 저버릴 가능성이 높다.

• 효율적인 자원관리 : 예를 들어 전파, 하천, 연근해 등을 활용하는 기업활동에 아무런 규제가 없는 경우, 이러한 자원이 제대로 관리되거나 보호되지 못할 가능성이 매우 높다.

- 특정 전략산업의 육성 : 특히 개발도상국의 경우 특정한 전략산업, 또는 대규모 투자가 필요한 기간산업을 육성할 목적으로 인·허가를 통해 규제한다.

15 ②

민주주의와 시장경제의 사상적 배경

구분	민주주의	시장경제
개인주의	인간존중	사유재산과 영리추구
자유주의	시민의 정치적 자유 보장	시민의 자유경쟁 보장
합리주의	정치적 의사결정에 공정성 추구	경제적 의사결정에 효율성 추구

16 ②

② 개별 경제주체가 자유로운 계약에 기초하여 합리적으로 경제활동을 수행하는 자본주의 시장경제를 주장하였다.

17 ①

제시된 내용은 사회계층화 현상을 바라보는 관점 중 기능론적 관점이다. 기능론적 관점은 사회적 희소가치의 차등분배에 의한 필연적 결과로 계층화 현상이 불가피하게 발생한다고 본다. 사회계층화는 개인과 사회가 최선의 기능을 하도록 하는 사회적 장치가 되는데, 차별적 분배는 보다 많은 분배를 얻도록 동기화하고, 이에 따라 사람들의 자질과 능력이 발휘될 뿐만 아니라 그만큼 사회의 역량도 증대한다고 보아 긍정적으로 보고 있다.

18 ②

법의 효력

㉠ 시간적 효력 : 성문법의 효력은 그 시행일부터 폐지일까지 계속되며, 특별한 규정이 없는 한 공포일로부터 20일이 경과함으로써 효력이 발생한다(법률불소급의 원칙, 신법우선·특별법우선의 원칙).

㉡ 장소적 효력 : 한 나라의 법은 주권이 미치는 전영역 내에 있는 모든 사람과 물건에 적용된다(영토고권).

㉢ 대인적 효력 : 한 나라의 법은 내국인은 물론 외국인까지 포함하여 그 영역 내에 있는 모든 사람에게 적용된다는 속지주의를 원칙으로 하고 보충적으로 속인주의를 채택하고 있다.

19 ①

A국면은 호경기이다.
② 후퇴기
③ 불경기
④ 회복기

Plus Study 경기순환

한 나라의 경제는 장기적으로는 성장하는 추세를 보이지만, 단기적으로는 호경기와 불경기가 주기적으로 순환하는데, 국민경제의 이와 같은 단기적인 움직임을 경기순환이라 한다.
㉠ 호경기 : 경제활동이 가장 활발, 수요·생산·고용 증가, 기업의 이윤 증가
㉡ 후퇴기 : 경제활동 둔화, 부분적 생산 과잉
㉢ 불경기 : 경제활동 쇠퇴, 기업의 이윤 감소, 생산 감소, 실업 증대
㉣ 회복기 : 경제활동 회복, 점증적인 수요·생산 증가, 실업 감소

20 ③

갑의 관점은 진화론, 을의 관점은 순환론이다.
① 운명론적 관점에서 사회 변동을 설명하는 관점은 순환론이다.
② 사회 변동이 항상 진보를 의미하지 않는다는 점을 간과한다고 비판받는 관점은 진화론이다.
④ 모든 사회가 동일한 단계를 거쳐 단선적으로 발전한다고 보는 관점은 진화론이다.

1 ④

자동차안전기준에 탱크로리에 소재지 구역표시는 표시 사항이 아니다.

2 ②

전조등 … 자동차나 오토바이 등의 앞에 부착되어, 밤에 주행할 때 앞을 환하게 비추기 위해 설치된 전등으로 백색을 띤다.

3 ②

긴급자동차에 장치하는 적색, 녹색, 황색의 경고용 특수 등화 … 교통단속, 범죄조사, 소방차의 적색 경광등, 구급차량의 녹색 경광등, 기타 긴급차량 등의 황색 경광등

4 ②

연소실의 표면적은 최소가 되게 설계해야 한다.

5 ②

볼트, 너트를 죄는 세기가 미리 정해져 있는 경우에 맞추어 볼트, 너트를 조이는 렌치를 토크렌치라 한다.

6 ④

노니우스는 버니어켈리퍼스를 말한다.

7 ①

정지거리 … 운전자가 정지할 상황을 인식한 순간부터 차가 완전히 멈출 때까지 자동차가 진행한 거리. 공주(空走)거리와 제동(制動)거리의 합이다.

8 ④

관통 … 구조물의 외부가 충돌에 의하여 구멍이 발생하는 현상

9 ④

서징현상 … 캠에 의한 밸브의 개폐 횟수가 밸브 스프링의 고유 진동수와 같거나 정수배가 되었을 때 공진 현상이 발생하여 밸브 스프링이 캠에 의한 작동과는 관계없이 파상 진동을 일으키는 현상. 밸브 개폐가 불안정해지고 밸브 스프링이 변형되거나 절단될 수 있다.

10 ③

릴리프 밸브 … 회로의 압력이 설정 압력에 도달하면 유체(流體)의 일부 또는 전량을 배출시켜 회로 내의 압력을 설정값 이하로 유지하는 압력제어 밸브이다.

11 ③

'초보운전자'란 처음 운전면허를 받은 날(처음 운전면허를 받은 날부터 2년이 지나기 전에 운전면허의 취소처분을 받은 경우에는 그 후 다시 운전면허를 받은 날을 말한다)부터 2년이 지나지 아니한 사람을 말한다. 이 경우 원동기장치자전거면허만 받은 사람이 원동기장치자전거면허 외의 운전면허를 받은 경우에는 처음 운전면허를 받은 것으로 본다(법 제2조 제27호).

12 ③

차마의 운전자는 길가의 건물이나 주차장 등에서 도로에 들어갈 때에는 일단 정지(서행 아님)한 후에 안전 여부를 확인하면서 서행해야 한다.(법 제18조 제3항)

13 ②

'신호기'란 도로교통에서 문자·기호 또는 등화를 사용하여 진행·정지·방향전환·주의 등의 신호를 표시하기 위하여 사람이나 전기의 힘으로 조작되는 장치를 말한다(법 제2조 제15호).

14 ①

위로부터 적색 → 황색 → 녹색화살표 → 녹색의 순서로 한다(시행규칙 별표4).

15 ④

법 제5조(신호 또는 지시에 따를 의무)

㉠ 도로를 통행하는 보행자와 차마 또는 노면전차의 운전자는 교통안전시설이 표시하는 신호 또는 지시와 다음에 해당하는 사람이 하는 신호 또는 지시를 따라야 한다.
- 교통정리를 하는 경찰공무원(의무경찰을 포함한다. 이하 같다) 및 제주특별자치도의 자치경찰공무원(이하 "자치경찰공무원"이라 한다)
- 경찰공무원(자치경찰공무원을 포함한다. 이하 같다)을 보조하는 사람으로서 대통령령으로 정하는 사람(이하 "경찰보조자"라 한다)

㉡ 도로를 통행하는 보행자, 차마 또는 노면전차의 운전자는 ㉠에 따른 교통안전시설이 표시하는 신호 또는 지시와 교통정리를 하는 경찰공무원 또는 경찰보조자(이하 "경찰공무원등"이라 한다)의 신호 또는 지시가 서로 다른 경우에는 경찰공무원등의 신호 또는 지시에 따라야 한다.

※ 시행령 제6조(경찰공무원을 보조하는 사람의 범위)
법 제5조 제1항 제2호에서 "대통령령으로 정하는 사람"이란 다음에 해당하는 사람을 말한다.
㉠ 모범운전자
㉡ 군사훈련 및 작전에 동원되는 부대의 이동을 유도하는 군사경찰
㉢ 본래의 긴급한 용도로 운행하는 소방차·구급차를 유도하는 소방공무원

16 ②

시·도경찰청장은 도로에서의 위험을 방지하고 교통의 안전과 원활한 소통을 확보하기 위하여 필요하다고 인정할 때에는 구간을 정하여 보행자, 차마 또는 노면전차의 통행을 금지하거나 제한할 수 있다. 이 경우 시·도경찰청장은 보행자, 차마 또는 노면전차의 통행을 금지하거나 제한한 도로의 관리청에 그 사실을 알려야 한다(법 제6조 제1항).

17 ①

보행자는 보도와 차도가 구분된 도로에서는 언제나 보도로 통행하여야 한다. 다만, 차도를 횡단하는 경우, 도로공사 등으로 보도의 통행이 금지된 경우나 그 밖의 부득이한 경우에는 그러하지 아니하다.

> 법 제8조(보행자의 통행)
> ① 보행자는 보도와 차도가 구분된 도로에서는 언제나 보도로 통행하여야 한다. 다만, 차도를 횡단하는 경우, 도로공사 등으로 보도의 통행이 금지된 경우나 그 밖의 부득이한 경우에는 그러하지 아니하다.
> ② 보행자는 보도와 차도가 구분되지 아니한 도로에서는 차마와 마주보는 방향의 길가장자리 또는 길가장자리구역으로 통행하여야 한다. 다만, 도로의 통행방향이 일방통행인 경우에는 차마를 마주보지 아니하고 통행할 수 있다.
> ③ 보행자는 보도에서는 우측통행을 원칙으로 한다.

18 ②

행렬 등은 사회적으로 중요한 행사에 따라 시가를 행진하는 경우에는 도로의 중앙을 통행할 수 있다(법 제9조 제2항).

법 제9조(행렬 등의 통행)

① 학생의 대열과 그 밖에 보행자의 통행에 지장을 줄 우려가 있다고 인정하여 대통령령으로 정하는 사람이나 행렬은 차도로 통행할 수 있다. 이 경우 행렬 등은 차도의 우측으로 통행하여야 한다.

② 행렬 등은 사회적으로 중요한 행사에 따라 시가를 행진하는 경우에는 도로의 중앙을 통행할 수 있다.

③ 경찰공무원은 도로에서의 위험을 방지하고 교통의 안전과 원활한 소통을 확보하기 위하여 필요하다고 인정할 때에는 행렬 등에 대하여 구간을 정하고 그 구간에서 행렬 등이 도로 또는 차도의 우측(자전거도로가 설치되어 있는 차도에서는 자전거도로를 제외한 부분의 우측)으로 붙어서 통행할 것을 명하는 등 필요한 조치를 할 수 있다.

19 ③

지체장애인의 경우에는 다른 교통에 방해가 되지 아니하는 방법으로 도로 횡단시설을 이용하지 아니하고 도로를 횡단할 수 있다(법 제10조 제2항).

20 ④

보행자는 횡단보도가 설치되어 있지 않은 도로에서는 가장 짧은 거리로 횡단하여야 한다(법 제10조 제3항).

▶▶▶ **제1과목** 사회

1 ③

기본적 인권의 제한

㉠ 법률에 의한 기본권의 제한

• 국가의 필요에 의해 제한되는 경우에는 법률에 의한다.

• 법률에 의하여 제한하는 이유 : 법률에 의할 때에만 비로소 개인의 자유와 권리가 보장된다.

• 기준 : 국가안전보장, 질서유지, 공공복리를 위하여 필요한 경우에 한하여 법률로써 제한한다.

• 한계 : 법률로써 제한하더라도 자유와 권리의 본질적인 내용을 침해할 수 없다.

㉡ 법률에 의한 기본권 제한의 예외

• 국가긴급권 : 전쟁, 국가의 존립에 중대한 위험이 되는 비상사태가 발생했을 때 비상수단을 발동할 수 있는 권한이다.

• 긴급재정·경제처분 및 명령권, 긴급명령권, 계엄선포권 등의 명령이나 처분으로도 제한할 수 있다.

2 ③

사례는 불법행위로 인한 손해배상책임을 말하고자 하며 일반 불법행위와 특수한 불법행위를 구별할 수 있어야 한다. 여러 사람이 공동으로 불법행위로 인하여 타인에게 손해를 가했을 때에는 연대하여 배상해야 한다. 또한 여러 사람의 행위가 있었는데 어디에서 손해가 있었는지 알 수 없을 때에도 마찬가지로 연대하여 배상해야 한다.

3 ③

① 대통령제

②④ 의원내각제

③ 대통령제와 의원내각제 모두 사법부의 독립을 엄격히 보장하고 있다.

4 ①

시장실패란 시장의 가격기능이 경제의 기본 문제를 자연스럽게 해결하지 못하거나 최선의 답을 제시하지 못하는 경우를 말한다. 독과점 기업, 해로운 외부효과, 공공재 공급 등에서 시장실패가 나타난다.

5 ②

대표와 대리의 구분

㉠ 대표 : 선거구민을 대표해서 국정에 참가하는 사람으로, 국민 전체의 이익을 위해 스스로의 양심에 따라 판단하며 선거구민의 이해관계에 의해서 구속받지 아니한다.

㉡ 대리 : 선거구민의 의사를 그대로 전달하는 사람이다.

6 ③

긴급명령의 효력상실

㉠ 긴급재정·경제처분 및 명령권과 긴급명령권 : 국회의 승인을 얻지 못한 때부터 효력상실, 명령에 의하여 개정 또는 폐지되었던 법률은 그 때부터 다시 효력을 회복한다.

㉡ 계엄선포권 : 국회의 해제요구시(재적의원 과반수의 찬성) 대통령은 반드시 계엄을 해제하여야 한다.

7 ②

② 원화의 평가절상(환율인하)은 수입을 촉진시켜 무역수지가 악화될 수 있다.

8 ④

수요 곡선이 $D \rightarrow D_1$으로 이동한 것은 D에서 D_1만큼의 수요량 증가를 의미한다. 따라서, 수요 증가의 원인으로는 커피를 소비하는 소비자들의 소득이 증가하여 수요 유발을 촉진할 수도 있으며(①), 커피를 소비하는 소비자의 수가 증가할 수도 있고(②), 홍차의 가격 상승으로 대체재인 커피 쪽으로 기호가 바뀌어 수요가 유발될 수 도 있고(③), 자연적인 커피에 대한 기호 인구가 증가하여 자연적으로 커피에 대한 수요가 증가할 수도 있다.

9 ①

헌법재판소는 법관의 자격을 가진 9인의 재판관으로 구성하며, 국회에서 선출하는 3인과 대통령이 지명하는 3인, 대법원장이 지명하는 3인을 포함하여 9인의 재판관은 대통령이 임명한다. 헌법재판소의 장은 국회의 동의를 얻어 재판관 중에서 대통령이 임명하며, 재판관의 임기는 6년으로 연임할 수 있다.

10 ③

문화

㉠ 의의 : 특정한 인간집단의 성원들이 생각하고 행동하는 방식의 총체로서의 생활양식이다.

㉡ 넓은 의미 : 인간의 모든 생활양식을 가리킨다. 즉, 문화는 집단성원의 의식주 및 생리적 욕구의 문제를 해결하도록 하고, 집단의 존속을 위하여 필요한 일련의 행동유형을 제공한다.

㉢ 좁은 의미 : "문화시설", "문화인" 등과 같이 문명과 같은 의미로 혼용되어지는 개념이다.

11 ④

인간의 존엄성과 가치존중 … 우리 헌법이 정한 최고의 가치지표이며, 자유와 평등의 실현을 통해서 달성한다. 인간의 인격적 가치가 침해되지 않도록 국가의 권력행사를 가능한 한 최소한으로 줄이는 것이 필요하다.

12 ①

손실보상 … 적법한 공권력 행사에 의해 가하여진 사유재산상의 특별한 희생에 대하여 사유재산의 보장과 공평부담의 견지에서 행정주체가 이를 조정하기 위하여 행하는 재산적 보상이다.

13 ②

정당해산심판권 … 정당의 목적이나 활동이 민주적 기본질서에 위배되어 정부가 그 정당의 해산을 제소한 경우에는 헌법재판소는 재판관 6인 이상의 찬성으로 그 정당의 해산을 결정할 수 있다.

14 ③

인플레이션의 요인과 대책

형태	요인	대책
초과수요 인플레이션 (수요견인 인플레이션)	초과수요, 과잉통화, 수요의 변화	총수요 억제정책(대출억제, 금리인상, 세출축소, 세입 확대, 부분적 수요조절)
임금인상 인플레이션	임금의 상승	소득정책(임금 및 물가의 동결과 통제)
관리가격 인플레이션	관리가격 인상	경쟁촉진정책(소비자운동, 경쟁기업 육성)
구조적 인플레이션	저생산성	구조정책(산업합리화 촉진, 유통구조의 개선)
수입 인플레이션	수입가격 상승, 수입물량 부족, 수출과다	무역 및 외환정책(수입촉진, 무역자유화, 관세인하, 특정 부문의 수출조정, 환율정책, 국제협력)

15 ③

이윤 극대화 생산량은 총수입-총비용의 값이 가장 커지는 생산점이 된다. 이윤은 차례대로 2, 6, 9, 11, 12, 11만 원이다. 따라서 생산 요소 5단위 투입해서 27개를 만들 때 최대 이윤 12만 원이 된다.

① 생산성은 (생산량 ÷ 생산 요소 투입량)으로 계산할 수 있으므로 두 번째에만 증가하고 이후에는 감소한다.

② 최대 이윤은 27개를 생산할 때 12만 원이다.

④ 생산 요소의 단위당 가격이 항상 3만 원이므로 생산 요소를 1단위 증가시켜도 늘어나는 생산비용은 일정하다.

16 ②

소속집단과 준거집단이 불일치 시 나타나는 현상 … 문화전파의 촉진, 사회이동의 증가, 집단 내의 괴리감이 증대될 때는 소속집단의 규범을 거부하는 성향을 나타내고 오랜 시간 불일치되면 집단 간의 동질성이 증대된다.

Plus⊕ Study

㉠ 준거집단 : 사람들이 어떠한 판단이나 행동의 기준으로 삼는 집단을 말한다. 준거집단은 내집단일 수도 있고 외집단일 수도 있어서 그 집단의 특성이 거기에 속해 있는 개인을 이해하는 데 길잡이가 된다.

㉡ 소속집단 : 한 개인이 그 집단에 소속한다는 느낌을 가지며, 구성원간에 우리라는 공동체의식이 강한 집단을 말한다. 자신을 인정받고, 자아정체감을 얻으며, 판단과 행동의 기준을 배운다.

17 ③

행정상의 손해배상은 위법한 행위를 대상으로 하며 공무원의 직무상 불법행위 또는 공공영조물의 하자로 발생한 피해를 원인으로 한다. 이에 비해 행정상의 손실보상이란 적법한 공권력 작용을 대상으로 하며 공공의 필요에 의한 사유재산의 특별한 희생을 원인으로 한다.

18 ①

A의 행위는 피해자의 승낙과 관계된 행위가 아니고, 자신 소유의 자동차에 불을 질러 공공의 위험을 발생하게 한 행위로서 형법 제166조(일반건조물 등에의 방화)에 의하여 처벌된다.

19 ③

① 본인이 자보다 먼저 사망한 경우는 직계비속(자), 배우자(처)가 상속인이 되나 자의 사망으로 처가 자의 유산을 상속하여 결과적으로 처 단독으로 상속한다.

② 자가 먼저 사망한 경우는 직계비속이 없으므로 직계존속인 모와 배우자인 처가 공동 상속한다.

③ 동시 사망한 경우 사망자 간에는 상속이 발생하지 않음에 주의해야 한다. 따라서 직계존속인 모와 처가 공동 상속한다.

④ 본인이 자보다 먼저 사망한 경우에만 배우자인 정이 단독으로 상속한다.

20 ②

(가)는 사회 실재론, (나)는 사회 명목론이다.

① 사회가 허구적 실체에 불과하다고 보는 관점은 사회 명목론이다.

③ 개인의 속성이 사회의 속성을 결정한다고 보는 관점은 사회 명목론이다.

④ 인간 행동에 개인 의지보다 사회 제도가 더 큰 영향을 줄 것이라고 보는 관점은 사회 실재론이다.

▶▶▶ 제2과목 **자동차구조원리 및 도로교통법규**

1 ②

체크 밸브 … 한쪽 방향으로는 흐르지만 역방향으로는 자동적으로 폐쇄되어 흐르지 않게 되어 있는 밸브

2 ①

수온 센서 … 흡입 다기관의 냉각수 통로에 설치되어 냉각수 온도를 검출하는 센서로서 출력 전압으로 엔진의 난기 상태를 판정하여 엔진이 냉각 상태일 때 연료량을 적절히 증가시킨다.

3 ①

대기압 센서는 에어 플로 센서(AFS)에 부착되어 대기압을 측정하여 전압으로 변환한 신호를 컴퓨터로 보낸다. 컴퓨터는 이 신호를 이용해 차의 고도를 계산하여 적정한 공연비가 되도록 연료 분사량과 점화 시기를 조정한다.

4 ④

유압이 높아지는 이유는 릴리프 밸브 스프링의 장력이 높아지기 때문이다.

5 ④

피드백 제어 … 제어조직(제어계)에서 나온 출력(出力)의 일부가 입력(入力)되어 신호(信號)에 가해져, 이 조직의 출력에 영향을 주는 것으로 자동차에서는 공회전시 사용된다.

6 ④

PCV 밸브 … 크랭크케이스 내의 배출가스 제어장치 중의 한 부품으로 사용 유량을 조정하는 밸브를 말하는데, 실린더헤드 커버 또는 크랭크케이스로부터 나오게 한 블로바이 가스를 에어클리너와 흡입관 상류부로 환원한다.

7 ③

일산화탄소는 공연비 증가와 함께 감소한다.

8 ①

일산화탄소의 배출은 공회전시 가장 많이 배출된다.

9 ②

4사이클 4행정 싸이클 엔진은 크랭크축 2회전에 1사이클을 완성한다.

10 ④

MAP센서 … 2개의 면에서 전압을 가하여 전압에 비례한 변형이 발생되도록 하거나 압전 결정에 압력이나 비틀림을 주어 전압이 발생되는 소자이다.

11 ③

도로교통법에 따르면, 어린이는 13세 미만자를 말한다. 참고로, 영유아는 6세 미만의 사람을 말한다.

12 ④

시·도경찰청장이나 경찰서장은 어린이 보호구역 안에서 구간별·시간대별로 다음의 조치를 할 수 있다(어린이·노인 및 장애인 보호구역의 지정 및 관리에 관한 규칙 제9조 제1항).

ⓐ 차마의 통행을 금지하거나 제한하는 것
ⓑ 차마의 정차나 주차를 금지하는 것
ⓒ 운행시속 30km 이내로 제한하는 것
ⓓ 이면도로(도시지역에 있어서 간선도로가 아닌 도로로서 일반의 교통에 사용되는 도로)를 일방통행로로 지정·운영하는 것

13 ③

교통사고로부터 어린이를 보호하기 위해 설치한 곳을 어린이보호구역이라 한다. 보통 초등학교의 정문을 중심으로 반경 300미터 이내의 도로에 설치되며, 이 지역 안에는 차량이 주차 및 정차를 할 수 없고 주행 속도도 제한을 받는다. 다만, 시장 등은 해당 지역의 교통여건 및 효과성 등을 면밀히 검토하여 필요한 경우 보호구역 지정대상시설의 주 출입문을 중심으로 반경 500미터 이내의 도로에 대해서도 보호구역으로 지정할 수 있다(어린이·노인 및 장애인 보호구역의 지정 및 관리에 관한 규칙 제3조 제6항 참고).

14 ④

어린이통학버스가 도로에 정차하여 점멸등 등 어린이가 타고 내리는 중임을 표시하는 장치를 가동 중인 때에는 중앙선이 설치되지 아니한 도로와 편도 1차로인 도로에서는 반대 방향에서 진행하는 차의 운전자도 어린이통학버스에 이르기 전에 일지정지(서행 아님)하여 안전을 확인한 후 서행하여야 한다〈법 제51조 제2항〉.

15 ③

도로 우측 부분의 폭이 6미터가 되지 아니하는 도로에서 다른 차를 앞지르려는 경우. 다만, 다음의 어느 하나에 해당하는 경우에는 그러하지 아니하다.
ⓐ 도로의 좌측 부분을 확인할 수 없는 경우
ⓑ 반대 방향의 교통을 방해할 우려가 있는 경우
ⓒ 안전표지 등으로 앞지르기를 금지하거나 제한하고 있는 경우

법 제13조(차마의 통행)
① 차마의 운전자는 보도와 차도가 구분된 도로에서는 차도로 통행하여야 한다. 다만, 도로 외의 곳으로 출입할 때에는 보도를 횡단하여 통행할 수 있다.
② 제1항 단서의 경우 차마의 운전자는 보도를 횡단하기 직전에 일시정지하여 좌측과 우측 부분 등을 살핀 후 보행자의 통행을 방해하지 아니하도록 횡단하여야 한다.
③ 차마의 운전자는 도로(보도와 차도가 구분된 도로에서는 차도를 말한다)의 중앙(중앙선이 설치되어 있는 경우에는 그 중앙선) 우측 부분을 통행하여야 한다.
④ 차마의 운전자는 제3항에도 불구하고 다음에 해당하는 경우에는 도로의 중앙이나 좌측 부분을 통행할 수 있다.
  1. 도로가 일방통행인 경우
  2. 도로의 파손, 도로공사나 그 밖의 장애 등으로 도로의 우측 부분을 통행할 수 없는 경우
  3. 도로 우측 부분의 폭이 6미터가 되지 아니하는 도로에서 다른 차를 앞지르려는 경우. 다만, 다음의 어느 하나에 해당하는 경우에는 그러하지 아니하다.

가. 도로의 좌측 부분을 확인할 수 없는 경우
나. 반대 방향의 교통을 방해할 우려가 있는 경우
다. 안전표지 등으로 앞지르기를 금지하거나 제한하고 있는 경우
4. 도로 우측 부분의 폭이 차마의 통행에 충분하지 아니한 경우
5. 가파른 비탈길의 구부러진 곳에서 교통의 위험을 방지하기 위하여 시·도경찰청장이 필요하다고 인정하여 구간 및 통행방법을 지정하고 있는 경우에 그 지정에 따라 통행하는 경우

16 ②

② 좌회전은 교차로 등의 가장자리에 이르기 전 30미터 이상의 지점
①③④는 행위를 하려는 때

17 ②

자전거가 보도를 통행할 수 있는 경우(법 제13조의2 제4항)
㉠ 어린이, 노인, 그 밖에 행정안전부령으로 정하는 신체장애인이 자전거를 운전하는 경우
㉡ 안전표지로 자전거 통행이 허용된 경우
㉢ 도로의 파손, 도로공사나 그 밖의 장애 등으로 도로를 통행할 수 없는 경우

18 ④

차마의 운전자는 보도와 차도가 구분된 도로에서는 차도로 통행하여야 한다. 다만, 도로 외의 곳으로 출입할 때에는 보도를 횡단하여 통행할 수 있으며, 도로 외의 곳으로 출입할 경우 차마의 운전자는 보도를 횡단하기 직전에 일시정지하여 좌측과 우측 부분 등을 살핀 후 보행자의 통행을 방해하지 아니하도록 횡단하여야 한다(법 제13조 제1항 및 제2항).

19 ④

전용차로로 통행할 수 있는 경우(시행령 제10조)
㉠ 긴급자동차가 그 본래의 긴급한 용도로 운행되고 있는 경우
㉡ 전용차로통행차의 통행에 장해를 주지 아니하는 범위에서 택시가 승객을 태우거나 내려주기 위하여 일시 통행하는 경우. 이 경우 택시 운자는 승객이 타거나 내린 즉시 전용차로를 벗어나야 한다.
㉢ 도로의 파손, 공사, 그 밖의 부득이한 장애로 인하여 전용차로가 아니면 통행할 수 없는 경우

20 ③

법 제31조 제1항(서행 장소)
모든 차 또는 노면전차의 운전자는 다음의 어느 하나에 해당하는 곳에서는 서행하여야 한다.
㉠ 교통정리를 하고 있지 아니하는 교차로
㉡ 도로가 구부러진 부근
㉢ 비탈길의 고갯마루 부근
㉣ 가파른 비탈길의 내리막
㉤ 시·도경찰청장이 도로에서의 위험을 방지하고 교통의 안전과 원활한 소통을 확보하기 위하여 필요하다고 인정하여 안전표지로 지정한 곳

19 | 제19회 정답 및 해설

▶▶▶ **제1과목** 사회

1 ①

십분위분배율 … 소득분배의 불평등 정도를 알아볼 수 있는 지표로서 이 계수가 높을수록 불평등의 정도가 개선된 것을 의미한다.
십분위분배율
$$= \frac{\text{하위 40\%의 가구가 받은 소득의 합계}}{\text{상위 20\%의 가구가 받은 소득의 합계}}$$

2 ②

수요와 공급이 모두 비탄력적이어서 수요와 공급곡선이 가파른 경우로, 홍수나 가뭄과 같은 외부적인 요인에 의해 생산이 약간만 감소해도 가격이 크게 오르내리게 된다.

3 ③

A는 균형 가격, B는 균형 거래량이다.
㉠은 수요 증가, ㉡은 공급 증가, ㉢은 수요 감소이다.

4 ①

(개)는 남태평양 원주민들이 백인과의 접촉을 통해 비행기나 배가 새의 자리를 대신하게 되는 모습을 통해 전통 문화에 서구의 물질문명이 결합된 사례로 문화 융합을 설명하고 있다.
(내)에서는 대중 매체를 통한 간접 전파를 보여주고 있으며 (대)는 사회에서 일반적으로 볼 수 있는 행동양식과 가치관을 전체 문화라 할 때, 그 전체 문화의 내부에 존재하면서 독자적 특징을 나타내는 부분문화를 보여주고 있다. 부문문화는 다른 말로 하위문화라 한다.

5 ①

① 저항권은 입헌주의적 기본질서를 침해하거나 파괴하려는 국가기관 또는 권력담당자에 대하여 주권자로서의 국민이 다른 법적 구제수단이 더 이상 없을 경우, 헌법적 질서를 회복하기 위한 최후의 수단으로서 항거할 수 있는 권리이며 사회적인 공감대가 넓게 형성되어 그것이 최후의 수단이라는 필요성이 공유되어야 한다.

6 ④

문화지체(cultural lag) … 물질적 측면과 연관되어 있는 여러 제도나 가치 및 태도의 변화는 물질적 측면의 변화를 따르지 못하고, 기술발달이 계속되면 될수록 그 간격은 점점 커지게 되는 현상이다.

7 ③

국민총생산 = 최종생산물의 합계 = 부가가치의 합계 = 총생산물 − 중간생산물
최종생산물이 노트 5단위이므로 5단위 × 50원은 250원이 된다.

8 ②

① GNP는 경제의 규모만을 나타내는 것으로 GNP가 높다고 해서 해외투자가 활발하다고 할 수 없다.
② B국은 GDP < GNP이므로 해외지급소득보다 해외수취소득이 더 많다.
③ GNP, GDP의 수치를 보고 복지수준지표를 알 수 없다는 한계점이 있으므로 삶의 질이 높은지 알 수 없다.
④ 소득이 평등하게 분배되고 있는지도 파악하기 어렵다.

9 ①

행정구제제도
㉠ 행정구제 : 행정작용으로 권리나 이익을 침해당한 국민이 행정기관이나 법원에 대하여 그것의 취소 · 변경, 손해배상, 손실보상을 요구하는 절차(국민의 기본권을 보장함)이다.
㉡ 손해전보제도
• 손해배상제도 : 공무원의 위법한 직무행위, 국가 또는 단체가 관리 · 경영하는 사업 또는 설비의 설치 · 관리의 흠으로 인한 손해를 배상해 주는 제도
• 손실보상제도 : 적법한 행정작용으로 인한 희생을 보상하는 제도
㉢ 행정쟁송제도
• 행정심판제도 : 위법하거나 부당한 행정처분으로 말미암아 권익을 침해당한 경우 시정을 구하는 절차
• 행정소송제도 : 행정심판에 의하여 구제받지 못했을 때, 최종적으로 법원에 구제를 청구하는 제도

10 ③

합리적인 생산은 "한계비용 = 생산물의 가격"이다.

$$한계비용 = \frac{가변비용의 증가분}{생산량의 증가분}$$

가변비용(만 원)	8	9	10	11	12
생산량(단위)	177	189	200	210	219
한계비용(원)		833	909	1,000	1,111

가격이 1,000원이므로 한계비용이 1,000일 때, 즉 생산량 210단위에서 합리적인 생산량이 결정된다.

11 ①

사회구조의 특성

㉠ 지속성 : 구성원들이 바뀌어도 사회구조는 크게 달라지지 않고 오랫동안 지속된다.

㉡ 안정성 : 구성원들은 사회적으로 구조화된 행동을 함으로써 안정된 사회관계를 유지할 수 있게 된다.

㉢ 변화가능성 : 구성원들이 구조화된 행동을 하지 않을 때, 그 구성원들의 사회적 관계를 흐트러뜨리거나 변형시켜 사회구조 자체를 변동시킬 수 있다.

① 사회구성원들은 사회구조에 의해서 행동구조화(정형화된 역할 수행)된다. 따라서 사회구조는 개인을 초월하여 개인적 의사와 무관하게 발생하고 존속하게 된다.

12 ④

주어진 표를 생산가능곡선으로 나타내면 아래와 같다. B에서 C로 오토바이 생산을 1대 늘릴 때, 자전거 생산이 20대 줄어든다. C에서 D로 변할 때는 오토바이 1대 생산 증가는 동일하지만 자전거를 25대 더 적게 생산하므로 C→D로 변할 때 기회비용이 더 크다.

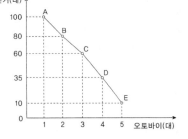

① 오토바이 3대와 자전거 50대 생산은 가능하다.

② B에서 C로 이동할 때, 오토바이 1대당 추가 생산에 따른 기회비용은 자전거 20대이다.

③ 자전거의 생산량을 늘려감에 따라, 자전거 생산의 기회비용은 점차 증가한다.

13 ③

사회상규에 위배되지 않는다는 것은 정당행위이며 위법성 조각사유가 된다.

구분(형법)	내용
개념(제20조)	법령에 의한 행위, 업무로 인한 행위, 기타 사회상규에 위배되지 않는 행위
법령에 의한 행위	~~공무원의 직무집행행위(사형집행, 구속 등), 징계행위(학교장의 처벌, 친권자의 징계 등), 일반인의 현행범인 체포, 근로자의 쟁의행위~~
사회상규에 위배 되지 않는 행위	판례는 사회상규에 대해 극히 정상적인 생활형태의 하나로 역사적으로 생성된 사회질서의 범위 안에 있는 의례적 행위라고 판시하였으며 개별적으로 판단함.

㉠ 구성요건에 해당하는 행위의 위법성을 배제하는 특별한 사유가 위법성 조각사유이므로 옳은 설명이다.

㉡ 행위자에 대한 주관적 판단으로 개인적 특수성이 고려되는 것은 책임성에서 가려질 문제다.

㉢ 범죄를 조각하는 사유로써 형사미성년자와 심신미약자는 책임조각사유가 된다.

㉣ 만약 A씨의 승낙에 따라 법익이 훼손되었더라면 구성요건 자체가 성립되지 않으므로 위법성 조각사유와는 차원을 달리한다.

㉤ 정당행위에 대한 설명이므로 옳은 분석이다.

14 ①

행정상의 손해배상 … 공무원의 위법한 직무행위나 공공시설의 설치·관리의 흠으로 인하여 개인에게 손해를 가한 경우에 국가나 공공단체가 그 손해를 배상하는 제도이다.

15 ②

② 국회는 각 선거구의 선거인 수와 인원 수의 비율을 같도록 하고 특정 정당이나 후보자에게 유리한 일이 없도록 하기 위해 선거구를 법률로써 정한다 (선거구법정주의).

16 ②

헌법소원은 공권력의 행사 또는 불행사로 인해 기본권을 침해당했을 때 그 구제를 청구하는 제도이다. 교도소의 서신검열로 수형자가 통신의 자유를 침해받은 경우 공권력의 행사로 인한 기본권 침해의 경우이므로 헌법소원 청구가 가능하다. 나머지는 법원에 소송을 청구할 수 있는 사례에 해당한다.

17 ②

② 이해당사자들의 공정한 이익을 조정하는 것은 실질적 정의의 원칙이라 하고, 이의 실현을 위해서는 당사자들의 이성적인 판단과 절차적 정의의 유지가 필요하다.

18 ④

갑의 예산은 5만 원이고, X재 1개의 가격은 1만 원이다. Y재 가격이 5천 원이 된다면 X재 4개와 Y재 2개의 소비 조합을 선택할 수 있다.

19 ③

대통령의 신분상 특권 중 "대통령은 내란 또는 외환의 죄를 범한 경우가 아니면, 재직 중에 형사상의 소추를 받지 아니한다."라고 규정되어 있다.

Plus✚ Study 공소시효

확정판결 전에 시간의 경과에 의하여 형벌권이 소멸하는 제도를 말한다. 예컨대 법정형이 사형에 해당하는 범죄라 할지라도 15년이 경과하면 형벌권이 소멸되는 따위이다.

20 ③

ⓒ 사내 동호회와 가족은 모두 수단적 관계보다 전인격적 관계를 중시하는 사회 집단이므로 해당 질문은 (나)에 들어갈 수 있다.

ⓒ 사내 동호회와 시민 단체는 모두 자발적 결사체이므로 해당 질문은 (가)에 들어갈 수 있다.

▶▶▶ 제2과목 자동차구조원리 및 도로교통법규

1 ②

압축비 = 실린더 체적+연소실 체적/연소실 체적

$$= \frac{400+50}{50} = 9$$

2 ②

총배기량 $= 0.785 \times 6^2 \times 6 \times 6 = 1,017 \text{cc}$

3 ①

연소실 체적(간극 체적) … 피스톤이 상사점에 있을 때의 체적을 말한다.

$$8 = \frac{x+60}{60} \rightarrow x = 420$$

4 ③

옥탄가 구하는 공식 $= \dfrac{\text{이소옥탄}}{\text{노멀헵탄}+\text{이소옥탄}} \times 100$

$$= \frac{60}{60+40} \times 100 = 60\%$$

5 ②

$0.785 \times 15^2 \times 15 = 2,649 \text{cc}$

6 ④

오버스퀘어 기관은 피스톤 평균속도를 크게 하지 않고 회전수가 높아지며 배기량당의 출력이 커지는 장점이 있다.

7 ①

4행정을 완성하려면 720도 회전하여야 한다.

8 ④

옥탄가 … 가솔린이 연소할 때 이상(異常)폭발을 일으키지 않는 정도를 나타내는 수치를 말한다. 옥탄가가 높은 가솔린일수록 이상폭발을 일으키지 않고 잘 연소하기 때문에 고급 휘발유로 평가된다.

9 ②

이론공연비로 연소할 때 최적의 연소상태가 형성된다.

10 ①

피스톤링의 호흡작용에 의하여 실린더 내의 상사점이 가장 심하다.

11 ④

전용차로의 종류(시행령 별표1)
㉠ 버스 전용차로
㉡ 다인승 전용차로
㉢ 자전거 전용차로

12 ②

$$\frac{750\text{m}}{45\text{s}} \times \frac{3,600}{1,000} = 60\text{km}/\text{h}$$

13 ③

모든 차의 운전자는 다음의 어느 하나에 해당하는 경우에는 앞차를 앞지르지 못한다.
㉠ 앞차의 좌측에 다른 차가 앞차와 나란히 가고 있는 경우
㉡ 앞차가 다른 차를 앞지르고 있거나 앞지르려고 하는 경우

14 ①

① 공주거리 : 운전자가 위협을 느껴 브레이크를 밟아 브레이크가 실제 가동되기 시작할 때까지의 주행되는 거리
③ 제동거리 : 브레이크가 듣기 시작하여 정지하기까지의 거리
④ 정지거리 : 공주거리＋제동거리

15 ②

노면이 미끄러울수록 공주거리가 아닌 제동거리가 길어진다.

16 ③

노면이 얼어붙은 경우 최고속도의 100분의 50을 줄인 속도로 운행해야 한다. 편도 2차로의 일반도로에서 1.5톤 화물차의 최고속도는 80km이므로 노면이 얼은 경우 매시 40km 이내의 속도로 운행해야 한다(시행규칙 제19조 제2항 제2호 참조).

17 ①

어떠한 도로에서든 모든 차 중 긴급자동차가 가장 우선권이 있다.

18 ②

모든 차의 운전자는 교차로에서 좌회전을 하려는 경우에는 미리 도로의 중앙선을 따라 서행하면서 교차로의 중심 안쪽을 이용하여 좌회전하여야 한다. 다만, 시·도경찰청장이 교차로의 상황에 따라 특히 필요하다고 인정하여 지정한 곳에서는 교차로의 중심 바깥쪽을 통과할 수 있다(법 제25조).

19 ①

자동차를 견인할 때의 속도(시행규칙 제20조)
㉠ 총중량 2,000kg 미만인 자동차를 총중량이 그의 3배 이상인 자동차로 견인하는 때에는 매시 30km 이내
㉡ ㉠ 외의 경우 및 이륜자동차가 견인하는 때에는 매시 25km 이내

20 ①

노면이 얼어붙거나 폭설 등으로 가시거리가 100미터 이내인 경우에는 최고속도의 100분의 50을 줄인 속도로 감속운행을 하여야 한다(시행규칙 제19조 제2항 제2호).

⓴ **제20회 정답 및 해설**

▶▶▶ **제1과목 사회**

1 ④
① 헌법재판소장은 재판관 중에서 국회의 동의를 얻어 대통령이 임명한다.
② 감사원장은 대통령이 국회의 동의를 얻어 임명하고, 감사위원은 감사원장의 제청으로 대통령이 임명한다.
③ 대법원장은 국회의 동의를 얻어 대통령이 임명한다.
④ 중앙선거관리위원장은 위원 중에서 호선한다.

2 ①

직접세는 누진세로서 소득재분배의 효과가 있는 조세이고, 부가가치세는 비례세로서 빈부의 격차를 확대시키는 조세이다. 그러므로 직접세의 세율을 인하하고 부가가치세의 세율을 인상하면 조세저항은 적고 징수가 간편해지며, 빈부의 격차는 확대된다. 또한, 소득의 원천에 기준을 두고 부과하는 직접세의 세율을 인하함으로써 가처분소득(소득 중에서 세금을 공제하고 남은 나머지로 개인이 자기 뜻대로 쓸 수 있는 소득)은 증가할 것이다.

3 ④

A는 주식, B는 채권, C는 저축성 예금이다.

4 ④

원격민주정치(Teledemocracy)
㉠ 개념 : 정보·통신매체를 통한 민주정치형태로 전자민주주의라고도 한다.
㉡ 실시요건 : 정보화의 진전에 따른 정보·통신매체가 발달하여야 한다.
㉢ 기능 : 정보·통신매체의 발달로 시민이 직접 한 장소에 모이지 않고도 자신들의 의사를 표출할 수 있으므로 정책결정에 많은 국민들이 참여할 수 있어 직접민주정치 요소를 강화시킬 수 있다.

5 ①

제시문에서 ㈎는 사실에 해당되고, ㈏는 가치에 해당된다. 사실은 경험적 근거에 의한 증명이 가능하며, 가치는 주관적 평가가 개입될 수 있고 연구자의 시각에 따라 다양하게 인식될 가능성이 있다.

구분	내용
사실	주관적 평가의식이 들어 있지 않은 현상으로 실제 세계에 존재하는 대상에 대해 경험적으로 검증 가능한 명제
가치	주관적 평가의식이 내포되어 있는 현상 또는 인식을 의미
가치중립의 필요성	연구자의 가치가 과학적 연구과정에 잘못 영향을 미칠 경우 객관적인 연구가 어려워질 수 있고, 심할 경우 사실을 왜곡할 위험내포
막스베버의 가치중립	• 가치 개입의 범위: 연구 주제를 선정하고 연구를 설계하는 단계, 도출된 결과에 대한 활용 • 가치 중립의 단계: 일단 연구에 착수하면 연구자는 자료를 수집하고 분석하여 결론을 도출하기까지 자신의 가치를 철저히 배제

6 ③

가수요의 발생은 수요의 증가를 초래하고, 기호 감소는 수요를 감소시킨다. 또한 생산비의 감소는 공급을 증가시키며 매점 매석은 공급을 감소시킨다. 위의 그림은 수요의 증가와 공급의 감소로 균형 가격이 상승하는 경우이므로 수요 증가의 원인과 공급 감소의 원인을 찾으면 된다.

7 ②

농구 동아리는 이익 사회이며 자발적 결사체에 해당한다. 마음이 편하지 않은 것은 여러 지위가 부딪혀서가 아니라 귀찮아서 그렇기 때문에 역할 갈등이 아니며 회원 노릇을 못하고 있기 때문에 역할은 있지만 구체적인 행동은 하지 못한 경우이다. 인터넷 게임 동아리는 회원이 되는 여부에서 떠나 자신에게 긍정적인 생각을 갖게 만들거나 소속감을 갖고자 한다면 준거 집단이 될 수 있다. 또한 대면 접촉이 어렵더라도 공동의 목표를 갖고 상호작용을 하는 다수인의 모임은 사회집단이 될 수 있다.

8 ②

직접세와 간접세

구분	직접세	간접세
성질	납세자 = 담세자(전가성 없음)	납세자 ≠ 담세자(전가성 있음)
세율	누진세(소득재분배효과)	비례세(빈부격차의 확대)
장점	• 담세능력에 따른 공평과세 • 조세수입이 확실	• 조세저항이 적고 징수가 간편 • 소비억제 및 저축유인효과
단점	• 조세저항이 크고 징수가 어려움 • 저축, 근로의욕의 저하	• 역진성이 강하여 저소득층에 불리 • 물가상승을 자극
종류	소득세, 종합토지세, 법인세, 재산세, 상속세, 증여세, 등록세 등	부가가치세, 특별소비세, 주세, 인지세 등

① 재산에 관한 것은 직접세이고, 유통과 소비에 관한 것은 주로 간접세이다.
③ 간접세는 납세자와 담세자가 일치하지 않으므로 조세의 전가성이 있지만, 직접세는 납세자와 담세자가 일치하므로 조세의 전가성이 없다.
④ 소득재분배로 빈부격차를 해소하는 것은 직접세이고, 재정수입 조달이 편리한 것은 간접세이다.

9 ③

A, C는 모두 가격이 5, 10% 상승했는데도 매출액은 변화가 없으므로 단위 탄력적이다. 단위 탄력적인 경우 가격의 상승률만큼 수요량이 감소해서 매출액은 일정하다. B는 가격 상승률과 매출액 증가율이 10%로 같다. 따라서 가격의 상승률만큼 매출액이 증가해야 하므로 가격이 상승해도 수요량에 변화가 없어야 한다. C는 수요 곡선이 수직선으로 나타나는 완전 비탄력적인 경우이다.

10 ②

국제통화기금(International Monetary Fund) ⋯ 제2차 세계대전의 IMF체제는 소위 "화이트(H.D. White)'안을 기초로 해서 환율의 안정 및 국제 유동성의 적절한 공급으로 국제간의 교역을 확대하여 각국 경제의 균형성장과 고용증대를 도모하고자 창설되었다. IMF체제의 기본목적은 환율의 안정, 적자국에의 국제 유동성의 공급, 외환거래의 자유화에 두고 있다.

11 ④

경기침체시에 경기를 회복시키기 위해서는 정부는 적극적 재정정책으로 정부지출의 증대, 세율인하 등을 실시해야 하고, 중앙은행은 통화량을 증가시키는 금융완화정책으로 재할인율의 인하, 지급준비율의 인하, 유가증권의 매입 등을 실시해야 한다. 따라서 정부는 공공부문의 공사 발주를 늘리는 적극적 재정정책을 실시해야 한다.

Plus⊕ Study 경제정책

ⓐ 재정정책
- 조세(세입)정책
  - 세율의 인상 : 소비지출 감소, 투자의욕 감퇴 → 국민경제 위축
  - 세율의 인하 : 소비지출 증가, 투자의욕 증대 → 국민경제 확대
- 정부지출(세출)정책
  - 정부지출 증가 : 국민소득 증가 → 소비지출 증가 → 국민경제 확대
  - 정부지출 감소 : 국민소득 감소 → 소비지출 감소 → 국민경제 위축
ⓑ 금융정책(통화량의 조절정책)
- 일반적 정책수단 : 재할인율정책, 공개시장조작정책, 지급준비율정책
- 선별적 정책수단 : 특정 산업 지원, 특정 정책 실현을 위해 자금의 흐름을 직접적·질적으로 규제

12 ①

문화지체현상 ⋯ 물질적 측면과 연관되어 있는 여러 가지 제도나 가치 및 태도의 변화가 물질적 측면의 변화를 따르지 못하고, 기술발달이 계속되어 그 간격이 점점 커지는 현상을 말한다.

① 생활이 서구화되어 아침 밥상에 밥 대신에 빵이 올라오는 것은 문화전파에 해당한다.

13 ①

사회발전에 관한 근대화론은 서구의 발전된 사회를 국가발전의 모델로 보는 서구적 관점이다. 즉, 사회발전을 서구화로 보는 것이다. 이러한 근대화론은 서구사회의 자기중심적 사고에 근거하고 있다는 점에서 비판받는다.

Plus⊕ Study 근대화론

ⓐ 관점 : 서구적 관점
ⓑ 배경 : 서구의 발전된 사회를 모델로 국가발전을 추진
ⓒ 목표 : 서구의 모방
ⓓ 특징 : 이론의 획일적 적용
ⓔ 비판
- 서구 중심의 이론
- 발전의 주체성 간과

14 ④

④ 소비에 따라 부과되는 간접세보다는 직접세의 경우에 조세저항이 크고 징수가 어렵다.

15 ②

② 국민경제가 회복기에 들어설 때는 생산, 고용, 판매 등 경제활동이 점진적으로 활발해지는 시기이다. 따라서 재고의 수준은 감소한다.

※ 경기순환의 특징

구분	호경기	후퇴기	불경기	회복기
생산활동	최대	감소	최저	증가
실업률	최소	증가	최고	감소
투자·소비	최고	감소	최저	증가
소득수준	최대	감소	최저	증가
물가수준	최고	하락	최저	상승
재고수준	최소	증가	최고	감소

16 ①

이윤을 추구하는 민간기업에 비해 상대적으로 경쟁할 필요성이 절박하지 않은 공기업은 그 조직이 방만해지고, 관료화되어 비효율적이 될 가능성이 높다. 이러한 공기업의 부작용을 해결하기 위해 최근 선진 국들은 민영화의 경쟁원리를 도입함으로써 작은 정부로 되돌아가고 있다.

②③④는 정부의 개입과 규제를 정당화하는 큰 정부의 역할을 필요로 하는 사례다.

17 ④

십분위분배율은 소득분배의 불평등 정도를 알아보기 위한 지표로, 모든 가구를 소득수준별로 나열해 놓은 다음 그것을 10등분하여 소득수준이 낮은 하위 40% 가구의 소득합계를 상위 20% 가구의 소득합계로 나눈 수치이다. 수치가 높을수록 소득분배가 평등함을 나타낸다.

18 ①

감사원의 권한
○ 세입·세출의 결산검사 및 보고 : 국가의 세입·세출에 관한 결산을 조사하여 그 결과를 대통령과 다음 연도 정기국회에 보고한다.
○ 회계검사권 : 국가 및 법률로 정한 단체의 회계를 검사할 회계검사권이 있다.
○ 직무감찰권 : 행정기관 및 공무원에 대한 직무감찰권이 있다.
① 탄핵소추권은 국회의 권한이다.

19 ③

소득액이 10만 달러이면, 현행 세제에서는 10만 달러의 10%인 1만 달러, 〈1안〉에서는 초과분 5만 달러의 20%인 1만 달러, 〈2안〉에서는 5만 달러 이하에 대한 2,500달러와, 초과분 5만 달러에 대한 7,500달러를 더한 1만 달러가 각각의 세액이다.

20 ③

시장실패의 원인
○ 시장의 불완전성과 규모의 경제 : 불완전경쟁시장에서는 자원의 효율적인 배분이 보장되지 못하고, 규모의 경제가 존재하면 불완전경쟁시장이 출현하여 한계비용가격의 설정이 이루어지지 않아 비효율적인 자원배분을 낳게 된다.
○ 외부효과의 발생 : 자원을 효율적으로 배분할 수 없다.
○ 공공재의 공급 : 공공재는 시장에 의해서 자율적으로 공급되기 어렵다.
○ 소득분배의 불균형 : 생산된 물품의 분배를 시장가격기능에 의해 해결하려고 하면 불평등한 분배가 이루어져서 소득불균형이 심화된다.
③ 정부 또는 지방자치단체가 공기업을 운영하는 것은 공공재의 공급부족으로 인한 시장실패에 대한 대책이다.

▶▶▶ **제2과목** **자동차구조원리 및 도로교통법규**

1 ④

피스톤이 움직이기 시작하면 피스톤링은 장력 때문에 실린더벽면을 압박해서 저항이 생기고 피스톤은 피스톤링과 갭 때문에 움직임 방향이 바뀔 때마다 접촉면이 바뀌는 현상을 피스톤 링의 호흡작용이라 한다.

2 ②

OHC기관 … 흡·배기 밸브의 캠축을 실린더 헤드 위쪽에 배치한 기관. 캠축이 1개의 요동 암(arm)을 거쳐서 밸브를 작동시키는 형식과 흡·배기 밸브마다 2개의 캠축을 갖춘 것을 말한다.

3 ①

흡기밸브 면적을 크게 하여 흡입되는 공기의 양을 증가시킨다.

4 ③

크랭크축 2회전에 캠축의 회전이 1회전이다.

5 ③

유압식 리프터는 엔진 오일의 압력을 이용하여 온도 변화에 관계없이 밸브 간극을 항상 0이 되도록 하여 밸브 개폐 시기가 정확하게 유지되도록 하는 장치이다.

6 ①

밸브와 실린더헤드가 맞닿는 밸브 페이스와 밸브 시트는 접촉, 마찰로 인해 엔진 연소 시 일부 면에 부분적으로 온도가 높아지는 이상 고온 부분이 생기게 되며 카본이 쌓여 밸브의 밀착력이 불완전하게 되기 때문에 밸브 개폐 시 밸브를 회전시켜 밸브 면에 카본이 생성되는 것을 방지하는 역할을 한다.

7 ③

4사이클 엔진에서 배기 행정이 끝나고 흡입 행정이 시작하는 상사점 부근에서 흡기밸브와 배기밸브가 동시에 열려있는 기간을 밸브 오버랩이라 한다.

8 ④

180+45+20 = 245도

9 ③

피스톤 링의 3대 작용 … 압축링의 기밀유지작용과 열전도작용, 오일링의 오일제어 작용

10 ②

틈새 게이지 … 여러 가지 두께의 박강판 게이지를 조합한 것. 보통 두께 0.02 ~ 0.7mm까지의 두께인 것이 16매가 1조로 되어 있다. 미세한 틈새를 비교적 정확, 간단하게 측정할 수가 있다.

11 ③

교통정리를 하고 있지 않는 교차로에 동시에 들어가려고 하는 차의 운전자는 우측도로의 차에 진로를 양보해야 한다(법 제26조 제3항).

12 ①

도로교통법에 의하여 주어진 보기 중 통행의 우선순위가 가장 빠른 것은 교차로 내에 먼저 진입한 차이다.

법 제26조(교통정리가 없는 교차로에서의 양보운전)

㉠ 교통정리를 하고 있지 아니하는 교차로에 들어가려고 하는 차의 운전자는 이미 교차로에 들어가 있는 다른 차가 있을 때에는 그 차에 진로를 양보하여야 한다.

㉡ 교통정리를 하고 있지 아니하는 교차로에 들어가려고 하는 차의 운전자는 그 차가 통행하고 있는 도로의 폭보다 교차하는 도로의 폭이 넓은 경우에는 서행하여야 하며, 폭이 넓은 도로로부터 교차로에 들어가려고 하는 다른 차가 있을 때에는 그 차에 진로를 양보하여야 한다.

㉢ 교통정리를 하고 있지 아니하는 교차로에 동시에 들어가려고 하는 차의 운전자는 우측도로의 차에 진로를 양보하여야 한다.

㉣ 교통정리를 하고 있지 아니하는 교차로에서 좌회전하려고 하는 차의 운전자는 그 교차로에서 직진하거나 우회전하려는 다른 차가 있을 때에는 그 차에 진로를 양보하여야 한다.

---

13 ①

운전자는 원칙적으로 자동차 등 또는 노면전차의 운전 중에는 휴대용 전화를 사용할 수 없지만 자동차 또는 노면전차가 정지하고 있거나 긴급자동차를 운전하거나 각종 범죄 및 재해 신고 등 예외 사유에 해당하면 휴대용 전화를 사용할 수 있다.

> 법 제49조(모든 운전자의 준수사항) 제1항 제10호
> 운전자는 자동차 등 또는 노면전차의 운전 중에는 휴대용 전화를 사용하지 않아야 하나 다음의 어느 하나에 해당하는 경우에는 그러하지 아니하다.
> ㉠ 자동차 등 또는 노면전차가 정지하고 있는 경우
> ㉡ 긴급자동차를 운전하는 경우
> ㉢ 각종 범죄 및 재해 신고 등 긴급한 필요가 있는 경우
> ㉣ 안전운전에 장애를 주지 아니하는 장치로서 대통령령으로 정하는 장치(손으로 잡지 아니하고도 휴대용 전화를 사용할 수 있도록 해 주는 장치)를 이용하는 경우

14 ①

좁은 도로에서 긴급자동차 외의 자동차가 서로 마주보고 진행할 때에는 다음의 구분에 따른 자동차가 도로의 우측 가장자리로 피하여 진로를 양보하여야 한다(법 제20조).
㉠ 비탈진 좁은 도로에서 자동차가 서로 마주보고 진행하는 경우에는 올라가는 자동차
㉡ 비탈진 좁은 도로 외의 좁은 도로에서 사람을 태웠거나 물건을 실은 자동차와 동승자가 없고 물건을 싣지 아니한 자동차가 서로 마주보고 진행하는 경우에는 동승자가 없고 물건을 싣지 아니한 자동차

15 ①

법 제22조(앞지르기 금지의 시기 및 장소)
① 모든 차의 운전자는 다음의 어느 하나에 해당하는 경우에는 앞차를 앞지르지 못한다.
㉠ 앞차의 좌측에 다른 차가 앞차와 나란히 가고 있는 경우
㉡ 앞차가 다른 차를 앞지르고 있거나 앞지르려고 하는 경우
② 모든 차의 운전자는 다음의 어느 하나에 해당하는 다른 차를 앞지르지 못한다.
㉠ 이 법이나 이 법에 따른 명령에 따라 정지하거나 서행하고 있는 차
㉡ 경찰공무원의 지시에 따라 정지하거나 서행하고 있는 차
㉢ 위험을 방지하기 위하여 정지하거나 서행하고 있는 차
③ 모든 차의 운전자는 다음의 어느 하나에 해당하는 곳에서는 다른 차를 앞지르지 못한다.
㉠ 교차로
㉡ 터널 안
㉢ 다리 위
㉣ 도로의 구부러진 곳, 비탈길의 고갯마루 부근 또는 가파른 비탈길의 내리막 등 시·도경찰청장이 도로에서의 위험을 방지하고 교통의 안전과 원활한 소통을 확보하기 위하여 필요하다고 인정하는 곳으로서 안전표지로 지정한 곳

16 ④

교통사고란 차 또는 노면전차의 운전 등 교통으로 인하여 사람을 사상(死傷)하거나 물건을 손괴(損壞)하는 것을 말한다.

17 ④

황색실선의 중앙선을 넘으면서 앞지르기하는 것은 마주오는 차와의 충돌 위험성이 높으므로 절대 금지한다.

18 ④

법 제22조 제3항(앞지르기 금지의 장소)

모든 차의 운전자는 다음 각 호의 어느 하나에 해당하는 곳에서는 다른 차를 앞지르지 못한다.

㉠ 교차로

㉡ 터널 안

㉢ 다리 위

㉣ 도로의 구부러진 곳, 비탈길의 고갯마루 부근 또는 가파른 비탈길의 내리막 등 시·도경찰청장이 도로에서의 위험을 방지하고 교통의 안전과 원활한 소통을 확보하기 위하여 필요하다고 인정하는 곳으로서 안전표지로 지정한 곳

19 ③

신호기가 표시하는 신호에 따르는 경우에는 정지하지 아니하고 통과할 수 있다(법 제24조 제1항 후단).

20 ③

반드시 일시 정지해야 하는 것은 아니고 보행자를 위험하게 하거나 보행자의 통행을 방해하지 않도록 보행자의 걸음 속도로 운행하거나 일시정지하여야 한다.(법 제28조 제3항).

운전직 모의고사 답안지

성명

생년월일

수험번호

제( )회 — 제1과목 / 제2과목 (문항 1~20, 각 ① ② ③ ④)

제( )회 — 제1과목 / 제2과목 (문항 1~20, 각 ① ② ③ ④)

제( )회 — 제1과목 / 제2과목 (문항 1~20, 각 ① ② ③ ④)

제( )회 — 제1과목 / 제2과목 (문항 1~20, 각 ① ② ③ ④)

운전직 모의고사 답안지

성명

생년월일

수험번호

- 전자기기 및 개인 손목시계는 사용이 불가합니다.
- 답안카드 기재·마킹 시에는 반드시 검정색 사인펜을 사용합니다.
- 수정테이프를 비롯한 개인이 지참한 필기구는 사용할 수 없습니다.
- 마감 10분 전 OMR 교체는 불가합니다.

제( )회

제1과목

	①	②	③	④
1	①	②	③	④
2	①	②	③	④
3	①	②	③	④
4	①	②	③	④
5	①	②	③	④
6	①	②	③	④
7	①	②	③	④
8	①	②	③	④
9	①	②	③	④
10	①	②	③	④
11	①	②	③	④
12	①	②	③	④
13	①	②	③	④
14	①	②	③	④
15	①	②	③	④
16	①	②	③	④
17	①	②	③	④
18	①	②	③	④
19	①	②	③	④
20	①	②	③	④

제2과목

	①	②	③	④
1	①	②	③	④
2	①	②	③	④
3	①	②	③	④
4	①	②	③	④
5	①	②	③	④
6	①	②	③	④
7	①	②	③	④
8	①	②	③	④
9	①	②	③	④
10	①	②	③	④
11	①	②	③	④
12	①	②	③	④
13	①	②	③	④
14	①	②	③	④
15	①	②	③	④
16	①	②	③	④
17	①	②	③	④
18	①	②	③	④
19	①	②	③	④
20	①	②	③	④

제( )회

제1과목

	①	②	③	④
1	①	②	③	④
2	①	②	③	④
3	①	②	③	④
4	①	②	③	④
5	①	②	③	④
6	①	②	③	④
7	①	②	③	④
8	①	②	③	④
9	①	②	③	④
10	①	②	③	④
11	①	②	③	④
12	①	②	③	④
13	①	②	③	④
14	①	②	③	④
15	①	②	③	④
16	①	②	③	④
17	①	②	③	④
18	①	②	③	④
19	①	②	③	④
20	①	②	③	④

제2과목

	①	②	③	④
1	①	②	③	④
2	①	②	③	④
3	①	②	③	④
4	①	②	③	④
5	①	②	③	④
6	①	②	③	④
7	①	②	③	④
8	①	②	③	④
9	①	②	③	④
10	①	②	③	④
11	①	②	③	④
12	①	②	③	④
13	①	②	③	④
14	①	②	③	④
15	①	②	③	④
16	①	②	③	④
17	①	②	③	④
18	①	②	③	④
19	①	②	③	④
20	①	②	③	④

제( )회

제1과목

	①	②	③	④
1	①	②	③	④
2	①	②	③	④
3	①	②	③	④
4	①	②	③	④
5	①	②	③	④
6	①	②	③	④
7	①	②	③	④
8	①	②	③	④
9	①	②	③	④
10	①	②	③	④
11	①	②	③	④
12	①	②	③	④
13	①	②	③	④
14	①	②	③	④
15	①	②	③	④
16	①	②	③	④
17	①	②	③	④
18	①	②	③	④
19	①	②	③	④
20	①	②	③	④

제2과목

	①	②	③	④
1	①	②	③	④
2	①	②	③	④
3	①	②	③	④
4	①	②	③	④
5	①	②	③	④
6	①	②	③	④
7	①	②	③	④
8	①	②	③	④
9	①	②	③	④
10	①	②	③	④
11	①	②	③	④
12	①	②	③	④
13	①	②	③	④
14	①	②	③	④
15	①	②	③	④
16	①	②	③	④
17	①	②	③	④
18	①	②	③	④
19	①	②	③	④
20	①	②	③	④

운전직 모의고사 답안지

성명

생년월일

수험번호

- 전자기기 및 개인 소지품시계는 사용이 불가합니다.
- 답안카드 기재·마킹 시에는 반드시 검정색 사인펜을 사용합니다.
- 수정테이프를 비롯한 개인이 지참한 필기구는 사용할 수 없습니다.
- 마감 10분 전 OMR 교체는 불가합니다.

제 ( ) 회

제1과목

	①	②	③	④
1	①	②	③	④
2	①	②	③	④
3	①	②	③	④
4	①	②	③	④
5	①	②	③	④
6	①	②	③	④
7	①	②	③	④
8	①	②	③	④
9	①	②	③	④
10	①	②	③	④
11	①	②	③	④
12	①	②	③	④
13	①	②	③	④
14	①	②	③	④
15	①	②	③	④
16	①	②	③	④
17	①	②	③	④
18	①	②	③	④
19	①	②	③	④
20	①	②	③	④

제2과목

	①	②	③	④
1	①	②	③	④
2	①	②	③	④
3	①	②	③	④
4	①	②	③	④
5	①	②	③	④
6	①	②	③	④
7	①	②	③	④
8	①	②	③	④
9	①	②	③	④
10	①	②	③	④
11	①	②	③	④
12	①	②	③	④
13	①	②	③	④
14	①	②	③	④
15	①	②	③	④
16	①	②	③	④
17	①	②	③	④
18	①	②	③	④
19	①	②	③	④
20	①	②	③	④

제 ( ) 회

제1과목

	①	②	③	④
1	①	②	③	④
2	①	②	③	④
3	①	②	③	④
4	①	②	③	④
5	①	②	③	④
6	①	②	③	④
7	①	②	③	④
8	①	②	③	④
9	①	②	③	④
10	①	②	③	④
11	①	②	③	④
12	①	②	③	④
13	①	②	③	④
14	①	②	③	④
15	①	②	③	④
16	①	②	③	④
17	①	②	③	④
18	①	②	③	④
19	①	②	③	④
20	①	②	③	④

제2과목

	①	②	③	④
1	①	②	③	④
2	①	②	③	④
3	①	②	③	④
4	①	②	③	④
5	①	②	③	④
6	①	②	③	④
7	①	②	③	④
8	①	②	③	④
9	①	②	③	④
10	①	②	③	④
11	①	②	③	④
12	①	②	③	④
13	①	②	③	④
14	①	②	③	④
15	①	②	③	④
16	①	②	③	④
17	①	②	③	④
18	①	②	③	④
19	①	②	③	④
20	①	②	③	④

제 ( ) 회

제1과목

	①	②	③	④
1	①	②	③	④
2	①	②	③	④
3	①	②	③	④
4	①	②	③	④
5	①	②	③	④
6	①	②	③	④
7	①	②	③	④
8	①	②	③	④
9	①	②	③	④
10	①	②	③	④
11	①	②	③	④
12	①	②	③	④
13	①	②	③	④
14	①	②	③	④
15	①	②	③	④
16	①	②	③	④
17	①	②	③	④
18	①	②	③	④
19	①	②	③	④
20	①	②	③	④

제2과목

	①	②	③	④
1	①	②	③	④
2	①	②	③	④
3	①	②	③	④
4	①	②	③	④
5	①	②	③	④
6	①	②	③	④
7	①	②	③	④
8	①	②	③	④
9	①	②	③	④
10	①	②	③	④
11	①	②	③	④
12	①	②	③	④
13	①	②	③	④
14	①	②	③	④
15	①	②	③	④
16	①	②	③	④
17	①	②	③	④
18	①	②	③	④
19	①	②	③	④
20	①	②	③	④

제 ( ) 회

제1과목

	①	②	③	④
1	①	②	③	④
2	①	②	③	④
3	①	②	③	④
4	①	②	③	④
5	①	②	③	④
6	①	②	③	④
7	①	②	③	④
8	①	②	③	④
9	①	②	③	④
10	①	②	③	④
11	①	②	③	④
12	①	②	③	④
13	①	②	③	④
14	①	②	③	④
15	①	②	③	④
16	①	②	③	④
17	①	②	③	④
18	①	②	③	④
19	①	②	③	④
20	①	②	③	④

제2과목

	①	②	③	④
1	①	②	③	④
2	①	②	③	④
3	①	②	③	④
4	①	②	③	④
5	①	②	③	④
6	①	②	③	④
7	①	②	③	④
8	①	②	③	④
9	①	②	③	④
10	①	②	③	④
11	①	②	③	④
12	①	②	③	④
13	①	②	③	④
14	①	②	③	④
15	①	②	③	④
16	①	②	③	④
17	①	②	③	④
18	①	②	③	④
19	①	②	③	④
20	①	②	③	④

SEOWONGAK

운전직 모의고사 답안지

성명

생년월일

수험번호

- 전자기기 및 개인 손목시계는 사용이 불가합니다.
- 답안카드 기재·마킹 시에는 반드시 검정색 사인펜을 사용합니다.
- 수정테이프를 비롯한 개인이 지참한 지우개는 평가는 사용할 수 없습니다.
- 마감 10분 전 OMR 교체는 불가합니다.

제( )회 — 제1과목 / 제2과목

제( )회 — 제1과목 / 제2과목

제( )회 — 제1과목 / 제2과목

제( )회 — 제1과목 / 제2과목

SEOWONGAK

운전직 모의고사 답안지

성명	생년월일
	수험번호

• 전자기기 및 개인 손목시계는 사용이 불가합니다.
• 답안카드 기재 · 마킹 시에는 반드시 검정색 사인펜을 사용합니다.
• 수정테이프를 비롯한 개인이 지참한 필기구는 사용할 수 없습니다.
• 마감 10분 전 OMR 교체는 불가합니다.

제( )회				제( )회				제( )회				제( )회			
제1과목		제2과목		제1과목		제2과목		제1과목		제2과목		제1과목		제2과목	
1	① ② ③ ④	1	① ② ③ ④	1	① ② ③ ④	1	① ② ③ ④	1	① ② ③ ④	1	① ② ③ ④	1	① ② ③ ④	1	① ② ③ ④
2	① ② ③ ④	2	① ② ③ ④	2	① ② ③ ④	2	① ② ③ ④	2	① ② ③ ④	2	① ② ③ ④	2	① ② ③ ④	2	① ② ③ ④
3	① ② ③ ④	3	① ② ③ ④	3	① ② ③ ④	3	① ② ③ ④	3	① ② ③ ④	3	① ② ③ ④	3	① ② ③ ④	3	① ② ③ ④
4	① ② ③ ④	4	① ② ③ ④	4	① ② ③ ④	4	① ② ③ ④	4	① ② ③ ④	4	① ② ③ ④	4	① ② ③ ④	4	① ② ③ ④
5	① ② ③ ④	5	① ② ③ ④	5	① ② ③ ④	5	① ② ③ ④	5	① ② ③ ④	5	① ② ③ ④	5	① ② ③ ④	5	① ② ③ ④
6	① ② ③ ④	6	① ② ③ ④	6	① ② ③ ④	6	① ② ③ ④	6	① ② ③ ④	6	① ② ③ ④	6	① ② ③ ④	6	① ② ③ ④
7	① ② ③ ④	7	① ② ③ ④	7	① ② ③ ④	7	① ② ③ ④	7	① ② ③ ④	7	① ② ③ ④	7	① ② ③ ④	7	① ② ③ ④
8	① ② ③ ④	8	① ② ③ ④	8	① ② ③ ④	8	① ② ③ ④	8	① ② ③ ④	8	① ② ③ ④	8	① ② ③ ④	8	① ② ③ ④
9	① ② ③ ④	9	① ② ③ ④	9	① ② ③ ④	9	① ② ③ ④	9	① ② ③ ④	9	① ② ③ ④	9	① ② ③ ④	9	① ② ③ ④
10	① ② ③ ④	10	① ② ③ ④	10	① ② ③ ④	10	① ② ③ ④	10	① ② ③ ④	10	① ② ③ ④	10	① ② ③ ④	10	① ② ③ ④
11	① ② ③ ④	11	① ② ③ ④	11	① ② ③ ④	11	① ② ③ ④	11	① ② ③ ④	11	① ② ③ ④	11	① ② ③ ④	11	① ② ③ ④
12	① ② ③ ④	12	① ② ③ ④	12	① ② ③ ④	12	① ② ③ ④	12	① ② ③ ④	12	① ② ③ ④	12	① ② ③ ④	12	① ② ③ ④
13	① ② ③ ④	13	① ② ③ ④	13	① ② ③ ④	13	① ② ③ ④	13	① ② ③ ④	13	① ② ③ ④	13	① ② ③ ④	13	① ② ③ ④
14	① ② ③ ④	14	① ② ③ ④	14	① ② ③ ④	14	① ② ③ ④	14	① ② ③ ④	14	① ② ③ ④	14	① ② ③ ④	14	① ② ③ ④
15	① ② ③ ④	15	① ② ③ ④	15	① ② ③ ④	15	① ② ③ ④	15	① ② ③ ④	15	① ② ③ ④	15	① ② ③ ④	15	① ② ③ ④
16	① ② ③ ④	16	① ② ③ ④	16	① ② ③ ④	16	① ② ③ ④	16	① ② ③ ④	16	① ② ③ ④	16	① ② ③ ④	16	① ② ③ ④
17	① ② ③ ④	17	① ② ③ ④	17	① ② ③ ④	17	① ② ③ ④	17	① ② ③ ④	17	① ② ③ ④	17	① ② ③ ④	17	① ② ③ ④
18	① ② ③ ④	18	① ② ③ ④	18	① ② ③ ④	18	① ② ③ ④	18	① ② ③ ④	18	① ② ③ ④	18	① ② ③ ④	18	① ② ③ ④
19	① ② ③ ④	19	① ② ③ ④	19	① ② ③ ④	19	① ② ③ ④	19	① ② ③ ④	19	① ② ③ ④	19	① ② ③ ④	19	① ② ③ ④
20	① ② ③ ④	20	① ② ③ ④	20	① ② ③ ④	20	① ② ③ ④	20	① ② ③ ④	20	① ② ③ ④	20	① ② ③ ④	20	① ② ③ ④

SEOWONGAK